Inhaltsverzeichnis

Zu diesem Buch

Das Problem für Auszubildende, die sich zur Vorbereitung auf die Abschlussprüfung mit Testaufgaben (aus dem PAL-Prüfungsbuch) konfrontiert sehen, ist, sich möglichst effizient das in den Prüfungsaufgaben enthaltene Wissen anzueignen und einzuprägen, um die Abschlussprüfung optimal absolvieren zu können.

Die Problemlösung – die Idee dieses Buches – ist die hier vorliegende Art von Basistext zu den PAL-Prüfungsaufgaben (für gewerblich-technische und sonstige Berufe, ausgenommen kaufmännische). Dabei ist dieser Text so gestaltet, dass er sowohl prüfungsvorbereitend als auch – in Verbindung mit den eingefügten Links – ausbildungsbegleitend genutzt werden kann. Es handelt sich jedoch nicht um ein Lehr-, sondern um ein **Prüfungsbuch**, in dem der Prüfungsstoff kompakt und komprimiert dargeboten wird.

Angenommen, in einem einschlägigen Lehrbuch sind 80 % der Prüfungsinformationen enthalten und ein durchschnittlicher bis guter Schüler kann 80 % dieser Informationen speichern und in der Prüfung abrufen, dann sind das im Ergebnis nur 64 %. Das entspräche nach dem IHK-Schlüssel gerade einmal der Note „ausreichend". Hat der Schüler hingegen nahezu 100 % der Prüfungsinformationen zur Verfügung, wie vorliegend, bewegt er sich bei einem Nutzungsgrad von 80 % bereits auf die Note „gut" zu, die bei gleichem Schüssel bei 81 % beginnt. Dass sich der Nutzungsgrad bei begrenztem Stoffumfang eines Prüfungsbuches wie diesem durch wiederholtes Durcharbeiten bis auf über 91 % (Note „sehr gut") steigern lässt, liegt auf der Hand.

Das vorliegende Prüfungswissen **kann**

- auf die schriftliche (und mündliche) IHK- und HWK-Prüfung vorbereiten (s. Cover-Foto),
- vorhandenes Wissen auffrischen und dabei eventuelle Wissenslücken schließen,
- zur Auseinandersetzung mit Lerninhalten anregen,
- mögliche Unsicherheiten über die Inhalte der Prüfung verringern.

Das vorliegende Prüfungsbuch kann **nicht**

- die gründliche Auseinandersetzung mit komplexen Lerninhalten ersetzen,
- ein Lehrbuch vollständig ersetzen,
- eine Prüfungsvorbereitung quasi in letzter Minute („fünf vor zwölf") ermöglichen

und will keinen unrealistischen und optimalen Prüfungserfolg als sehr schnell erzielbar vortäuschen.

Auswahl, Aufbau und Aufbereitung des Prüfungsstoffes berücksichtigen die **Elemente**, welche die Kultusministerkonferenz (Beschluss v. 07. 05. 2008) **für den Unterricht der Berufsschule im Bereich Wirtschafts- und Sozialkunde gewerblich-technischer Ausbildungsberufe** in Abstimmung mit dem Bund und den Sozialpartnern vorgegeben hat.

In insgesamt **42 Kapiteln**, wobei zu jedem Kapitel die PAL-Nummern der Prüfungsaufgaben (PAL-Prüfungsbuch – Testaufgaben für die Berufsausbildung) in der derzeitigen Auflage angegeben sind, wird jeweils zunächst das Grundwissen (der Basistext) präsentiert. Es schließt sich eine Aufbereitung des Textes in Form von Fragen und Lückentexten an. Die Lösungen dazu sind in diesem Buch enthalten.

Das Prüfungswissen erwirbt man in vier Schritten:

1. Lesen des Basistextes,
2. Beantworten der anschließenden Fragen, gegebenenfalls unter Nachschlagen im Basistext,
3. Lösungsvergleich anhand der in diesem Buch enthaltenen Musterlösungen, falls erforderlich,
4. Erfolgskontrolle durch Bearbeitung der PAL-Testaufgaben.
   (Diese sind nicht in diesem Buch, jedoch in fast jedem gewerblich-technischen, insbesondere der IHK zugeordneten Ausbildungsbetrieb vorhanden.)
   Außerdem besteht die Möglichkeit einer Erfolgskontrolle online unter der Adresse **www.pruef-check.de** und dort bei WiSo für gewerblich-technische Berufe.

Damit diese Schrittfolge – zu Optimierungszwecken – mehr als einmal durchlaufen werden kann, sollte in das Buch (Arbeitsblätter) zunächst nicht hineingeschrieben werden. Beim Einsatz des Prüfungsbuches im Unterricht und bei der betrieblichen Unterweisung empfiehlt sich eine Beschriftung überhaupt nicht. Ein so beschriftetes Buch ist für spätere Benutzer wertlos.

Die durch den Autor bereits vorgenommenen Erprobungen zu einer früheren Auflage dieses Buches (1996) hatten gezeigt, dass es Auszubildenden möglich war, über 95 % der in veränderter Form zu Musterprüfungen zusammengestellten PAL-Prüfungsaufgaben zu lösen (Bayer-Werke, Leverkusen). Dabei hatten die Probanden mit diesem Buch in Kombination mit den Testaufgaben aus der PAL-Aufgabenbank etwa anderthalb Jahre lang gearbeitet und durchweg mit der Note „sehr gut" abgeschlossen.

Für die vorliegende 5. Auflage dieses Prüfungsbuches im Bildungsverlag EINS wurden zahlreiche Daten im gesamten Prüfungsstoff sowie die **Musterprüfungen für industrielle und handwerkliche Berufe** aktualisiert. Passend zu den Kapiteln des Buches wurden weitere Prüfungsaufgaben entwickelt, die online eine zusätzliche Erfolgskontrolle ermöglichen.

Für die erfolgreiche Arbeit mit diesem Buch wünschen Verlag und Autor viel Erfolg.

Köln im November 2011

1. Vor dem Ausbildungsvertrag

PAL 1-2, U10, U12-14*)

Berufswahl

Junge Leute haben bei Meinungsumfragen: „Was ist das Wichtigste bei Ihrem künftigen Beruf?“ von der Sache her am häufigsten geantwortet:
1. „Das Wichtigste ist, dass ich eine geeignete Ausbildungsstelle bekomme.“
2. „Das Wichtigste ist, dass mein (späterer) Arbeitsplatz sicher ist.“

Freiheit ...

MELDUNG
Ausbildungsmarkt: Betriebe melden 24,9% mehr Lehrstellen als noch vor einem Jahr - Die Zahl der Bewerber steigt um 11,3%. 31.03.2011
Quelle: Agentur für Arbeit Limburg

Nun besagt Artikel 12 Grundgesetz: „Alle Deutschen haben das Recht, Beruf, Arbeitsplatz und Ausbildungsstätte frei zu wählen.“ – Wirtschaft und Verwaltung boten Jugendlichen über viele Jahre zu wenig Ausbildungsplätze. Es gebe wieder deutlich mehr Ausbildungsstellen als Bewerber, melden die Medien.

Prima, dann hoffen wir, dass es auch so bleibt. Aber liegt „vor Ort“ nicht immer noch, genau wie früher, häufig ein Mangel an Ausbildungsplätzen vor? – Gewiss!

... und Grenzen

Frei den Beruf wählen zu können bedeutet, zwischen zwei oder mehreren echten beruflichen Alternativen eine Auswahl treffen zu können.

Woran liegt das? – Es liegt an der Verteilung der Ausbildungsstätten über das Land. Die war und ist ungleichmäßig. Vor allem in Gebieten mit schwacher Wirtschaftsstruktur, zum Beispiel in ländlichen Regionen, fehlen oft Ausbildungsstellen.

Die Möglichkeit der **freien** Berufswahl ist zumindest vor Ort insoweit **begrenzt!**

Es lohnt sich auf jeden Fall, eine Berufsausbildung zu absolvieren, sagen die meisten Erwachsenen. Facharbeiter seien außerdem gefragt. – Stimmt das?

Vorteile einer Berufsausbildung ...

Verschiedene Umfragen unter Arbeitslosen ergaben immer wieder: Den weitaus größten Teil der Arbeitslosen stellen diejenigen, die keine abgeschlossene Berufsausbildung haben. Demnach ist das Risiko für einen ungelernten Arbeiter, seine Stelle zu verlieren, recht groß. Auf dem Arbeitsmarkt ist die Nachfrage nach Facharbeitern groß, nach ungelernten Arbeitern gering.

... kontra Vorteile des Tätigseins im Arbeitsverhältnis

www.joa.bayern.de/

www.jusos.de/themen/wirtschaft-und-soziales/gute-arbeit-und-ausbildung

Keine Ausbildung – das bedeutet nicht nur, wahrscheinlich eher als andere die Stelle zu verlieren. Das bedeutet auch größere Schwierigkeiten, wieder einen Arbeitsplatz zu finden, wenn man die Stelle einmal verloren hat. Denn die meisten Personalchefs bevorzugen bei Einstellungen fachlich geschultes und qualifiziertes Personal.

Trotzdem entscheiden sich manche jungen Leute dafür, keine Berufsausbildung zu absolvieren, sondern ein Arbeitsverhältnis einzugehen. Jugendliche ohne Ausbildungsvertrag (**JoA**) sind gleichwohl berufsschulpflichtig. Sie besuchen die Berufsschule bis zum Ablauf des Schuljahres, in dem sie das 18. Lebensjahr vollenden. Ein solches Arbeitsverhältnis ist auf (Arbeits-)Leistung ausgerichtet. Ein Ausbildungsverhältnis hingegen ist primär auf Lernen (Lernleistung) hin angelegt.

Gegenüberstellung

Die folgende Gegenüberstellung enhält eine Sammlung sachlicher Gründe, die junge Menschen bewegen, ein Arbeitsverhältnis einzugehen oder erst einmal eine Ausbildung zu machen:

Jugendlicher im Ausbildungsverhältnis	Jugendlicher im Arbeitsverhältnis
– hat meist ein geringes Einkommen	– hat in der Regel ein höheres Einkommen
– befindet sich in einem Ausbildungsverhältnis, das auf Lernen hin angelegt ist	– befindet sich in einem Arbeitsverhältnis, das auf Leistung ausgerichtet ist
– ist berufsschulpflichtig	– ist berufsschulpflichtig (weil unter 18)
– hat weniger Freizeit	– hat mehr Freizeit, da er weniger lernen muss
– hat (bedingt) volles Streikrecht (es gilt die Ausbildungssituation zu berücksichtigen)	– hat volles Streikrecht (wie volljährige Arbeiter, aber nicht bezüglich des Berufsschulunterrichts)
– genießt besonderen Kündigungsschutz gemäß Berufsbildungsgesetz	– genießt Kündigungsschutz gemäß Kündigungsschutzgesetz

Rita Atze
Atze ist im Ausbildungsverhältnis

Rita Jupp
Jupp ist im Arbeitsverhältnis

Ein Jugendlicher mit Arbeitsvertrag (Bild oben) steht kurzfristig besser da. Er hat:
- ein höheres Einkommen,
- mehr Freizeit.

Es gibt also durchaus Argumente, die ein *Jugendlicher im Arbeitsverhältnis* anführen kann. Zum Beispiel kann er sagen, er habe ein höheres Einkommen und er habe mehr Freizeit als ein Auszubildender. Die geringere Freizeit des Auszubildenden erstreckt sich jedoch nicht auf den Urlaub. Dieser ist bei gleichaltrigen Leuten gleich lang.

---

*) Hinweis auf die zum Text passenden Testaufgaben aus der aktuellen Auflage des **PAL-Prüfungsbuches** – Testaufgaben für die Berufsausbildung (2009), auf das im Vorwort hingewiesen wurde. U = ungebundene Aufgabe.

Vom Ausbildungs- zum Arbeitsverhältnis

Im Vergleich: ein ungelernter Arbeiter und ein "gelernter"

Rita Atze

Auf lange Sicht lohnt sich eine Berufsausbildung, denn
- ein Facharbeiter verdient mehr,
- hat bessere Aufstiegschancen.

Atze (Bild) ist zum Meister avanciert.

Wie es im späteren Berufsleben aussieht, zeigt die folgende Gegenüberstellung.

Facharbeiter/Geselle	Ungelernter Arbeiter
Die berufliche Mobilität (= Beweglichkeit) ist größer, das heißt: Der Wechsel in eine andere, ähnliche berufliche Tätigkeit fällt leichter.	Der Wechsel in eine andere berufliche Tätigkeit fällt schwerer. Die berufliche Mobilität (= Beweglichkeit) ist geringer.
Die Gefahr der Arbeitslosigkeit ist geringer.	Die Chancen auf dem Arbeitsmarkt sind schlechter.
Die übertragenen Arbeiten sind anspruchsvoll und abwechslungsreich (interessant).	Die auszuführenden Tätigkeiten sind anspruchslos und eintönig (wenig interessant).
Aufstiegsmöglichkeiten sind gegeben. Anpassungsfortbildung ist eher möglich.	Es bestehen so gut wie keine Aufstiegsmöglichkeiten. (Der Fahrstuhl nach oben ist besetzt.)
Das Einkommen ist meist höher.	Der Verdienst ist oft geringer.

unge Menschen ohne qualifizierte Ausbildung sind im späteren Berufsleben benachteiligt. Ihnen fehlen wesentliche Kompetenzen. Deshalb können sie sich oft nicht auf die Bedingungender zukünftigen Berufswelt einstellen.

Ordnung der Berufsausbildung

Die Berufsausbildung ist in der Bundesrepublik Deutschland für das Handwerk in der HANDWERKSORDNUNG* **(HwO)** geregelt, für alle übrigen Wirtschaftszweige im BERUFSBILDUNGSGESETZ **(BBiG)**, einem Bundesgesetz.

Ordnungsmittel

Wie entsteht eine Ausbildungsordnung?
Siehe www.bibb.de/de/4963.htm

MELDUNG
Auch im Jahr 2011 treten wieder neue Ausbildungsordnungen in Kraft. Zum Teil wurden Berufe neu geordnet, zum Teil handelt es sich um ganz neue Berufe. Mehr unter www.experto.de/b2b/personal/ausbildung/neue-berufe-2011.html. Auf der Internet-Seite des Bundesinstituts für Berufsbildung sind eine Übersicht sowie weitere Informationen über neue und neu geordnete Ausbildungsberufe zu finden. Außerdem ist ersichtlich, welche Berufe im jeweils kommenden Jahr neu entstehen sollen oder für welche eine Neuauflage geplant ist.

BERUFSBILDUNGSGESETZ und HANDWERKSORDNUNG sind wichtige allgemeine Berufsordnungsmittel. Sie sind Grundlage für eine geordnete und bundeseinheitliche Berufsausbildung in staatlich anerkannten Ausbildungsberufen. Wichtige Ordnungsmittel für die einzelnen Ausbildungsberufe sind die AUSBILDUNGSORDNUNGEN. Sie werden vom jeweils zuständigen Bundesministerium erlassen, etwa vom Bundesministerium für Wirtschaft und Technologie. Dazu folgende Darstellung:

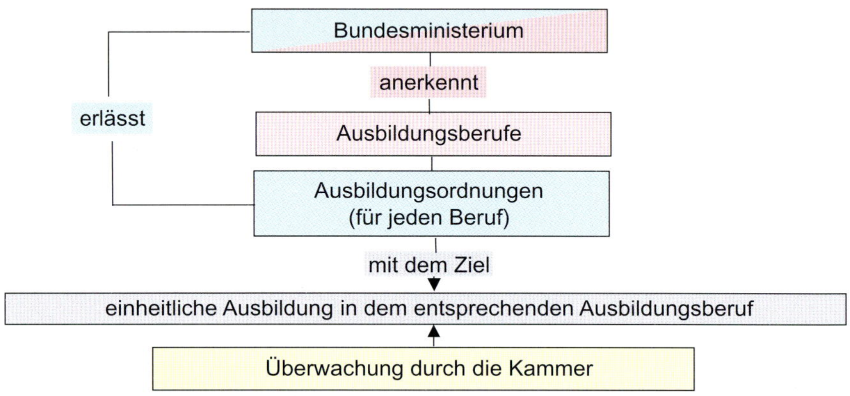

Das zuständige Bundesministerium erlässt eine Ausbildungsordnung, um in dem entsprechenden Ausbildungsberuf eine einheitliche Ausbildung zu erreichen.

Die Kammern, etwa die Industrie- und Handelskammer (**IHK**) oder die Handwerkskammer (**HWK**), wachen über die Einhaltung der Ausbildungsordnungen.

Gliederung der Berufsbildung

http://de.wikipedia.org/wiki/Berufsbildungsgesetz

www.bmbf.de/pubRD/synopse_BBiG_alt_neu.pdf

Gemäß Paragraf 1 (§ 1) BERUFSBILDUNGSGESETZ in der Fassung von 2003 gliedert sich die **Berufsbildung** in die Berufsausbildungsvorbereitung, die Berufsausbildung, die berufliche Fortbildung und die berufliche Umschulung.

Berufsausbildungsvorbereitung dient dem Ziel, an eine Berufsausbildung in einem anerkannten Ausbildungsberuf oder eine gleichwertige Berufsausbildung heranzuführen. Sie richtet sich an lernbeeinträchtigte oder sozial benachteiligte Personen, deren Entwicklungsstand eine erfolgreiche Ausbildung noch nicht erwarten lässt.

Berufsausbildung ist Erstausbildung in einem Ausbildungsberuf, zum Beispiel zum Mechatroniker. Einer abgeschlossenen Ausbildung kann eine Fortbildung folgen.

Fortbildung ist Weiterbildung, sie dient dem beruflichen Aufstieg (z. B. zum Meister). **Umschulung** ist Ausbildung in einem anderen Beruf nach einer Erstausbildung.

*) **Hinweis:** Nicht jedes Gesetz heißt „Gesetz". Gesetze bezeichnet man zuweilen auch als „Ordnung", so die Gemeindeordnung oder – wie oben – die Handwerksordnung. Hier handelt es sich indes nicht um bloße Verordnungen, sondern um richtige Gesetze, nur mit etwas anderer Bezeichnung.

Vom Ausbildungs- zum Arbeitsverhältnis

1. Vor dem Ausbildungsvertrag

1. Was haben junge Menschen auf die Frage von Meinungsforschern: „Was ist für Sie das Wichtigste bei Ihrem künftigen Beruf?“ von der Sache her am häufigsten geantwortet? – Das Wichtigste ist, dass

   1. .... ,

   2. ....

2. Welches Recht garantiert Artikel 12 des Grundgesetzes allen Bürgern dieses Staates?

   ....

   ....

3. In welchen Regionen vor allem ist die Berufswahl von Art und Umfang des – teilweise unzureichenden – Angebots an Ausbildungsplätzen abhängig? ....

4. Welche Gruppe stellt einer Umfrage zufolge den größten Teil der Arbeitslosen? – Die Gruppe derjenigen, die

   ....

5. Welches Personal bevorzugen Personalchefs bei Einstellungen?

   ....

6. Nennen Sie zwei Argumente, die ein Jugendlicher mit Arbeitsvertrag anführen kann, um Vorteile für sich gegenüber einem Auszubildenden herauszustellen?

   1. ....

   2. ....

7. Nennen Sie vier Gründe, weshalb es sich lohnt, auf jeden Fall eine Berufsausbildung zu absolvieren.
   Bei einem Facharbeiter oder Gesellen (ist/sind):

   1. ....

   2. ....

   3. ....

   4. ....

8. In welchem Bundesgesetz ist die Berufsausbildung für alle Wirtschaftszweige geregelt, ausgenommen das Handwerk? ....

9. Die Handwerksordnung (abgekürzt: HwO) und das Berufsbildungsgesetz (abgekürzt: ....) sind wichtige allgemeine .... Sie sind Grundlage für eine einheitliche Berufsausbildung in *staatlich* .... Ausbildungsberufen.

10. Für die einzelnen Ausbildungsberufe wichtige Ordnungsmittel sind die .... Das zuständige .... erlässt eine Ausbildungsordnung mit dem Ziel, in dem entsprechenden Ausbildungsberuf eine .... Ausbildung zu erreichen.

11. Überwacht wird die Einhaltung der Ausbildungsordnung durch die Kammern, zum Beispiel durch die .... (IHK) oder durch die .... (HWK).

12. In welche vier Zweige gliedert sich die Berufsbildung nach dem Berufsbildungsgesetz? - In die

    1. ....

    2. ....

    3. ....

    4. ....

2. Duales System/Schulisches System der Ausbildung

PAL 40-46

Mindestinhalte der Ausbildungsordnung

Nach § 5 Berufsbildungsgesetz und § 26 Handwerksordnung hat eine Ausbildungsordnung bestimmte Mindestinhalte. Siehe dazu die folgende Darstellung.

Die **Kammer** ist gemäß Berufsbildungsgesetz die für die Überwachung der Ausbildung zuständige Stelle.

Ausbildungsrahmenplan

Der in der Ausbildungsordnung enthaltene Ausbildungsrahmenplan gliedert **sachlich** und **zeitlich** auf, welche beruflichen **Fähigkeiten** wann vermittelt werden sollen. Ein solcher Plan ist laut Berufsbildungsgesetz jedem Ausbildungsvertrag beigefügt.

Auf das viele Paragrafen umfassende Berufsbildungsgesetz wird im Berufsausbildungsvertrag an mehreren Stellen Bezug genommen.

Ausbildungsformen

Das Berufsausbildungssystem der Bundesrepublik Deutschland hat einen guten Ruf im Ausland. Das deutsche Berufsausbildungssystem unterscheidet die Ausbildung im **dualen** System und die Ausbildung im **schulischen** System.

Duales System – Darstellung

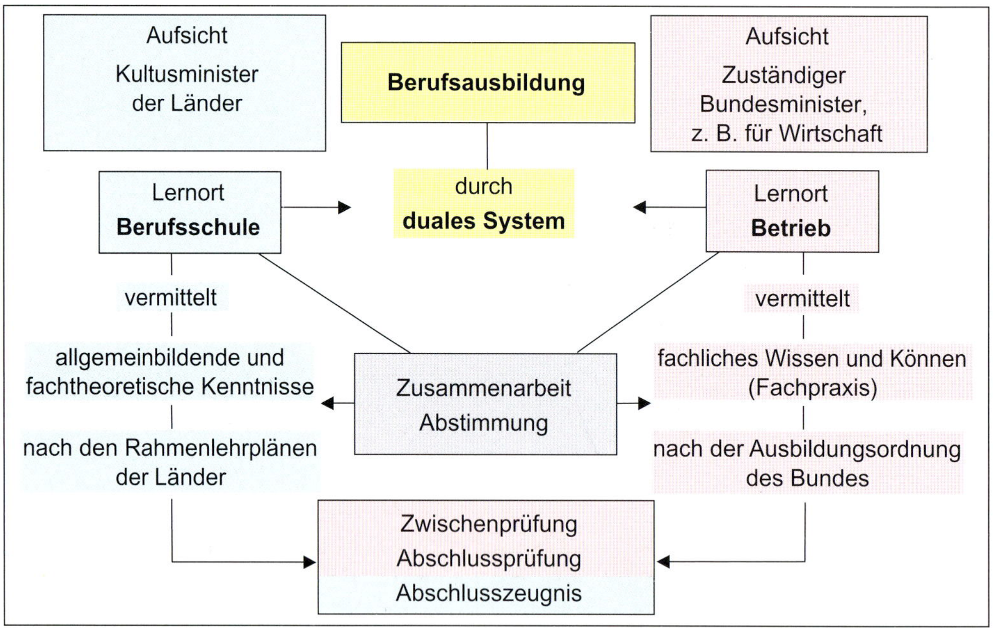

Theorie und Praxis sind aufeinander bezogen. Schule und Betrieb sind zur Zusammenarbeit verpflichtet.

www.bibb.de/dokumente/pdf/Berufsbildung-im-Netz.pdf

– Beschreibung

http://de.wikipedia.org/wiki/Duale_Ausbildung

...wiki/Berufsschule

...wiki/Ausbildungsbetrieb

hwww.bbs1-northeim.de/2 /bildungsangebote.html

Beim dualen (zweigleisigen) System sind Schule und Betrieb hinsichtlich der beruflichen Ausbildung Partner. Beide teilen sich die Bildungsaufgabe und sind nach dem Berufsbildungsgesetz zur Zusammenarbeit verpflichtet. Der duale Partner Berufsschule vermittelt hauptsächlich die Fachtheorie und erweitert die Allgemeinbildung nach Unterrichtsplan. Der Ausbildungsbetrieb übernimmt die Vermittlung der fachpraktischen Qualifikationen nach betrieblichem Ausbildungsplan. Theorie und Praxis sind jeweils aufeinander bezogen. Die duale Ausbildung vermittelt ein hohes Maß an Kompetenz und Identifikation mit dem Beruf. Die dem Betrieb zuzuordnende Kammer ist für die Abnahme der Teile 1 und 2 der Abschlussprüfung zuständig.

Duales System – Träger

Dual ist nicht nur das System, sondern dual sind auch die entsprechenden Rechtsverordnungen/Gesetze. Während für den Unterricht in der Berufsschule die Länder zuständig sind und damit deren Schulgesetze gelten, ist auf betrieblicher Ebene der Bund in Gestalt bundeseinheitlicher Ausbildungsordnungen zuständig und es gilt das Berufsbildungsgesetz.

Hauptträger der dualen Ausbildung ist der **Betrieb.** Zeitlich erfolgen sieben Zehntel der Ausbildung im Betrieb und drei Zehntel in der **Schule.** Die Berufsschule wirkt berufsbegleitend. Der Berufsschulunterricht wird entweder als Teilzeit- oder als Blockunterricht durchgeführt. Unter Teilzeit versteht man wöchentlich ein bis zwei Tage. Beim Blockunterricht fasst man den gesamten Jahresunterricht in vollzeitlichen Unterrichtsblöcken von mehreren Wochen zusammen.

Die **Rahmenlehrpläne für die Berufsschule** werden von der Kultusministerkonferenz der Länder erlassen. Die bundeseinheitlichen Ausbildungsordnungen, welche die Ausbildungsrahmenpläne enthalten, erlässt das zuständige Bundesministerium im Einvernehmen mit dem Bundesminister für Bildung und Forschung.

– Abstimmung der Ausbildungsinhalte

www.bmbf.de/pub/berufsausbildung_sichtbar_gemacht.pdf

OECD bestätigt Qualität der dualen Ausbildung. Bericht unter: www.bmbf.de/press/2953.php

http://de.wikipedia.org/wiki/Lernortkooperation

Die **Ausbildungsrahmenpläne für die betriebliche Ausbildung** und die Rahmenlehrpläne für die Berufsschule werden bezüglich der Ausbildungsinhalte aufeinander abgestimmt. Auf der Grundlage der Rahmenlehrpläne erlässt das Kultusministerium des jeweiligen Bundeslandes für die dortigen Berufsschulen spezielle Landeslehrpläne. Die Berufsschulen mit ihren Lehrerteams entwickeln daraus ihre Unterrichtspläne (Bildungsprofile). Entsprechend entwickeln die Betriebe aus den Ausbildungsrahmenplänen ihre speziellen Ausbildungspläne. Bei der Vielzahl und Unterschiedlichkeit der Berufsbildungspartner ist es **nur selten** möglich, den betrieblichen Ausbildungsplan und den schulischen Unterrichtsplan genau aufeinander abzustimmen.

Schulisches System – Träger

Bei der Berufsausbildung im schulischen System wird häufig ein bestimmter Schulabschluss vorausgesetzt. Die schulische Berufsausbildung findet in Berufsfachschulen statt, in denen zum Beispiel zu Technikern oder zu technischen Assistenten ausgebildet wird. Für die **schulische Berufsausbildung** gilt das BERUFSBILDUNGSGESETZ – ein Bundesgesetz – nicht**.** Hier gelten stattdessen **Landesgesetze**.

– Beispiel vollschulischer Ausbildung

Die zweijährige vollschulische Berufsausbildung zum Beispiel zum **Informationstechnischen Assistenten** ist konzipiert für junge Leute mit **mittlerem** schulischen Bildungsabschluss, die eine technisch orientierte Ausbildung im Bereich Computertechnik und -anwendungen anstreben. Sie lässt sich wie folgt beschreiben:

IT-Ausbildung boomt auch im Handwerk
Informationstechnologien stehen für Jobs mit Perspektive. In Industrie und Handwerk sowie Verwaltung gefragt sind Programmierer und Techniker, aber auch Kaufleute, welche die entwickelte Technik verkaufen. Mehr unter www.it-berufe.de/, auch IT-Berufsbilder, wie sie als Ausbildungsberufe derzeit im Bereich der Informations- und Telekommunikationstechnik angeboten werden. Weiteres zur IT-Ausbildung unter: http://itausbildung.com/ [2011-07-17]

> Ausbildungsschwerpunkte liegen sowohl im Softwarebereich – dieser Bereich umfasst alle zum Betrieb des Computers erforderlichen nichtapparativen Funktionsbestandteile, z. B. Programme – als auch im Hardwarebereich – dieser umfasst alle apparativen Bestandteile des Computers, z. B. Elektronikbauteile. Ausbildungsinhalte erstrecken sich von Betriebssystemen, Anwendungssoftware und Programmiertechnik bis zu Systemkomponenten, Elektronik, lokalen Netzwerken und Automatisierungstechnik. Absolventen dieser Ausbildung kommen in allen Bereichen des Computerhandels zum Einsatz. Sie finden sich aber auch in vielen Bereichen, in denen Computer zum Einsatz kommen, z. B. in Wirtschaft und Verwaltung. Ihr Tätigkeitsfeld reicht von Beratung, Konzeptentwicklung, Konfiguration, Montage und Inbetriebnahme bis zu Reparatur und Wartung von Computern. Weitere Einsatzmöglichkeiten sind auch Pflege und Wartung komplexer Computeranlagen und umfangreicher Netze in kleineren und mittleren Unternehmen sowie produktionsnahe Computeranwendungen, wie zum Beispiel CAD – computerunterstütztes Konstruieren, CNC – Computersteuerung von Werkzeugmaschinen und SPS – speicherprogrammierbare Steuerungen.

Anerkannte Ausbildungsberufe

...wiki/Berufsbildende_Schule

Karriere nach Maß

Nach dem BERUFSBILDUNGSGESETZ und der HANDWERKSORDNUNG werden Ausbildungsberufe staatlich anerkannt. Es gibt (2011) rund **350** staatlich anerkannte Ausbildungsberufe, deren Anerkennung **bundesrechtlich** geregelt ist. Diese sind in einem Verzeichnis zusammengefasst, das man bei den Arbeitsagenturen oder Kammern oder auch im Internet einsehen kann. Die Anerkennung der schulischen/hochschulischen Ausbildungen ist **landesrechtlich** geregelt. Jugendliche dürfen nur in staatlich anerkannten Ausbildungsberufen ausgebildet werden.

Techniker, Technische Assistenten, Flugzeugführer, Ingenieure und Berufsschullehrer werden in **Berufsfachschulen, Fachschulen, Fachhochschulen, Universitäten oder Hochschulen** ausgebildet.*) Man kann anerkannte Berufe zum Beispiel in **Wirtschaft** (in den Bereichen Industrie, Handel, Handwerk, Landwirtschaft, freie Berufe, Hauswirtschaft) und **Verwaltung** (bei Bundes- und Landesbehörden, Städten und Gemeinden) erlernen.

*) Ausbildungsbeispiele bis zur Hochschule zeigt www.tischler.de/ausbilden/fortbildung/index.html

Vom Ausbildungs- zum Arbeitsverhältnis

2. Duales System/Schulisches System der Ausbildung

1. Nach § 5 Berufsbildungsgesetz enthält eine Ausbildungsordnung mindestens die .... des Ausbildungsberufes, die Ausbildungsdauer, das Ausbildungs- ...., den Ausbildungsrahmenplan und die ....

2. Der Ausbildungsrahmenplan beinhaltet eine .... und .... Gliederung der Ausbildung. Ein solcher Plan ist jedem Ausbildungsvertrag ....

3. Welche Institution überwacht die Vollständigkeit der Ausbildungsordnung als zuständige Stelle?

   ....

4. In welchem Vertrag wird auf Paragrafen des Berufsbildungsgesetzes Bezug genommen?

   ....

5. Welchen Ruf genießt das Berufsausbildungssystem Deutschlands im Ausland?

   ....

6. Unser Berufsausbildungssystem sieht zwei Ausbildungsformen vor: die Berufsausbildung im .... System und die Berufsausbildung im .... System.

7. Wer hat beim dualen System der Berufsausbildung die Aufsicht bezüglich des Lernortes Betrieb?

   ....

8. Wer hat beim dualen System der Berufsausbildung die Aufsicht bezüglich des Lernortes Berufsschule?

   ....

9. Beim dualen System sind Schule und Betrieb .... Der duale Partner Berufsschule vermittelt .... und .... nach Unterrichtsplan. Der Betrieb vermittelt .... Qualifikationen nach Ausbildungsplan.

10. Hauptträger der Berufsausbildung ist der .... Zeitlich erfolgen etwa .... Zehntel der Ausbildung im Betrieb und .... Zehntel in der Berufsschule.

11. Die Rahmenlehrpläne für die Berufsschule erlässt die .... der Länder. Bundeseinheitliche Ausbildungsordnungen erlässt ein ...., das zuständig ist. Unterrichtsplan der Berufsschule und Ausbildungsplan des Betriebes können nicht stets genau aufeinander .... werden.

12. Wo findet die schulische Berufsausbildung statt? ....

13. Nach dem Berufsbildungsgesetz und der Handwerksordnung werden Ausbildungsberufe .... anerkannt. Es gibt (2011) rund 350 anerkannte Ausbildungsberufe, deren Anerkennung ....-rechtlich geregelt ist. Die Anerkennung der schulischen Ausbildungen ist ....-rechtlich geregelt.

14. In welchen Ausbildungsberufen dürfen Jugendliche nur ausgebildet werden?

    ....

15. Für Techniker, technische Assistenten, Flugzeugführer, Ingenieure und Berufsschullehrer erfolgen die Ausbildungen in ....-schulen, ...-schulen, Universitäten oder ....-schulen.

16. In welchen großen Bereichen kann man anerkannte Ausbildungsberufe des dualen Systems erlernen?

    ....

3. Berufsausbildungsvertrag I

PAL 53, U1-2, U11

Vorgeschriebene Form – Zeitpunkt der Niederlegung

Wesentliche Vertragsinhalte des Ausbildungsvertrages müssen laut Berufsbildungsgesetz in **schriftlicher** Form vor Beginn der Berufsausbildung niedergelegt werden. Vereinbart zum Beispiel ein Firmeninhaber im Mai eines Jahres mit einem Jugendlichen und dessen Eltern, den Jugendlichen ab dem 1. September zum Werkzeugmechaniker auszubilden, so muss er spätestens aber **vor** dem 1. September, dem Auszubildenden und dessen Eltern eine Vertragsniederschrift aushändigen.

Sollte die Aushändigung aus irgendwelchen Gründen nicht oder nicht rechtzeitig geschehen, bleibt der im Mai mündlich geschlossene Vertrag gleichwohl wirksam.

Vertragspartner

Auszubildender ist, wer sich in einer Berufsausbildung befindet, die mit einer Prüfung abschließt. Mit Bestehen der Abschlussprüfung erhält der Absolvent im gewerblich-technischen Bereich von der Kammer einen Facharbeiter- oder Gesellenbrief.

Die Vertragspartner heißen laut Berufsbildungsgesetz **Auszubildender** und **Ausbildender – nicht** Ausbilder! Mit Ausbildender ist der ausbildende Betrieb gemeint, also eine juristische Person. Der **Ausbilder** ist die (natürliche) Person, die für die ordnungsgemäße Ausbildung unmittelbar verantwortlich ist und im wesentlichen Umfang ausbildet: der Meister in der Ausbildungsstätte – gelegentlich auch dessen Vertreter – oder der Lehrer in der Berufsschule.

Eintragung bei der Kammer

Unverzüglich nach Abschluss des Vertrages, spätestens aber **vor** Ausbildungsbeginn ist der Ausbildungsvertrag bei der Industrie- und Handelskammer oder bei der Handwerkskammer einzureichen, damit eine Eintragung in das **Verzeichnis der Ausbildungsverhältnisse** erfolgen kann. Damit ist ein **anerkanntes** Berufsausbildungsverhältnis begründet. Anlässlich der Eintragung bei der Kammer wird der Vertrag auf Richtigkeit und Vollständigkeit **geprüft**.

Unterzeichnung

Auch Arbeitsverträge Jugendlicher unterzeichnen die gesetzlichen Vertreter mit. > PAL 53

Da der Auszubildende in der Regel noch nicht **18** ist, unterzeichnen dessen gesetzliche Vertreter (Elternteile oder Vormund) den Vertrag mit. Nach Unterzeichnung aller Beteiligten ist eine Ausfertigung des Ausbildungsvertrages unverzüglich dem Auszubildenden und dem gesetzlichen Vertreter auszuhändigen.

Probezeit

Im Berufsausbildungsvertrag muss unter anderem die Dauer der **Probezeit** angegeben werden. Sie muss mindestens einen Monat und darf höchstens vier Monate betragen. In der Probezeit soll getestet werden, ob die richtigen Partner zueinander gefunden haben und ob der Beruf für den Auszubildenden der richtige ist.

Vorgeschriebene Angaben

In einem Ausbildungsvertrag müssen neben der Probezeit angegeben sein: die Dauer des Urlaubs und **Beginn und Ende der Ausbildung** (Datumsangabe). In der Regel dauert die Ausbildung dreieinhalb Jahre. Im Ausbildungsvertrag sind weiterhin Vereinbarungen enthalten über die Höhe der Vergütung, über die Führung des Ausbildungsnachweises und über die Dauer der täglichen Arbeitszeit.

Nicht zulässige Vereinbarungen

Nicht zulässig (nichtig) sind vertragliche Vereinbarungen über Vertragsstrafen, etwa bei vorzeitiger Kündigung, eine Entschädigungszahlung des Auszubildenden für die Ausbildung, die Festsetzung der Höhe eines Schadensersatzes in Pauschbeträgen oder der Ausschluss oder die Beschränkung von Schadensersatzansprüchen.

Vergütung

Mehr über Ausbildungsvergütungen unter www.bibb.de/de/wlk8446.htm

Die Vergütung ist dem Auszubildenden spätestens am letzten Arbeitstag des Monats zu zahlen. Sie muss mit fortschreitender Berufsausbildung mindestens einmal jährlich erhöht werden. Die Ausbildungsvergütung ist nicht für alle Ausbildungsberufe gleich hoch. Sie ist nicht abhängig von der Leistung des Auszubildenden. Das Ausbildungsverhältnis ist in diesem Sinne kein Arbeitsverhältnis.

Welche genaue Höhe seine Ausbildungsvergütung hat und ob seine Vergütung dem geltenden Mindestsatz entspricht, kann der Auszubildende im gültigen Lohn- und Gehaltstarifvertrag nachlesen. In der Regel ist dieser bei der Kammer einzusehen.

Weiterzahlung

Ist der Auszubildende arbeitsunfähig erkrankt, so ist die Ausbildungsvergütung vom Betrieb bis zu sechs Wochen weiterzuzahlen. Nimmt der Auszubildende zum Beispiel an einer dreiwöchigen Ausbildungsmaßnahme im Berufsbildungszentrum außerhalb der Arbeitsstätte teil, so zahlt der Betrieb ebenfalls bis zu sechs Wochen weiter. Nach den sechs Wochen Fortzahlung durch den Betrieb würde, falls erforderlich, dann die Krankenkasse weiterzahlen.

Berufsausbildungsvertrag

zwischen dem Ausbildenden (Unternehmen)

Anschrift des Ausbildenden

Max Mustermann
Maurermeister
Wilhelmstr. 1
24937 Musterstadt

Telefon: 0461 / 23 45

Fax: 0461 / 23 46

und dem Auszubildenden männl. [x] weibl. [ ]

Name, Vorname: Fleißig, Michael

Straße, Haus-Nr.: Angelburger Str. 100

PLZ: 24937 Ort: Musterstadt

geb. am: 15.05.96 Staatsangehörigkeit: deutsch

Gesetzlich vertreten durch:

Eltern: [x] nur Vater: [ ] nur Mutter: [ ] Vormund [ ]

Name, Vorname, gesetzlicher Vertreter: Fleißig, Hannelore und Bernd

Straße, Haus-Nr.: Angelburger Str. 100

PLZ: 24937 Ort: Musterstadt

wird nachstehender Vertrag zur Ausbildung

im **Ausbildungsberuf** Maurer

ggf. Fachrichtung / Schwerpunkt / Handlungsfeld / Wahlqualifikationseinheit

nach Maßgabe der Ausbildungsordnung geschlossen

A Die **Ausbildungszeit** beträgt nach der Ausbildungsordnung 3 Jahre.
Diese verringert sich durch

um ______ Monate.

Das Ausbildungsverhältnis beginnt am 01.09.12

und endet am 31.08.15

B Die **Probezeit** beträgt 4 Monate (§ 1 Nr. 2).

C Die Ausbildung findet vorbehaltlich der Regelungen nach § 2 Ziff. 5 in

Musterstadt

und den mit dem Betriebssitz für die Ausbildung üblicherweise zusammenhängenden Bau-, Montage und sonstigen Arbeitsstellen statt.

D Ausbildungsmaßnahmen außerhalb der Ausbildungsstätte.
(z. B. Zeiten in einem anderen Ausbildungsbetrieb, zusätzliche Lehrgangs-Maßnahmen neben den vorgeschriebenen, überbetrieblichen Unterweisungsmaßnahmen)

E Der Ausbildende zahlt dem Auszubildenden eine angemessene **Vergütung**.
Sie beträgt zzt. monatlich brutto:[1)]

im	1. Ausbildungsjahr	2. Ausbildungsjahr	3. Ausbildungsjahr	4. Ausbildungsjahr
EURO	554,00	860,00	1086,00	

F Die regelmäßige tägliche Ausbildungszeit beträgt zzt. 8 Stunden[1, 2)]

bei einer wöchentlichen Ausbildungszeit von zzt. 39 Stunden[1, 2)]

G Der Ausbildende gewährt dem Auszubildenden Urlaub nach den geltenden Bestimmungen. Es besteht zzt. ein Urlaubsanspruch von:[1, 3)]

Kalenderjahr	2012	2013	2014	2015	
Werktage					
Arbeitstage	10	30	30	20	

H Anzuwendende Tarifverträge und Betriebsvereinbarungen:

TV Berufsbildung

I Sonstige Vereinbarungen:

Dieser Vertrag ist in 3 gleichlautenden Ausfertigungen ausgestellt und von den Vertragsparteien eigenhändig unterschrieben worden. Jeder Vertragsausfertigung ist ein betrieblicher Ausbildungsplan beigefügt. Die Seite 2 ist Gegenstand dieses Vertrages und wird anerkannt.

Ort, Datum:

Musterstadt , 02.06.12

Der Ausbildende (Unternehmen)

M. Mustermann

Der Auszubildende (Vor- und Familienname)

Michael Fleißig

Die gesetzlichen Vertreter des Auszubildenden*

Mutter H. Fleißig Vater B. Fleißig

oder Vormund

* Falls nur ein Elternteil unterschreibt, ist ein Beleg über das alleinige Sorgerecht oder ein Vermerk erforderlich.

1) Soweit Tarifverträge bestehen, gelten bei Tarifgebundenheit der Parteien oder bei Allgemeinverbindlichkeit des Tarifvertrages mindestens die tariflichen Sätze. 2) Nach dem JArbSchG beträgt die höchstzulässige tägliche Arbeitszeit (Ausbildungszeit) bei noch nicht 18 Jahre alten Auszubildenden acht Stunden, die höchstzulässige wöchentliche Arbeitszeit 40 Stunden. Wenn an einzelnen Werktagen die Arbeitszeit auf weniger als acht Stunden verkürzt ist, können Jugendliche an den übrigen Werktagen derselben Woche achteinhalb Stunden beschäftigt werden. Jugendliche Auszubildende dürfen nur an fünf Tagen in der Woche beschäftigt werden. Im übrigen sind die Vorschriften des JArbSchG über die Beschäftigung Jugendlicher an Samstagen, Sonn- und gesetzlichen Feiertagen zu beachten. 3) § 19 JArbSchG: Urlaubsjahr ist das Kalenderjahr. Soweit der Auszubildende zu Beginn des Kalenderjahres noch nicht 16 Jahre alt ist, beträgt der Urlaub 30 Werktage, noch nicht 17 Jahre alt ist, beträgt der Urlaub 27 Werktage, noch nicht 18 Jahre alt ist, beträgt der Urlaub 25 Werktage, es sei denn, derTarifvertrag sieht eine günstigere Regelung vor. Im übrigen gelten § 3 Abs. 2, §§ 4-12 und § 13 Abs. 3 des Bundesurlaubsgesetzes bzw. die besonderen Regelungen des Tarifvertrages.

Dieser Vertrag ist in das Verzeichnis der Berufsausbildungsverhältnisse eingetragen am ______

unter der Betriebsnummer 211

HANDWERKSKAMMER MUSTERSTADT
i. A.

Auszug aus Seite 2 zum Berufsausbildungsvertrag:
§ 1 Ausbildungszeit
Nr. 2. Probezeit (siehe B auf Seite 1). Wird die Ausbildung während der Probezeit um mehr als ein Drittel dieser Zeit unterbrochen, so verlängert sich die Probezeit um den Zeitraum der Unterbrechung.
§ 2 Pflichten des Ausbildenden
Ziff. 5. Besuch der Berufsschule, Ausbildungsmaßnahmen außerhalb der Ausbildungsstätte – den Auszubildenden zum Besuch der Berufsschule anzuhalten und freizustellen. Das gleiche gilt, wenn Ausbildungsmaßnahmen außerhalb der Ausbildungsstätte (...) durchzuführen sind.

3. Berufsausbildungsvertrag I

1. Wann müssen wesentliche Inhalte des Berufsausbildungsvertrages **spätestens** schriftlich niedergelegt werden?

   ....

2. Ein Firmeninhaber vereinbart im Mai eines Jahres mit einem Jugendlichen und dessen Eltern mündlich, den Jugendlichen ab dem 1. September zum Konstruktionsmechaniker auszubilden. Was muss der Firmeninhaber danach, spätestens vor dem 1. September tun?

   ....

3. Wer sind die Vertragspartner (früher Lehrling und Lehrherr)?

   ....

4. Wann muss der Berufsausbildungsvertrag bei der Kammer (Industrie- und Handelskammer oder Handwerkskammer) eingereicht werden? ....

   ....

5. In welches Verzeichnis wird das Ausbildungsverhältnis bei der Kammer eingetragen (früher Lehrlingsrolle)?

   ....

6. Wer unterzeichnet den Ausbildungsvertrag mit einem Jugendlichen (außer dem Ausbildenden)?

   ....

7. Was muss mit dem Ausbildungsvertrag, der zugleich in Kopie(n) gefertigt wird, nach der Unterzeichnung unverzüglich geschehen? ....

   ....

   ....

8. Im Berufsausbildungsvertrag muss unter anderem die Dauer der Probezeit angegeben werden. Wie lange muss sie mindestens und wie lange darf sie höchstens betragen? ....

   ....

9. Kann auf eine Probezeit verzichtet werden? (Begründen Sie Ihre Antwort.) ....

   ....

10. In einem Berufsausbildungsvertrag müssen weiter angegeben sein: Dauer des .... und (wichtig!) Beginn und .... der Ausbildung.

11. In einem Ausbildungsvertrag sind Vereinbarungen enthalten über die Höhe der ...., über die Führung des ....-nachweises (Berichtsheft) und über die .... der täglichen Arbeitszeit. Nicht zulässig sind vertragliche Vereinbarungen über .... bei vorzeitiger Kündigung.

12. Welche Vereinbarung über eine Zahlung des Auszubildenen ist im Ausbildungsvertrag ebenfalls nicht zulässig?

    ....

13. Die Vergütung ist dem Auszubildenden spätestens am letzten .... des Monats zu zahlen. Sie muss mindestens einmal .... erhöht werden. Welche genaue Höhe die Vergütung hat, kann der Auszubildende im gültigen ....-vertrag nachlesen.

14. Wie lange muss der Betrieb dem Auszubildenden die Vergütung zahlen, wenn dieser arbeitsunfähig erkrankt ist?

    ....

15. Wer zahlt die Vergütung, wenn der Auszubildende an Ausbildungsmaßnahmen im Berufsbildungszentrum außerhalb der Arbeitsstätte teilnimmt? ....

Vom Ausbildungs- zum Arbeitsverhältnis

16. Wer bildet laut vorstehendem Muster-Vertrag aus (1) (Funktion, Nachname) und wer wird ausgebildet (2)?
1. .... 2. ....

17. Unter den eckig eingerahmten Punkten A bis H enthält der Muster-Ausbildungsvertrag verschiedene Einträge. Unter Punkt A wird die Ausbildungs-.................... (in Jahren) angegeben. (Im vorliegenden Fall dauert die Ausbildung .... Jahre). Eine Verkürzung wird nicht beantragt. Das Berufsausbildungsverhältnis beginnt / begann am .... und endet/e am ....

18. Die Probezeit unter B beträgt .... Monate. Der Hinweis hinter der Angabe der Probezeit in Klammern „§ 1 Nr. 2" bezieht sich auf den kleingedruckten Text, der ganz unten auf dem Vertragsblatt wiedergegeben ist. Unter § 1 Nr. 2 heißt es: Wird die Ausbildung während der Probezeit um mehr als ein .... dieser Zeit unterbrochen, so verlängert sich die Probezeit um ....

19. Unter Punkt C wird .... als Ort der Ausbildung (Betriebssitz), ohne Adresse, angegeben. Als zusätzliche Ausbildungsorte werden genannt die mit dem Betriebssitz zusammenhängenden ....-stellen, Montagestellen und .... Arbeitsstellen. § 2 Ziffer 5 betrifft den Besuch der ....-schule und die Teilnahme an Ausbildungsmaßnahmen .... der Ausbildungsstätte.

20. Bei D wären solche Ausbildungsmaßnahmen zeitlich anzugeben, wenn außerhalb zusätzlich ausgebildet würde. Bei E wird die .... (im 1., 2. und 3. Ausbildungsjahr) angegeben. Im Vorspann dazu heißt es: „Der Ausbildende zahlt dem Auszubildenden eine .... Vergütung." Weiter heißt es: „Sie beträgt zurzeit monatlich ...." Die sich anschließende Fußnotenziffer ist die Ziffer .... In der zugehörigen Fußnote 1 heißt es: „Soweit Tarifverträge bestehen, gelten bei Tarifgebundenheit der Parteien oder bei Allgemeinverbindlichkeit des Tarifvertrages [in Bezug auf die Vergütung] mindestens die .... Sätze." Im 1. Ausbildungsjahr beträgt die Vergütung .... Euro, im zweiten Jahr .... Euro und im dritten Ausbildungsjahr beträgt sie 1 086 Euro.

21. Bei F geht es um die regelmäßige tägliche und die wöchentliche Arbeitszeit. Danach soll der Auszubildende .... Stunden täglich und .... Stunden wöchentlich arbeiten. In der kleingedruckten Fußnote 2 heißt es dazu: „Nach dem JArbSchG (=Jugendarbeitsschutzgesetz) beträgt die höchstzulässige tägliche Arbeitszeit (Ausbildungszeit) bei noch nicht 18 Jahre alten Auszubildenden acht Stunden, die höchstzulässige wöchentliche Arbeitszeit .... Stunden. Wenn an einzelnen Werktagen die Arbeitszeit auf weniger als acht Stunden verkürzt ist, können Jugendliche an den übrigen Werktagen derselben Woche .... Stunden beschäftigt werden. Jugendliche Auszubildende dürfen nur an .... Tagen in der Woche beschäftigt werden."

22. Bei G geht um den ....-anspruch nach den geltenden Bestimmungen (des Jugendarbeitsschutz- und des Bundesurlaubsgesetzes). Der Urlaub ist nach ....-jahren gestaffelt. Im Jahr 2012 ist/ war der Auszubildende (am 15.05.1996 geboren) .... Jahre alt geworden. Von den 30 Tagen Urlaub, die ihm im Jahr 2012 zustehen, erhält er für die vier Monate Ausbildungszeit anteilig .... Tage Urlaub. Für die weiteren beiden Jahre besteht zurzeit ebenfalls ein Anspruch auf 30 ....-tage (nicht Werktage) Urlaub. Aus der Fußnote 3 geht hervor, dass für die weiteren Jahre nach § 19 JArbSchG eigentlich .... Urlaubstage als die im Vertrag eingetragenen 30 Tage vorgesehen sind. Für das zweite Kalenderjahr wären das zum Beispiel .... Werktage.

23. Bei H steht, der anzuwendende Tarifvertrag sei der .... Die Schlusssätze besagen unter anderem: Der Vertrag ist in .... gleichlautenden Ausfertigungen ausgestellt. Jeder Vertragsausfertigung ist ein betrieblicher ....-plan beigefügt. Die Seite .... des Vertrages ist Gegenstand des Vertrages und wird .... (mit den Unterschriften).

24. Welche Stelle trägt den Ausbildungsvertrag in ein Verzeichnis ein? ....

4. Berufsausbildungsvertrag II

PAL 5-7, 47,51, U3-4, U18

Kündigung
– in der Probezeit

Vertrag kommt von vertragen – sagt der Volksmund. Nur manchmal klappt das nicht so. Es kommt zur Kündigung. Während der Probezeit kann das Ausbildungsverhältnis **sofort**, ohne Einhaltung einer Kündigungsfrist, gelöst werden. Die Kündigung muss schriftlich erfolgen (Empfehlung: per Einschreiben mit Rückschein). Ein Kündigungsgrund muss **nicht** angegeben werden. Das gilt für beide Seiten.

– nach der Probezeit

Nach Ablauf der **Probezeit** muss das Ausbildungsverhältnis unter Angabe des **Kündigungsgrundes** schriftlich gekündigt werden. Der Ausbildende muss die Kündigung der Kammer melden, gegebenenfalls zusätzlich der Agentur für Arbeit.

Kündigungsgrund
– hinreichend

Ein hinreichender Kündigungsgrund ist zum Beispiel gegeben, wenn der Auszubildende sich in einem **anderen Beruf** als dem gewählten ausbilden lassen will, besonders dann, wenn die **ärztliche** Nachuntersuchung ergibt, dass der Auszubildende den Anforderungen des Ausbildungsberufes **aus gesundheitlichen Gründen** nicht gewachsen ist. In einem solchen Fall sollte der Ausbildungsvertrag **unverzüglich** gelöst und ein Berufswechsel vorgenommen werden.

– nicht hinreichend

Kein hinreichender Grund zur Auflösung des Berufsausbildungsvertrages vonseiten des Betriebes ist beispielsweise das **Nichtbestehen eines Teils der Zwischenprüfung** (= Teil 1 der Abschlussprüfung) oder das **Nichterreichen des Klassenziels** in der Berufsschule. Insofern besteht ein beachtlicher Kündigungsschutz.

– wichtig

Wie bei einem Arbeitsvertrag sind auch bei einem Ausbildungsvertrag etwa **Diebstahl** und **Beleidigung** wichtige Gründe, das Ausbildungsverhältnis jederzeit ohne Einhaltung einer Kündigungsfrist zu kündigen. Dazu die folgende Übersicht.

Übersicht

Mehr zur Kündigung des Ausbildungsvertrages bei www.bmbf.de/pub/ausbildung_und_beruf.pdf unter VIII. Kündigung und unter XII. Auskunfts-, Beschwerde- und Klagemöglichkeiten (etwa im Falle einer ungerechtfertigt erscheinenden fristlosen Kündigung > PAL-Prüfungsaufgabe U5)

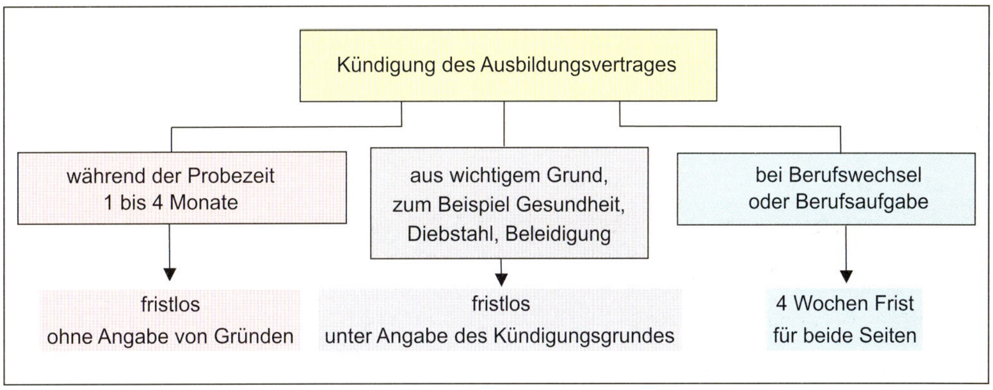

Kündigungsfrist

Für das Ausscheiden aus dem Ausbildungsvertrag bei Berufsaufgabe oder Berufswechsel gilt eine Kündigungsfrist von **vier Wochen**.

Vertragsende

Ein Ausbildungsvertrag ist ein **Vertrag auf Zeit**, in der Regel auf dreieinhalb Jahre. Ziel ist das Bestehen der Abschlussprüfung.

– bei Verkürzung

Stellt ein Auszubildender bei der zuständigen Kammer einen Antrag auf **vorzeitige** Zulassung zur Abschlussprüfung, so muss die Kammer vor ihrer Entscheidung laut Berufsbildungsgesetz den Betrieb und die Berufsschule anhören. Wird daraufhin ein Auszubildender vorzeitig zur Abschlussprüfung zugelassen und besteht diese, so endet das Vertragsverhältnis laut BBiG § 21 Abs. 2 mit Bekanntgabe des Prüfungsergebnisses, also **vor** den vereinbarten dreieinhalb Jahren – weil das Ziel erreicht ist.

– bei Verlängerung

§

Braucht ein Auszubildender aus irgendwelchen Gründen **länger** als die vorgesehenen dreieinhalb Jahre Ausbildungszeit, um das Ziel zu erreichen, so endet das Ausbildungsverhältnis zu dem im Ausbildungsvertrag vereinbarten Zeitpunkt.

In „Rechtsdeutsch“ heißt das: „Liegt das Vertragsende **vor** der Abschlussprüfung oder Teilen davon, so endet das Ausbildungsverhältnis **mit** Vertragsende.“

Vom Ausbildungs- zum Arbeitsverhältnis

Ausbildungsjahre am Zahlenstrahl

Die folgende Darstellung soll verdeutlichen, was gemeint ist.

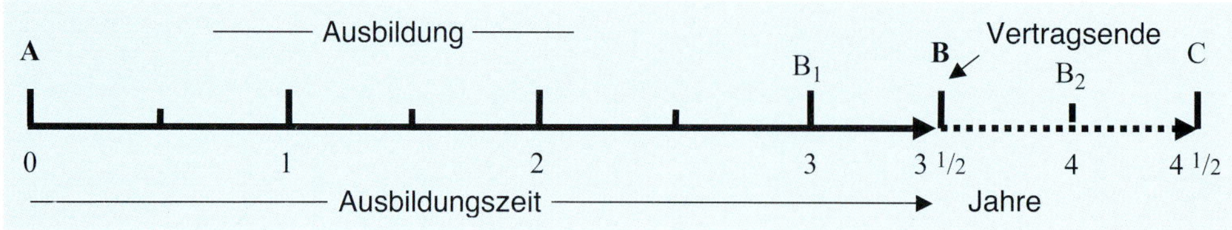

www.bmbf.de/pubRD/kurzbeschreibung_anrechnung_anerkennung_berufliche_qualifikationen.pdf

Vertragsbeginn und Vertragsende sind oben mit **A** und **B** gekennzeichnet. Die Ausbildungszeit endet nach 3 1/2 Jahren. Die Zeitpunkte des möglichen Bestehens der Abschlussprüfung sind $\mathbf{B_1}$ (vorzeitig), und **B** (regulär) sowie $\mathbf{B_2}$ und **C** (nachträglich). Für den Fall, dass der Auszubildende die Prüfung **nach** den vertraglich vereinbarten 3 1/2 Jahren macht, liegt das Vertragsende also **vor** der Abschlussprüfung.

Ablauf der Vertragszeit

Laut BBiG § 12 Abs. 1 kann sich der Auszubildende innerhalb der letzten sechs Monate seiner Vertragszeit gegenüber dem Ausbildenden verpflichten, nach der Ausbildung ein Arbeitsverhältnis einzugehen. Ist das nicht der Fall, so ist die Tätigkeit des Auszubildenden nach dem letzten Ausbildungstag beendet. Für den Ausbildenden besteht rein formell **keine** gesetzliche Verpflichtung zur Weiterbeschäftigung.

Verlängerung der Ausbildung

Wird der Auszubildende nach bestandener Prüfung weiterbeschäftigt, so wird hierdurch ein Arbeitsverhältnis auf unbestimmte Zeit begründet (§ 24 BBiG).

Bei Nichtbestehen der Abschlussprüfung kann nach dem Berufsbildungsgesetz die Ausbildungszeit von der zuständigen Stelle (Kammer) verlängert werden. Auf Verlangen des Auszubildenden muss die Ausbildung verlängert werden. Der Auszubildende muss nur den Antrag stellen. Die Vergütung bleibt bei Verlängerung unverändert.

Mit Bestehen der Abschlussprüfung läuft der Ausbildungsvertrag aus. Um jede Unsicherheit über eine mögliche Weiterbeschäftigung im Betrieb auszuschließen, sollten die Vertragsparteien sich zeitig erklären. Eine Erklärung, die den Auszubildenden verpflichtet, nach bestandener Prüfung in einem Arbeitsverhältnis weiterzuarbeiten, darf erst innerhalb der letzten sechs Monate der Ausbildung erfolgen (§ 12 BBiG).

Zeugnis vom Betrieb

Ein qualifiziertes Arbeitszeugnis nach der Ausbildung umfasst:
- Personalien: Name, Vorname, Geburtsdatum
- Dauer der Ausbildung (genaue Bezeichnung) und deren Art (ausführliche Darstellung)
- Inhalt des Ausbildungsprofils
- Bewertung des Verhaltens
- Bewertung der Leistungen
- Schlussformulierung: Dankesformel und Zukunftswünsche

http://de.wikipedia.org/wiki/Arbeitszeugnis

Nach dem Berufsbildungsgesetz (§ 16) ist dem Auszubildenden nach Beendigung der Ausbildung vom Betrieb ein Zeugnis auszustellen. Das Zeugnis muss Angaben enthalten über Art, Dauer und Ziel der Ausbildung - wobei die Art der Beschäftigung ausführlich dargestellt werden muss - sowie über die erworbenen beruflichen Fertigkeiten, Kenntnisse und Fähigkeiten (**einfaches** Arbeitszeugnis). Auf Verlangen Auszubildender sind Angaben über Verhalten und Leistung aufzunehmen. In diesem Fall handelt es sich um ein **qualifiziertes** Arbeitszeugnis. Ein einfaches Zeugnis beinhaltet keinerlei Beurteilung der Auszubildenden.

Was vom Azubi erwartet wird

Die folgende Darstellung zeigt, welche Erwartungen Betriebe an Auszubildende richten. Diese werden eher jemanden ausbilden, der **zuverlässig, lern- und leistungsbereit** sowie **konzentrationsfähig** ist, **durchhalten** kann und **verantwortungsbewusst** ist.

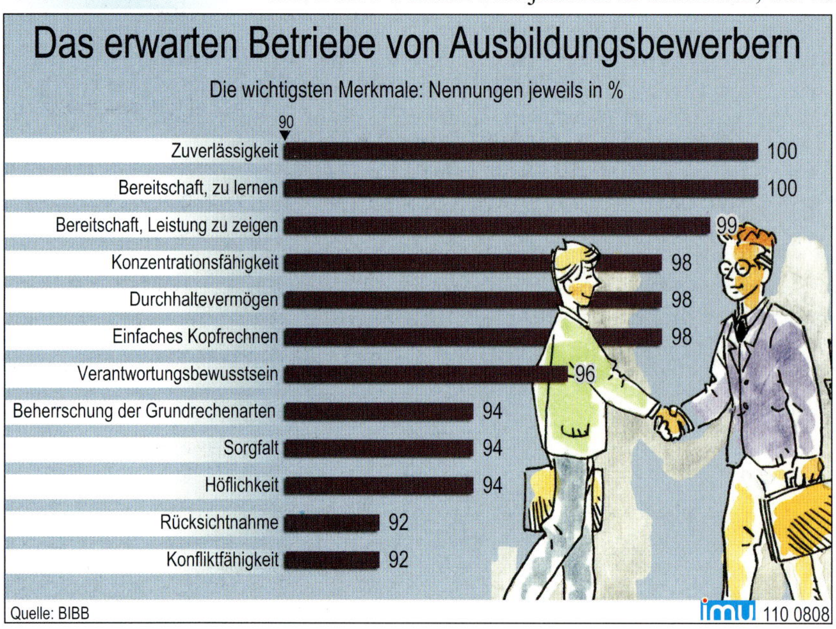

Um begehrte Ausbildungsstellen gibt es weiterhin einen Wettbewerb. Betriebe beklagen indes zunehmend, dass sie Ausbildungsstellen nicht besetzen können, weil es keine geeigneten Bewerber gibt. Worauf Betriebe besonderen Wert legen, zeigt eine Umfrage des Bundesinstituts für Berufsbildung (siehe nebenstehende Infografik). Ganz oben in der Rangfolge stehen persönliche Merkmale. Formal sind vor allem Rechenfähigkeiten gefragt.

4. Berufsausbildungsvertrag II

1. Was gilt für eine Kündigung während der Probezeit bezüglich der Kündigungsfrist? Das Ausbildungsverhältnis kann ....

2. In welcher Form muss ein Berufsausbildungsverhältnis gekündigt werden? ....

3. Nach Ablauf der Probezeit muss das Ausbildungsverhältnis unter Angabe des .... schriftlich gekündigt werden. Ein hinreichender Kündigungsgrund ist gegeben, wenn sich der Auszubildende in einem .... Beruf ausbilden lassen will.

4. Aus welchem (wichtigen) Grund sollte der Auszubildende den Ausbildungsvertrag unverzüglich lösen und einen Berufswechsel vornehmen? ....

5. Nennen Sie zwei (weitere) **wichtige** Gründe, aus denen das Ausbildungsverhältnis jederzeit ohne Einhaltung einer Kündigungsfrist (fristlos) gekündigt werden kann.
   1. .... 2. ....

6. Welche Kündigungsfrist gilt für das Ausscheiden aus dem Berufsausbildungsvertrag bei Berufsaufgabe oder Berufswechsel? ....

7. Ein Auszubildender stellt bei der Kammer einen Antrag auf vorzeitige Zulassung zur Abschlussprüfung. Was hat die Kammer vor ihrer Entscheidung zu tun? Sie muss
   1. .... anhören, 2. .... anhören.

8. Wann endet das Berufsausbildungsverhältnis, wenn ein Auszubildender vorzeitig zur Abschlussprüfung zugelassen wird und diese besteht? ....

9. Wann endet ein Berufsausbildungsverhältnis, wenn das Vertragsende vor der schriftlichen und der mündlichen Prüfung liegt? ....

10. Am letzten Ausbildungstag wird einem Auszubildenden gesagt, dass am nächsten Tag seine Tätigkeit in der Firma beendet ist. Ist das zulässig? (Wenn ja, Begründung.) ....

11. Nach dem Berufsbildungsgesetz kann die Ausbildungszeit auf Antrag von der zuständigen Stelle verlängert werden. Wer ist die zuständige Stelle? ....

12. Bei nicht bestandener Prüfung muss auf Verlangen des Auszubildenden das Ausbildungsverhältnis verlängert werden. Der .... muss nur den .... stellen.

13. Ein Auszubildender plant, nach Bestehen der Prüfung, den Betrieb zu wechseln. Was sollte er zeitig tun – muss es aber nicht? ....

14. Nach dem Berufsbildungsgesetz ist dem Auszubildenden nach Beendigung der Ausbildung ein Zeugnis auszustellen. Welche Angaben außer über die Person des Auszubildenden muss ein solches Zeugnis mindestens enthalten?
    Angaben über ....

15. Welche Angaben sind nur auf Verlangen der Auszubildenden in das – vom Betrieb nach Beendigung der Ausbildung auszustellende – Zeugnis aufzunehmen? – Angaben über
    1. .... der Auszubildenden, 2. .... der Auszubildenden

16. Nennen Sie drei hoch geschätzte Eigenschaften des Mitarbeiters, die der Betrieb zur Entscheidung für dessen Übernahme nach der Ausbildung zum Beispiel heranziehen kann. 1. ....
    2. .... 3. ....

5. Berufsausbildungsvertrag III • Aufgaben der Kammer I

PAL 48, U22

Pflichten des Ausbildenden

Nach dem Berufsbildungsgesetz verpflichtet sich der ausbildende Betrieb mit dem Abschluss des Ausbildungsvertrages zu einer **ordnungsgemäßen Ausbildung** und zu einer **besonderen Fürsorge.**

Ausbildungspflicht

Im Rahmen der Ausbildungspflicht übernimmt der Ausbildende die Verpflichtung, die gesetzlich festgelegten und in der Ausbildungsordnung spezifizierten Ausbildungskompetenzen zu vermitteln und die Ausbildung nach Plan, sachlich und zeitlich gegliedert durchzuführen, unter **Einhaltung des beruflichen Bildungsplans / betrieblichen Ausbildungsplans**. Der Ausbildende darf nur Arbeiten anordnen, die zum Ausbildungsberuf gehören.

Fürsorgepflicht

Die Berufsausbildung hat die für die Ausübung einer qualifizierten beruflichen Tätigkeit in einer sich wandelnden Arbeitswelt notwendigen beruflichen Fertigkeiten, Kenntnisse und Fähigkeiten (berufliche Handlungsfähigkeit) in einem geordneten Ausbildungsgang zu vermitteln. Sie hat ferner den Erwerb der erforderlichen Berufserfahrungen zu ermöglichen (§ 1 BBiG Abs.3).

Im Rahmen der Fürsorgepflicht berücksichtigt der Ausbildende grundsätzlich die Ausbildungssituation, die Jugend und das Heranwachsen des Auszubildenden. Er stellt ihm die Ausbildungsmittel kostenlos bereit, stellt ihn zum Berufsschulbesuch und zur Teilnahme an Prüfungen frei und zahlt die Ausbildungsvergütung pünktlich. Der Ausbildende zahlt auch die Prüfungsgebühren.

Der Ausbildende übernimmt in der Regel nicht die Kosten für die in der Berufsschule erforderlichen Arbeitsmittel, auch nicht die Kosten für die allgemeine Berufskleidung. Er meldet den Auszubildenden rechtzeitig zur Prüfung an. Er hält den Auszubildenden zum Schulbesuch und zum Führen des Berichtsheftes an.

Übersicht

Ausbildungspflicht erfüllen

Mehr zu Rechten und Pflichten während der Ausbildung unter www.bmbf.de/pub/ausbildung_und_beruf.pdf

Pflichten des Ausbildenden	Pflichten des Auszubildenden
• **Ausbildungspflicht (Hauptpflicht):** Ordnungsgemäße Durchführung der vertraglich vereinbarten Ausbildung (Unterweisung und Beschäftigung) gemäß beruflichem Bildungsplan / betrieblichem Ausbildungsplan, wenn vorhanden. • **Übertragung ausschließlich ausbildungsbezogener Tätigkeiten.** Der Ausbildende darf erwarten, dass der Auszubildende seinen Arbeitsplatz sauber und aufgeräumt hält, **nicht** aber, dass er (ständig) alle Arbeitsplätze säubert. • **Fürsorgepflicht • Verantwortung** – Pflicht zur Zahlung der monatlichen Ausbildungsvergütung gemäß gesetzlicher und tarifvertraglicher Regelungen (Vergütungspflicht) und gegebenenfalls Abführung der Beiträge zur gesetzlichen Sozialversicherung – Pflicht, die Ausbildungsmittel (Werkzeuge, Werkstoffe, Berichtsheft) kostenlos bereitzustellen – Freistellung zum Besuch der Berufsschule und zur Teilnahme an den Prüfungen sowie zur ärztlichen Nachuntersuchung – den Auszubildenden charakterlich fördern und – dessen gesundheitliche Gefährdung vermeiden – Unfallschutzbestimmungen beachten, gegebenenfalls die des Jugendarbeitsschutzgesetzes – den Auszubildenden anhalten zum Berufsschulbesuch (Berufsschulpflicht) und zum Führen eines Berichtsheftes als Ausbildungsnachweis – Pflicht zur rechtzeitigen Anmeldung zu den Prüfungen (Zwischen- und Abschlussprüfung), spätestens drei Monate vor dem Prüfungstermin – Pflicht zur Ausstellung eines Zeugnisses bei Beendigung der Ausbildung (Zeugnispflicht)	• **Lernpflicht (Hauptpflicht):** Ausführung der im Rahmen der Ausbildung übertragenen Arbeiten nach besten Kräften, mit Fleiß, Aufmerksamkeit und Sorgfalt (Dienstleistungspflicht), mit dem Ziel, zu lernen, um beruflich handlungsfähig zu werden. • **Gehorsamspflicht:** Die Weisungen des Ausbilders, die er im Rahmen der Ausbildung erteilt, sind unbedingt zu befolgen. (Der Auszubildende hat eine Gehorsamspflicht. Umgekehrt hat der Ausbildende ein Weisungsrecht.) • **Sorgfalts- und Haftpflicht • Mitverantwortung** – Einrichtungen und Arbeitsmaterial nur zu den übertragenen Arbeiten verwenden, sorgsam damit umgehen und keinen Missbrauch damit treiben, die übertragenen Arbeiten sorgfältig und gewissenhaft ausführen – Pflicht, Ausbildungsmittel pfleglich zu behandeln – als Teil der Berufsausbildung: am Berufsschulunterricht und an den Prüfungen teilnehmen – Pflicht zur Führung des Berichtsheftes – vor Ablauf des ersten Ausbildungsjahres sich ärztlich nachuntersuchen lassen – Pflicht, bei krankheitsbedingtem Fernbleiben vom Ausbildungsbetrieb den Ausbildenden / Betrieb unverzüglich zu benachrichtigen – die Betriebsordnung einhalten, zum Beispiel Sicherheitsvorschriften und gegebenenfalls Rauchverbot und Pflicht zur Sauberkeit beachten • **Schweige- und Treuepflicht • Verantwortung** – über Betriebgeheimnisse Stillschweigen wahren, auch nach Beendigung des Ausbildungsverhältnisses – dem Ausbildenden keine Konkurrenz machen durch eventuelle Nebentätigkeit – alle im Rahmen des Betriebs wichtigen Vorkommnisse dem Ausbilder unverzüglich mitteilen
= Rechte des Auszubildenden	**= Rechte des Ausbildenden**
Die Pflichten des einen sind die Rechte des anderen!	

Freistellung zum Besuch der Berufsschule
Laut Entscheidung des Bundesarbeitsgerichts sind Berufsschultage mit mehr als fünf Unterrichtsstunden (à 45 Minu-ten) ... mit jeweils acht Stunden auf die gesetzliche Höchstarbeitszeit von 40 Stunden wöchentlich anzurechnen.
Für einen zweiten Berufsschultag gilt die Hochrechnung von 45 auf 60 Minuten nicht.
Die hochgerechneten acht Stunden dürfen in der Regel auch nicht auf eventuell kürzere betriebliche Wochenarbeitszeiten von etwa 38 Stunden angerechnet werden. > U 22

Fürsorgepflicht

Im Rahmen der Fürsorgepflicht hat der Ausbildende weiter die Pflicht, für die charakterliche Förderung des Auszubildenden zu sorgen und dafür, dass keine gesundheitliche (körperliche und seelische) Gefährdung eintritt. Am Ende der Ausbildung muss er dem Auszubildenden ein Zeugnis ausstellen. Hier ein Textbeispiel.

Der Auszubildende *(Name, Geburtsdatum)* hat vom ... *(Datum des Beginns der Ausbildung)* bis zum ... *(Datum vom Ende der Ausbildung)* in unserer Firma eine Ausbildung als ... *(Bezeichnung des Ausbildungsberufs)* absolviert. In seiner 3 1/2-jährigen Ausbildungszeit wurde er in allen Aufgabenbereichen *(Nennung der erworbenen Kompetenzen)* unseres Betriebes ausgebildet. Der Auszubildende hat die ihm übertragenen Arbeiten mit großem Engagement und großer Gewissenhaftigkeit erledigt. Sein Verhalten gegenüber Ausbildern war immer freundlich. Der Auszubildende verlässt unsere Firma auf eigenen Wunsch.
(Ort, Datum, Unterschrift)

Einhaltung der Pflichten

Die **Pflichten** des Ausbildenden sind die **Rechte** des Auszubildenden und umgekehrt. Pflichten müssen eingehalten, Rechte dürfen nicht verletzt werden. Die Nichteinhaltung der Pflichten oder die Verletzung der Rechte kann ein wichtiger Grund für eine Kündigung sein.

– Haftpflicht

Ein durch Nichteinhaltung von Pflichten entstandener Schaden kann, etwa bei grober Fahrlässigkeit oder bei Vorsatz, zu einer Schadensersatzpflicht führen. Einfache Fahrlässigkeit hingegen verpflichtet in der Regel nicht zum Schadensersatz.

Pflichten des Auszubildenden

Der Ausbildungspflicht – im Sinne der betrieblichen Unterweisung zum Erwerb der erforderlichen beruflichen Handlungsfähigkeit – vonseiten des Ausbildenden entspricht die durch Lernleistung geprägte Dienstleistungspflicht aufseiten des Azubis.

– Lernpflicht

Im Rahmen der Lernpflicht (Hauptpflicht) wird vom Auszubildenden die Bereitschaft und das Bemühen erwartet, sich die zum Erreichen des Ausbildungszieles erforderlichen Ausbildungsqualifikationen nach besten Kräften anzueignen. Grundsätzlich sind die Weisungen zu befolgen, die man im Rahmen der Berufsausbildung erteilt.

– Sorgfaltspflicht

Im Punkt Sorgfaltspflicht muss der Auszubildende vor allem die ihm übertragenen Arbeiten sorgfältig und gewissenhaft ausführen. Er muss die Ausbildungsmittel pfleglich behandeln und er muss seinen Arbeitsplatz sauber und aufgeräumt halten.

– Weisungen befolgen

Der Auszubildende ist gehalten, am Berufsschulunterricht und an den Prüfungen teilzunehmen. Berufsschulzeit und Prüfungszeit sind Arbeitszeit. Der Auszubildende ist zur Führung des Berichtsheftes – als Tätigkeitsnachweis – verpflichtet; sonst wird er nicht zur Prüfung zugelassen. Wie in der Schule die Schulordnung muss im Betrieb die Betriebsordnung eingehalten werden.

– Schweige- und Treuepflicht

Im Rahmen der Schweige- und Treuepflicht muss über **Betriebsgeheimnisse** Stillschweigen gewahrt werden. Der Auszubildende darf dem Ausbildenden keine Konkurrenz machen, durch eventuelle **Nebentätigkeit** in einem Marktsegment des Ausbildungsbetriebes. Der Auszubildende ist nicht verpflichtet, auf jegliche Nebentätigkeit für die Dauer der Ausbildung zu verzichten.

Eine Reihe von Pflichten beider Vertragspartner findet man klein gedruckt im Berufsausbildungsvertrag wiedergegeben.

Wer darf ausbilden?

PRESSEMITTEILUNG
Stellvertretend für alle Unternehmen in Gelsenkirchen, die 2011 erstmals ausbilden, hat die IHK die Firebowl Gelsenkirchen GmbH öffentlich als Lehrbetrieb anerkannt. IHK Gelsenkirchen 1.7.11

Ob ein Betrieb ausbilden darf, stellt nach dem Berufsbildungsgesetz die Kammer fest. Diese Stelle ist ebenfalls zuständig für die Feststellung der fachlichen Eignung des Meisters als Ausbilder.

Nach dem Berufsbildungsgesetz darf als Person nur ausbilden, wer persönlich und fachlich dafür geeignet ist. Unter der Verantwortung eines Ausbilders kann bei der Berufsausbildung mithelfen, wer selbst nicht alle Voraussetzungen für die fachliche Eignung mitbringt.

Anerkennung der Ausbildungsberufe

Nach dem Berufsbildungsgesetz dürfen Jugendliche nur in staatlich anerkannten Ausbildungsberufen ausgebildet werden. An dem staatlichen Anerkennungsverfahren sind in der Regel neben dem Bundesminister für Wirtschaft und Technologie die Arbeitgeber, Gewerkschaften und Sachverständige der Länder beteiligt.

Ausbildungsprofil

www.bibb.de/de/ausbildungsprofile-start.htm, dort weiter bei EUROPASS-Zeugniser-läuterungen sowie www.. aubi-plus.de/berufsbilder/

Zu jedem anerkannten Ausbildungsberuf gibt es eine Kurzbeschreibung (Ausbildungsprofil). Seit 2008 werden Ausbildungsprofile unter der Bezeichnung EUROPASS-Zeugniserläuterungen in Deutsch, Englisch und Französisch erstellt. Das Ausbildungsprofil ist Bestandteil der Ausbildungsordnung.

Vom Ausbildungs- zum Arbeitsverhältnis

5. Berufsausbildungsvertrag III • Aufgaben der Kammer I

1. Mit Abschluss des Ausbildungsvertrages verpflichtet sich der Ausbildende zu einer ordnungsgemäßen Ausbildung und zu einer besonderen .... Im Rahmen der Ausbildungspflicht übernimmt der Ausbildende die Verpflichtung, die Ausbildung planmäßig, sachlich und .... gegliedert durchzuführen. Und im Rahmen der Fürsorgepflicht übernimmt er zum Beispiel die Verpflichtung, die Ausbildungsmittel für die betriebliche Ausbildung .... bereitzustellen.
2. Für welche Zwecke ist der Ausbildende verpflichtet, den Auszubildenden freizustellen?
   1. ....
   2. ....
3. Im Rahmen der Fürsorge hat der Ausbildende die Pflicht, die Ausbildungs-................................ pünktlich zu zahlen. Der Ausbildende meldet den Auszubildenden rechtzeitig zur .... an. Der Ausbildende hält den Auszubildenden zum .... und zum Führen des Berichtsheftes an.
4. Die Hauptpflicht des Ausbildenden ist, die vertraglich vereinbarte Ausbildung unter Einhalten des beruflichen Bildungsplans .... durchzuführen. Demgegenüber hat der Auszubildende bereit und bemüht zu sein, sich die vom Ausbilder nach Plan vermittelte berufliche Handlungsfähigkeit nach besten Kräften .... (Hauptpflicht). Grundsätzlich sind die .... zu befolgen, die vom Ausbilder im Rahmen der Berufsausbildung erteilt werden.
5. Der Ausbilder hat dem Auszubildenden ausschließlich ....-bezogene Tätigkeiten zu übertragen. Der Auszubildende muss *seinen* Arbeitsplatz .... und aufgeräumt halten.
6. Im Rahmen der Fürsorge hat der Ausbildende auch die Pflicht, für die .... Förderung des Auszubildenden zu sorgen und dafür, dass keine .... Gefährdung eintritt. Schließlich hat er die Pflicht, am Ende der Ausbildung ein .... auszustellen.
7. Im Punkt Sorgfaltspflicht muss der Auszubildende vor allem die ihm übertragenen Arbeiten sorgfältig und .... ausführen. Er muss die Ausbildungsmittel .... behandeln.
8. Der Auszubildende ist zur Führung des .... als Tätigkeitsnachweis verpflichtet. Wie in der Schule die Schulordnung muss im Betrieb die .... eingehalten werden.
9. Gemäß der Treue- und Schweigepflicht ist über Betriebsgeheimnisse .... zu wahren.
10. Die Pflichten des Ausbildenden sind die .... des Auszubildenden und umgekehrt. Die Verletzung der Rechte kann ein wichtiger Grund für eine .... sein. Ein durch Nichteinhaltung der Pflichten entstandener Schaden kann zur ....-pflicht führen.
11. Kleingedruckt stehen wichtige Pflichten im ....-vertrag.
12. Welche Stelle darf nach dem Berufsbildungsgesetz feststellen, ob der Ausbilder fachlich geeignet ist und ob ein Betrieb ausbilden darf? ....
13. Wer darf nach dem Berufsbildungsgesetz als Person nur ausbilden?

    ....
14. Unter der Verantwortung eines Ausbilders kann bei der Berufsausbildung mithelfen, wer selbst nicht alle Voraussetzungen für die .... mitbringt.
15. Nach dem Berufsbildungsgesetz dürfen Jugendliche nur in .... Ausbildungsberufen ausgebildet werden. An dem staatlichen Anerkennungsverfahren sind neben dem Bundesminister für Wirtschaft und/oder Arbeit auch ....-verbände und ....-organisationen beteiligt.
16. Zu jedem anerkannten Ausbildungsberuf gibt es eine .... (Ausbildungsprofil). Ausbildungsprofile werden seit 2008 in Deutsch, ... und Französisch erstellt.

6. Aufgaben der Kammer II • Abschlussprüfung I

PAL 49-50, 100, U5

Überwachung der Berufsausbildung

(Logo HWK)

Nach dem BERUFSBILDUNGSGESETZ ist die Überwachung der Berufsausbildung der **Kammer** als zuständige Stelle übertragen worden. Im gewerblich-technischen Bereich der Wirtschaft ist für die handwerklichen Berufe die Handwerkskammer (HWK) und für die industriellen und sonstigen Berufe die Industrie- und Handelskammer (IHK) zuständig.

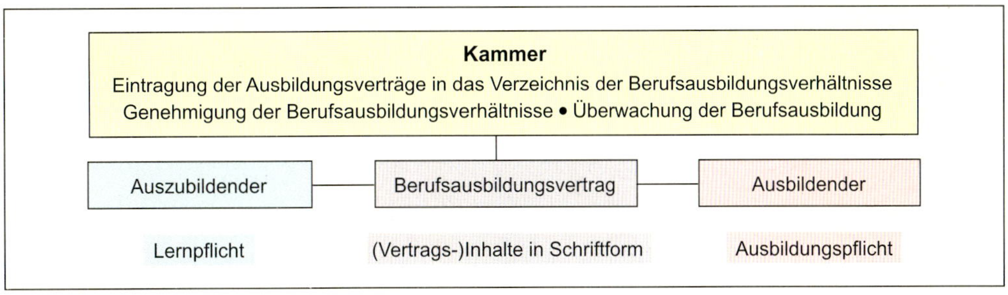

Beratung

Zur Überwachung der Berufsausbildung hat die Kammer einen **Ausbildungsberater** zu beschäftigen. Zu den Aufgaben eines solchen Mitarbeiters gehört es, die Eignung des Betriebes als Ausbildungsstätte festzustellen oder einen Auszubildenden zu beraten, wenn es ein Problem gibt, wenn etwa eine fristlose Kündigung droht > U5. Auch berät er den Ausbildenden, wenn Fragen betrieblicherseits aufkommen.

Prüfung – Durchführung

http://de.wikipedia.org/wiki/Abschlussprüfung(Berufsausbildung)

Die Durchführung der Prüfungen (Zwischen- und Abschlussprüfung) obliegt der Kammer. Nach dem BERUFSBILDUNGSGESETZ muss der ausbildende Betrieb das Material für die praktische Prüfung dem Auszubildenden kostenlos zur Verfügung stellen und der Kammer die gesamten Prüfungsgebühren bezahlen. Für die Durchführung der Prüfungen müssen von geeigneten Fachleuten Prüfungsaufgaben für die Kammer ausgearbeitet werden.

– Anforderungen

...wiki/Mechatroniker

Die Abschlussprüfung umfasst fachpraktische Inhalte neben fachtheoretischen Inhalten.

Welche Elemente beruflicher Handlungsfähigkeit geprüft werden können, ist in der Ausbildungsordnung festgelegt. Gegenstand der Abschlussprüfung sind berufsbezogene Fertigkeiten und Kenntnisse (fachpraktisch und fachtheoretisch).

Theoretisch abgeprüft werden zum Beispiel im Beruf Mechatroniker die Bereiche Arbeitsplanung (150 min) und Funktionsanalyse (150 min), wobei in die Prüfung informationstechnische, technologische und mathematische Sachverhalte integriert sind, sowie Wirtschafts- und Sozialkunde (60 min). Die Zwischenprüfung ist Teil 1 der Abschlussprüfung (Ausbildungsordnung vom 01. 08. 1998). Nicht abgeprüft werden allgemeinbildende Kenntnisse und Fähigkeiten aus den Gebieten/Fächern Deutsch, Englisch, Sport, Gesellschaftslehre und Politik oder Religion und Ethik. Benotungen dieser Fächer finden sich im Abschlusszeugnis der Berufsschule.

Die Abschlussprüfung der Kammer umfasst fachpraktische und (schriftlich zu beantwortende) fachtheoretische Inhalte. Hinzu kommt noch ein mündlicher Teil.

Prüfungsausschuss

Nach dem BERUFSBILDUNGSGESETZ muss die Kammer zur Abnahme der Prüfungen **unabhängig**e Prüfungsausschüsse bilden. Ein Prüfungsausschuss ist ähnlich unabhängig wie ein Gericht. Er entscheidet allein über das Ergebnis der Prüfung. Er befindet auch über die Zulassung zur Prüfung. Beantragt zum Beispiel ein Auszubildender bei der Kammer, vorzeitig zur Prüfung zugelassen zu werden, und hält die Kammer die Zulassungsvoraussetzungen für nicht gegeben, dann entscheidet der unabhängige Prüfungsausschuss über den Antrag.

– Zusammensetzung

...wiki/Gesellenprüfung

...wiki/Facharbeiter

Der Ausschuss für die Abnahme der Abschlussprüfung besteht mindestens aus einem **Berufsschullehrer** und je einem Beauftragten der **Arbeitnehmer** und der **Arbeitgeber**. Die Mitglieder des Prüfungsausschusses wählen aus ihrer Mitte den Vorsitzenden. Höchstens besteht der Prüfungsausschuss aus sieben ordentlichen Mitgliedern. Bei diesen sieben handelt es sich um drei Beauftragte der Arbeitnehmer, drei Beauftragte der Arbeitgeber und nur einen Berufsschullehrer.

6. Aufgaben der Kammer II • Abschlussprüfung I

1. Welcher Institution ist nach dem Berufsbildungsgesetz die Überwachung der Berufsausbildung übertragen worden?

....

2. Für die handwerklichen Berufe ist die .... (HWK) zuständig und für die industriellen und sonstigen Berufe die .... (IHK).

3. Zur Überwachung der Berufsausbildung hat die Kammer einen .... zu beschäftigen. Zu den Aufgaben eines solchen Mitarbeiters gehört es, die Eignung eines Betriebes als .... festzustellen oder einen Auszubildenden zu beraten, wenn es ein Problem gibt. Auch berät er den ...., wenn Fragen betrieblicherseits aufkommen.

4. Welcher Institution obliegt die Durchführung der Zwischen- und Abschlussprüfung?

....

5. Nach dem Berufsbildungsgesetz muss der ausbildende Betrieb dem Auszubildenden das für die praktische Prüfung benötigte Material .... zur Verfügung stellen. Der Betrieb muss für ihn auch die gesamten .... bezahlen. Für die Durchführung der Prüfung müssen .... ausgearbeitet werden. Welche Elemente beruflicher Handlungsfähigkeit geprüft werden können, ist im Einzelnen in der .... festgelegt.

6. Gegenstand der Abschlussprüfung sind .... Fertigkeiten, fachpraktische und fachtheoretische Kenntnisse. Bei der Abschlussprüfung im Beruf Mechatroniker gehen deshalb nur die Bereiche Arbeitsplanung und Funktionsanalyse und .... in das Ergebnis der Prüfung ein. **Nicht** Gegenstand der Abschlussprüfung sind allgemeinbildende Fächer wie ...., Englisch, Sport, Politik und Gesellschaftslehre oder Religion/Ethik.

7. Die Abschlussprüfung der Kammer umfasst fach-.. Inhalte und (schriftlich zu beantwortende) fachtheoretische Inhalte. Hinzu kommt noch ein .... Teil.

8. Zu welchem Zweck muss die Kammer Prüfungsausschüsse bilden?

....

9. Ein Prüfungsausschuss ist ähnlich .... wie ein Gericht. Er allein entscheidet über das .... der Prüfung. Er befindet auch über die .... zur Prüfung.

10. Ein Auszubildender beantragt bei der Kammer **vorzeitig** zur Prüfung zugelassen zu werden. Die Kammer hält die Zulassungsvoraussetzungen aber für **nicht** gegeben. Wer entscheidet dann über den Antrag?

....

11. Wie muss ein Prüfungsausschuss für die Abnahme der Abschlussprüfung mindestens zusammengesetzt sein?

....

....

12. Die Mitglieder des Prüfungsausschusses wählen aus ihrer Mitte den .... Höchstens besteht der Prüfungsausschuss aus sieben Mitgliedern: aus .... Beauftragten der Arbeitnehmer, aus drei Beauftragten der Arbeitgeber und aus .... Berufsschullehrer(n).

7. Abschlussprüfung II • Berufliche Flexibilität

PAL 101, 194-196, 198-199

Prüfungsordnung – Bestandteile

In der Prüfungsordnung sind geregelt: die Zusammensetzung des Prüfungsausschusses, die Voraussetzungen für die Zulassung zur Abschlussprüfung, die Gliederung der Abschlussprüfung (praktische, schriftliche Prüfung) und die Bewertungsmaßstäbe für die Prüfungsleistungen. Will ein Auszubildender nachlesen, ob bei seiner Abschlussprüfung alle Formalien eingehalten wurden, so kann er dies in der Ausbildungsordnung tun. Die Prüfungsvorschriften sind Teil der Ausbildungsordnung.

In Bezug auf eine Prüfung für einen Beruf wird in einem Kammerbezirk abgestimmt, dass diese an verschiedenen Prüfungsorten an ein und demselben Tag und **nicht** an verschiedenen Tagen stattfindet. Welcher Tag das ist, steht **nicht** in der Prüfungsordnung. Prüfungszeiten sind somit in der Prüfungsordnung **nicht** geregelt.

– Verstöße

Drei Prüfer müssen die Prüfung abnehmen!

Mindestens zwei Prüfer müssen bewerten!

UVV sind zu beachten!

Gegen die Prüfungsordnung verstoßen wird, wenn ein mündlicher Prüfungsteil von nur zwei Mitgliedern des Prüfungsausschusses durchgeführt wird. Es müssen mindestens **drei** sein. Aufsicht führen darf allerdings nur ein Prüfer. Ein Verstoß liegt auch vor, wenn eine Arbeitsprobe von nur einem Prüfer beobachtet und bewertet wird. Es müssen mindestens **zwei** sein. Rechtmäßig ist aber, wenn der Prüfungsausschuss einen Prüfling von der Prüfung ausschließt, weil er sich weigert, beim Schleifen eines Bohrers eine Schutzbrille zu tragen, denn dadurch verstößt er gegen die Unfallverhütungsvorschriften (UVV). Diese sind Bestandteil der Prüfungsordnung.

Prüfung – Organisation

Im Rahmen der Vorbereitung und Abwicklung der Prüfung lässt die **Kammer** die Prüfungsaufgaben ausarbeiten, sie hat die Prüfungstermine festzulegen, sie lädt die Prüfer zur Durchführung der einzelnen Prüfungstermine ein, stellt das Prüfungszeugnis aus und entscheidet gegebenenfalls über einen Widerspruch gegen die Durchführung der Prüfung.

– Widerspruch

Erhält ein Auszubildender den Bescheid, dass er die Abschlussprüfung **nicht** bestanden hat und ist er der Ansicht, dass bei der Abnahme der Prüfung Verfahrensfehler begangen wurden, so kann er bei der Kammer Widerspruch erheben.

– Anfechtung

Wird der Widerspruch von der Kammer abgelehnt, so kann der Auszubildende gegen die Kammer Anfechtungsklage beim Verwaltungsgericht erheben.

– Bewertung

Das Ergebnis der Abschlussprüfung stellt der **Prüfungsausschuss** fest. Dieses vom Prüfungsausschuss beschlossene Ergebnis darf auch die Kammer **nicht** ändern, indem sie etwa die **Prüfungsleistungen** neu bewertet.

In die Bewertung geht zum Beispiel bei Metallbauern die Zwischenprüfung als Teil 1 der Abschlussprüfung mit 30 % ein, die Teile 2A und 2B zum Ende der Ausbildung zusammen mit 70 %.

– Wiederholung

In gewerblich-technischen Ausbildungsberufen, wie zum Beispiel bei den Mechatronikern, ist die Zwischenprüfung zukünftig **Teil 1** der Abschlussprüfung. **Teil 2** umfasst im **Unterteil A** einen breiten praktischen Prüfungsteil, an den sich ein Prüfungsgespräch anschließt. **Teil 2B** ist der schriftliche Prüfungsteil. Die Prüfung hat bestanden, wer nach einem festgelegten Bewertungsschlüssel mindestens **50 %** der insgesamt zu vergebenen Punkte erreicht. Besteht ein Auszubildender beim ersten Mal die Abschlussprüfung **nicht,** so kann er sie **zweimal** wiederholen.

Berufliche Weiterbildung

Außer der Berufsausbildung umfasst die Berufsbildung auch noch die berufliche **Fortbildung** und die berufliche **Umschulung** (siehe Seite 6). Fortbildung und Umschulung fasst man häufig unter den Begriff berufliche Weiterbildung*) zusammen.

– Beratung

Folgendes kommt heutzutage vor: Jemand ist in einem schrumpfenden Berufszweig tätig und droht arbeitslos zu werden. Er geht zur **Arbeitsagentur** und lässt sich über seine Berufschancen, die Möglichkeit einer beruflichen Weiterbildung beraten. Ihm wird vor allem klar, dass er beruflich flexibler, also beweglicher, werden muss.

Berufliche Flexibilität

http://de.wikipedia.org/wiki/Berufliche_Weiterbildung

Unter beruflicher Flexibilität versteht man die Fähigkeit, sich beruflich den wandelnden Anforderungen des Arbeitslebens anpassen zu können. Flexibilität wird für alle Arbeitnehmer immer wichtiger, weil sich die technischen und wirtschaftlichen Verhältnisse in der Arbeitswelt immer schneller verändern. Ein Arbeitnehmer kann seine Flexibilität sichern und verbessern durch ständige **Weiterbildung.**

*) Gelegentlich wird der Begriff Weiterbildung auch gleichbedeutend nur mit Fortbildung verwendet.

Vom Ausbildungs- zum Arbeitsverhältnis

7. Abschlussprüfung II • Berufliche Flexibilität

1. In der Prüfungsordnung sind geregelt: die Zusammensetzung des Prüfungsausschusses, die Voraussetzungen für die .... zur Abschlussprüfung, die .... der Abschlussprüfung (praktische Prüfung, schriftliche Prüfung) und die ....-maßstäbe für die Prüfungsleistungen.

2. Wo könnte ein Auszubildender nachlesen, ob bei der Abschlussprüfung alle Formalien eingehalten wurden?

   ....

3. Von mindestens wie vielen Mitgliedern des Prüfungsausschusses muss ein mündlicher Prüfungsteil durchgeführt werden? ....

4. Eine Arbeitsprobe muss von mindestens .... Prüfer(n) beobachtet und bewertet werden. Der Ausschluss eines Prüfungsteilnehmers, der sich weigert, beim Schleifen eines Bohrers eine Schutzbrille zu tragen, ist ....

5. Nennen Sie vier organisatorische Aufgaben der Kammer im Rahmen der Vorbereitung und Abwicklung der Abschlussprüfung.

   1. Die Prüfungstermine ....
   2. Die Prüfer zur Prüfung ....
   3. Das Prüfungszeugnis ....
   4. Über einen Widerspruch gegen die Durchführung der Prüfung ....

6. Erhält ein Auszubildender Bescheid, dass er die Abschlussprüfung **nicht** bestanden hat und ist er der Ansicht, dass bei der Abnahme der Prüfung Verfahrensfehler begangen wurden, so kann er bei der Kammer **Widerspruch** erheben. Angenommen, dieser Widerspruch wird von der Kammer abgelehnt, wo kann der Auszubildende dann **Anfechtungsklage** erheben?

   Beim ....

7. Wer stellt das Ergebnis der Abschlussprüfung fest?

   ....

8. In gewerblich-technischen Ausbildungsberufen, wie zum Beispiel bei den Mechatronikern, ist die (frühere) Zwischenprüfung Teil ...... der Abschlussprüfung. Teil 2 umfasst im Unterteil A einen breiten praktischen Prüfungsteil, an den sich ein Prüfungs-.. anschließt. Teil 2B ist der .... Prüfungsteil. Die Prüfung hat bestanden, wer mindestens .... % der insgesamt zu vergebenen Punkte erreicht. Besteht ein Auszubildender beim ersten Mal die Abschlussprüfung nicht, so kann er sie noch .... wiederholen.

9. Die Berufsbildung umfasst außer der Berufsausbildung die berufliche .... und die berufliche .... Diese beiden Teile der Berufsbildung fasst man unter dem Begriff berufliche .... zusammen.

10. Unter beruflicher Flexibilität versteht man die .... eines Menschen, sich beruflich den wandelnden Anforderungen des Arbeitslebens .... zu können.

11. Warum wird die berufliche Flexibilität für alle Arbeitnehmer immer wichtiger?

    Weil sich die .... und .... Verhältnisse in der Arbeitswelt immer schneller ....

12. Wie (durch welche ständige Maßnahme) kann ein Arbeitnehmer seine berufliche Flexibilität am besten sichern und verbessern? ....

8. Lebenslanges Lernen • Europäische Mobilität PAL 192-193, 197, 200-215, U15, U38-43, U59

Berufliche Fortbildung

Mehr über zukunftsfähige Berufe (Statistik) unter http://bisds.infosys.iab.de/ und unter www.bibb.de/de/15981 .htm (neu geordnete Berufe)

Herr Meier stellt fest, dass in seinem vor Jahren erlernten Beruf immer weniger Facharbeiter benötigt und dass Berufskollegen immer häufiger arbeitslos werden. Er vermutet, dass auch er bald arbeitslos sein wird. Er wendet sich deshalb an die Arbeitsagentur. Dort informiert man ihn über seine Möglichkeiten, sich beruflich fortbilden oder umschulen zu lassen. Herr Meier erfährt unter anderem, dass er einen anderen Arbeitsplatz erhalten könnte, für den er auch die in seinem erlernten Beruf erworbenen Fähigkeiten nutzen kann.

Die Arbeitsagentur ist gesetzlich dazu verpflichtet, Personen zu beraten, die sich beruflich fortbilden oder umschulen lassen wollen.

– Voraussetzung und Ziel

http://de.wikipedia.org/wiki/Berufliche_Weiterbildung

Berufliche Fortbildung baut auf einer abgeschlossenen Berufsausbildung oder einer ausreichenden Berufspraxis (mindestens viereinhalb Jahre) auf.

Berufliche Fortbildung hat zum **Ziel,** die erworbene berufliche Handlungsfähigkeit zu **erhalten,** zu **verbessern** und zu **erweitern** und sie damit dem technischen Fortschritt anzupassen. Sie kann die wirtschaftliche Lage der Arbeitnehmer verbessern und die berufliche Flexibilität der Arbeitnehmer erhöhen. Sie schützt jedoch **nicht** vor dem Verlust des Arbeitsplatzes, sie kann diesem Verlust nur vorbeugen.

– ständiges Fortschreiten

www.bmbf.de/pubRD/afbg.pdf

Mit einer ständigen Anpassungs- und Aufstiegsfortbildung sind verbunden: Anpassung der beruflichen Handlungsfähigkeit an die technische Entwicklung, Verbesserung der sozialen Stellung, also zum Beispiel Verbesserung des gesellschaftlichen Ansehens, weiterhin eine Sicherung der beruflichen Zukunft und natürlich eine bessere Entlohnung. Das Ganze geht natürlich auf Kosten der Freizeit.

– Maßnahmen

...wiki/Meister
...wiki/Meisterbafoeg
...wiki/Techniker

Berufliche Fortbildungsmaßnahmen sind zum Beispiel Kurse oder Lehrgänge zur Vorbereitung auf die Facharbeiterprüfung (bereits während der Ausbildung), auf die Meisterprüfung oder Technikerprüfung. Sie dienen auch dem Erwerb besonderer Qualifikationen, etwa im Bereich der elektronischen Datenverarbeitung oder im Fremdsprachenbereich. Hier einige Beispiele beruflicher Fortbildungsmaßnahmen:

– Beispiele

VHS • IHK
BK • ils • DGB

Einrichtungen, in denen Fortbildungsmaßnahmen stattfinden

Im Zuge der Globalisierung werden Fremdsprachenkenntnisse und Auslandserfahrung immer wichtiger. Deshalb fördern insbesondere stark exportorientierte Firmen Sprachkurse und Auslandsaufenthalte für ihre Betriebsangehörigen, auch schon für in Ausbildung stehende Jugendliche.

Mehr zu Weiter-/Fortbildung bei www.bildungsserver.de

- Besuch eines Kurses bei der **Volkshochschule (VHS)** zur **Vorbereitung auf die Facharbeiterprüfung** während der Ausbildung und zum Erwerb zertifizierter Englischkenntnisse.
- Die **Industrie und Handelskammer (IHK)** führt einen **Industriemeisterlehrgang** durch.
- Herr Braun nimmt nach der Ausbildung als Industriemechaniker an einem **Technikerlehrgang** teil; er besucht dazu die Fachschule für Technik im **Berufskolleg (BK).**
- Frau Schulz nimmt als ausgebildete Energieanlagenelektronikerin an einem **Fernlehrgang** über **Technisches Englisch** beim **privaten Fernlehrinstitut ILS** teil.
- Herr Franz, staatlich geprüfter Techniker, absolviert in einer Bildungseinrichtung des **DGB** einen Studiengang zum Technischen Fachwirt (www.bfw.de).
- Herr Wolf nimmt nach der Ausbildung als Bauzeichner an einem Lehrgang über rechnergestütztes Zeichnen **(CAD)** bei der **Handwerkskammer** teil.
- Frau Müller nimmt nach ihrer Ausbildung in einem Metallberuf **innerbetrieblich** an einem Lehrgang über moderne rechnergesteuerte Werkzeugmaschinen (**CNC**-Maschinen) teil.

– Abgrenzung

Berufliche Fortbildung ist eine Form von (Weiter-)Bildung und Ausbildung, die nach Abschluss der Erstausbildung oder nach dem Übergang ins Erwerbsleben absolviert wird und dem Einzelnen helfen soll, die vorhandenen Kenntnisse und/oder Kompetenzen zu verbessern oder zu aktualisieren oder – mit Blick auf den beruflichen Aufstieg – neue Kompetenzen zu erwerben, sich persönlich oder beruflich zu perfektionieren.

Nicht zur Fortbildung zählen etwa ein zweiwöchiger Lehrgang im Schweißen in einer überbetrieblichen Ausbildungsstätte der Kammer für Auszubildende oder ein Lehrgang für Betriebsratsmitglieder.

Auch **nicht** in den Bereich der beruflichen Fortbildung gehören folgende Fälle:

- Frau Jansen absolviert nach ihrer Ausbildung als Kinderpflegerin eine Berufsausbildung als Technische Zeichnerin.
- Herr Müller studiert nach dem Erwerb des Abiturs an der Fachhochschule Maschinenbau.

Institutionen, von denen Maßnahmen der beruflichen Fortbildung durchgeführt werden, sind unter anderem Volkshochschulen, Berufskollegs, Fernlehrinstitute, Kammern und Gewerkschaften.

Vom Ausbildungs- zum Arbeitsverhältnis

Berufliche Umschulung

Berufliche Umschulung ist eine (zweite) Ausbildung, die das Ziel hat, Arbeitskräften den Übergang in eine andere berufliche Tätigkeit zu ermöglichen, als die, welche sie vorher ausgeübt haben oder für die sie ausgebildet wurden.

Berufliche Umschulung ist eine **Ausbildungsmaßnahme für Erwachsene.** Die Umschulung soll den Übergang in eine andere, zukunftsorientierte Tätigkeit ermöglichen. Die Umschulung erfolgt normalerweise in staatlich anerkannten Ausbildungsberufen. Umschulung ist eine **Zweit**ausbildung für Erwachsene, an deren Ende wiederum eine Abschlussprüfung steht. Diese stimmt völlig überein mit der normalen Abschlussprüfung in einem anerkannten Ausbildungsberuf. Die Überwachung der beruflichen Umschulung obliegt der Kammer, die auch die Durchführung der ersten beruflichen Ausbildung überwacht.

Zweck der Umschulung

Umschulungsmaßnahmen werden in der Hauptsache deshalb gefördert, weil man damit Arbeitslosigkeit verhindern will, möglichst schon, bevor sie eingetreten ist.

Arbeitsförderung

Der einmal erlernte Beruf reicht oft nicht für das ganze Arbeitsleben. Fortbildungs- und Umschulungsmaßnahmen kosten natürlich Geld. Nach dem SOZIALGESETZBUCH III (SGB III) – Arbeitsförderung – werden sowohl die **Maßnahme** als auch der **Teilnehmer** finanziell gefördert**.** Für die finanzielle Förderung zuständig ist die Bundesagentur für Arbeit. Diese Institution hat den gesetzlichen Auftrag dazu.

... gemäß SGB III

Das SOZIALGESETZBUCH III soll dazu beitragen, dass weder Arbeitslosigkeit noch unterwertige Beschäftigung eintreten oder fortdauern. Ziele des SOZIALGESETZBUCHes III sind: Aufrechterhaltung eines hohen Beschäftigungsstandes, Sicherung und Verbesserung der Flexibilität der Erwerbstätigen, Förderung des Wachstums der Wirtschaft und die berufliche Eingliederung von Behinderten.

Förderungswürdige Fälle

Die Arbeitsagentur wird in folgenden Fällen einem Antrag auf finanzielle Förderung zustimmen:

- **Umschulung** des Herrn Alt vom Textilfacharbeiter (schrumpfender Berufszweig) zum **EDV**-Sachbearbeiter (wachsender Berufszweig) und weiter zum **IT**-Administrator,
- **Fortbildung** der Hausfrau und Mutter Kramer, einer gelernten Sekretärin, die nach 15 Jahren wieder in ihrem Beruf arbeiten möchte, durch einen Lehrgang in **moderner Bürotechnik**,
- Herr Neu ist gelernter Industriemechaniker und erwirbt in einem förderunswürdigen **Fernlehrgang** bedarfsorientiert Qualifikationen in der **elektropneumatischen Steuerungstechnik.**

Mehr zur beruflichen Weiterbildung bei www.bmbf.de/pub/berufliche_weiterbildung-flyer.pdf

Fernunterricht wird unter bestimmten Voraussetzungen öffentlich gefördert.

Europäische Mobilitätsprogramme

Das Europäische Zentrum für die Förderung der Berufsbildung (Cedefop) informiert

Das europäische *Programm für Lebenslanges Lernen* führt die Programme SOKRATES und LEONARDO DA VINCI unter einem gemeinsamen Dach zusammen. Für den Austausch von Lehrenden und Lernenden alter Altersstufen sowie die Zusammenarbeit von Bildungseinrichtungen steht von 2007 bis 2013 ein Budget von fast 7 Milliarden Euro zur Verfügung..

Die Türen öffnen zum Lernen und Arbeiten in Europa

Haben Sie vor, einen beruflichen Bildungsgang zu absolvieren? Sind Sie auf Stellensuche? Oder möchten Sie Arbeitserfahrung erwerben? Und dies auch im Ausland? Dann sollten Sie in der Lage sein, die eigenen Fähigkeiten, Kompetenzen und Qualifikationen in verständlicher Form darzustellen und zu präsentieren. Der Europass will Ihnen dazu verhelfen, grenzenlos mobil zu sein. Er erleichtert die Bewerbung im Ausland, etwa um Auslandserfahrung während und nach der Ausbildung zu sammeln.

Auf der Seite www.europass-info.de werden Formulare für den europaweit einheitlichen *Europass* zur Verfügung gestellt.

Jeder, der den *Europass* verwenden möchte, sollte zunächst einmal einen Europass-Lebenslauf erstellen.

Mehr unter: www.europass.cedefop.europa.eu/ und weiter unter [de]Willkommen sowie unter www.na-bibb.de.

Das europäische Programm für Lebenslanges Lernen umfasst den lebensbegleitenden Bildungsweg von der Schule über die Hochschule und Berufsbildung bis zur Erwachsenenbildung.

Mehr unter: www.bmbf.de/de/919.php.

Mit dem Förderprogramm LEONARDO DA VINCI unter dem Dach des Programms für Lebenslanges Lernen fördert die Europäische Union die berufliche Aus- und Weiterbildung in Europa.

Im Rahmen der Europäischen Mobilität wurde der **Europass** eingeführt. Das ist auf beruflicher Ebene eine europäische Bewerbungsmappe zur Dokumentation beruflicher Handlungskompetenzen. Dort werden Qualifikationen so klar beschrieben, dass sie europaweit oder darüber hinaus hinreichend verständlich sind.

Der Europass soll das Leben und Arbeiten in Europa erleichtern.

Er besteht aus fünf Dokumenten. Den Europass-Lebenslauf und -Sprachenpass kann der Einzelne selbst ausfüllen. Europass-Zeugniserläuterung (für die Berufsbildung), Diplomzusatz (für Hochschulen) und -Mobilitätsnachweis werden von den jeweils zuständigen Organisationen ausgefüllt und ausgestellt.

Die Erstellung des Europass-Lebenslaufs erfolgt mittels Formvorlage anhand der online verfügbaren Anleitungen und Beispiele. Gleiches gilt für den Europass-Sprachenpass. Für Sprachen gibt es ein Raster zur Selbstbeurteilung der Fremdsprachenkenntnisse.

8. Lebenslanges Lernen • Europäische Mobilität

1. Herr Müller stellt fest, dass in seinem vor Jahren erlernten Beruf immer weniger Facharbeiter benötigt und dass Berufskollegen immer häufiger arbeitslos werden. Er befürchtet, auch bald von Arbeitslosigkeit betroffen zu sein. Wozu rät ihm die zuständige Agentur, an die er sich wendet? ....

....

2. Welche Institution ist gesetzlich dazu verpflichtet, Personen zu beraten, die sich fortbilden oder umschulen lassen wollen? ....

3. Berufliche Fortbildung baut auf

   a) auf einer abgeschlossenen Berufs-.. oder

   b) auf einer ausreichenden Berufs-.. .

4. Berufliche Fortbildung hat zum Ziel, die bereits erworbene berufliche Handlungsfähigkeit

   a) zu ...., b) zu .... und c) zu ....

5. Was vermag berufliche Fortbildung in Bezug auf a) die wirtschaftliche Lage und b) die berufliche Flexibilität der Arbeitnehmer? a) .... b) ....

6. Mit einer ständigen Anpassungs- und Aufstiegsfortbildung sind verbunden: Anpassung der beruflichen Handlungsfähigkeit an die technische ...., Verbesserung der sozialen .... , Sicherung der beruflichen .... und natürlich bessere ....

7. Berufliche Fortbildungsmaßnahmen sind .... oder Lehrgänge zur Vorbereitung auf die Facharbeiterprüfung, auf die .... oder auf die Technikerprüfung. Sie dienen auch dem Erwerb von Qualifikationen, etwa im Bereich der .... Datenverarbeitung.

8. Nennen Sie vier Institutionen, von denen Maßnahmen zur beruflichen Fortbildung durchgeführt werden.

   1. .... 2. ....

   3. .... 4. ....

9. Berufliche Umschulung ist eine ....-maßnahme für ....
   Die Umschulung soll den Übergang in eine andere, ...-orientierte Tätigkeit ermöglichen.
   Die Umschulung erfolgt normalerweise in staatlich anerkannten Ausbildungsberufen. Was steht wiederum an deren Ende? ....

10. Welcher Institution obliegt die Überwachung der beruflichen Umschulung?

....

11. Umschulungsmaßnahmen werden in der Hauptsache deshalb gefördert, weil man damit .... verhindern will. Fortbildungs- und Umschulungsmaßnahmen kosten natürlich Geld. Nach dem Sozialgesetzbuch III finanziell gefördert werden sowohl die .... als auch der ....

12. Welche Institution hat den gesetzlichen Auftrag, eine berufliche Fortbildung oder Umschulung finanziell zu fördern?

....

13. Das Sozialgesetzbuch III soll dazu beitragen, dass weder .... noch unterwertige Beschäftigung .... oder ....

14. Beim *Europass* handelt es sich um eine europäische ....-mappe zur Dokumentation der .... Handlungskompetenzen. Der *Europass* soll das Leben, Lernen und .... in Europa erleichtern.

9. Vor dem Arbeitsvertrag

PAL 8-10, 52

Arbeitsrecht – Ziel

Mit dem Abschluss eines Arbeitsvertrages steht der Arbeitnehmer in einem abhängigen Beschäftigungsverhältnis. Arbeitsrechtliche Bestimmungen zielen auf den Schutz des Arbeitnehmers im Berufsleben vor wirtschaftlichen Nachteilen, vor gesundheitlichen Schäden und vor persönlicher Beeinträchtigung.

– Gliederung

Das Arbeitsrecht gliedert sich in das Individualarbeitsrecht, in das Arbeitsschutzrecht und in das kollektive Arbeitsrecht. Streitigkeiten in diesen Teilbereichen sind – sofern nicht außergerichtlich beilegbar – vor dem Arbeitsgericht auszutragen.

Wer ist Arbeitnehmer im Sinne des Arbeitsrechts?

Im weiterem Sinne ist **Arbeitnehmer**, wer in ein Arbeitsverhältnis eingebunden ist und einer vom Arbeitgeber abhängigen, weisungsgebundenen Tätigkeit nachgeht. **Arbeitgeber** ist jede juristische Person, die mindestens eine andere Person in einem Arbeitsverhältnis entgeltlich beschäftigt.

Um in den Geltungsbereich des Arbeitsrechts zu fallen, muss die vom Arbeitnehmer erbrachte Leistung fremdbestimmt sein, das heißt, der Arbeitnehmer darf nicht selbst/frei bestimmen dürfen, wie die Arbeit gestaltet wird. Deshalb sind Rechtsanwälte, Ärzte oder Handelsvertreter, wenn sie eine selbstständige Tätigkeit ausüben (sogenannte Freiberufler), keine Arbeitnehmer im Sinne des Arbeitsrechts.

Arbeitnehmer im Sinne des Arbeitsrechts (hier: Betriebsverfassungsgesetz) sind alle Arbeiter und Angestellten, auch wenn sie nur halbtags oder teilzeitbeschäftigt arbeiten oder wenn sie als Mitglied des Betriebsrates von der Arbeit freigestellt sind, und auch Auszubildende. Keine Arbeitnehmer im Sinne des Betriebsverfassungsgesetzes sind Beamte – für sie gilt das Beamtenrecht – und leitende Angestellte, wie etwa die Geschäftsführer einer GmbH. Ebenfalls keine Arbeitnehmer sind die Vorstandsmitglieder einer AG, denn diese nehmen unternehmerische Aufgaben wahr.

Arbeitsschutzgesetze beinhalten Mindestrechte

Durch die Arbeitsschutzgesetze werden den Arbeitnehmern bestimmte Mindestrechte am Arbeitsplatz zugestanden. Die Wirksamkeit des Arbeitsrechts hängt aber weitgehend davon ab, ob der einzelne Arbeitnehmer seine Rechte in Anspruch nimmt – in letzter Konsequenz dadurch, dass er Klage vor dem Arbeitsgericht einreicht, wenn er dies für notwendig erachtet.

Eine Vielzahl von Regelungen

Das **Individualarbeitsrecht** oder individuelle Arbeitsrecht regelt das persönliche Arbeitsverhältnis zwischen Arbeitgeber und Arbeitnehmer. Dabei geht es um das Zustandekommen des Arbeitsvertrages und dessen Beendigung und um die Pflichten beider Vertragspartner.
Das **Arbeitsschutzrecht** umfasst Vorschriften zur Abwendung von Gefahren im Bereich des Arbeitnehmers (Bereiche sozialer und technischer Arbeitsschutz).
Unter **kollektivem Arbeitsrecht** versteht man Rechte der arbeitsrechtlichen Koalitionen (Arbeitgeberverbände und Gewerkschaften), Tarifvertrags- und Arbeitskampfrecht und Mitbestimmungsrechte in Betrieben.

Von den Vertragspartnern im Arbeitsrecht – Arbeitgeber und Arbeitnehmer – ist der einzelne Arbeitnehmer der schwächere, den es zu schützen gilt.

Er soll nicht zu lange arbeiten müssen, gerecht entlohnt werden und ausreichend Urlaub gewährt bekommen und in bestimmtem Umfang mitbestimmen dürfen. Um diesen Dingen Geltung zu verschaffen, gibt es das Arbeitszeitgesetz, den geltenden Tarifvertrag, das Entgeltfortzahlungsgesetz, das Bundesurlaubsgesetz und das Betriebsverfassungsgesetz. Alles in allem gibt es eine Vielzahl von Einzelgesetzen, Bestimmungen und Sonderregelungen, die unter das Arbeitsrecht fallen oder dieses tangieren. Auch das Ausbildungsrecht fällt unter das Arbeitsrecht. So werden Streitigkeiten, die aus schwerwiegenden Verletzungen von Vereinbarungen des Ausbildungsvertrages herrühren und nicht anderweitig beigelegt werden können, vor dem Arbeitsgericht ausgetragen. Siehe dazu die folgende Übersicht:

Rangordnung der kollektiven und individuellen Regelungen

Ähnlich wie die Begriffe Betrieb und Unternehmung werden die Begriffe **Arbeitsvertrag** und **Arbeitsverhältnis** häufig synonym (austauschbar) benutzt. Genau gesehen bildet der Arbeitsvertrag die rechtliche Grundlage für das Arbeitsverhältnis.

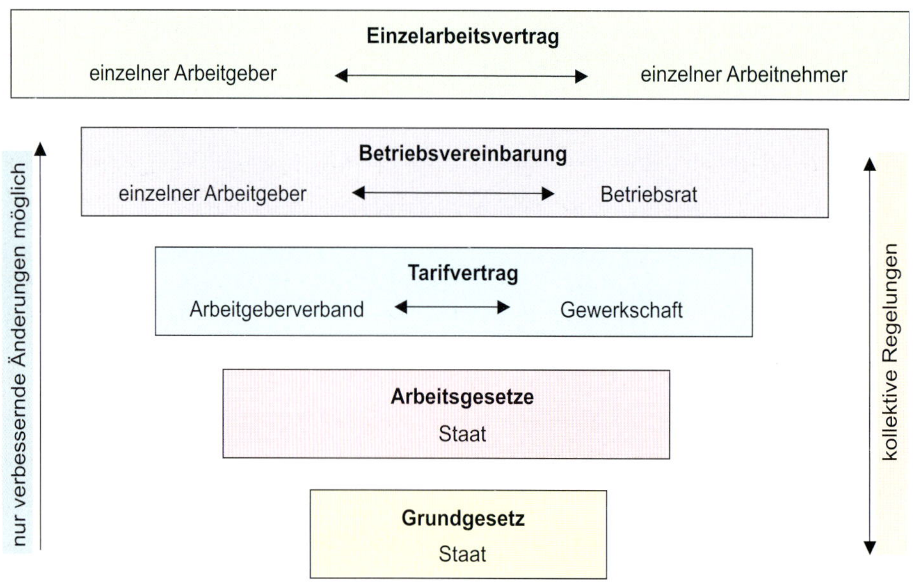

Rangordnung der Regelungen

Vorangehende Regelung enthält jeweils Mindestbestimmung

http://de.wikipedia.org/wiki/Günstigkeitsprinzip

Die kollektiven und individuellen Regelungen stehen **nicht** ranggleich nebeneinander. Es gibt Über- und Unterordnungen.

Bei dieser Rangordnung enthält die vorangehende Regelung jeweils die Mindestbestimmungen, die bei der nachfolgenden Regelung nicht unterschritten werden dürfen. Somit dürfen Vereinbarungen in Tarifverträgen die Arbeitnehmer nicht schlechterstellen als die entsprechenden Bestimmungen in den Arbeitsgesetzen und -verordnungen. Genauso wenig dürfen Betriebsvereinbarungen Mindestbestimmungen der Tarifverträge unterschreiten.

Mitwirkende an der Gestaltung des Arbeitsrechts

Gruppen, die bei der Gestaltung des Arbeitsrechts mitwirken, sind der **Bundestag** als Gesetzgeber, die **Tarifvertragsparteien,** das sind **Arbeitgeberverbände** und **Gewerkschaften**, und außerdem **einzelne Arbeitgeber** und **Betriebsräte.**

Arbeit über die Arbeitsagentur

...wiki/Private_Arbeitsvermitllung
www.jobscout24.de

Wird zum Beispiel ein Auszubildender nach Abschluss der Ausbildung nicht vom Betrieb in ein Arbeitsverhältnis übernommen, so muss er sich um anderweitige Arbeit bemühen; das heißt, er muss sich eine neue Arbeitsstelle suchen. Die staatliche Institution (= Einrichtung), die dabei hilft, ist die Arbeitsagentur. Dorthin kann der Arbeitsuchende sich wenden. Die Arbeitsvermittlung ist gebührenfrei. Das gilt auch für private Arbeitsvermittler. Bei der Arbeitsvermittlung darf kein Arbeitgeber und auch kein Arbeitnehmer bevorzugt werden.

Vorstellungsgespräch – welche Fragen muss man beantworten?

Potenzial-Assessment: Wird zur Einschätzung der eigenen Stärken für Bewerber auf einen Ausbildungsplatz / eine Arbeitsstelle (für Berufseinsteiger) angeboten. Dieses eignungsdiagnostische Instrument dient zur Klärung der Potenziale und Fähigkeiten, schwerpunktmäßig zur Analyse der eigenen Stärken. Mehr unter http://de.wikipedia.org/wiki/Assessment-Center und ... wiki/Potenzialanalyse.

Ein **Assessment-Center (AC)** (englisch *to assess* = beurteilen) ist ein Personalauswahlverfahren. Bewerber werden mit verschiedenen Tests und Planspielen konfrontiert und in Gesprächen vor verschiedene Probleme gestellt. Anhand der Resultate werden unter mehreren Bewerbern diejenigen er-mittelt, die nach Einschätzung des Beurteilenden den Anforderungen in Bezug auf eine zu besetzende Stelle (am

Das persönliche Gespräch dient dem Arbeitgeber dazu, umfangreiche Informationen über den (zukünftigen) Arbeitnehmer zu erhalten. Für ihn ist jede Einstellung ein wirtschaftliches Risiko. Deshalb möchte er sich absichern. Beim Vorstellungsgespräch darf der Arbeitgeber bestimmte Fragen **nicht** stellen, wie zum Beispiel nach der Zugehörigkeit zu einer Gewerkschaft oder zu einer politischen Partei, nach dem letzten Verdienst oder gar nach der Absicht zu heiraten oder bei Frauen nach der Einnahme empfängnisverhütender Mittel. Solche Fragen sind rechtlich bedenklich. Man sollte sie nicht beantworten, zumal die wahrheitsgemäße Beantwortung dieser Fragen einem zum Nachteil gereichen kann. Keine rechtlichen Bedenken hingegen bestehen, wenn vom Bewerber Auskünfte eingeholt werden über eine Schwerbehinderung, ansteckende Krankheiten, das Ableisten etwa eines Freiwilligen sozialen Jahres (FsJ) oder die Teilnahme an Fortbildungsveranstaltungen. Solche Fragen sollten unbedingt beantwortet werden. Dies nicht nur wegen der Wahrheitspflicht, sondern auch deswegen, weil der Wahrheitsgehalt der Antworten auf solche Fragen über kurz oder lang festgestellt werden kann oder weil Nachweise verlangt werden können.

Beim Vorstellungsgespräch, der zweiten, meist entscheidenden Stufe einer Bewerbung, ist zu beachten:

- Kleidung und äußeres Erscheinungsbild sollten dem Anlass angemessen sein.
- Pünktlichkeit ist unverzichtbar. Man sollte sich daher frühzeitig über die Verkehrsverbindungen informieren.
- Während des Gesprächs macht Sachlichkeit den besten Eindruck.
- Das Vorstellungsgespräch ist für den Bewerber die Chance, persönlich für sich zu werben und den Arbeitgeber zu überzeugen. Diese Werbung sollte sorgfältig vorbereitet werden.
- Man sollte sich vorher einige Fragen, zum Beispiel zum Betrieb oder zur späteren Tätigkeit, überlegen. Damit zeigt man sein Interesse.

Es gibt zahlreiche Informationsmöglichkeiten zu diesem Thema, in jeder Bibliothek, auch bei den Arbeitsagenturen, natürlich auch im Internet, z. B. unter: www.karriere.de/bewerbung/baldrian-fuer-bewerber-10310/

Vor dem Arbeitsvertrag

– was ist sonst zu beachten?

inhalt.monster.de/406_DE_p1.asp

Durch die Aufnahme von Vertragsverhandlungen zwischen dem Arbeitgeber und dem Bewerber um einen freien Arbeitsplatz entstehen für beide Teile Rechte und Pflichten. Folgende Pflichten obliegen dem Arbeitgeber:

- Unterrichtung des Bewerbers über gesundheitliche Belastungen am Arbeitsplatz,
- Unterrichtung des Bewerbers über bevorstehende organisatorische Maßnahmen, die den Arbeitsplatz verändern werden,
- Verschwiegenheit über bekannt gewordene personenbezogene Geheimnisse des Bewerbers,
- Rückgabe der eingereichten Bewerbungsunterlagen, sofern es *nicht* zum Abschluss eines Arbeitsvertrages kommt.

Kommt es nach der Vorstellung nicht zum Abschluss eines Arbeitsvertrages, kann der Bewerber außerdem auf Erstattung der Reisekosten bestehen.

Vom Ausbildungs- zum Arbeitsverhältnis

9. Vor dem Arbeitsvertrag

1. Mit dem Abschluss eines Arbeitsvertrages steht der Arbeitnehmer in einem ....
   Beschäftigungsverhältnis. Das Arbeitsrecht zielt auf den Schutz des Arbeitnehmers im Berufsleben vor
   1. ....,
   2. ....,
   3. ....
2. Das Arbeitsrecht gliedert sich in drei Teile: 1. ....
   2. .... 3. ....
3. Um unter den Geltungsbereich des Arbeitsrechts zu fallen, muss die vom Arbeitnehmer erbrachte Leistung .... sein. Deshalb sind Rechtsanwälte und Ärzte, wenn sie eine .... Tätigkeit ausüben, keine Arbeitnehmer im Sinne des Arbeitsrechts.
4. Arbeitnehmer im Sinne des Betriebsverfassungsgesetzes sind alle Arbeiter und .... Keine Arbeitnehmer in diesem Sinne sind .... Angestellte, wie etwa der Geschäftsführer einer GmbH.
5. Wovon hängt die Wirksamkeit des Arbeitsrechts weitgehend ab? ....
   ....
6. Vor welchem Gericht werden Streitigkeiten ausgetragen, die aus der Verletzung des Ausbildungsrechts herrühren?
   ....
7. Die kollektiven und individuellen Bestimmungen des Arbeitsrechts unterliegen einer Rangfolge. Die vorangehende Regelung enthält jeweils die ....-bestimmungen, die bei der nachfolgenden Regelung nicht unterschritten werden dürfen. Vereinbarungen in Tarifverträgen dürfen die Arbeitnehmer nicht schlechter stellen als die entsprechenden Bestimmungen in den ....-gesetzen und -verordnungen. Genauso wenig dürfen Betriebsvereinbarungen die Mindestbestimmungen der ....-verträge unterschreiten.
8. Nennen Sie drei Gruppen, die bei der Gestaltung des Arbeitsrechts mitwirken.
   1. Als Gesetzgeber der ....,
   2. als Tarifvertragsparteien die .... und
      die ....,
   3. als Ausgestaltende einzelne .... und ....
9. Welche staatliche Institution hilft bei der Arbeitsvermittlung? ....
10. Die Arbeitsvermittlung bei der Arbeitsagentur ist ....-frei. Bei der Arbeitsvermittlung darf kein Arbeitgeber und kein Arbeitnehmer in irgendeiner Weise .... werden.
11. Ein Arbeitgeber lädt einen Bewerber um eine Arbeitsstelle zur persönlichen Vorstellung ein. Dabei ist auch ein Fragebogen auszufüllen. Bestimmte Fragen sollten nicht nur aufgrund der Wahrheitspflicht unbedingt wahrheitsgemäß beantwortet werden (zum Beispiel: „An welchen Fortbildungsmaßnahmen haben Sie bisher teilgenommen?“ oder: „Wurde Ihnen bei Ihrer vorigen Arbeitsstelle der Lohn gepfändet?“). Warum?
    ....
    ....
12. Nach einem Vorstellungsgespräch kommt es zu keinem Abschluss eines Arbeitsvertrages. Worauf kann der Bewerber jedoch bestehen?
    Auf .... der ....-kosten.

10. Arbeitsvertrag

Begrenzte Formvorschrift

Arbeitsverträge werden, wie andere privatrechtliche Verträge auch, durch die übereinstimmende Willenserklärung zweier Vertragspartner geschlossen. Ob mündlich oder schriftlich, ist dabei zunächst nebensächlich. Es herrscht hier **Formfreiheit**, wenn nicht anders vorgeschrieben.
Die **Schriftform** setzt die eigenhändige Unterschrift des Erklärenden voraus (§ 126 BGB).

Jedes Arbeitsverhältnis wird durch einen Arbeitsvertrag begründet. Dieser kann wie der Ausbildungsvertrag auch **mündlich** in gültiger Form abgeschlossen werden. Das Gesetz schreibt eine **Niederschrift der wesentlichen Vertragsbedingungen** und deren Aushändigung zwingend erst nach einem Monat vor. Aufgrund gesetzlicher Regelung kann der Arbeitnehmer sogar vor dem Arbeitsgericht auf die Herausgabe einer solchen Niederschrift klagen. Dennoch sollte – damit bei Unklarheiten nicht lange diskutiert werden muss – ein ausführlicher Arbeitsvertrag möglichst sofort schriftlich abgeschlossen werden.

Arbeitgeber und **Arbeitnehmer** sind die **Vertragspartner,** zwischen denen der Arbeitsvertrag die rechtlichen Beziehungen regelt. Im Arbeitsvertrag müssen die Mindestbestimmungen der Arbeitsgesetze und sonstiger arbeitsrechtlicher Vereinbarungen eingehalten werden.

Arbeitspapiere

Ist ein Arbeitsvertrag geschlossen, so muss der Arbeitnehmer bei Antritt der neuen Stelle dem Arbeitgeber in jedem Fall folgende „Arbeitspapiere“ abgeben: seine Lohnsteuerkarte (letztmalig 2011) und die Urlaubsbescheinigung des vorherigen Arbeitgebers. Mitzuteilen sind zudem die Sozialversicherungsnummer und die Bankverbindung sowie (für den Zeitraum ab 2012) die Steuer-Identifikationsnummer für die elektronische Lohnsteuerkarte.

Änderung der Bedingungen des Arbeitsvertrages

Ein Arbeitsvertrag enthält für den Arbeitnehmer in der Regel günstigere Bedingungen als der geltende Tarifvertrag. Eine einseitige Änderung der Bedingungen des Arbeitsvertrages durch den Arbeitgeber ist nicht ohne Weiteres möglich. Änderungen einzelner Bedingungen des Arbeitsvertrages können die Vertragspartner nur durch eine **Änderungskündigung** erreichen.

Rechtlich nicht zulässige Vereinbarungen

Der Verzicht auf eine Kündigungsfrist innerhalb der Probezeit ist rechtlich nicht zulässig.

Im Falle zeitlich befristeter Arbeitsverträge, die ja keiner Kündigung bedürfen, müssen Arbeitnehmer rechtzeitig dafür Sorge tragen, dass die Verträge gegebenenfalls verlängert werden. Mehr unter www.info-arbeitsrecht.de/Befristeter_Arbeitsvertrag/befristeter_arbeitsvertrag.html

Bestimmte Vereinbarungen in einem Arbeitsvertrag sind rechtlich nicht zulässig. Zum Beispiel können die Vertragsparteien **nicht** auf das Recht der fristlosen Kündigung verzichten und sie können auch nicht eine Begrenzung der Entgeltfortzahlung oder des Mehrarbeitszuschlags vereinbaren. Es handelt sich hier um Mindestbestimmungen, die nicht unterschritten werden dürfen.

Wenn weiterhin zum Beispiel vereinbart wird, innerhalb der Probezeit könne zu jedem Zeitpunkt ohne Einhaltung einer Frist und ohne Angaben von Gründen gekündigt werden, so ist dies zumindest in einem Punkt rechtlich nicht zulässig. Außer wenn ein Grund für eine fristlose Kündigung vorliegt, gilt es auch hier, eine Kündigungsfrist zu wahren. Gesetzlich vorgeschrieben sind zwei Wochen Frist, damit der Gekündigte die Zeit bekommt, sich rechtzeitig um eine neue Stelle zu bemühen.

Gegen geltendes Recht verstößt auch, wenn etwa Folgendes vereinbart wird: „Bei Verkauf des Betriebes endet das Arbeitsverhältnis.“ Hierzu ist es wichtig zu wissen, dass ein Wechsel des Eigentümers auf die bestehenden Arbeitsverträge keine negative Auswirkung hat, weil gesetzlich geregelt ist, dass alle Rechte und Pflichten aus bestehenden Arbeitsverträgen auf den neuen Eigentümer übergehen.

Vertragsende

Die Kündigung des Arbeitnehmers hat eine geringere Bedeutung als die des Arbeitgebers. Dies liegt daran, dass die Kündigung durch den Arbeitnehmer seltener vorkommt. Auch hat die (häufigere) Kündigung des Arbeitgebers für den Arbeitnehmer existenziellere Folgen. (Fast) Jeder Arbeitnehmer ist aus Sicht des Arbeitgebers „ersetzbar“. Umgekehrt sieht der Arbeitnehmer das zumeist anders.

Der gegenseitige Arbeitsvertrag endet zum Beispiel durch

- **Zeitablauf,** wenn der Arbeitsvertrag befristet ist,
- einen **Aufhebungsvertrag** (beide Partner beenden das Arbeitsverhältnis im gegenseitigen Einvernehmen),
- **Kündigung** durch einen der beiden Vertragspartner, die durch den anderen Partner angenommen wird
- den **Tod** des Arbeitnehmers.

Der Vertrag endet **nicht** dadurch, dass der Eigentümer des Unternehmens wechselt. Ein Arbeitsverhältnis endet durch Zeitablauf, wenn der Vertrag nur auf Zeit geschlossen wurde. Das gilt auch für das Ausbildungsverhältnis. Ist das Ende der Arbeits- oder Ausbildungszeit erreicht, so ist eine Kündigung **nicht** erforderlich.

Vom Ausbildungs- zum Arbeitsverhältnis

Pflichten der Vertragspartner

Über die Bestimmungen des Arbeitsvertrages hinaus ergeben sich für Arbeitnehmer und Arbeitgeber besondere Pflichten aus dem Arbeitsverhältnis:

Hauptpflichten

Nebenpflichten

Pflichten des Arbeitnehmers	Pflichten des Arbeitgebers
• die vereinbarte **Arbeitsleistung** persönlich erbringen (Hauptpflicht)	• Pünktliche **Zahlung** des vereinbarten Lohns (Hauptpflicht)
• den Arbeitsanweisungen des Arbeitgebers Folge leisten (der Arbeitnehmer hat eine **Gehorsamspflicht**; umgekehrt hat der Arbeitgeber ein **Weisungsrecht**)	• **Beschäftigung** mit den vertraglich vereinbarten Arbeiten, sofern nicht die Zuweisung anderer gleichwertiger Tätigkeit vereinbart ist
• **Sorgfaltspflicht * Verantwortung**	• **Fürsorgepflicht * Verantwortung**
– die übertragenen Arbeiten sorgfältig und gewissenhaft, das heißt nach bestem Wissen und Können, erledigen und auch Arbeits- und Betriebsmittel pfleglich behandeln	– alles tun, um Leben und Gesundheit des Arbeitnehmers zu schützen, zum Beispiel für eine gefahrlose Gestaltung des Arbeitsablaufs sorgen unter Beachtung der Unfallverhütungsvorschriften, das Jugendarbeitsschutzgesetz und das Arbeitszeitgesetz einhalten
– dem Betrieb, dessen Mitarbeitern und Einrichtungen sowie der Umwelt drohende Schäden abwehren, jedenfalls dem Arbeitgeber unverzüglich melden	– Abführen der Sozialversicherungsbeiträge
– beitragen zum Erfolg des Unternehmens als verantwortlich denkender Mitarbeiter	– Installation von sanitären Einrichtungen
– Abstimmung der Urlaubspläne mit dem Arbeitgeber (die Lage des Urlaubs richtet sich nach den betrieblichen Erfordernissen; der Arbeitnehmer darf erwarten, dass seine Wünsche angemessen berücksichtigt werden)	– **Gleichbehandlungsgrundsatz** beachten: gleichwertige Bezahlung von Mann und Frau bei vergleichbaren Arbeiten, Gleichbehandlung bei Freistellung
• **Treuepflicht**	– aus betrieblichen Gründen notwendige Kündigungen unter Berücksichtigung sozialer Gesichtspunkte vornehmen
– Betriebsgeheimnisse wahren (Schweigepflicht)	
– dem Arbeitgeber keine Konkurrenz machen, zum Beispiel bei Ausübung einer Nebenbeschäftigung (Wettbewerbsverbot)	– Ausstellen eines Arbeitszeugnisses bei Beendigung des Arbeitsverhältnisses
Die Pflichten des einen sind die Rechte des anderen. Nichteinhaltung berechtigt zu Kündigung und zu Schadensersatz.	

http://de.wikipedia.org/wiki/Arbeitsvertrag

Gleicher Lohn für gleiche Arbeit! Gleichwertige Bezahlung von Mann und Frau bei vergleichbaren Arbeiten!

Sonstige Rechte und Pflichten

Für beide Vertragspartner, Arbeitnehmer und Arbeitgeber, gilt: Sie müssen die Unfallverhütungsvorschriften beachten.

Manche Arbeitnehmer haben mit Wissen des Hauptarbeitgebers eine **Nebenbeschäftigung** bei einem zweiten Arbeitgeber. Das geht so weit in Ordnung wie die vorgeschriebene Höchstarbeitszeit eingehalten und dem Hauptarbeitgeber dabei keine Konkurrenz gemacht wird.

Nebenbeschäftigung: Höchstarbeitszeit ist einzuhalten

Natürlich muss der Arbeitnehmer die Betriebsordnung beachten und dabei unter anderem die Arbeitszeit einhalten.

Im Rahmen der Fürsorgepflicht muss der Arbeitgeber für die Sicherheit der Sachen sorgen, die der Arbeitnehmer berechtigterweise mit in den Betrieb bringt.

Gegen den arbeitsrechtlichen **Gleichbehandlungsgrundsatz** verstößt der Arbeitgeber nicht nur, wenn er für gleichwertige Arbeit Frauen einen geringeren Lohn zahlt als Männern, sondern auch, wenn er den (gewerkschaftlich) nicht organisierten Arbeitnehmern ein Weihnachtsgeld zahlt, den organisierten aber nicht.

Schließlich gilt: Weder für Arbeitnehmer noch für Arbeitgeber besteht die Pflicht, unbezahlten Urlaub zu nehmen oder zu gewähren.

10. Arbeitsvertrag

1. Ein Arbeitsvertrag kann zunächst .... abgeschlossen werden. Dennoch sollte aus Gründen der .... bei Streitigkeiten ein Arbeitsvertrag sofort schriftlich abgeschlossen werden.
2. Wer sind die Vertragspartner? ....
3. Im Arbeitsvertrag müssen die ....-bestimmungen der Arbeitsgesetze eingehalten werden. Nach Abschluss eines Arbeitsvertrages muss der Arbeitnehmer dem Arbeitgeber beim Antritt der Stelle seine Lohnsteuerkarte (letzmalig 2011) und die ....-bescheinigung des vorigen Arbeitgebers vorlegen.
4. Durch welche Art der Kündigung können die Vertragspartner Änderungen einzelner Bedingungen des Arbeitsvertrages erreichen? ....
5. Rechtlich **nicht** zulässig ist in einem Arbeitsvertrag die Begrenzung des ....-zuschlags. Es handelt sich hier um eine Mindestbestimmung, die nicht ....-schritten werden darf.
6. Rechtlich nicht zulässig ist es weiterhin, mit dem Arbeitnehmer zu vereinbaren, dass innerhalb der Probezeit ohne Einhaltung einer .... gekündigt werden kann. Gesetzlich vorgeschrieben ist eine Frist von ...., damit der Gekündigte Zeit bekommt, eine neue Stelle zu finden.
7. Eine Unternehmung wird verkauft. Welche Auswirkung hat der Wechsel des Eigentümers auf die bestehenden Arbeitsverträge? ....
8. Der Arbeitsvertrag endet durch ...., wenn er befristet ist. Der Arbeitsvertrag endet durch ....-vertrag oder durch .... oder schließlich durch .... des Arbeitnehmers.
9. Welche Hauptpflicht ergibt sich für den Arbeitnehmer? Erbringen der ....
10. Welche Hauptpflicht hat der Arbeitgeber aus dem Arbeitsverhältnis?

    ....
11. Hinsichtlich der zu leistenden Arbeit hat der Arbeitnehmer eine ....-pflicht. Umgekehrt hat der Arbeitgeber ein ....-recht. Sofern nicht anders vereinbart, hat der Arbeitgeber den Arbeitnehmer mit den .... Arbeiten zu beschäftigen.
12. Im Rahmen des Arbeits- und Beschäftigungsverhältnisses trägt jeder der Vertragspartner hinsichtlich seines Tuns Ver-... . Weitere Pflichten des Arbeitnehmers sind unter den Oberbegriffen Sorgfaltspflicht und ....-pflicht zusammengefasst. Für den Arbeitgeber fasst man weitere Pflichten unter dem Oberbegriff ....-pflicht zusammen.
13. Nennen Sie fünf Pflichten des Arbeitnehmers im Rahmen der Sorgfalts- und Treuepflicht.

    1. die übertragenen Arbeiten .... und gewissenhaft erledigen
    2. dem Betrieb, dessen Mitarbeitern und Einrichtungen drohende Schäden ....
    3. .... der Urlaubspläne mit dem Arbeitgeber
    4. Betriebsgeheimnisse .... (Schweigepflicht)
    5. dem Arbeitgeber keine .... machen, etwa bei Ausübung einer Nebenbeschäftigung
14. Nennen Sie fünf Pflichten des Arbeitgebers im Rahmen der Fürsorgepflicht.

    1. alles tun, um Leben und Gesundheit des Arbeitnehmers zu ....
    2. .... der Sozialversicherungsbeiträge
    3. .... von sanitären Einrichtungen
    4. .... von Mann und Frau bei vergleichbaren Arbeiten und bei Freistellung
    5. .... eines Arbeitszeugnisses bei Beendigung des Arbeitsverhältnisses

Arbeitsrecht, Arbeitsschutz

1. Arbeitszeit • Entlohnung

PAL 21-31, 283-287, U7, U9, U20

Arbeitszeit

Wie die übrigen Arbeitsbedingungen ist auch die Arbeitszeit durch Tarifverträge, Betriebsvereinbarungen oder den Arbeitsvertrag festgelegt. Für die weit überwiegende Mehrheit der Arbeitnehmer gelten derzeit (2011) wöchentliche Regelarbeitszeiten zwischen 35 und 40 Stunden pro Woche. Üblicherweise wird an fünf Tagen in der Woche gearbeitet (Fünftagewoche). Samstag gilt als Werktag.

Arbeitszeitgesetz

http://de.wikipedia.org/wiki/Arbeitszeitgesetz

Die regelmäßige werktägliche Arbeitszeit darf die Dauer von acht Stunden nicht überschreiten. Die werktägliche Arbeitszeit von acht Stunden darf auf zehn Stunden erhöht werden unter der Voraussetzung, dass innerhalb von sechs Kalendermonaten im Durchschnitt acht Stunden werktäglich nicht überschritten werden.

Das alles besagt das Arbeitszeitgesetz (ArbZG), ein Bundesgesetz. Dieses gilt für Arbeitnehmer über 18 Jahre in Betrieben und Verwaltungen aller Art.

– Ziele

www.verbund-strukturwandel.de/flexarbeit/infopool.arbeit.shtml

www.zzda.de/reformbedarf/teilzeit.html

Die mit dem Arbeitszeitgesetz vom Gesetzgeber verfolgten Ziele sind:

- Verbesserung der Rahmenbedingungen für flexible und individuelle Arbeitszeitmodelle,
- Übertragung von mehr Verantwortung für die Arbeitszeitgestaltung auf die Tarifvertragsparteien,
- Gewährleistung eines wirksamen und praktikablen Gesundheitsschutzes der Arbeitnehmer,
- Vereinheitlichung der gesetzlichen Bestimmungen für Frauen und Männer hinsichtlich der Arbeitszeiten, der Ruhezeiten und der Ruhepausen.

Die Arbeitszeit ist die Zeit von Beginn bis Ende der Arbeit ohne Ruhepausen.

Laut Arbeitszeitgesetz ist bei einer Arbeitszeit von mehr als sechs Stunden (zusammenhängend) eine Ruhepause von mindestens 30 Minuten zu gewähren.

Bei einer täglichen Arbeitszeit von acht Stunden müssen – den gesetzlichen Vorschriften zufolge – mindestens eine Pause von 30 Minuten oder zwei Pausen von je 15 Minuten gewährt werden.

– Einhaltung

Eine Verlängerung der täglichen Arbeitszeit über die gesetzlich vorgeschriebenen regelmäßigen acht Stunden hinaus darf – gemäß Gewerbeordnung – nur die **Gewerbeaufsicht** genehmigen, die über die Einhaltung des Arbeitszeitgesetzes wacht. Zwischen Ende und Beginn der Arbeit muss eine ununterbrochene Ruhezeit von elf Stunden liegen.

Als wöchentliche Höchstarbeitszeit gilt eine Arbeitszeit von 48 Stunden pro Woche. Längere regelmäßige Arbeitszeiten sind nur in Ausnahmefällen möglich, die ebenfalls die Gewerbeaufsicht genehmigen muss.

Entlohnung

...wiki/Entlohnung

Lohn

...wiki/Arbeitsentgelt

Bruttolohn ist der Lohnbetrag, von dem noch keine Abzüge (Steuern, Sozialabgaben) vorgenommen wurden. Den **Nettolohn** erhält der Arbeitnehmer zur Bestreitung seines Lebensunterhalts nach Abzug von Steuern und Sozialabgaben ausbezahlt.

Lohn im engeren Sinne ist das **Entgelt** für geleistete Arbeit gewerblicher Arbeitnehmer (Arbeiter), im weiteren Sinne jegliches Einkommen aus unselbstständiger Tätigkeit (also auch die Bezüge der Beamten und die Gehälter der Angestellten).

Als Lohnformen sind zu unterscheiden: der Zeitlohn und der Leistungslohn. Beim Leistungslohn unterscheidet man die beiden Formen Akkordlohn und Prämienlohn.

Zeitlohn

Zeitlohn heißt die Lohnform, bei der die erbrachten Leistungen durch eine Vergütung der Arbeitszeit auf der Basis von Stundenlöhnen (bei Arbeitern) und Monatsgehältern (bei Angestellten) abgegolten werden.

Leistungslohn – Akkordlohn

...wiki/Akkordlohn

Wer im Akkord arbeitet, dessen Leistung wird in Zeiteinheiten oder in Mengeneinheiten erfasst. Diese Lohnform wird als Akkordlohn bezeichnet.

Gemessen wird beim Akkord,

- in welcher Zeit der Arbeitnehmer einen Arbeitsvorgang bewältigt (als Maßeinheit wird vorab durch Arbeitsstudien eine Vorgabezeit festgelegt, die als Normalleistung gilt) oder
- welche Stückzahlen oder Mengen, etwa in Kilogramm, der Arbeitnehmer fertigt.

– Akkordlohn

Der Akkordlohn setzt sich aus zwei Teilen zusammen: dem tariflichen Mindestlohn und dem Akkordzuschlag.

... Vorteil

Ein Vorteil des Akkordlohns ist der Anreiz zur Leistungssteigerung. Höhere Leistung hat auch höhere Bezahlung zur Folge.

Für den Betrieb hat der Akkordlohn darüber hinaus den Vorteil, dass die Fertigungskosten zuverlässiger kalkuliert (gerechnet) werden können.

Beim Akkordlohn ist die Arbeitsleistung meist größer als beim Zeitlohn.

Beim Zeitlohn trägt das Risiko mangelnden Arbeitseifers allein der Arbeitgeber. Aber es gibt eben Arbeiten, bei denen die Leistung nicht oder nur schwer messbar ist, zum Beispiel Wartungs- und Reparaturarbeiten sowie Büroarbeiten.

... Nachteil

Der wesentliche Nachteil des Akkordlohns besteht darin, dass zu sehr auf den Zeitgrad geachtet wird und zu wenig etwa auf Qualität oder Werkzeugverschleiß.

– Prämienlohn

Diesen Nachteil versucht man mit dem Prämienlohn auszugleichen, indem der gewünschte Leistungsanreiz über Zielvorgaben gestaltet wird.

Prämie ist eine Zulage zum Lohn

Man unterscheidet Mengenprämien, Güteprämien und Ersparnisprämien.

Gratifikation

...wiki/Gratifikation

...wiki/Zuschlag_für_Sonntags_ Feiertags-_und_Nachtarbeit

...wiki/Entgeltdifferenzierung

Gratifikationen sind Zulagen, die der Arbeitgeber zu besonderen Anlässen, zum Beispiel zu Weihnachten, zahlt. Diese sind bis zu einer bestimmten Höhe steuerfrei.

Nicht oder nur begrenzt steuerfrei sind Zuschläge zum Lohn für Überstunden, Nachtarbeit, Sonn- und Feiertagsarbeit und Zulagen für besondere Erschwernisse, wie zum Beispiel für Schmutzarbeit oder für Arbeit in großer Hitze.

Zusammenfassung
Zeit- und Leistungslohn

Zielvorgabe bei Mengenprämien: Mit dem gleichen Einsatz an Arbeit, Werkstoffen und Maschinen eine größere Menge produzieren (Maximalprinzip).
Zielvorgabe bei Ersparnisprämien: Mit dem geringerem Einsatz an Arbeit, Werkstoffen und Maschinen die gleiche Menge produzieren (Minimalprinzip oder Sparprinzip).

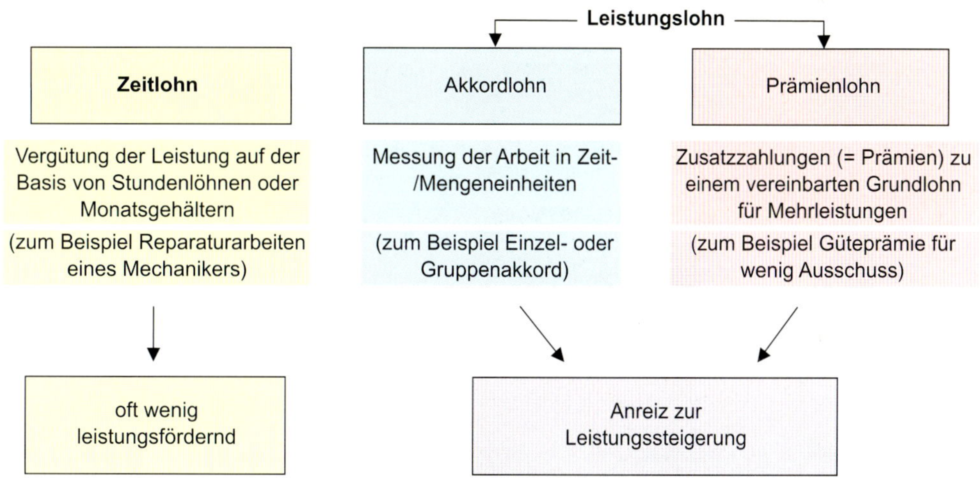

Lohnnebenkosten

...wiki/Lohnnebenkosten

Neben dem Lohn entstehen einem Arbeitgeber weitere Kosten, wenn er einen Arbeitnehmer beschäftigt. Sie werden als Lohnnebenkosten (Lohnzusatzkosten) bezeichnet. Im Einzelnen gehören dazu:

- Lohnfortzahlung für Urlaub, Feiertage und Krankheit,
- Arbeitgeberanteile zur Sozialversicherung (das ist die Hälfte der Beiträge zur Kranken-, Renten- und Arbeitslosenversicherung, die der Arbeitgeber trägt; die Unfallversicherung bezahlt er ganz),
- Sonderzahlungen, wie etwa 13ter Monatslohn oder Weihnachtsgeld,
- vermögenswirksame Leistungen, die von Arbeitgebern ganz oder teilweise übernommen werden.

Einkommenssteuer/ Lohnsteuer

...wiki/Einkommenssteuer

...wiki/Lohnsteuer

Außer der Lohnsteuer behält der Arbeitgeber die Kirchensteuer ein und außerdem die Arbeitnehmeranteile zur Sozialversicherung. Das sind die gesetzlichen Lohnabzüge.

...wiki/Werbungskosten

Jeder Bürger, der Einkommen bezieht, muss Steuern bezahlen. Bei Einkünften aus nichtselbstständiger Arbeit wird die Lohnsteuer durch Abzug vom Arbeitslohn erhoben. Der Arbeitgeber behält die Lohnsteuer ein und führt sie ans Finanzamt ab.

Falls an das Finanzamt zu viel Lohnsteuer gezahlt wurde, wird sie vom Finanzamt zurückerstattet. Der Steuerpflichtige muss nur beim Finanzamt einen Lohnsteuerjahresausgleich beantragen. In dem Antrag können – unter Beifügen von Belegen – Angaben gemacht werden, die sich steuermindernd auswirken. Dazu gehören unter anderem die Werbungskosten. Das sind Ausgaben, die der Erwerbung, Sicherung und Erhaltung von Einnahmen dienen, zum Beispiel die Fahrtkosten zur Arbeit.

Arbeitsrecht, Arbeitsschutz

1. Arbeitszeit • Entlohnung

1. In welchem Bereich (Stundenanzahl) liegt derzeit (2011) die wöchentliche Regelarbeitszeit in Deutschland?

....

2. Welche Stundenzahl darf die regelmäßige tägliche Arbeitszeit im Normalfall nicht überschreiten?

....

3. Die werktägliche Arbeitszeit darf auf zehn Stunden erhöht werden, wenn innerhalb von .... Kalendermonaten im Durchschnitt acht Stunden werktäglich nicht überschritten werden. Das Arbeitszeitgesetz gilt für Arbeitnehmer über .... Jahre in Betrieben und Verwaltungen aller Art. Die Arbeitszeit ist die Zeit vom Beginn bis zum Ende der Arbeit ohne die ....

4. Eine Ruhepause muss bei einer Arbeitszeit von mehr als sechs Stunden mindestens .... Minuten lang sein. Dem Gesetz zufolge können statt einer Pause von 30 Minuten auch .... Pausen von ...... Minuten gewählt werden.

5. Welche Institution kann eine Verlängerung der täglichen/wöchentlichen Arbeitszeiten über die gesetzlich vorgeschriebene Höchstdauer hinaus genehmigen? ....

6. Zwischen Ende und Beginn der Arbeit muss eine ununterbrochene Ruhezeit von ...... Stunden liegen. Als wöchentliche Höchstarbeitszeit gilt (bei sechs Werktagen) eine Arbeitszeit von ...... Stunden pro Woche.

7. Wie heißt der Lohn, von dem man keine Steuern und Sozialabgaben abgezogen hat? ....

8. Was versteht man unter dem Nettolohn? ....

....

9. Lohn ist das .... für die geleistete Arbeit von Arbeitern. Das Arbeitsentgelt von Angestellten bezeichnet man auch als ....

10. Als Lohnformen unterscheidet man 1. den ....-lohn und 2. den ....-lohn. Beim Zeitlohn werden die erbrachten Leistungen durch eine Vergütung der Arbeitszeit bei Arbeitern auf der Grundlage von Stunden-.................................... und bei Angestellten von Monats-.. abgegolten.

11. Welche beiden Formen des Leistungslohns unterscheidet man?

....

12. Wer im Akkord arbeitet, dessen Leistung wird in ....-einheiten oder in ....-einheiten erfasst. Gemessen wird beim Akkord entweder, in welcher .... der Arbeitnehmer einen Arbeitsvorgang bewältigt, oder, welche ....-zahlen oder Massen (kg) er fertigt.

13. Der Akkordlohn setzt sich zusammen aus dem tariflichen ....-lohn und dem ....-zuschlag. Ein Vorteil des Akkordlohns ist, dass höhere Leistung auch höhere .... zur Folge hat. Das beinhaltet einen Anreiz zur ....-steigerung.

14. Im Vergleich zum Zeitlohn ist beim Akkordlohn die Arbeits-............................... meist größer als beim Zeitlohn. Beim Zeitlohn trägt das Risiko mangelnden Arbeits-....................... allein der Arbeitgeber.

15. Nennen Sie zwei Tätigkeiten, für die der Zeitlohn üblich ist.

1. .... 2. ....

16. Welchen Nachteil des Akkordlohns versucht man durch den Prämienlohn auszugleichen?

....

17. Beim Prämienlohn unterscheidet man Mengenprämien, ...-prämien und Ersparnisprämien. Gratifikationen sind zum Teil steuerfreie Zuschläge, die der Arbeitgeber aus besonderen .... zahlt.

18. Nicht steuerfreie Zuschläge sind solche für ...., Nacht- und Feiertagsarbeit und für besondere Erschwernisse, wie für ....-arbeit und für Arbeit in großer ....

2. Entgeltfortzahlung • Urlaub

PAL 20, 32-37, 54-64, 223, U8

Gesetzliche Entgeltfortzahlungspflicht

Die gesetzlich verordnete Entgeltfortzahlung im Krankheitsfall und in bestimmten weiteren Fällen zählt zu denjenigen Lohnzusatzkosten, die den Arbeitgeber mit am stärksten belasten.

...durch das Entgeltfortzahlungsgesetz

Entgelt = Lohn, Gehalt, Vergütung

Während für Angestellte die Gehaltsfortzahlung im Krankheitsfalle bereits seit rund sechs Jahrzehnten gesetzlich geregelt ist, schuf man für Arbeiter erst 1970 mit dem LOHNFORTZAHLUNGSGESETZ eine entsprechende gesetzliche Grundlage.

Diesem Gesetz zufolge erhalten Arbeiter, die regelmäßig mindestens zehn Stunden wöchentlich beschäftigt sind, im Krankheitsfall bis zu sechs Wochen weiter Lohn.

Voraussetzung zur Entgeltfortzahlung

Der Anspruch auf Entgeltfortzahlung ist dann gegeben, wenn der Arbeitnehmer unverschuldet, also ohne eigenes Verschulden, arbeitsunfähig wird.

Beispiele für gegebene/nicht gegebene Ansprüche

Der **Fortzahlungsanspruch** entfällt, wenn der Betroffene bei Ausübung einer gefährlichen Sportart seine persönlichen Fähigkeiten offensichtlich überschätzt, also leichtsinnig und unvernünftig handelt, und wie beim Fallbeispiel Drachenfliegen einen Unfall erleidet. Der Anspruch entfällt *nicht* für einen geübten Sportler, der um die offizielle deutsche Meisterschaft fliegt.

Ist die Krankheit selbst verschuldet, so trifft den Arbeitgeber keine Entgeltfortzahlungspflicht. Besonders dann nicht, wenn die Arbeitsunfähigkeit verursacht wurde durch:

- grob fahrlässiges Verhalten im Straßenverkehr (Fahren ohne Gurt, Alkohol am Steuer),
- grob fahrlässige Verstöße gegen Unfallverhütungsvorschriften (Schweißarbeiten ohne vorgeschriebene Schutzausrüstung),
- einen Unfall bei der Ausübung einer gefährlichen Sportart (z. B. beim Drachenfliegen), bei welcher der Arbeitnehmer seine Kräfte deutlich überschätzt,
- Verletzung bei einer verbotenen Nebentätigkeit (Schwarzarbeit).

Der Anspruch auf Entgeltfortzahlung im Krankheitsfalle für sechs Wochen gilt auch, wenn ein Arbeitnehmer zuerst vier Wochen und dann nochmals zwei Wochen an derselben Krankheit unverschuldet arbeitsunfähig erkrankt ist.

Die **Entgeltfortzahlungskosten** für den industriellen Arbeitgeber machen 3 % der Bruttolohnkosten aus (Zahlen des Statistischen Bundesamtes, Stand 2009).

Ist der Arbeitnehmer innerhalb von zwölf Monaten noch weitere Zeit aufgrund derselben Krankheit arbeitsunfähig erkrankt, dann leistet der Arbeitgeber nicht mehr. Bei unterschiedlichen Erkrankungen innerhalb dieser Zwölfmonatsfrist entsteht ein erneutes Recht auf Entgeltfortzahlung. Dauert die Arbeitsunfähigkeit länger als sechs Wochen, so erhält der Arbeitnehmer Krankengeld von der Krankenkasse. Sind im Betrieb des Arbeitgebers nicht mehr als 20 Arbeitnehmer beschäftigt, so erstattet die Krankenkasse dem Arbeitgeber etwa 80 % der Entgeltfortzahlungskosten.

Selbstverständlich muss Entgelt auch dann fortgezahlt werden, wenn ein Arbeitnehmer seine Tätigkeit unverschuldet deshalb nicht ausüben kann, weil etwa die Energieversorgung im Betrieb zusammengebrochen ist oder weil aufgrund eines Maschinenschadens bei einem Zulieferbetrieb wichtige Teile fehlen.

Keinen Anspruch auf Entgeltfortzahlung im Krankheitsfall haben leitende Angestellte. Diese gelten nicht als Arbeitnehmer im Sinne des ENTGELTFORTZAHLUNGSGESETZes. Als Arbeitnehmer im Sinne dieses Gesetzes gelten aber teilzeitbeschäftigte Arbeiter und Angestellte und auch Mitglieder des Betriebsrats.

In bestimmten weiteren Fällen hat der Arbeitnehmer auch einen Anspruch auf Entgeltfortzahlung oder Entschädigung für den Verdienstausfall, bezogen auf die Zeit seiner Abwesenheit vom Arbeitsplatz. Dazu zählen:

Anspruch auf Entgeltfortzahlung:
Auftreten als Zeuge vor Gericht

- die Musterung oder die Teilnahme an einer zweitägigen Wehrübung,
- das Auftreten als Zeuge vor Gericht,
- die Fortbildung eines Betriebsratsmitglieds bezüglich des Aufgabengebiets des Betriebsrats in einem dreitägigen Seminar der Gewerkschaft,
- die Tätigkeit für drei Tage als ehrenamtlicher Richter.

Entgelt fortgezahlt wird auch, wenn ein Arbeitnehmer sich am Wochenende auf dem Fußballplatz bei der Ausübung einer ehrenamtlichen Schiedsrichtertätigkeit das Bein gebrochen hat, und auch, wenn er sich am Wochenende beim Reparieren seines unter anderem zur Fahrt zur Arbeit genutzten Kraftfahrzeuges verletzt hat und dadurch für zwei Wochen arbeitsunfähig wird.

Arbeitsrecht, Arbeitsschutz

Pflichten des Arbeitnehmers

Was zählt als Krankheit im arbeitsrechtlichen Sinne?
Alkoholabhängigkeit – Ja
Schwangerschaft – Nein
Schwerbehinderung – Nein
Aids – Ja Drogensucht – Ja
Kosmetische Operation – Nein, nur wenn aus ärztlicher Sicht dringend geboten, z. B. Korrektur der Nase, um Atmung zu verbessern.

Ist ein Arbeitnehmer unverschuldet arbeitsunfähig erkrankt, so muss er

- dem Arbeitgeber unverzüglich die Arbeitsunfähigkeit melden und ihn über die voraussichtliche Dauer der Arbeitsunfähigkeit informieren, damit dieser disponieren (planen) kann,
- zum Arzt gehen und die ärztlichen Weisungen befolgen,
- spätestens nach Ablauf des dritten Tages dem Arbeitgeber eine ärztliche Bescheinigung (Arbeitsunfähigkeitsbescheinigung) einreichen.

Den Namen der Krankheit braucht der Arbeitnehmer nicht zu nennen.

Für den Fall, dass der Arbeitnehmer aus einem im Vorhinein bekannten Grund am Arbeitsplatz fehlen wird, versteht es sich von selbst, den Betrieb frühzeitig zu informieren, damit dieser planen kann.

Gesetzlicher Urlaub

www.ulmato.de/urlaubsanspruch.asp

http://de.wikipedia.org/wiki/Bildungsurlaub

Um sich von den Anforderungen im beruflichen Alltag erholen zu können, hat jeder Arbeitnehmer gesetzlichen Anspruch auf bezahlten Erholungsurlaub. Dieser Urlaub ist zusammenhängend zu nehmen; sonst findet keine richtige Erholung statt. Deshalb kann auf Urlaub in der Regel nicht verzichtet werden.

Nach dem BUNDESURLAUBSGESETZ sind bei der zeitlichen Festlegung des Urlaubs zum einen die Urlaubswünsche des Arbeitnehmers und zum anderen die Belange des Betriebes zu berücksichtigen. Zwischen den Beteiligten muss zum Beispiel deshalb eine Abstimmung erfolgen, damit nicht zufällig alle Arbeitnehmer eines Betriebes ihren Urlaub zur gleichen Zeit nehmen – denn dann müsste der Betrieb schließen.

Mindestbestimmungen

Folgende gesetzliche Mindestbestimmungen gelten, sofern durch Tarifverträge oder sonstige Vereinbarungen nichts anderes festgelegt ist:

- Der Urlaub beträgt mindestens 24 Werktage in jedem Kalenderjahr.
- Der volle Urlaubsanspruch wird erstmalig erworben, wenn das Arbeitsverhältnis sechs Monate besteht. Das Urlaubsgeld muss vor Antritt des Urlaubs ausgezahlt werden.
- Der Urlaub kann nur dann abgegolten werden, wenn er wegen der Beendigung des Arbeitsverhältnisses oder aus zwingenden betrieblichen Gründen ganz oder teilweise nicht mehr gewährt werden kann.

Weitere Bestimmungen

Weiterhin gilt dies: Der Urlaub ist im laufenden Jahr zu nehmen, spätestens aber in den ersten drei Monaten des folgenden Jahres. Kann der Urlaub aus persönlichen Gründen des Arbeitnehmers nicht genommen werden, so verfällt er. Er ist seitens des Arbeitgebers in einem solchen Fall nicht abzugelten. Also: Innerhalb der Frist nicht genommener Urlaub verfällt!

Fragen und Sonderfälle

Die Frage nach der Länge des zu gewährenden Urlaubs taucht meist dann auf, wenn der Arbeitnehmer aus einem Betrieb ausscheidet und in einem neuen Betrieb beginnt. Die Antwort lautet: Es ist vom neuen Betrieb ein der dortigen Arbeitsdauer entsprechender Urlaub zu gewähren (anteilig bezogen auf den Jahresurlaub).

Beispiel: Ein Arbeitnehmer ist seit Jahresbeginn drei Monate in einem neuen Betrieb beschäftigt und es ist mit ihm ein Erholungsurlaub von 28 Werktagen vereinbart. Dann stehen dem Arbeitnehmer sieben Werktage Urlaub zu – egal übrigens, ob die drei Monate gerade in die Probezeit fallen oder nicht.

Ein zweiter Arbeitnehmer tritt zum 1.10. eines Jahres in ein neues Arbeitsverhältnis ein. Von dem bisherigen Arbeitgeber wurde ihm für das laufende Kalenderjahr vom vereinbarten Urlaub (28 Werktage) der Urlaub anteilig gewährt. Dann steht ihm für die restlichen drei Monate nur noch der restliche Urlaub von sieben Tagen zu.

Ein anderer Fall: Ein Arbeitnehmer hat Anspruch auf 30 Tage Urlaub. Wegen einer geplanten großen Reise beantragt er 12 zusätzliche Arbeitstage als unbezahlte Freizeit. Auch wenn der Arbeitnehmer sich bereit erklärt, die Kosten für eine Vertretung zu übernehmen, muss der Arbeitgeber einem solchen Antrag nicht stattgeben.

Arbeitsunfähigkeit:
Diese Tage werden nicht auf den Urlaub angerechnet.

Erkrankt ein Arbeitnehmer während seines Urlaubs und wird dieser Umstand auch ärztlich nachgewiesen, so werden die Tage der Arbeitsunfähigkeit **nicht** auf den Urlaub angerechnet.

2. Entgeltfortzahlung • Urlaub

1. Zur Entgeltfortzahlung besteht eine .... Pflicht.
Die Entgeltfortzahlung im Krankheitsfall und in bestimmten weiteren Fällen zählt zu denjenigen Lohnzusatzkosten, die den Arbeitgeber .... belasten.

2. Aus welchem Jahr stammt das Entgeltfortzahlungsgesetz? ....

3. Das Entgeltfortzahlungsgesetz bestimmt, dass Arbeiter, die wöchentlich mindestens zehn Stunden beschäftigt sind, im Krankheitsfalle bis zu .... Wochen weiter Lohn erhalten. Der Anspruch auf Entgeltfortzahlung ist gegeben, wenn der Arbeitnehmer .... arbeitsunfähig ist.

4. Selbstverschulden, somit **keine** Entgeltfortzahlungspflicht liegt vor, wenn die Arbeitsunfähigkeit verursacht wurde durch:
   1. .... fahrlässiges Verhalten im Straßenverkehr (Fahren ohne Gurt, Alkohol am Steuer),
   2. grob fahrlässige Verstöße gegen ....-vorschriften (Schweißarbeiten ohne vorgeschriebene Schutzausrüstung),
   3. einen Unfall bei der Ausübung einer .... Sportart (z. B. Drachenfliegen), bei welcher der Arbeitnehmer seine Kräfte deutlich überschätzt,
   4. Verletzung bei einer .... Nebentätigkeit (Schwarzarbeit).

5. Ein Arbeitnehmer ist infolge derselben Krankheit innerhalb von zwölf Monaten zuerst vier Wochen, danach zwei Wochen und dann nochmals drei Wochen unverschuldet arbeitsunfähig erkrankt.
Für wie viele Wochen muss der Arbeitgeber den Lohn fortzahlen? ....

6. Bei unterschiedlichen Erkrankungen innerhalb dieser Zwölfmonatsfrist entsteht ein .... Recht auf Entgeltfortzahlung. Dauert die Arbeitsunfähigkeit länger als sechs Wochen, so erhält der Arbeitnehmer .... von der Krankenkasse. Sind im Betrieb des Arbeitgebers nicht mehr als 20 Arbeitnehmer beschäftigt, so erstattet die Krankenkasse dem Arbeitgeber etwa .... % der Entgeltfortzahlungskosten.

7. Lohn muss auch dann fortgezahlt werden, wenn ein Arbeitnehmer seine Tätigkeit unverschuldet deshalb nicht ausüben kann, weil etwa die ....-versorgung im Betrieb zusammengebrochen ist oder weil aufgrund eines ....-schadens bei einem Zulieferbetrieb wichtige Teile fehlen.

8. Keinen Anspruch auf Entgeltfortzahlung haben .... Angestellte. Einen Anspruch darauf haben aber ....-beschäftigte Arbeitnehmer und auch Mitglieder des ....-rats.

9. Nennen Sie drei weitere Fälle von nicht krankheitsbedingter Abwesenheit vom Arbeitsplatz, bei denen ein Arbeitnehmer Anspruch auf Entgeltfortzahlung oder Entschädigung für Verdienstausfall für die Zeit seiner Abwesenheit vom Arbeitsplatz hat.
   1. die Teilnahme an ....
   2. das Auftreten als ....
   3. die Fortbildung eines Betriebsratsmitglieds bezüglich des .... des Betriebsrats
   4. die Tätigkeit für drei Tage als ....

Arbeitsrecht, Arbeitsschutz

10. Lohn fortgezahlt wird auch, wenn ein Arbeitnehmer sich am Wochenende auf dem Fußballplatz bei der Ausübung einer .... Schiedsrichtertätigkeit das Bein gebrochen hat, und auch, wenn er sich beim .... des Kraftfahrzeuges verletzt hat, mit dem er zur Arbeit fährt.

11. Ist ein Arbeitnehmer unverschuldet arbeitsunfähig erkrankt, so muss er dem Arbeitgeber die Arbeitsunfähigkeit .... melden und ihn über die voraussichtliche .... der Arbeitsunfähigkeit informieren. Er muss zum Arzt gehen und die ärztlichen .... befolgen.

12. Spätestens nach Ablauf des .... Tages muss er dem Arbeitgeber eine ärztliche Arbeitsunfähigkeitsbescheinigung einreichen. Er braucht nicht den .... der Krankheit zu nennen.
Für den Fall, dass der Arbeitnehmer aus einem im Vorhinein bekannten Grund am Arbeitsplatz fehlen wird, versteht es sich von selbst, den Betrieb frühzeitig zu informieren, damit dieser .... kann.

13. Weshalb ist der Urlaub nach dem Bundesurlaubsgesetz möglichst zusammenhängend zu nehmen?

....

14. Was ist bei der zeitlichen Festlegung des Urlaubs nach dem Bundesurlaubsgesetz zu berücksichtigen?
1. die Wünsche des .... 2. die Belange des ....

15. a) Wie viele Werktage beträgt der Mindesturlaubsanspruch nach dem Bundesurlaubsgesetz? ....

15. b) Wie viele Monate muss man dem Betrieb angehören, um Anspruch auf den Mindesturlaub zu haben? ....

16. Unter welcher Voraussetzung darf Erholungsurlaub ganz oder teilweise durch Geld abgegolten werden?
1. ....
.... 2. ....
....

17. Innerhalb welcher Frist ist der Urlaub zu nehmen, wenn er im laufenden Jahr nicht mehr genommen werden kann?

....

18. Was geschieht, wenn man einen Urlaub aus persönlichen Gründen fristgerecht nicht nimmt? ....

19. Ein Arbeitnehmer scheidet nach Ablauf der dreimonatigen Probezeit zum 31.12. des Jahres aus dem Betrieb wieder aus. Im Arbeitsvertrag war ein Erholungsurlaub von 30 Werktagen vereinbart. Wie viele Tage hat der Arbeitnehmer Anspruch auf Urlaub? (Das Rechenergebnis ist gegebenenfalls aufzurunden). ....

20. Ein Arbeitnehmer tritt zum 1.10. eines Jahres in ein neues Arbeitsverhältnis ein. Es wird ein Urlaub nach dem Bundesurlaubsgesetz vereinbart. Von dem vorherigen Arbeitgeber wurde ihm für das laufende Kalenderjahr der volle gesetzliche Mindesturlaub gewährt. Wie viele Tage Urlaub muss der neue Arbeitgeber ihm für den Rest des Jahres zumindest noch gewähren? ....

21. Ein Arbeitnehmer hat Anspruch auf 30 Arbeitstage Erholungsurlaub. Wegen einer geplanten längeren Reise beantragt er 12 zusätzliche Arbeitstage als unbezahlte Freizeit. Unter welcher Bedingung muss der Arbeitgeber dem Antrag des Arbeitnehmers stattgeben? ....

....

22. Ein Arbeitnehmer erkrankt während seines Urlaubs. Was gilt für die Tage seiner Arbeitsunfähigkeit, wenn diese unverschuldet ist und ärztlich nachgewiesen wird? ....

....

3. Kündigung • Zeugnis

PAL 38-39, 65-75, U16-17

Kündigung des Arbeitsvertrages

Die Kündigung zeigt die Beendigung des Arbeitsverhältnisses an. Bei einer Kündigung erklärt ein Partner des Arbeitsvertrages einseitig die Auflösung des Arbeitsverhältnisses. Das Recht der Kündigung steht dem Arbeitnehmer und dem Arbeitgeber zu. Für den Arbeitgeber gelten aber wesentlich strengere Voraussetzungen.

Wir haben in der Bundesrepublik Deutschland ein starkes Kündigungsschutzrecht in Gestalt des KÜNDIGUNGSSCHUTZGESETZES. In Zeiten hoher Arbeitslosigkeit hat ein starkes Kündigungsschutzrecht für den Arbeitnehmer den Nachteil, dass die Bereitschaft der Arbeitgeber zu unbefristeten Neueinstellungen gering ist.

Anders als der Abschluss des Arbeitsvertrages, der auch mündlich erfolgen kann, ist dessen Kündigung nur in schriftlicher Form wirksam. Eine einmal ausgesprochene und entgegengenommene Kündigung kann einseitig nicht widerrufen werden.

Kündigungsschutzgesetz

... schützt den Arbeitnehmer vor sozial ungerechtfertigter Kündigung. Mehr unter: http://de.wikipedia.org/wiki/Kündigungsschutz

Das KÜNDIGUNGSSCHUTZGESETZ gilt für alle Arbeitnehmer, deren Arbeitsverhältnis länger als sechs Monate ununterbrochen angedauert hat und die in einem Betrieb tätig sind, in dem in der Regel mehr als fünf Arbeitnehmer – ohne Auszubildende – beschäftigt werden. Für neu eingestellte Arbeitnehmer hat sich die Grenze, ab der das KÜNDIGUNGSSCHUTZGESETZ greift, seit 2004 auf mehr als zehn Arbeitnehmer erhöht.

Es wird zwischen ordentlicher und außerordentlicher Kündigung unterschieden.

Ordentliche Kündigung

Die ordentliche Kündigung verlangt vom Arbeitnehmer – so ist es gängige Praxis – grundsätzlich keinen sachlichen Grund. Die ordentliche Kündigung:

- verlangt vom Arbeitgeber das Vorliegen eines Grundes, der sie sozial rechtfertigt, sofern das KÜNDIGUNGSSCHUTZGESETZ Anwendung findet,
- ist grundsätzlich nur bei unbefristeten Arbeitsverhältnissen zulässig,
- kann durch Tarif- oder Einzelvertrag im Sinne von Unkündbarkeit ausgeschlossen werden,
- ist in der Regel an eine bestimmte Kündigungsfrist und an Termine gebunden.

Kündigungsfrist

http://de.wikipedia.org/wiki/Kündigungsfristen_im_Arbeitsrecht

Für Arbeiter und Angestellte gelten einheitliche gesetzliche Kündigungsfristen.

- Die Kündigungsfrist während einer vereinbarten Probezeit, längstens in den ersten sechs Monaten eines Arbeitsverhältnisses, beträgt mindestens zwei Wochen.
- Die Kündigungsfrist, die Arbeitnehmer und Arbeitgeber einhalten müssen, beträgt vier Wochen zum 15. des Monats oder zum Monatsende.

Wird vertraglich eine Kündigungsfrist von sechs Wochen zum Schluss eines Monats vereinbart, so muss der Arbeitnehmer bei zweijähriger Betriebszugehörigkeit spätestens zum **19.** August kündigen (Zugang der Kündigung), wenn er zum **30.** September das Arbeitsverhältnis beenden will (siehe Randtabelle).

September					Aug.	
30	23	16	9	2	26	**19**
29	22	15	8	1	25	
28	21	14	7	31	24	
27	20	13	6	30	23	
26	19	12	5	29	22	
25	18	11	4	28	21	
24	17	10	3	27	20	

Gesetzliche Kündigungsfristen

Jahre Betriebszugehörigkeit	Kündigungsfrist in Monaten
ab 2 J	- 1 Mon.
ab 5 J	-- 2 Mon.
ab 8 J	--- 3 Mon.
ab 10 J	---- 4 Mon.
ab 12 J	----- 5 Mon.
ab 15 J	------ 6 Mon.
ab 20 J	------- 7 Mon.

Bei einer Betriebszugehörigkeit von zwei Jahren und länger gelten laut dem Bürgerlichen Gesetzbuch (BGB) für eine Kündigung durch den Arbeitgeber folgende Kündigungsfristen: Nach einer Betriebszugehörigkeit von zwei Jahren beträgt die Kündigungsfrist einen Monat, nach fünf Jahren: zwei Monate, nach acht Jahren: drei Monate, nach zehn Jahren: vier Monate, nach zwölf Jahren: fünf Monate, nach 15 Jahren: sechs Monate, und nach 20 Jahren Betriebszugehörigkeit beträgt die Kündigungsfrist sieben Monate, jeweils zum Monats- (nicht zum Quartals-)ende. Berechnet wird die Betriebszugehörigkeit vom 25. Lebensjahr an. (§ 622 BGB)

In Tarifverträgen können abweichende Kündigungsregelungen getroffen werden.

Grundsätzlich unzulässig ist die Kündigung durch den Arbeitgeber während der Schwangerschaft, innerhalb der ersten vier Monate nach der Entbindung und während der Elternzeit (kann man bis zu drei Jahre in Anspruch nehmen).

Jede ordentliche Kündigung durch den Arbeitgeber ist nach dem KÜNDIGUNGSSCHUTZGESETZ nur rechtswirksam, wenn der Kündigungsgrund

- in der Person des Arbeitnehmers liegt, etwa weil er für die Arbeit nicht mehr geeignet ist,
- im Verhalten des Arbeitnehmers liegt, etwa bei dauernder Unpünktlichkeit,
- durch dringende betriebliche Gründe bedingt ist, zum Beispiel bei Auftragsmangel oder Rationalisierungsmaßnahmen. Bei diesem Kündigungsgrund muss der Arbeitgeber eine „soziale“ Auswahl treffen: Bei der Auswahl unter mehreren Arbeitnehmern muss er insbesondere die Dauer der Betriebszugehörigkeit, die Kinderzahl und das Alter des Arbeitnehmers berücksichtigen.

Der häufigste Fall der personenbezogenen Kündigung ist die Krankheit des Arbeitnehmers. An die Rechtfertigung einer solchen Kündigung werden strenge Anforderungen gestellt.

Das Bundesarbeitsgericht, gemäß Darstellung oben bestehend aus drei Berufs- und zwei ehrenamtlichen Richtern, legt Grundsätze des Arbeitsrechts fest.

Die **Arbeitsgerichte** haben zur personenbezogenen Kündigung infolge Krankheit folgende Grundsätze festgelegt:
Wenn die Leistungsfähigkeit so vermindert ist, dass der Arbeitnehmer nicht mehr in der Lage ist, seine übliche Arbeitsleistung zu erbringen, muss der Arbeitgeber ihm leichtere oder dem Körperzustand angemessenere Arbeit zuweisen (falls solche Arbeitsplätze zur Verfügung stehen). Nur wenn eine solche Umsetzung nicht möglich ist oder wenn der Arbeitnehmer auch diese leichtere Arbeit nicht ausführen kann, ist eine Kündigung zulässig.

Der Arbeitgeber kann kündigen, wenn eine Gesundung des Arbeitnehmers auf absehbare Zeit nicht in Aussicht steht und wenn die wirtschaftlichen Auswirkungen von Dauerfehlzeiten unzumutbar sind.

Die Kündigung kann begründet sein, wenn der Arbeitnehmer schon häufiger erkrankt war und anzunehmen ist, dass sich sein Gesundheitszustand auch in Zukunft nicht wesentlich bessern wird. Dies gilt dann, wenn das häufige Fehlen des Arbeitnehmers zu unzumutbaren betrieblichen oder wirtschaftlichen Belastungen führt.

Zu den Krankheiten im arbeitsrechtlichen Sinne zählen auch Zeiten der Arbeitsunfähigkeit wegen AIDS oder wegen einer Sucht.
Mehr unter: www.bund.de/DE/Leistungen/A/Aidsberatung-BMG-BZgA.html?nn=42

Außerordentliche Kündigung

Die außerordentliche Kündigung erfolgt fristlos. Für sie muss ein wichtiger Grund vorliegen. Hierunter fallen solche Gründe, die dem Kündigenden die Fortsetzung des Arbeitsverhältnisses unzumutbar machen. Die außerordentliche Kündigung muss die unausweichlich letzte Maßnahme für den Kündigenden sein. Das bedeutet, dass alle nach den Umständen milderen Mittel (zum Beispiel die Versetzung, die Änderungskündigung oder die ordentliche Kündigung) erschöpft sein müssen.

ordentliche Kündigung

fristgerecht

Bei einer Beschäftigungsdauer von bis zu zwei Jahren kann mit einer Frist von vier Wochen gekündigt werden. Darüber hinaus gelten längere Fristen. Während einer vereinbarten Probezeit, längstens für die Dauer von sechs Monaten, kann das Arbeitsverhältnis mit einer Frist von zwei Wochen gekündigt werden.

Für die Kündigung des Arbeitsverhältnisses durch den Arbeitnehmer darf keine längere Frist vereinbart werden als für die Kündigung durch den Arbeitgeber.

außerordentliche Kündigung

fristlos

Das Arbeitsverhältnis wird **sofort** beendet!
Die außerordentliche Kündigung kann nur aus einem **wichtigen Grund** erfolgen.
Wichtige Gründe können sein:

für den **Arbeitgeber**	für den **Arbeitnehmer**
● Vorlage gefälschter Zeugnisse	● Nichtzahlung von Lohn oder Gehalt
● beharrliche Arbeitsverweigerung	● Verletzung der Fürsorgepflicht
● Verrat von Betriebsgeheimnissen	● Verletzung gesetzlicher Vorschriften
● Diebstahl	
● Körperverletzung	

Der Arbeitgeber muss dem Arbeitnehmer auf Verlangen den Kündigungsgrund unverzüglich schriftlich mitteilen. Die fristlose Kündigung muss innerhalb von zwei Wochen nach Bekanntwerden der Tatsachen erfolgen.

Anhörung des Betriebsrats

Für beide Kündigungsformen – außerordentliche und ordentliche Kündigung – gilt: In Betrieben mit Betriebsrat muss dieser vor Ausspruch der Kündigung durch den Arbeitgeber gehört werden. Ohne die Anhörung des Betriebsrats ist die Kündigung unwirksam. Der Betriebsrat kann gegen die geplante Kündigung dann (binnen drei Tagen) Widerspruch einlegen, wenn

- der Arbeitgeber bei der Auswahl des zu Kündigenden soziale Gesichtspunkte nicht ausreichend berücksichtigt hat,
- der zu Kündigende an einem anderen Arbeitsplatz im Betrieb weiterbeschäftigt werden kann,
- eine Weiterbeschäftigung nach einer zumutbaren beruflichen Weiterbildung möglich ist.

Einspruch des Betriebsrats

Kündigt der Arbeitgeber trotz ordnungsgemäßem **Einspruch** des Betriebsrats, so kann der Arbeitnehmer **Klage** beim Arbeitsgericht einreichen. Sofern er unter das KÜNDIGUNGSSCHUTZGESETZ fällt, muss der Arbeitnehmer bis zum Abschluss des Kündigungsschutzprozesses weiter beschäftigt werden.

Unwirksam ist bei Einspruch des Betriebsrats die Kündigung des Jugendvertreters.

Kündigungsschutz für besondere Personengruppen

Für bestimmte Arbeitnehmergruppen besteht deshalb Kündigungsschutz, weil sie **besonders schutzbedürftig** sind. Das können sein:

- Mitglieder des Betriebsrats,
- (freiwillig) Wehrdienstleistende,
- Schwerbehinderte,
- Schwangere, Mütter nach Entbindung und Beschäftigte, die Elternzeit in Anspruch nehmen,
- Auszubildende.

Kündigungsschutzklage

Gegen eine Kündigung kann eine **Kündigungsschutzklage** beim Arbeitsgericht eingereicht werden, wenn die Kündigung sozial ungerechtfertigt erscheint. Das Gericht entscheidet dann darüber, ob die Kündigung berechtigt ist. Die Frist für die Einreichung der Klage beträgt drei Wochen nach Zugang der Kündigung.

„Arbeitspapiere“

http://de.wikipedia.org/wiki/ Arbeitspapiere

Bei der Entlassung sind dem Arbeitnehmer **auszuhändigen:** die Urlaubsbescheinigung und das **Arbeitszeugnis**. Die an die Sozialversicherung abgeführten Beiträge müssen aus den laufenden Entgeltabrechnungen des Arbeitgebers hervorgehen.

Arbeitszeugnis

...wiki/Arbeitszeugnis

– einfach

Jeder Arbeitnehmer hat bei Beendigung des Arbeitsverhältnisses Anspruch auf ein Arbeits**zeugnis.** Dieses muss schriftlich erteilt und vom Ausstellenden unterschrieben werden. Es ist dem Arbeitnehmer unverzüglich nach Zugang der Kündigung zu erteilen. Ein **einfaches** Zeugnis muss mindestens Angaben über die Person des Arbeitnehmers und über die Art und Dauer der Beschäftigung sowie eine Tätigkeitsbeschreibung enthalten, und zwar so vollständig und genau, dass sich ein künftiger Arbeitgeber ein klares Bild über die bisherige Tätigkeit des Bewerbers machen kann.

– qualifiziert

Der Beschäftigte kann ein **qualifiziertes** Arbeitszeugnis verlangen, das eine Beurteilung seiner Führung und Leistung sowie Angaben über vorhandene besondere fachliche Fähigkeiten enthält. Ein nicht verlangtes qualifiziertes Zeugnis kann der Beschäftigte zurückweisen und stattdessen ein einfaches Zeugnis fordern.

Grundsätze bei der Zeugniserteilung

Oberster Grundsatz bei der Zeugniserteilung ist: Das Zeugnis muss **wahr** sein, und es muss alle wesentlichen Tatsachen und Bewertungen enthalten, die für die Gesamtbeurteilung des Beschäftigten wichtig sind. Dabei dürfen nur Aussagen aufgenommen werden, an denen ein künftiger Arbeitgeber ein berechtigtes Interesse hat. Negative Beurteilungen müssen durch Tatsachen belegt sein. Der Beschäftigte kann die Ausstellung eines neuen Zeugnisses verlangen, wenn es falsche Tatsachen und unrichtige Beurteilungen enthält.

Mögliche Überprüfung durch das Arbeitsgericht

Die Arbeitsgerichte haben entschieden, dass Beurteilungen in Arbeitszeugnissen vom **Wohlwollen** des Arbeitgebers getragen sein und das weitere Fortkommen des Arbeitnehmers nicht unnötig erschweren sollen. Aus der arbeitsgerichtlichen Rechtsprechung sind hierzu eine Vielzahl von Fallbeispielen bekannt, die zur Beurteilung eines Zeugnistextes herangezogen werden können. Jeder Einzelfall ist jedoch in seinem Gesamtzusammenhang gesondert zu bewerten. Die Arbeitsgerichte sind befugt, das Zeugnis vollständig zu überprüfen.

„Zeugnissprache“

Auszubildende erhalten am Ende ihrer Ausbildung ihr erstes Arbeitszeugnis. Mehr dazu unter:www.azuro-muenchen.de/azubi-beratung/arbeitszeugnisberater.html

Im Laufe der Zeit hat sich in der Praxis eine eigene „Zeugnissprache“ entwickelt. Es werden zum Beispiel negative Beurteilungen durch verschlüsselte Formulierungen in Zeugnisse eingeschleust.

Zum Beispiel lässt die Leistungsbeurteilung „Sie hat die ihr übertragenen Arbeiten stets zu unserer uneingeschränkten Zufriedenheit erledigt“ eine überdurchschnittlich gute Arbeitsleistung erkennen. Die Leistungsbeurteilung „Er hat sich bemüht, den an ihn gestellten Arbeitsanforderungen gerecht zu werden“ lässt gerade noch ausreichende Arbeitsleistungen erkennen.

Arbeitsrecht, Arbeitsschutz

3. Kündigung • Zeugnis

1. Bei einer Kündigung erklärt ein Partner des Arbeitsvertrages .... die Auflösung des Arbeitsverhältnisses. Das Recht der Kündigung steht beiden Vertragspartnern zu. Für den Arbeitgeber gelten aber wesentlich .... Voraussetzungen. Wir haben in Deutschland ein .... Kündigungsschutzrecht.

2. Welchen Nachteil hat in Zeiten hoher Arbeitslosigkeit ein starkes Kündigungsschutzrecht für den Arbeitnehmer?
   Die Bereitschaft des Arbeitgebers zu ....
   ....

3. Wie der Abschluss eines Arbeitsvertrages kann auch dessen Kündigung .... oder auch .... erfolgen. Die von einem Vertragspartner einmal ausgesprochene und vom anderen Vertragspartner entgegengenommene Kündigung kann einseitig nicht .... werden.

4. Das Kündigungsschutzgesetz gilt für alle Arbeitnehmer, deren Arbeitsverhältnis länger als .... Monate ununterbrochen angedauert hat und die in einem Betrieb tätig sind, in dem in der Regel mehr als .... Arbeitnehmer beschäftigt werden. Für Arbeitnehmer, die ab 2004 neu einstellt wurden, wurde der gesetzliche Kündigungsschutz gelockert und greift seitdem erst für Betriebe mit mehr als .... beschäftigten Arbeitnehmern.

5. Welche beiden Kündigungsarten unterscheidet man?
   1. die .... und fristgerechte Kündigung
   2. die .... und fristlose Kündigung

6. Die fristgerechte Kündigung verlangt vom Arbeitnehmer keinen .... Grund, verlangt aber vom Arbeitgeber das Vorliegen eines Grundes, der die Kündigung sozial rechtfertigt. Die ordentliche Kündigung ist grundsätzlich nur bei .... Arbeitsverhältnissen zulässig; sie kann durch Tarifvertrag oder durch Einzelvertrag im Sinne von Unkündbarkeit .... werden.

7. Die gesetzliche Kündigungsfrist während einer vereinbarten Probezeit, längstens in den ersten sechs Monaten eines Arbeitsverhältnisses, beträgt mindestens .... Wochen. Die Kündigungsfrist, die Arbeitgeber und Arbeitnehmer im Anschluss an die Probezeit einhalten müssen, beträgt .... Wochen zum .... des Monats oder zum ....-ende.

8. In einem Arbeitsvertrag wurde eine Kündigungsfrist von sechs Wochen zum Schluss eines Monats vereinbart.
   Zu welchem Termin muss der Arbeitnehmer bei zweijähriger Betriebszugehörigkeit spätestens kündigen, wenn er zum 30. September das Arbeitsverhältnis beenden will? ....

9. Welche Kündigungsfrist muss nach 20-jähriger Betriebszugehörigkeit eingehalten werden? ....

10. Grundsätzlich unzulässig ist eine Kündigung während der Schwangerschaft, innerhalb der ersten .... Monate nach der Entbindung und während der ....-zeit.

11. Nach dem Kündigungsschutzgesetz ist jede ordentliche Kündigung nur dann rechtswirksam, wenn der Kündigungsgrund
    - in der Person des Arbeitnehmers liegt, etwa weil er für die Arbeit nicht mehr .... ist,
    - im Verhalten des Arbeitnehmers liegt, der beispielsweise dauernd .... ist,
    - betrieblich bedingt ist, zum Beispiel durch ....-mangel oder durch dringende ....-maßnahmen.

12. Bei Kündigungen aus betrieblichen Gründen muss der Arbeitgeber die Dauer der ....-zugehörigkeit, die Kinderzahl und das .... des Arbeitnehmers berücksichtigen.

13. Der häufigste Fall der personenbezogenen Kündigung ist die .... des Arbeitnehmers. Der Arbeitgeber kann kündigen, wenn eine Gesundung auf absehbare Zeit nicht in Aussicht steht und die wirtschaftlichen Auswirkungen von Dauerfehlzeiten .... sind. Zu den Krankheiten im arbeitsrechtlichen Sinne zählen auch Zeiten der Arbeitsunfähigkeit wegen .... oder wegen einer ....

14. Für die außerordentliche und frist-.................... Kündigung muss ein .... Grund vorliegen. Dem Kündigenden muss die Fortsetzung des Arbeitsverhältnisses .... sein. Die fristlose Kündigung muss die unausweichlich .... Maßnahme für den Kündigenden sein.

15. Der Arbeitgeber muss dem Arbeitnehmer auf Verlangen den Kündigungs-............................ unverzüglich schriftlich mitteilen. Die fristlose Kündigung muss innerhalb von .... Wochen nach Bekanntwerden der Tatsachen erfolgen.

16. In Betrieben mit Betriebsrat muss dieser vor Ausspruch der Kündigung gehört werden. Geschieht dies nicht, ist die Kündigung .... Der Betriebsrat kann gegen eine geplante Kündigung Widerspruch einlegen, wenn der Arbeitgeber soziale Gesichtspunkte nicht .... berücksichtigt hat und wenn eine Weiterbeschäftigung nach einer zumutbaren beruflichen Weiter-... möglich ist.

17. Kündigt der Arbeitgeber trotz ordnungsgemäßem Einspruch des Betriebsrats, so kann der Arbeitnehmer Klage beim .... einreichen. Er muss gegebenenfalls vorerst ....-beschäftigt werden. Unwirksam ist bei Einspruch des Betriebsrats die Kündigung eines ....-vertreters.

18. Nennen Sie außer *Schwangere, Mütter nach der Entbindung* und *Beschäftigte, die Elternzeiten in Anspruch nehmen*, vier Personengruppen, für die ein besonderer Kündigungsschutz gilt.

1. Mitglieder des ....
2. ....-leistende
3. .... 4. ....

19. Innerhalb welcher Frist muss ein Arbeitnehmer, der seine Kündigung für sozial ungerechtfertigt hält, Kündigungsschutzklage beim Arbeitsgericht erheben? ....

20. Das **einfache** Arbeitszeugnis enthält außer den Angaben zur Person des Arbeitnehmers noch Angaben über die .... und .... der Beschäftigung. Das **qualifizierte** Arbeitszeugnis stellt auch Führung und .... des Arbeitnehmers dar. Oberster Grundsatz bei der Zeugniserteilung ist: Das Zeugnis muss .... sein. Negative Beurteilungen müssen durch .... belegt sein.

21. Der Beschäftigte kann die Ausstellung eines neuen Zeugnisses verlangen, wenn es .... Tatsachen oder unrichtige Beurteilungen enthält. Die Arbeitsgerichte haben entschieden, dass Beurteilungen in Arbeitszeugnissen vom .... des Arbeitgebers getragen sein müssen. Die Arbeitsgerichte sind befugt, das Zeugnis vollständig zu ....

22. a) Die Leistungsbeurteilung „Sie hat die ihr übertragenen Arbeiten stets zu unserer uneingeschränkten Zufriedenheit erledigt" lässt .... gute Arbeitsleistungen erkennen.
b) Die Leistungsbeurteilung „Er hat sich bemüht, den an ihn gestellten Arbeitsanforderungen gerecht zu werden" lässt gerade noch .... Arbeitsleistungen erkennen.

4. Jugendarbeitsschutz

PAL 77-81

Jugendarbeitsschutz

www.jugend.rlp.de/jugendarbeitsschutz.html

http://de.wikipedia.org/wiki/jugendarbeitsschutzgesetz

Arbeitsschutz für **Kinder** und **Jugendliche** ist wichtiger als der Arbeitsschutz für Erwachsene. Denn Kinder und Jugendliche sind **weniger widerstandsfähig** als Erwachsene und dürfen deshalb nicht den gleichen Belastungen ausgesetzt werden.

Jugendliche und erst recht Kinder zählen wegen ihrer Unerfahrenheit und aufgrund ihrer noch nicht beendeten körperlichen, geistigen und charakterlichen Reifung zu den gefährdeten Personengruppen, die von Gesetzes wegen besonders geschützt werden müssen. Diesen „Heranwachsenden" gilt es ihre Kindheit und Jugend zu bewahren und ihnen die Freiräume zu erhalten, die eine unverzichtbare Voraussetzung für eine gesunde körperliche und geistig-seelische Entwicklung sind.

Kindheit und Jugend am Zahlenstrahl

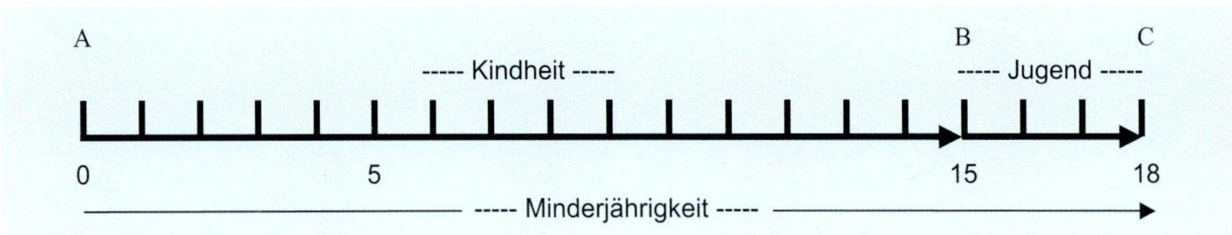

Heute wird der Arbeitsschutz aller jungen Menschen (Kinder: bis 15 Jahre, Jugendliche: 15 bis 18 Jahre) durch das JUGENDARBEITSSCHUTZGESETZ geregelt.

Am 15. Geburtstag – bei Punkt **B** – endet nach dem Jugendarbeitsschutzgesetz in der Fassung von 1997 die Kindheit und die Jugend beginnt. Die Jugend endet am 18. Geburtstag und das Erwachsenenalter beginnt. Unter 18 ist man **minderjährig,** ab 18 dann **volljährig.** Da die Lebenszeitrechnung bei null beginnt und zum 1. Geburtstag das 1. Lebensjahr vollendet ist, zählt man im Sinne des Arbeitsschutzes als Kind bis zur Vollendung des 15. Lebensjahres. Man ist Jugendlicher bis zur Vollendung des 18. Lebensjahres.

Jugendarbeitsschutzgesetz

Nach dem JUGENDARBEITSSCHUTZGESETZ ist Kinderarbeit grundsätzlich verboten. Als Kind gilt, wer noch nicht 15 Jahre ist. Für Jugendliche (15 Jahre alt, aber noch nicht 18 Jahre alt), die noch vollzeitschulpflichtig sind, gelten die Vorschriften für Kinder entsprechend. § 5 JUGENDARBEITSSCHUTZGESETZ gestattet jedoch das Schülerbetriebspraktikum. Die **höchstzulässige Arbeitszeit** beträgt bei Einhaltung der 35-Stunden-Woche von Montag bis Freitag sieben Stunden täglich.

Kinderarbeitsschutzverordnung

Kinderarbeit ist grundsätzlich verboten: Erst ab 13 gibt es Ausnahmen.

Für die Beschäftigung von Kindern **ab 13** und vollzeitschulpflichtigen Jugendlichen gibt es **Ausnahmen** vom grundsätzlichen Verbot der Kinderarbeit. So dürfen beispielsweise Kinder ab 13 Jahre mit leichten und für Kinder geeigneten Arbeiten beschäftigt werden. In der KINDERARBEITSSCHUTZVERORDNUNG von 1998 sind diese erlaubten Arbeiten genau beschrieben und auch die Einschränkungen, denen sie unterliegen. Danach dürfen Kinder mit den üblichen und gesellschaftlich anerkannten Tätigkeiten, wie beispielsweise Zeitungen austragen, Hilfeleistungen in privaten Haushalten, Erledigen von Botengängen und Einkäufen, Babysitting, Erteilen von Nachhilfeunterricht, Handreichungen beim Sport und Hilfeleistungen in der Landwirtschaft, beschäftigt werden. Diese Tätigkeiten sind allerdings nur in privaten Haushalten, im Bereich Kultur, Sport und Unterhaltung sowie in der Landwirtschaft zugelassen, soweit eine Gefährdung und Überforderung nicht zu befürchten ist. Eine Beschäftigung in der gewerblichen Wirtschaft, in der Produktion und im Handel ist nicht erlaubt. Solche Arbeiten sind Kindern ab 13 und vollzeitschulpflichtigen Jugendlichen grundsätzlich nicht zumutbar.

Andere Bedingungen gibt es für (nicht vollzeitschulpflichtige) Jugendliche.

Jugendarbeitsschutz in der Arbeitswelt

Das JUGENDARBEITSSCHUTZGESETZ gilt für alle jugendlichen Auszubildenden sowie für alle Arbeitnehmer oder Heimarbeiter unter 18 Jahren (Jugendliche ohne Ausbildungsvertrag). Das JUGENDARBEITSSCHUTZGESETZ stammt ursprünglich aus dem Jahre 1976, erfuhr zwischenzeitlich einige Änderungen und gilt als ähnlich fortschrittlich wie das Berufsbildungsgesetz von 1969.

Pflichten für den Arbeitgeber

Aus dem JUGENDARBEITSSCHUTZGESETZ ergibt sich für Arbeitgeber, die Jugendliche beschäftigen, die **Pflicht,** die Jugendlichen vor Überbeanspruchung zu schützen und den Jugendlichen ausreichend Freizeit zur Erholung zu gewähren (Pausen am Tag – Pausen im Jahr).

Arbeitszeit

Normalerweise dürfen Jugendliche nicht mehr als acht Stunden am Tag und 40 Stunden in der Woche arbeiten.

– gleitend

Die Änderung des JUGENDARBEITSSCHUTZGESETZes von 1984 lockerte diese starre Regel auf: Um **Vorteile der gleitenden Arbeitszeit** nutzen zu können, darf seitdem bis zu 8,5 Stunden pro Tag gearbeitet werden, damit am Freitag das Wochenende früher beginnen kann. (Bei den 40 Stunden pro Woche ist es dabei geblieben.)

– 5-Tage-Woche

Grundsätzlich gilt: Mehr als fünf Tage in der Woche soll kein Jugendlicher arbeiten; der Samstag sowie die Sonn- und Feiertage sind frei (5 Tage Arbeit – 2 Tage Ruhe!).

Ausnahmefall: Dienst im Krankenhaus kann auch einmal am Samstag oder Sonntag sein.

Aber auch hier bestätigen Ausnahmen die Regel: Wer zum Beispiel in einem Krankenhaus oder in der Landwirtschaft arbeitet, wird dies auch einmal am Samstag oder Sonntag tun müssen.

Allerdings hat der Jugendliche dann Anspruch auf einen freien Tag in **derselben** Woche. (Es bleibt damit bei fünf Tagen Arbeit in der Woche!)

– Ruhezeit

Von der Regel, dass ein Jugendlicher **nicht vor 6** Uhr und **nicht nach 20** Uhr beschäftigt werden darf, gibt es Ausnahmen. Im Bäckerhandwerk darf früher angefangen, in der Landwirtschaft, im Gaststättengewerbe und in Schichtbetrieben (hier sogar um 23 Uhr) darf später aufgehört werden. Zwischen Arbeitsende und Arbeitsbeginn am nächsten Tag müssen zwölf Stunden liegen.

Pausen am Tag

Arbeiten Jugendliche mehr als sechs Stunden am Tag, haben sie Anspruch auf insgesamt 60 Minuten Pause; die erste darf frühestens nach einer Arbeitsstunde und muss spätestens nach 4,5 Stunden eingelegt werden. Keine Pause darf kürzer als 15 Minuten sein. (Nach spätestens 4 $^{1}/_{2}$ Stunden mindestens 15 Minuten Pause!)

Urlaub

Der Jahresurlaub ist dem Alter entsprechend gestaffelt: 15-Jährige haben 30 Werktage Urlaub. Wer 16 Jahre alt ist, hat Anspruch auf 27, ein 17-Jähriger auf 25 Werktage. Das wird so gehandhabt, dass einem Jugendlichen, der angenommen im Januar dieses Jahres 18 wurde, in diesem Jahr (in dem er 18 geworden ist) noch die 25 Werktage eines 17-Jährigen an Urlaub zustehen.

Freistellungen

Ein Jugendlicher muss von der Arbeit freigestellt werden, damit er die **Berufsschule** besuchen kann (Berufsschulzeit = Arbeitszeit). Dauert der Unterricht länger als fünf Schulstunden (zu je 45 Minuten), muss er nicht mehr in den Betrieb zurückkehren. Diese Regelung gilt indes nur für einen Berufsschultag in der Woche.

Freigestellt werden muss der Jugendliche auch für die Prüfungen und am Tag unmittelbar **vor** der schriftlichen Abschlussprüfung. Diese Zeiten für die Prüfungen werden auf die Arbeitszeit angerechnet.

Ärztliche Untersuchung

Die erste ärztliche Untersuchung erfolgt vor dem Start ins Berufsleben, also vor Beginn der Beschäftigung, die Nachuntersuchung in den letzten drei Monaten des ersten Beschäftigungsjahres.

Gefährliche Arbeiten
Akkordarbeiten

Verboten ist es, Jugendliche mit gefährlichen Arbeiten zu beschäftigen oder (außer zu Kennenlernzwecken) im Akkord oder am Fließband arbeiten zu lassen. Ein Jugendlicher darf im Rahmen seiner Ausbildung ausnahmsweise mit Akkordarbeit beschäftigt werden, wenn dies zur Erreichung des Ausbildungsziels erforderlich ist.

Gewerbeaufsichtsamt – Überwachung

http://de.wikipedia.org/wiki/Arbeitsschutz und Gewerbeaufsicht

Die Institution, die den gesetzlichen Auftrag hat, die Bestimmungen des JUGENDARBEITSSCHUTZGESETZES zu überwachen, ist das Gewerbeaufsichtsamt.

Arbeitsrecht, Arbeitsschutz

4. Jugendarbeitsschutz

1. Arbeitsschutz ist für Kinder und Jugendliche noch wichtiger als für .... Denn junge Menschen sind weniger .... als Erwachsene und dürfen deshalb nicht den gleichen .... ausgesetzt werden.

2. Jugendliche und erst recht Kinder zählen zu den gefährdeten Personengruppen, die von Gesetzes wegen besonders .... werden müssen. Kinder und Jugendliche sind noch unerfahren und ihre körperliche, geistige und charakterliche .... ist noch nicht abgeschlossen. Ihnen gilt es ihre Kindheit und Jugend zu bewahren. Und es gilt, ihnen die .... zu erhalten, die eine unverzichtbare Voraussetzung für eine gesunde körperliche und geistig-seelische Entwicklung sind.

3. Durch welches Gesetz ist der Arbeitsschutz für Kinder und Jugendliche in Deutschland geregelt?

   ....

4. Kind ist man nach dem Jugendarbeitsschutzgesetz bis ...... Jahre und Jugendlicher ist man von .... bis .... Jahre. Am 15. Geburtstag .... die Kindheit und die Jugend .... Die Jugend endet am ....ten Geburtstag und das ....-alter beginnt.

5. Unter 18 ist man ....-jährig. Ab 18 ist man dann ....-jährig. Kind ist man bis zur Vollendung des ....ten Lebensjahres und Jugendlicher bis zur Vollendung des ....ten Lebensjahres.

6. Was ist Kinderarbeit nach dem Jugendarbeitsschutzgesetz grundsätzlich? ....

7. Als Kind gilt, wer noch nicht .... Jahre alt ist. Jugendlicher ist, wer 15, aber noch nicht .... Jahre alt ist. Auf Jugendliche, die der Vollzeitschulpflicht unterliegen, finden die für .... geltenden Vorschriften entsprechend Anwendung. §5 Jugendarbeitsschutzgesetz gestattet jedoch das Schülerbetriebspraktikum. Die höchstzulässige Arbeitszeit beträgt von Montag bis Freitag .... Stunden täglich, bei Einhaltung der 35-Stunden-Woche.

8. Kinder ab 13 Jahre und vollzeitschulpflichtige Jugendliche dürfen gemäß Kinderarbeitsschutzverordnung beschäftigt werden mit den üblichen und gesellschaftlich anerkannten Tätigkeiten, wie ....-austragen, Hilfeleistungen in ...., Erledigen von Botengängen und Einkäufen, Babysitting, Erteilen von Nachhilfeunterricht, Handreichungen beim Sport und Hilfeleistungen in der ....

9. Die vorgenannten üblichen und gesellschaftlich anerkannten Tätigkeiten sind nur zugelassen, soweit eine .... und eine .... nicht zu befürchten sind. Nicht erlaubt ist eine Beschäftigung in der ...., in der Produktion und im Handel. Solche Arbeiten sind Kindern ab 13 und vollzeitschulpflichtigen Jugendlichen grundsätzlich nicht ....-bar.

10. Das Jugendarbeitsschutzgesetz gilt für alle Jugendlichen in einem ....-verhältnis und alle .... oder Heimarbeiter unter 18 (Jugendliche in einem Arbeitsverhältnis).

11. Aus welchem Jahr stammt das fortschrittliche Jugendarbeitsschutzgesetz? ....

12. Aus dem Jugendarbeitschutzgesetz ergibt sich für den Arbeitgeber die Pflicht, den Jugendlichen vor Überbeanspruchung am Arbeitsplatz zu .... und ihm ausreichend .... zur Erholung zu gewähren.

13. Wie lang darf nach dem Jugendarbeitschutzgesetz die tägliche Arbeitszeit von Jugendlichen normalerweise höchstens sein? ....

14. Wie viele Stunden dürfen nach dem Jugendarbeitsschutzgesetz Jugendliche wöchentlich höchstens beschäftigt werden? ....

15. Mehr als .... Tage in der Woche soll kein Jugendlicher arbeiten. Arbeitet er dort, wo auch samstags oder gar sonntags regelmäßig gearbeitet wird, auch einmal am Samstag oder Sonntag, so hat er .... auf einen freien Tag in .... Woche.

16. In der Regel darf ein Jugendlicher nicht vor .... Uhr und nicht nach .... Uhr beschäftigt werden. Hiervon gibt es .... In Schichtbetrieben darf sogar erst um .... Uhr aufgehört werden. Zwischen Arbeitsende und Arbeitsbeginn am nächsten Tag müssen .... Stunden liegen.

17. Wie viele Stunden dürfen Jugendliche hintereinander ohne Ruhepause höchstens beschäftigt werden?

....

18. Wie viele Minuten muss eine Pause mindestens dauern? ....

19. Wie viele Minuten müssen dem Jugendlichen bei einem achtstündigen Arbeitstag für Ruhepausen mindestens eingeräumt werden? ....

20. Ein 15-Jähriger hat Anspruch auf .... Werktage Jahresurlaub. Ein 16-Jähriger kann .... Werktage Jahresurlaub beanspruchen.

21. Ein Jugendlicher wird in diesem Jahr im Juni 17 Jahre alt. Wie viele Tage Urlaub stehen ihm für dieses Jahr nach dem Jugendarbeitsschutzgesetz zu? ....

22. Ein Jugendlicher muss regelmäßig von der Arbeit freigestellt werden, damit er die .... besuchen kann. Berufsschulzeit ist ....-zeit. Dauert der Unterricht länger als .... Schulstunden, so muss der Jugendliche nicht mehr in den Betrieb zurückkehren.

23. Freigestellt werden muss der Jugendliche auch für die .... und am Arbeitstag unmittelbar .... der schriftlichen ....-prüfung.

24. In welchem Zeitraum soll die ärztliche Nachuntersuchung stattfinden? ....

....

25. Es ist verboten, Jugendliche mit .... Arbeiten und mit ....-arbeiten und am ....-band zu beschäftigen.

26. Welche Institution hat den gesetzlichen Auftrag, die Einhaltung der Bestimmungen des Jugendarbeitsschutzgesetzes zu überwachen? ....

5. Arbeitsplatzschutz • Mutterschutz • Schwerbehindertenschutz

PAL 82-83, U19, U21

Arbeitsplatzschutzgesetz

Mit dem Wehrrechtsänderungsgesetz 2011– WehrRÄndG 2011 – wurde die gesetzliche Wehr- und Zivildienstpflicht zum 1. Juli 2011 bis auf Weiteres ausgesetzt.

§ 54 WehrRÄndG 2011 (**Freiwilliger Wehrdienst**) besagt: „(1) Frauen und Männer, die Deutsche im Sinne des Grundgesetzes sind, können sich verpflichten, freiwilligen Wehrdienst ... zu leisten, sofern sie hierfür tauglich sind. Der Wehrdienst besteht aus sechs Monaten freiwilligem Wehrdienst als Probezeit und bis zu 17 Monaten anschließendem freiwilligem zusätzlichem Wehrdienst." (BGBl I S. 678 ff.)

Art. 6 WehrRÄndG 2011 (Änderung des Arbeitsplatzschutzgesetzes) besagt, dass dem § 16 des **Arbeitsplatzschutzgesetzes** folgender Absatz 7 angefügt wird: „(7) Dieses Gesetz **gilt auch im Falle des freiwilligen Wehrdienstes** nach Abschnitt 7 des Wehrpflichtgesetzes mit der Maßgabe, dass die Vorschriften über den Grundwehrdienst anzuwenden sind."

Zu den Arbeitsschutzrechten, die von besonderer Bedeutung sind, zählt das ARBEITSPLATZSCHUTZGESETZ. Dieses Gesetz gilt für Arbeitnehmer, die zum Beispiel ihren freiwilligen **Wehrdienst** ableisten oder an späteren Wehrübungen teilnehmen. Es gilt auch für Arbeitnehmer, die zur Musterung eingeladen werden. Den durch die Musterung entstehenden Verdienstausfall bezahlt der Arbeitgeber.

Während des freiwilligen Grundwehrdienstes ruht das Arbeitsverhältnis. Ein Recht auf Entgeltfortzahlung durch den Arbeitgeber besteht für den Arbeitnehmer nicht, aber der Arbeitnehmer bleibt Angehöriger des Betriebes und es besteht Kündigungsschutz. Das heißt, der Arbeitnehmer behält den Anspruch, nach Ableistung des freiwilligen Grundwehrdienstes seinen alten Arbeitsplatz wieder zu besetzen. Dieser Anspruch besteht nicht in Betrieben mit fünf oder weniger Beschäftigten.

Den **Einberufungsbescheid** zum freiwilligen Grundwehrdienst muss der Arbeitnehmer dem Arbeitgeber unverzüglich nach Erhalt vorlegen, damit der Arbeitgeber planen kann. Legt der Arbeitnehmer den Einberufungsbescheid seinem Arbeitgeber erst wenige Tage vor Beginn des freiwilligen Grundwehrdienstes vor, so kann der Arbeitgeber den Arbeitnehmer auf Schadensersatz verklagen.

Wird der Arbeitnehmer aus dem freiwilligen Grundwehrdienst entlassen, so muss er sich unverzüglich bei seinem Arbeitgeber zurückmelden, damit sein Anspruch auf seinen Arbeitsplatz gewahrt bleibt.

Da der Arbeitnehmer nach dem Arbeitsplatzschutzgesetz während des freiwilligen Wehrdienstes Angehöriger des Betriebes bleibt, behält er während dieser Zeit auch das Recht, an der Wahl des Betriebsrats teilzunehmen.

Auch muss dem Arbeitnehmer die freiwillige Wehrdienstzeit auf die Zeit der Betriebszugehörigkeit angerechnet werden. Bewirbt der Arbeitnehmer sich nach der Ableistung des freiwilligen Grundwehrdienstes weiter, etwa um eine Stelle im Öffentlichen Dienst, so wird er aufgrund abgeleisteten Wehrdienstes bevorzugt eingestellt.

Schwerbehindertenschutz

...wiki/Schwerbehinderter

Arbeitgeber mit mindestens 20 Arbeitsplätzen sind aufgrund des SOZIALGESETZBUCHES – NEUNTES BUCH (SGB IX) in ihren Unternehmen verpflichtet, wenigstens 5 % dieser Arbeitsplätze mit Schwerbehinderten zu besetzen. Für den nicht besetzten Platz muss der Arbeitgeber monatlich 105 bis 260 Euro als **Ausgleichsabgabe** zahlen, je nachdem, wie viele Schwerbehinderte er beschäftigt. Verfügt ein Betrieb über 60 Arbeitsplätze, so muss der Arbeitgeber in seinem Betrieb **drei** Schwerbehinderte beschäftigen oder maximal 780 Euro monatliche Abgabe bezahlen. Siehe dazu nebenstehende Grafik.

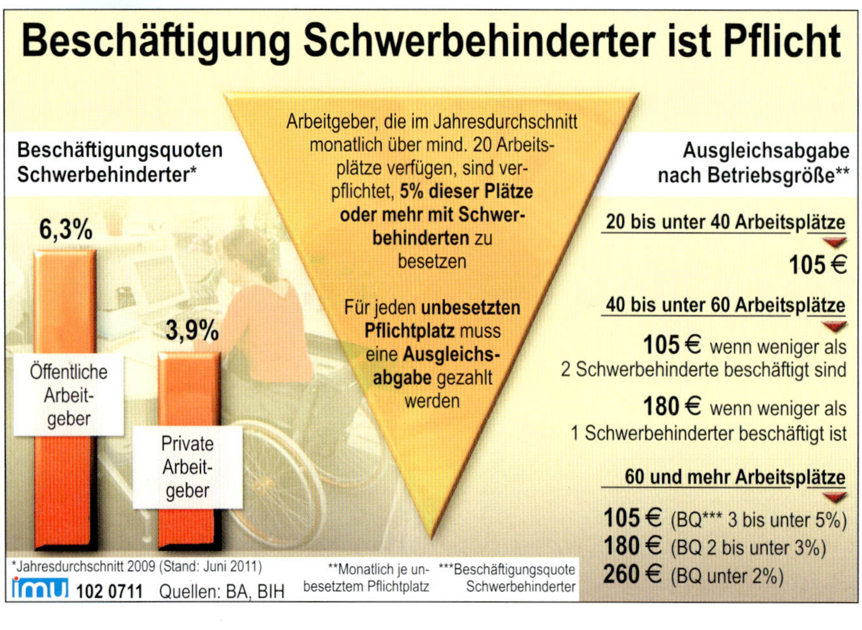

Schwerbehinderte sind Personen mit einem **Behinderungsgrad** von mehr als **50** %, was bedeutet, dass sie in ihrer Erwerbsfähigkeit um mehr als **50**% gemindert sind. In Betrieben mit **mehr als fünf** Schwerbehinderten ist eine **Vertrauensperson** der Schwerbehinderten zu wählen, um deren Belange zu vertreten. Diese hat das Recht, an allen Sitzungen des Betriebsrats teilzunehmen. Sie genießt den gleichen Kündigungsschutz wie ein Mitglied des Betriebsrats.

Willkommen bei www.schwerbehindertengesetz.de
Das Schwerbehindertengesetz ist per 1.10.2001 in das Sozialgesetzbuch – Neuntes Buch – (SGB IX) Rehabilitation und Teilhabe behinderter Menschen eingestellt worden.
Es wurde seitdem etwa zehnmal verändert.
Zahlreiche Einzelvorschriften des Schwerbehindertengesetzes bestehen unverändert fort. Insgesamt ist das Schwerbehindertenrecht als Teil 2 des SGB IX (Besondere Regelungen zur Teilhabe schwerbehinderter Menschen – Schwerbehindertenrecht) an den allgemeinen Zielen des SGB IX ausgerichtet worden: Förderung der Teilhabe und Selbstbestimmung, Vermeidung von Diskriminierung. Mehr unter: www.schwerbehindertengesetz.de [2007-03-15]

Die **Kündigung eines Schwerbehinderten** bedarf der Zustimmung der **Hauptfürsorgestelle.** Eine fristlose Kündigung eines Schwerbehinderten ist **nicht** zulässig.

Schwerbehinderte sind auf ihr Verlangen hin von **Mehrarbeit** freizustellen und haben einen Anspruch auf einen zusätzlichen **Urlaub** von einer Woche im Jahr.

Mutterschutz

Durch das MUTTERSCHUTZGESETZ sollen berufstätige Frauen während und nach der Schwangerschaft vor Gefahren und Schäden bewahrt werden. Der Arbeitgeber muss der werdenden Mutter die Freizeit für die erforderlichen Untersuchungen gewähren. Er kann natürlich von der Arbeitnehmerin verlangen, dass sie ein Zeugnis eines Arztes über die bestehende Schwangerschaft vorlegt.

Während der Schwangerschaft und bis zu vier Monate oder auf Antrag hin bis zu 36 Monate (Elternzeit) nach der Entbindung ist eine Kündigung durch den Arbeitgeber unzulässig. Die Elternzeit ist im BUNDESELTERNGELD- UND ELTERNZEITGESETZ geregelt. Danach können Eltern diese Zeit mit dem Kind einzeln oder gemeinsam in Anspruch nehmen. Elterngeld wird in den ersten zwölf Monaten, bei aktiver Väterbeteiligung bis 14 Monate lang in Höhe von 67 % des monatlichen Einkommens aus Erwerbstätigkeit gezahlt, minimal 300, maximal 1 800 Euro.

Wem steht Elternzeit zu?
Die (dreijährige) Elternzeit wird für **jeden Elternteil separat** betrachtet (es wird also nicht die in Anspruch genommene Elternzeit eines Partners auf den anderen „angerechnet").

Mutterschutzfrist:
14 Wochen sind die Frauen finanziell abgesichert.

Sechs Wochen vor und acht Wochen nach der Entbindung (Mutterschutzfrist = 14 Wochen) dürfen werdende (und gewordene) Mütter nicht beschäftigt werden.

In den ersten acht Wochen nach der Entbindung dürfen Mütter überhaupt nicht beschäftigt werden; in den sechs Wochen davor nicht gegen ihren Willen.

Im Falle eines Beschäftigungsverbotes behält die werdende Mutter ihren bisherigen Durchschnittsverdienst (Mutterschaftslohn). Während der Mutterschutzfristen vor und nach der Geburt und für den Entbindungstag sind die Frauen finanziell abgesichert. In dieser Zeit wird Mutterschaftsgeld gezahlt.

Werdende Mütter dürfen im Sinne des Arbeitsschutzes nicht mit schweren körperlichen Arbeiten, etwa Heben und Tragen von Lasten mit mehr als 10 kg Gewicht, und auch nicht mit Akkordarbeiten betraut werden.

Die Überwachung der Einhaltung aller Arbeitsschutzbestimmungen, wie hier angesprochen, ist den staatlichen Gewerbeaufsichtsämtern übertragen worden.

Zusammengefasst stellt sich der hier behandelte Arbeitsschutz wie folgt dar:

Sozialer Arbeitsschutz

Der **sozialе Arbeitsschutz** regelt *allgemeine* Arbeitsbedingungen von Beschäftigten (hinsichtlich Arbeitszeit, Urlaub, Elternzeit) oder von einzelnen, *besonders* schutzbedürftigen Gruppen (behinderte Menschen, werdende Mütter, Jugendliche, freiwillig Wehrdienstleistende).

Sozialer Arbeitsschutz
Überwachung: Berufsgenossenschaften, Gewerbeaufsichtsämter, Arbeitsschutzämter

Allgemeine Schutzbestimmungen	Besondere Schutzbestimmungen
⇒ Arbeitszeitgesetz (ArbZG)	⇒ Mutterschutzgesetz (MuSchG)
⇒ Bundesurlaubsgesetz (BUrlG)	⇒ SGB IX – Rehabilitation und Teilhabe behinderter Menschen
⇒ Bundeselterngeld- und Elternzeitgesetz (BEEG)	⇒ Arbeitsplatzschutzgesetz (ArbPlSchG)
	⇒ Jugendarbeitsschutzgesetz (JArbSchG)

Gebündelten Zugang zu den Arbeitsschutzgesetzen bietet die Web-Adresse: www.sidiblume.de/info-rom/arb_re/index.htm [2011-10-28].

5. Arbeitsplatzschutz • Mutterschutz • Schwerbehindertenschutz

1. Für welche Personengruppe gilt das Arbeitsplatzschutzgesetz in erster Linie? – Für Arbeitnehmer, die ....

2. Ein Arbeitnehmer möchte den freiwilligen Wehrdienst ableisten und wird zur Musterung eingeladen. Wer bezahlt den durch die Musterung entstehenden Verdienstausfall? ....

3. Während des freiwilligen Grundwehrdienstes ruht das Arbeitsverhältnis. Für den Arbeitnehmer besteht kein Recht auf ....-zahlung. Mit dem Arbeitsplatzschutzgesetz soll Wehrdienstleistenden der .... erhalten bleiben. Eine .... ist nicht zulässig.

4. Der Anspruch, den alten Arbeitsplatz nach Ableistung des Grundwehrdienstes wieder zu besetzen, besteht nicht in Betrieben mit .... oder weniger Beschäftigten. Der Einberufungsbescheid zum Grundwehrdienst ist dem Arbeitgeber .... nach Erhalt vom Arbeitnehmer vorzulegen, damit der Arbeitgeber .... kann.

5. Ein Arbeitnehmer erhält den Einberufungsbescheid zum Grundwehrdienst. Er legt diesen dem Arbeitgeber erst wenige Tage vor Beginn des Grundwehrdienstes vor. Welche Folge kann das für den Arbeitnehmer haben? – Der Arbeitgeber kann den Arbeitnehmer ....

6. Ein Arbeitnehmer wird zum 30. eines Monats aus dem Grundwehrdienst entlassen. Welche Pflicht ergibt sich für ihn aus dem Arbeitsplatzschutzgesetz? ....

7. Während des Grundwehrdienstes behält der Arbeitnehmer, der Angehöriger seines Betriebes bleibt, auch das Recht, an der ....-wahl teilzunehmen. Auch muss ihm die Wehrdienstzeit auf die Zeit der Betriebszugehörigkeit .... werden. Bewirbt er sich später im Öffentlichen Dienst, so wird er .... eingestellt.

8. Ab welcher Zahl von Arbeitsplätzen in seinem Betrieb ist der Arbeitgeber verpflichtet, Schwerbehinderte zu beschäftigen? ....

9. Ein Betrieb verfügt über 100 Arbeitsplätze. Wie viele Schwerbehinderte muss der Arbeitgeber in seinem Betrieb beschäftigen? ....

10. Ein Betrieb verfügt über 120 Arbeitsplätze. Welche Ausgleichsabgabe muss der Arbeitgeber maximal zahlen, wenn er keine Schwerbehinderten beschäftigt oder wenn die Beschäftigtenquote unter 2 % liegt? ....

11. Schwerbehinderte sind Personen, die in ihrer Erwerbsfähigkeit um mehr als 50 % gemindert sind. In Betrieben mit mehr als fünf Schwerbehinderten ist ein ....-mann der Schwerbehinderten zu wählen. Dieser hat das Recht, an allen Sitzungen des .... teilzunehmen. Die Kündigung eines Schwerbehinderten bedarf der Zustimmung der ....-stelle. Einem Schwerbehinderten kann man nicht .... kündigen.

12. Was gilt für Schwerbehinderte in Bezug auf Mehrarbeit? ....

....

13. Was gilt für Schwerbehinderte in Bezug auf die Urlaubsdauer? ....

....

14. Beim Mutterschutz geht es darum, berufstätige Frauen während und nach der .... vor Gefahren und .... zu bewahren. Der Arbeitgeber muss der werdenden Mutter die .... für die erforderlichen Untersuchungen gewähren.

15. Was kann der Arbeitgeber von der Arbeitnehmerin bezüglich der bestehenden Schwangerschaft verlangen?

....

16. In welchem Zeitraum **während** der Schwangerschaft ist eine Kündigung durch den Arbeitgeber unzulässig?

....

17. In welchem Zeitraum **nach** der Schwangerschaft ist eine Kündigung durch den Arbeitgeber unzulässig?

....

18. In welchem Zeitraum **nach** der Entbindung kann Elterngeld gezahlt werden?

....

19. Wie viele Wochen beträgt die Mutterschutzfrist? (Das ist die Zeit vor und nach der Entbindung, in der Frauen nicht beschäftigt werden dürfen.) ....

20. Wie viele Wochen nach der Entbindung dürfen werdende Mütter (überhaupt) nicht beschäftigt werden?

....

21. Wie viele Wochen vor der Entbindung dürfen werdende Mütter (gegen ihren Willen) nicht beschäftigt werden?

....

22. Im Falle eines Beschäftigungsverbotes .... die werdende Mutter ihren bisherigen Durchschnittsverdienst (Mutterschaftslohn). Während der Mutterschutzfristen vor und nach der Geburt und für den Entbindungstag sind die Frauen .... abgesichert.

23. Mit welchen Arbeiten dürfen werdende Mütter nicht beschäftigt werden?

1. ....

2. ....

24. Welcher staatlichen Institution ist die Aufsicht über die Einhaltung der Arbeitsschutzbestimmungen übertragen worden? ....

25. Der **soziale** Arbeitsschutz umfasst .... und besondere Schutzbestimmungen. Zu den besonderen Schutzbestimmungen zählen unter anderem das hier behandelte ....-gesetz, das SGB .... – Rehabilitation und Teilhabe behinderter Menschen – und das Arbeitsplatzschutzgesetz.

6. Arbeits- und Sozialgerichtsbarkeit

PAL 84-91, 262, 274-275, U58, U60

Unabhängige Richter

Nach dem GRUNDGESETZ sind Richter in ihrer richterlichen Entscheidung unabhängig von jedermann und nur dem Gesetz unterworfen.

Berufsrichter und ehrenamtliche Richter

Bei den Arbeits- und Sozialgerichten sind Berufs- und ehrenamtliche Richter tätig.

Ehrenamtliche Richter bei den Arbeitsgerichten werden aus den Kreisen der **Arbeitnehmer** und der **Arbeitgeber** ausgewählt. Ein ehrenamtlicher Richter muss das 25. Lebensjahr vollendet haben und eine Tätigkeit als Arbeitnehmer oder Arbeitgeber in dem Bezirk des Arbeitsgerichts ausüben.

Ehrenamtliche Richter bei den Arbeits- und Sozialgerichten haben dieselben Befugnisse wie die Berufsrichter und können in alle Akten Einsicht nehmen.

Den Ersatz des Lohnausfalls und der Fahrtkosten des bei einem Arbeitsgericht tätigen ehrenamtlichen Richters leistet der Staat.

Man unterscheidet **Arbeits- und Sozialgerichte**: 1. Instanz auf örtlicher Ebene, zum Beispiel das Arbeitsgericht in Köln oder das Sozialgericht in Stuttgart; 2. Instanz, zum Beispiel das Landesarbeitsgericht für Nordrhein-Westfalen in Köln und das Landessozialgericht für Baden-Württemberg in Stuttgart, und das Bundesarbeitsgericht in Erfurt (3. Instanz).

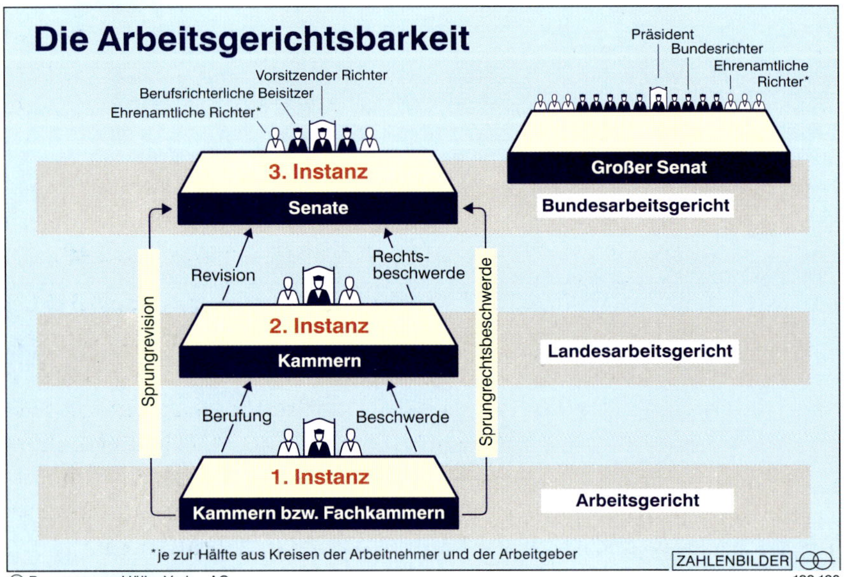

 129 160

Das Arbeitsgericht setzt sich zusammen aus einem Berufsrichter und zwei ehrenamtlichen Richtern. Das gilt auch für das Landesarbeitsgericht. Beim Bundesarbeitsgericht sind es außer dem Vorsitzenden Richter (ein Berufsrichter) zwei weitere berufsrichterliche Beisitzer und außerdem zwei ehrenamtliche Richter aus den Kreisen der Arbeitnehmer und der Arbeitgeber.

Zivilgerichtsbarkeit

Im Vergleich zu Zivilgerichten (bürgerliches Recht) gilt für Arbeitsgerichte:

- Die Gerichtsgebühren sind niedriger.
- Kostenvorschüsse werden nicht erhoben.
- Der in der ersten Instanz siegenden Partei werden die Kosten für Zeitversäumnis und für die Prozessvertretung nicht erstattet.
- In allen Instanzen wirken beim Entscheiden Vertreter der Arbeitgeber und Arbeitnehmer mit.

Arbeitsgericht – Zuständigkeit

Die Arbeitsgerichtsbarkeit ist zuständig für Entscheidungen bei Streitigkeiten:

- zwischen Arbeitnehmern und Arbeitgebern, die aus einem Arbeitsverhältnis oder aus einem Ausbildungsverhältnis entstehen, zum Beispiel die Anfechtung einer Kündigung oder eines Arbeitszeugnisses, (Arbeitnehmer, die vor einem Arbeitsgericht klagen können, sind
  - Arbeiter und Angestellte [eigentliche Arbeitnehmer],
  - zur Berufsausbildung Beschäftigte,
  - Heimarbeiter.)
- zwischen den Tarifvertragsparteien (Arbeitgeber und Gewerkschaften) über die Auslegung von Tarifverträgen,
- zwischen Betriebsrat und Arbeitgeber über mitbestimmungspflichtige soziale Angelegenheiten, zum Beispiel Prämienfestlegung, Pausenregelung, die unüberbrückbar sind,
- aus Zuwiderhandlungen gegen geltende Arbeitsgesetze, zum Beispiel Verstoß gegen das Bundesurlaubsgesetz oder gegen das Jugendarbeitsschutzgesetz.

Arbeitsgericht – Gerichtsort

Für das Arbeitsgerichtsverfahren und das Arbeitsgericht gilt: Örtlich zuständig ist in der Regel das Gericht am Wohnsitz oder Firmensitz des Beklagten.

Für das **Urteilsverfahren** der Arbeitsgerichtsbarkeit gilt folgende Vorschrift:

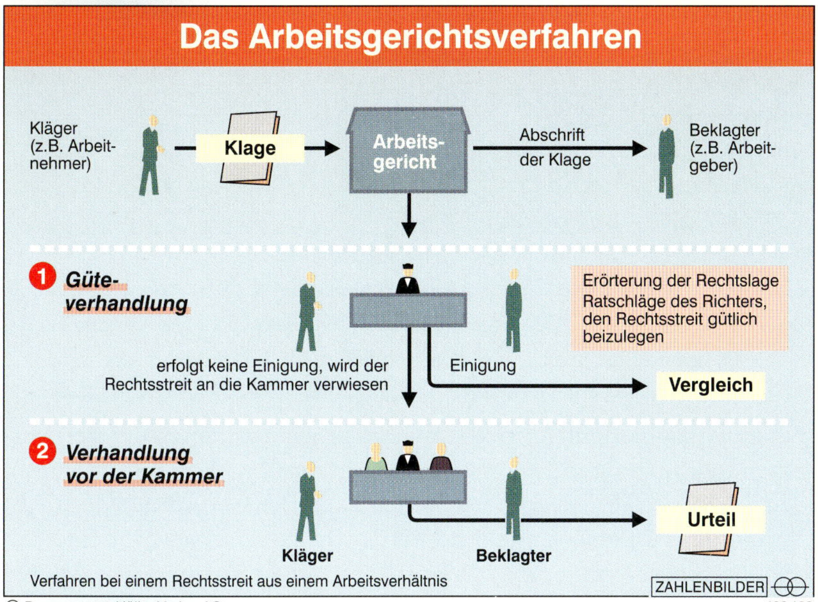

© Bergmoser + Höller Verlag AG

Vor Beginn der eigentlichen Verhandlungen hat der Vorsitzende den Versuch einer gütlichen Einigung zu unternehmen. Ist zum Beispiel ein Arbeitnehmer mit der ordentlichen Kündigung seines Arbeitsverhältnisses nicht einverstanden und reicht er bei Gericht Klage ein, so muss der Vorsitzende des Arbeitsgerichts Arbeitgeber und Arbeitnehmer zu einer **Güteverhandlung** einladen und versuchen, eine gütliche Einigung zu erzielen.

In bestimmten Fällen kann vor einer Klage beim Arbeitsgericht ein **Schiedsverfahren** durchgeführt werden.

– Vorgeschaltetes Schiedsverfahren

Das ist normalerweise der Fall, wenn sich zum Beispiel ein Auszubildender mit dem Ausbildenden über die Anschaffung von Ausbildungsmitteln oder über eine fristlose Kündigung streitet. Durchgeführt wird das Schiedsverfahren von der Kammer.

– Formvorschriften
– Rechtl. Vertretung

www.ihk-nordwestfalen.de/wirtschaft/recht-fairplay/rechtsthemen/arbeits-und-sozialversicherungsrecht/

Die Klage kann **schriftlich** oder **mündlich** bei Gericht erfolgen. Kläger und Beklagter können sich durch einen **Fachanwalt** für Arbeitsrecht oder einen fachkundigen **Beistand** vertreten lassen, müssen es aber nicht, zumindest in der 1. Instanz nicht. Während beim Arbeitsgericht der unteren Instanz kein Vertretungszwang herrscht, muss man sich bei den oberen Instanzen der Arbeitsgerichtsbarkeit durch einen geeigneten Rechtsanwalt oder einen Vertreter einer Gewerkschaft (oder eines anderen Verbandes) vertreten lassen. Für die Sozialgerichtsbarkeit gilt hingegen, dass man sich nur beim Bundessozialgericht vertreten lassen muss (siehe Grafik unten).

Sozialgericht

...wiki/Sozialgerichtsbarkeit /Sprungrevision = Sprungrechtsbeschwerde

Das Sozialgericht dient dem Schutz der Sozialversicherten vor fehlerhaften Entscheidungen der Sozialversicherung. Auch hier gibt es drei Instanzen. Ähnlich wie in der Arbeitsgerichtsbarkeit wirken in allen Instanzen Vertreter der Arbeitgeber und der versicherten Arbeitnehmer mit und es gibt die *Sprungrevision*. Das ist eine gegen Endurteile der Landgerichte erster Instanz ausnahmsweise zugelassene Revision. Auch hier beim Sozialgericht besitzen Berufsrichter und ehrenamtliche Richter das gleiche Stimmrecht.

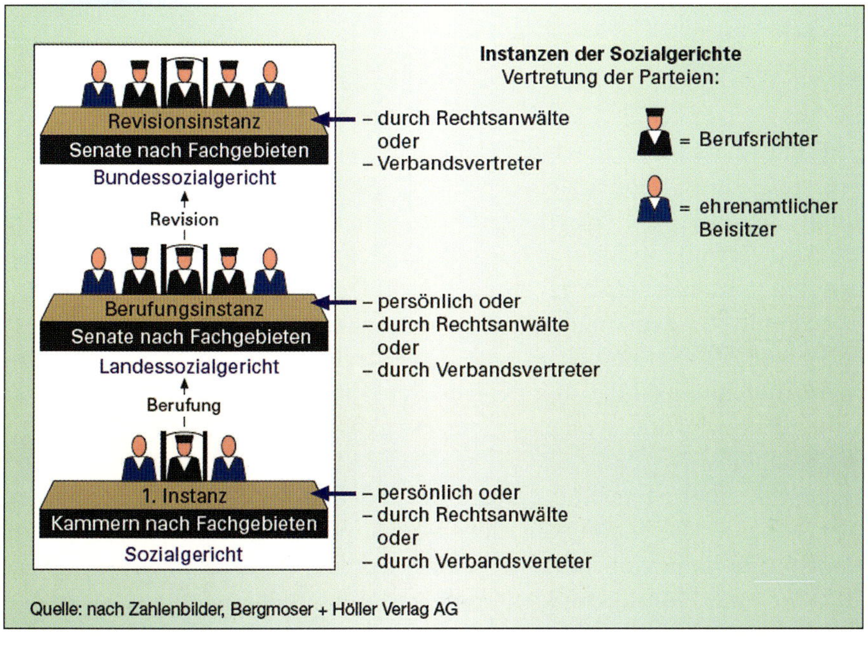

Quelle: nach Zahlenbilder, Bergmoser + Höller Verlag AG

Das Landessozialgericht ist aber anders als das Landesarbeitsgericht bereits mit drei Berufsrichtern und zwei ehrenamtlichen Richtern besetzt.

Kammern und Senaten sind bestimmte Fachgebiete zugeordnet, etwa Sozialversicherung, Arbeitsförderung, Kindergeld.

Arbeitsrecht, Arbeitsschutz

Bundessozialgericht Das Bundessozialgericht befindet sich in Kassel. Die Sozialgerichtsbarkeit einschließlich Bundessozialgericht gibt es seit 1953.

Sozialgerichtsbarkeit – Zuständigkeit Die Sozialgerichtsbarkeit ist vor allem zuständig für die folgenden Sachgebiete:

- gesetzliche Rentenversicherung für Arbeiter/Angestellte, Handwerkerversicherung, Alterssicherung der Landwirte,
- gesetzliche Krankenversicherung,
- gesetzliche Unfallversicherung,
- soziale Pflegeversicherung,
- Künstlersozialversicherung,
- Vertrags-(Kassen-)arztrecht und -zahnarztrecht,
- Aufgaben der Bundesagentur für Arbeit (Arbeitslosenversicherung usw.),
- soziale Entschädigung bei Gesundheitsschäden, unter anderem auch Kriegsopferversorgung, Soldatenversorgung, Impfschadenrecht, Gewaltopferentschädigung und bestimmte Angelegenheiten nach den sozialgesetzlichen Regelungen für Schwerbehinderte im Sozialgesetzbuch,
- sonstige staatl. Transferleistungen (Erziehungsgeld). Mehr bei: www.bundessozialgericht.de [05-06-24]

Vorgeschaltetes Widerspruchsverfahren Einer Klage vor dem Sozialgericht muss ein Widerspruchsverfahren bei der Verwaltung vorausgehen und Sozialgerichte entscheiden in der Regel erst nach Durchführung des Widerspruchsverfahrens. – Wird zum Beispiel einem Arbeitslosen von der Agentur für Arbeit das Arbeitslosengeld gesperrt, was er für ungerecht erachtet, und will er diese Verwaltungsentscheidung rückgängig machen, so muss er zuerst bei der Bundesanstalt für Arbeit **Widerspruch** einlegen. Erst wenn dieser Widerspruch abschlägig beschieden wird, kann er beim Sozialgericht Klage einreichen.

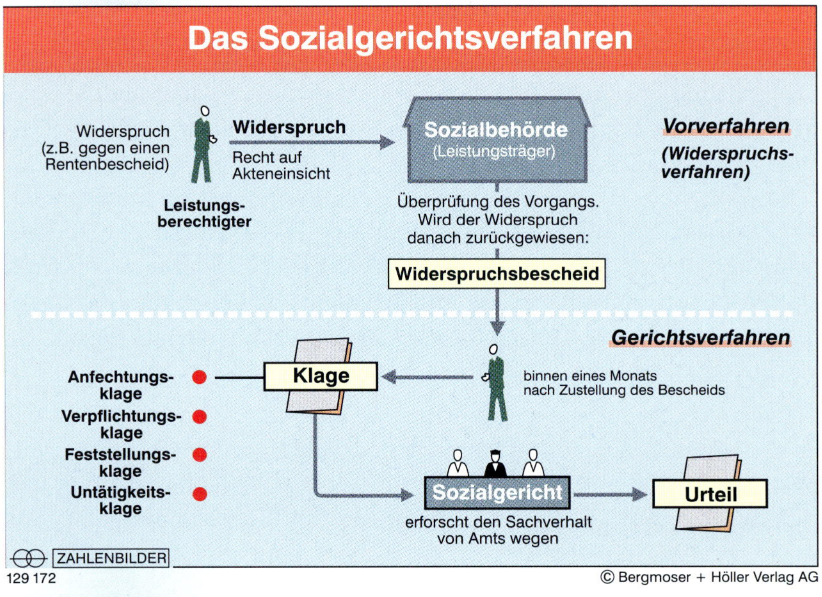

Zum Verfahren vor dem Sozialgericht ist weiterhin zu sagen:

Das Sozialgericht stützt sich bei seiner Entscheidung nicht nur auf die von den Beteiligten vorgetragenen Sachverhalte, sondern ermittelt auch von Amts wegen, das heißt von sich aus.

Die Beteiligten haben Anspruch auf rechtliches Gehör, können Akteneinsicht beantragen und sich durch Prozessbevollmächtigte vertreten lassen. In der mündlichen Verhandlung dürfen die Beteiligten an den Zeugenvernehmungen teilnehmen.

Bei allen Gerichten der Sozialgerichtsbarkeit werden von den Versicherten keine Gerichtskosten erhoben.

Im Sozialrecht unterscheidet man verschiedene Klagearten.

Anfechtungsklage Mit der Anfechtungsklage wendet sich der Kläger gegen einen ihn benachteiligenden Verwaltungsakt, etwa die Sperrung des Arbeitslosengeldes. Er begehrt die Aufhebung dieses Verwaltungsaktes durch das Sozialgericht. Diese Klageart kann kombiniert werden mit einer zusätzlichen Leistungsklage, die das Ziel hat, den Gegner zu einer Leistung (Auszahlung des Arbeitslosengeldes) zu verurteilen.

Verpflichtungsklage Bei der Verpflichtungsklage handelt es sich um eine Klageart, bei der in Kombination mit der Anfechtungsklage, der Kläger den Erlass eines abgelehnten oder unterlassenen Verwaltungsaktes erreichen kann, etwa die Erteilung eines neuen, günstigeren Rentenbescheids.

Feststellungsklage Der Kläger kann mit einer Feststellungsklage das (Nicht-)Bestehen eines konkreten Rechtsverhältnisses oder die Nichtigkeit eines Verwaltungsaktes erreichen. Im Wege der Feststellungsklage kann zum Beispiel geklärt werden, ob etwa zwischen einem Arbeitsunfall oder einer Berufskrankheit und gesundheitlichen Folgeschäden ein ursächlicher Zusammenhang besteht.

6. Arbeits- und Sozialgerichtsbarkeit

1. Was gilt für die richterliche Unabhängigkeit nach dem Grundgesetz? Richter sind unabhängig und ....

2. Bei den Arbeits- und Sozialgerichten sind ....-richter und .... Richter tätig.

3. Ein ehrenamtlicher Richter beim Arbeitsgericht muss das .... Lebensjahr vollendet haben und eine Tätigkeit als .... oder als .... in dem Bezirk des Arbeitsgerichts ausüben.

4. Welche Befugnisse hat der bei einem Arbeits- und Sozialgericht tätige ehrenamtliche Richter gegenüber einem Berufsrichter? ....
....

5. Wer ersetzt dem bei einem Arbeitsgericht tätigen ehrenamtlichen Richter den Lohnausfall und die Fahrtkosten?
....

6. Man unterscheidet Arbeits- und Sozialgerichte der .... Instanz auf örtlicher Ebene, zum Beispiel das Arbeitsgericht in Köln, und solche der .... Instanz, zum Beispiel das Landessozialgericht für Baden-Württemberg in Stuttgart, und das .... in Erfurt (dritte Instanz).

7. Das Arbeitsgericht setzt sich zusammen aus einem Berufsrichter und .... ehrenamtlichen Richtern. Das gilt auch für das ....-arbeitsgericht. Beim Bundesarbeitsgericht sind es außer dem Vorsitzenden Richter (ein Berufsrichter) .... weitere berufsrichterliche Beisitzer und außerdem .... ehrenamtliche Richter.

8. Nennen Sie drei Unterschiede zwischen den Arbeitsgerichten und den Zivilgerichten, außer dass in allen Instanzen Vertreter von Arbeitnehmern und Arbeitgebern mitwirken. Für die Arbeitsgerichte gilt:
   1. Die Gerichtsgebühren ....,
   2. Kostenvorschüsse ....,
   3. der in der ersten Instanz siegenden Partei werden die Kosten für Zeitversäumnis und für die Prozessvertretung ....

9. Die Arbeitsgerichtsbarkeit ist zuständig für Entscheidungen bei:
   1. Streitigkeiten zwischen .... und ...., die aus einem Arbeitsverhältnis oder aus einem Ausbildungsverhältnis entstehen,
   2. Streitigkeiten zwischen den ....-parteien (Arbeitgeber und Gewerkschaften) über die Auslegung von Tarifverträgen,
   3. unüberbrückbare Streitigkeiten zwischen .... und Arbeitgeber über mitbestimmungspflichtige soziale Angelegenheiten,
   4. Streitigkeiten aus Zuwiderhandlungen gegen geltende ....-gesetze.

10. Arbeitnehmer, die vor einem Arbeitsgericht klagen können, sind
   1. .... und .... (eigentliche Arbeitnehmer),
   2. zur .... Beschäftigte,
   3. ....-arbeiter.

11. Örtlich zuständig ist in der Regel das Arbeitsgericht am Wohn- oder Firmensitz des ....

12. Vor Beginn der eigentlichen arbeitsgerichtlichen Verhandlung hat der Vorsitzende den Versuch einer .... Einigung vorzunehmen und dazu zu einer ....-verhandlung einzuladen.

13. In bestimmten Fällen wird vor einer Klage beim Arbeitsgericht ein ....-verfahren durchgeführt (vorgeschaltetes Verfahren). Das ist der Fall, wenn sich ein .... mit dem .... über die Anschaffung von Ausbildungsmitteln streitet. Durchgeführt wird das Schiedsverfahren von der ....

14. In welcher Form kann die Klage erfolgen? ....

15. Kläger und Beklagter können sich vor Gericht vertreten lassen durch einen .... für Arbeitsrecht oder durch einen fachkundigen .... Während beim Arbeitsgericht der unteren Instanz kein Vertretungszwang herrscht, ... man sich bei den oberen Instanzen der Arbeitsgerichtsbarkeit vertreten lassen.

16. Für die Sozialgerichtsbarkeit gilt: Man muss sich nur beim ....-gericht vertreten lassen. Die Sozialgerichte wurden zum Schutz der Sozialversicherten vor .... Entscheidungen der Sozialversicherung geschaffen.

17. Die Sozialgerichtsbarkeit besteht aus .... Instanzen. Ähnlich wie in der Arbeitsgerichtsbarkeit wirken in allen Instanzen Vertreter der Arbeitgeber und der versicherten .... mit. Wie bei der Arbeitsgerichtsbarkeit gibt es auch hier die Sprung-..................................... (Sprungrechtsbeschwerde). Auch hier besitzen Berufsrichter und ehrenamtliche Richter allesamt das .... Stimmrecht.

18. Das Landessozialgericht ist aber anders als das Landesarbeitsgericht bereits mit .... Berufsrichtern und zwei ehrenamtlichen Richtern besetzt. Kammern und Senaten sind bestimmte Fachgebiete zugeordnet, etwa ....-versicherung, Arbeits-..., Kindergeld und so weiter.

19. Das Bundessozialgericht befindet sich in .... Die Sozialgerichtsbarkeit gibt es seit ....

20. Die Sozialgerichtsbarkeit ist vor allem zuständig für die folgenden Sachgebiete:
gesetzliche ....-versicherung, gesetzliche ....-versicherung, gesetzliche Unfallversicherung, soziale ....-versicherung, Vertragsarztrecht, Aufgaben der Bundesagentur für Arbeit, soziale .... bei Gesundheitsschäden (auch Kriegsopfer- und Soldatenversorgung) und für sonstige staatliche ....-leistungen (Erziehungsgeld).

21. Was für ein Verfahren bei der Verwaltung muss einer Klage vor dem Sozialgericht vorausgehen?

....

22. Einem Arbeitslosen wird von der Agentur für Arbeit das Arbeitslosengeld gesperrt. Was muss er zuerst tun, um diese Verwaltungsentscheidung rückgängig zu machen? Er muss bei der Bundesagentur für Arbeit

....

23. Das Sozialgericht stützt sich bei seiner Entscheidung nicht nur auf die von den .... vorgetragenen Sachverhalte, sondern ermittelt den Sachverhalt von .... wegen. Die Beteiligten haben Anspruch auf .... Gehör und können .... beantragen.

24. Mit der Anfechtungsklage wendet sich der Kläger gegen einen ihn benachteiligenden Verwaltungsakt, etwa die Sperrung des ....-geldes. Bei der Verpflichtungsklage handelt es sich um eine Klageart, bei der – in Kombination mit der Anfechtungsklage – der Kläger etwa die Erteilung eines neuen, günstigeren ....-bescheids erreichen kann. Im Wege der Feststellungsklage kann zum Beispiel geklärt werden, ob etwa zwischen einem Arbeitsunfall oder einer Berufskrankheit und gesundheitlichen Folgeschäden ein ursächlicher .... besteht.

1. Tarifpartner • Tarifautonomie • Tarifverhandlungen • Tarifverträge PAL 109-126, U23-24, U26, U28

Tarif • Tarifpartner

http://de.wikipedia.org/wiki/Tarifvertrag

...wiki/Arbeitskampf

Tarife sind planvoll gestaffelte Preise und Löhne (Entgelte).

Wenn es darum geht, die Einkommenshöhe (und die Arbeitsbedingungen) für die Arbeitnehmer auszuhandeln, so ist dies die Aufgabe der **Tarifvertragsparteien** (auch **Tarif- oder Sozialpartner** genannt).

Tarifverhandlungen werden geführt zwischen **Gewerkschaften** und **Arbeitgeberverbänden** oder zwischen Gewerkschaften und einzelnen Arbeitgebern. Die Fähigkeit, Tarifverträge abzuschließen, besitzen dabei die im DGB zusammengeschlossenen **Einzelgewerkschaften,** nicht jedoch der DGB selbst. Auch die übrigen Gewerkschaften (dbb Tarifunion, CGB) können als Tarifpartner Verträge abschließen.

Tarifautonomie

In Deutschland schließen sich Arbeitnehmer zu Gewerkschaften und Arbeitgeber (AG) zu AG-Verbänden zusammen. Dies geschieht auf der Grundlage des durch Artikel 9 des Grundgesetzes garantierten **Koalitionsrechts:** Grundgesetz Artikel 9 (Vereinigungsfreiheit) besagt in Absatz 3: „Das Recht, zur Wahrung und Förderung der Arbeits- und Wirtschaftsbedingungen Vereinigungen zu bilden, ist für jedermann und für alle Berufe gewährleistet. Abreden, die dieses Recht einzuschränken oder zu behindern versuchen, sind nichtig, hierauf gerichtete Maßnahmen sind rechtswidrig."

In der Bundesrepublik Deutschland werden die Tarifverträge **ohne** staatliche **Einmischung** allein zwischen den Tarifvertragsparteien ausgehandelt. Man nennt dies Tarifautonomie. Die Vertragsparteien handeln eigenverantwortlich. Sie müssen sich natürlich im Rahmen der Verfassung bewegen und sich an andere geltende Gesetze halten. Tarifverträge, die gegen geltendes Gesetz verstoßen, sind unwirksam.

In der maßgeblichen rechtlichen Grundlage für Tarifverträge, dem TARIFVERTRAGSGESETZ, ist auch die Tarifautonomie geregelt.

Die Tarifverträge werden, wie jeder andere privatrechtliche Vertrag auch, durch die übereinstimmende Willenserklärung zweier Vertragsparteien, hier der sogenannten Sozialpartner, geschlossen. Der Staat bleibt außen vor.

Würde der Bundestag zum Beispiel für eine begrenzte Zeit einen Lohnstopp beschließen, so würde er gegen die Tarifautonomie verstoßen. Wenn der Gesetzgeber zum Beispiel grundlegend den Kündigungsschutz im KÜNDIGUNGSSCHUTZGESETZ und die Höhe des Mindesturlaubs im BUNDESURLAUBSGESETZ regelt, so verstößt er allerdings **nicht** gegen die Tarifautonomie.

Am Anfang stehen Tarifverhandlungen

Das durch die Tarifautonomie verbürgte Recht der Tarifpartner, Tarifverträge eigenverantwortlich abzuschließen, wird durch Tarifverhandlungen umgesetzt. Die Gewerkschaften wollen zum Beispiel höhere Löhne, mehr Urlaub, kürzere Arbeitszeiten, mehr Sozialleistungen und mehr Mitbestimmung. Die Arbeitgeberverbände hingegen wollen unter Umständen genau das Gegenteil: niedrigere Löhne, weniger Urlaub und so weiter. Zwischen solchen gegensätzlichen Vorstellungen gilt es zunächst auf dem Verhandlungswege einen Ausgleich (einen Kompromiss) zu erzielen.

Tarifverträge

Die in den Tarifverträgen festgelegten Regelungen stellen Mindestbedingungen dar, die nur zugunsten der Arbeitnehmer verändert werden dürfen.

– Bedeutung

Die Tarifverträge sind Barometer des Zustands der Gesellschaft und stellen für einen begrenzten Zeitraum (Laufzeit der Verträge) ein Gleichgewicht der Kräfte dar. Sie sind das wichtigste Regelungsinstrument für die Arbeitsbedingungen und damit für den wirtschaftlichen und gesellschaftlichen Rahmen unseres Landes überhaupt.

– Geltungsbereich

Tarifverträge gelten zumeist für einen bestimmten Gewerbebereich, zum Beispiel für den Metallbereich. Sie sind zwingend nur für Mitglieder der Tarifvertragsparteien. Auf der Arbeitnehmerseite sind im Allgemeinen auch nicht organisierte Arbeitnehmer eingeschlossen, um eine Ungleichbehandlung gegenüber den gewerkschaftlich organisierten Arbeitnehmern auszuschließen und den Betriebsfrieden zu sichern.

Unter bestimmten Voraussetzungen können Tarifverträge für allgemein verbindlich erklärt werden. Dann gelten die Verträge für alle Arbeitgeber und Arbeitnehmer des Tarifvertragsbereichs, auch wenn sie nicht einer der Tarifvertragsparteien angehören. Der Antrag zur Allgemeinverbindlichkeitserklärung muss von mindestens einer Tarifvertragspartei beim Bundesarbeitsministerium gestellt werden.

Gehört ein Arbeitgeber dem Arbeitgeberverband aber nicht an und wird der Tarifvertrag nicht für allgemein verbindlich erklärt, dann darf der Arbeitgeber – rein rechtlich gesehen – untertarifliche Löhne zahlen.

Betriebliche Mitbestimmung

– Pilotabschlüsse

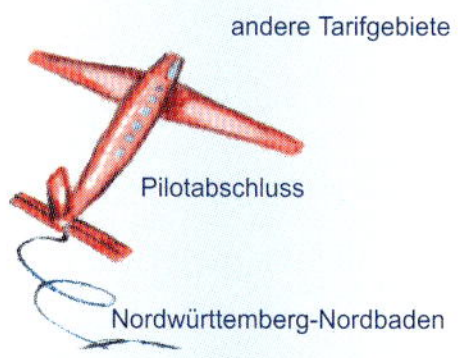

Ein Abschluss eines Tarifvertrages gelingt zunächst im Tarifgebiet **Nordwürttemberg-Nordbaden.** Diesen Abschluss betrachtet man als **Pilotabschluss**. **Andere Tarifgebiete** schließen sich diesem Abschluss an.

Neue Tarifverträge schließt man nach gängiger Praxis heute zunächst geografisch beschränkt auf bestimmte Tarifgebiete innerhalb Deutschlands auf Länderebene ab Man spricht in diesen Fällen von sogenannten Pilotabschlüssen (siehe Grafik links). Die anderen Tarifgebiete ziehen dann nach und schließen sich zumeist inhaltlich an.

Die meisten Tarifverträge werden zwischen Arbeitgeberverbänden und Industriegewerkschaften geschlossen.

Tarifverträge regeln die Rechte und Pflichten der Tarifvertragsparteien und können auch Vorschriften über Inhalt, Abschluss und Beendigung von Arbeitsverhältnissen enthalten und sich mit Arbeitszeit, Urlaub sowie anderen betrieblichen Fragen beschäftigen. Außerdem können Tarifverträge auch Fragen der Betriebsverfassung behandeln. Sie müssen **schriftlich** abgeschlossen werden.

– Geltung für den Arbeitsvertrag

Natürlich kann die Geltung eines Tarifvertrages auch im Arbeitsvertrag vereinbart werden. Arbeitsverhältnisse, für die kein Tarifvertrag gilt, unterliegen nur den gesetzlichen Vorschriften und den Vereinbarungen des Arbeitsvertrages.

– Geltungsdauer

Tarifverträge werden jährlich oder in größeren Zeitabständen geschlossen.

– Friedenspflicht

Während der festgelegten Laufzeit (= Geltungsdauer) eines solchen Vertrages dürfen beide Vertragsparteien keine Arbeitskampfmaßnahmen einleiten. Das Verbot von Streik oder Aussperrung während dieser Zeit bezeichnet man als tarifliche Friedenspflicht. – Der Arbeitsfriede muss gewahrt bleiben! – Tarifverträge können also nicht jederzeit beliebig von beiden Vertragspartnern gekündigt werden. Die im Tarifvertrag vereinbarten Bedingungen dürfen auch bei Vorliegen zwingender Gründe nicht unterschritten, müssen also in jedem Fall eingehalten werden.

Friedensvereinbarungen einhalten! Sonst gibt es Ärger!

– Auslegepflicht

Der **Arbeitgeber** ist verpflichtet, den für seinen Betrieb geltenden Tarifvertrag an geeigneter Stelle auszulegen.

Im Wesentlichen gibt es zwei Formen von Tarifverträgen:

Entgelttarifverträge

Entgelttarifverträge besitzen meist eine Laufzeit von einem Jahr und regeln vertraglich festgelegte Mindestlöhne. In Zeiten der Vollbeschäftigung oder bei Wirtschaftsaufschwung zahlen Arbeitgeber allerdings häufig übertarifliche Löhne.

Mantel- oder Rahmentarifverträge

Mantel- oder Rahmentarifverträge enthalten Bestimmungen, die Arbeitsbedingungen über einen längeren Zeitraum hinweg regeln. Hier werden vor allem Vereinbarungen getroffen über Urlaubsdauer, die regelmäßige wöchentliche Arbeitszeit, Mehrarbeitszuschläge, Maßnahmen bei Einstellung oder Kündigung sowie über die Probezeit oder Ähnliches.

Mantel- oder Rahmentarifverträge regeln Arbeitsbedingungen über einen längeren Zeitraum.

In Rahmentarifverträgen sind häufig **Entgeltgruppen** ausgewiesen. Für die Eingruppierung des Arbeitnehmers von Bedeutung sind:

- seine Berufsausbildung,
- seine Verantwortung für Personen,
- die körperliche Belastung des Arbeitnehmers,
- die Beschaffenheit seines Arbeitsplatzes.

In Manteltarifverträgen werden Vereinbarungen imsozialen Bereich getroffen (Urlaubsdauer, Arbeitszeit).

Nicht zulässige Vereinbarungen

Nicht zulässig in einem Tarifvertrag sind Vereinbarungen wie etwa folgende: „Alle Arbeitnehmer eines Betriebes müssen Mitglieder einer Gewerkschaft sein.“ Oder: „Den Arbeitnehmern ist jede entgeltliche Nebentätigkeit untersagt.“ Oder etwa: „Jeder Arbeitnehmer hat 2 % seines Bruttolohns in eine gemeinsame Unterstützungskasse für Langzeitarbeitslose zu zahlen.“

Nicht zulässig ist es, den Zuschlag für Nachtarbeit etwa auf 15 % der regelmäßigen Vergütung festzulegen, weil ein gesetzlicher Anspruch auf einen angemessenen Zuschlag zum regelmäßigen Lohn besteht, der in der Regel etwa 25 % der Vergütung entspricht.

Ein Verzicht des Arbeitnehmers auf tarifliche Zulagen und auf einen Teil des tarifvertraglich festgelegten Urlaubs ist nach dem Tarifvertragsgesetz ebenfalls nicht zulässig.

1. Tarifpartner • Tarifautonomie • Tarifverhandlungen • Tarifverträge

1. Tarife sind planvoll gestaltete Preise und .... Das Aushandeln der Tarife für den Arbeitnehmer ist Aufgabe der Tarifvertragsparteien oder ....-partner. Tarifverhandlungen werden geführt zwischen .... und ....-verbänden.
2. In Deutschland werden Tarifverträge ohne staatliche .... allein zwischen den Tarifvertragsparteien ausgehandelt. Man nennt dies Tarif-... Tarifverträge, die gegen geltende Gesetze verstoßen, sind ....
3. Wie heißt das Gesetz, welches die maßgebliche rechtliche Grundlage für Tarifverträge darstellt?

   ....
4. Das durch die Tarifautonomie verbürgte Recht der Tarifpartner, die Tarifverträge eigenverantwortlich abzuschließen, wird durch Tarif-... umgesetzt. Zwischen den gegensätzlichen Vorstellungen gilt es, einen .... zu erzielen.
5. Die in den Tarifverträgen festgelegten Regelungen stellen Mindestbedingungen dar und dürfen etwa in Einzelarbeitsverträgen nur .... des Arbeitnehmers verändert werden. Tarifverträge sind zwingend nur für .... der Tarifvertragsparteien. Auf der Arbeitnehmerseite sind im Allgemeinen auch nicht organisierte Arbeitnehmer eingeschlossen, um eine .... gegenüber den gewerkschaftlich organisierten Arbeitnehmern auszuschließen.
6. Bei welchem Bundesministerium muss der Antrag gestellt werden, wenn ein Tarifvertrag für allgemein verbindlich erklärt werden soll? ....
7. Die meisten Tarifverträge werden zwischen Arbeitgeberverbänden und ....-gewerkschaften abgeschlossen. Tarifverträge können auch Vorschriften über Inhalt, Abschluss und .... von Arbeitsverhältnissen enthalten. Tarifverträge können sich mit Arbeitszeit und .... beschäftigen.
8. Arbeitsverhältnisse, für die kein Tarifvertrag gilt, unterliegen nur den .... Vorschriften und den Vereinbarungen des ....-vertrages.
9. Das Verbot von Streik und Aussperrung während der Laufzeit eines Tarifvertrages bezeichnet man mit tariflicher .... Der Arbeitgeber ist verpflichtet, den für seinen Betrieb geltenden Tarifvertrag an geeigneter Stelle ....
10. Welche beiden Arten von Tarifverträgen unterscheidet man, je nachdem, ob Lohn- oder Arbeitsbedingungen geregelt werden sollen? 1. ....

    2. ....
11. Nennen Sie drei Gesichtspunkte, die für die Eingruppierung eines Arbeitnehmers in die Lohngruppen von Rahmentarifverträgen von Bedeutung sind.

    1. seine ....
    2. seine ....
    3. die körperliche ....
    4. die Beschaffenheit ....
12. Nicht zulässig ist, den Zuschlag von Mehrarbeit unter den gesetzlichen Anspruch von .... % zum Lohn festzulegen. Ein Verzicht des Arbeitnehmers auf tarifliche Zulagen und einen Teil des tariflich festgelegten Urlaubs ist nach dem ....-gesetz nicht zulässig.

2. Arbeitskampf

PAL 127-139, U25; U27

Tarifvertrag – Laufzeit

Ein Lohn-(Gehalts-)tarifvertrag hat meist eine **Laufzeit** von **einem** Jahr, ein Mantel-(Rahmen-)tarifvertrag zwischen **zwei** und **fünf** Jahren.

Einstieg in die neue Tarifrunde

Der Einstieg in die Tarifverhandlungen erfolgt zum Beispiel, indem die Gewerkschaften nach interner Meinungsbildung eine Forderung aufstellen und die Arbeitgeberverbände ihr Angebot, meist ein niedrigeres, dagegenhalten. Tarifverhandlungen stehen am Anfang eines „Spielchens", das die folgende Darstellung zeigt.

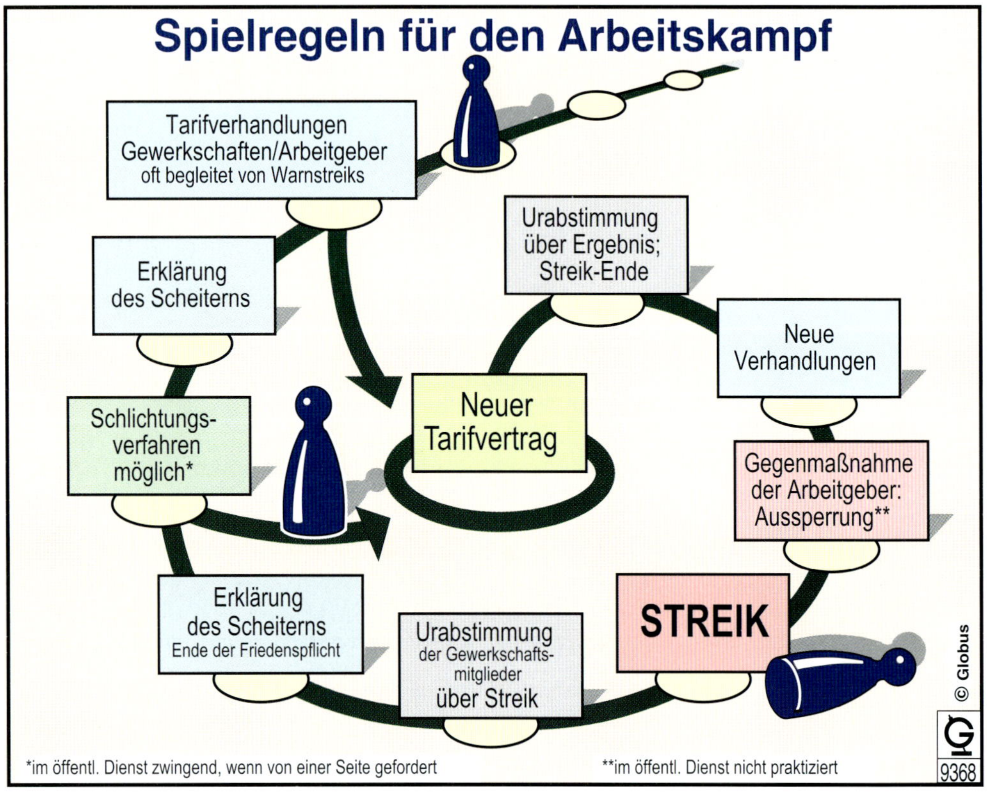

In Deutschland gilt der Arbeitskampf nach Artikel 9 Grundgesetz als anerkannt.

Arbeitskampfrecht ist Richterrecht

Einzelheiten der Vorbereitung und Durchführung von Arbeitskämpfen sind nicht durch ein Gesetz gesondert geregelt. Das Arbeitskampfrecht hat vielmehr seine Ausformung durch das Richterrecht gefunden: Die Streikregeln zum Beispiel leiten sich aus Entscheidungen von Arbeitsrichtern ab.

Häufigkeit von Streiks

Pressemeldungen aus 2010 und 2011 zufolge kommt es im Zuge der Wirtschaftskrise, besonders im Mittelmeerraum, etwa in Griechenland und Spanien, zu politischen Streiks. Das gilt auch für Italien und Frankreich, wo die Sozialpartner nicht gemeinsam an einem Tisch sitzen. In Frankreich sind auch wilde Streiks erlaubt. Aber grundsätzlich gehen in den meisten Ländern die Streiks zurück und werden auch in Deutschland trotz günstiger Konjunktur aller Erfahrung nach nur wenig zunehmen.

Der folgenden Aufzählung ist zu entnehmen, dass es von 1998 bis 2008 in Deutschland relativ wenige Streiks gab. In Dänemark, Kanada, Spanien und der Türkei wurde am meisten und bei uns, in der Schweiz und in Österreich am wenigsten gestreikt.

Von 2004 bis 2008 haben die nachfolgenden europäischen Länder, Kanada und die USA im Durchschnitt jährlich durch **Streik** die folgende **Anzahl von Arbeitstagen** je 1 000 Arbeitnehmer verloren: Dänemark 169 Tage (d), Kanada 156 d, Spanien 117 d, Finnland 86 d, Belgien 72 d, Frankreich 58 d, Italien 45 d, Norwegen 34 d, Großbritannien 24 d, Deutschland (WSI) 18 d, USA 12 d, Irland und Niederlande 8 d, Schweden 7 d, Deutschland (BA) 5 d, Schweiz 4 d und Österreich 0 d. *Nach einer Statistik der gleichen Quellen lagen von 1998 bis 2007 die Türkei durchschnittlich bei 113 d, Portugal bei 26 d und Deutschland bei 4 d. (Stand 2009).* Quelle: Eigene Zusammenstellung nach Daten von ILO, BA und WSI, Stand April 2010

Rechtswidrige und zulässige Arbeitskampfmaßnahmen

Arbeitskampfmaßnahmen sind rechtswidrig, wenn sie das Ziel haben, den Staat bei seinem verfassungsmäßigen Handeln unter Druck zu setzen, um etwa den Gesetzgeber zur Änderung der Verfassung zu zwingen. Rechtlich zulässige Mittel des Arbeitskampfes sind auf Gewerkschaftsseite der Streik zur Durchsetzung der gewerkschaftlichen Forderungen und auf Arbeitgeberseite die Aussperrung zur Druckausübung auf die Gewerkschaft.

Vor dem Streik die Schlichtung

Verlaufen nach dem Einstieg in die neue Tarifrunde die Verhandlungen ergebnislos, wird zunächst ein **Schlichtungsverfahren** eingeleitet. Führt auch dieses Verfahren zu keiner Einigung, so kann es zum Arbeitskampf kommen. Dabei ist aber immer zu bedenken, dass ein solcher Kampf Opfer kostet.

Streik

Streik ist die von einer größeren Zahl von Arbeitnehmern planmäßig durchgeführte Arbeitsniederlegung zur Erreichung wirtschaftlicher Ziele. Ein Streik darf nur um Forderungen geführt werden, die nicht bereits in einem Tarifvertrag geregelt sind.

– Arten

Erfolgt ein Streik ohne Genehmigung der Gewerkschaft und ohne Urabstimmung, so spricht man von einem **„wilden Streik“.** Die Arbeitgeber sind in diesem Fall berechtigt, die streikenden Arbeitnehmer zu entlassen.

weitere Streikarten

- Der **Generalstreik** legt die gesamte Wirtschaft lahm, weil sich alle Arbeitnehmer daran beteiligen. Er ist im Allgemeinen politisch begründet.
- Der **„totale Streik“** (Flächenstreik) schaltet einen ganzen Wirtschaftszweig aus, zum Beispiel die Druckindustrie.
- Der **Schwerpunktstreik** betrifft normalerweise die wichtigsten Betriebe eines Wirtschaftszweiges. Beispiel: Die IG Metall lässt in Fahrzeugteil-Zulieferbetrieben für die Automobilindustrie streiken, die für die Branche eine Schlüsselstellung einnehmen.
- Beim **Warnstreik** wird die Arbeit nur für kurze Zeit (Minuten oder Stunden) unterbrochen, um die Streikbereitschaft zu zeigen.
- Beim **Sympathiestreik** sollen streikende Arbeitnehmer aus anderen Wirtschaftszweigen indirekt unterstützt werden. Man erklärt sich solidarisch.

Unzulässige Arbeitskampfmaßnahmen

Daneben sind Arbeitskämpfe gegen einzelne Unternehmer rechtlich zulässig.

Unzulässig sind Arbeitskampfmaßnahmen eines Betriebsrats gegen den Arbeitgeber, zum Beispiel zur Durchsetzung höherer Ausbildungsvergütungen. (Das ist Sache der Tarifpartner!) Unzulässig ist: Ein Teil der Arbeitnehmer eines Betriebes legt die Arbeit nieder, um die Wiedereinstellung eines entlassenen Kollegen zu erzwingen. (Das ist Sache des Arbeitsgerichts und außerdem sind wilde Streiks unzulässig.)

Zudem ist ein Streik nur dann rechtmäßig, wenn er von einer Gewerkschaft geführt wird. Wenn nämlich ein Streik ohne Genehmigung der Gewerkschaft geführt wird, so kann der Arbeitgeber alle an der Arbeitsniederlegung beteiligten Arbeitnehmer fristlos entlassen (wegen rechtlich unbegründeter Arbeitsverweigerung).

– Auswirkungen

Während des Streiks ruht das Arbeitsverhältnis. Wer sich an Kampfmaßnahmen beteiligt, erhält keinen Lohn. Wer nicht streikt, arbeitet weiter, wenn er nicht ausgesperrt wird. Streikposten versuchen, „Streikbrecher“ von der Arbeit abzuhalten. Dabei dürfen Streikposten keine strafbaren Handlungen begehen. Notdienstarbeiten müssen zum Beispiel ermöglicht werden. Arbeitnehmer, die in mittelbarer Auswirkung eines Arbeitskampfes arbeitslos geworden sind, weil zum Beispiel Teile aufgrund eines Streiks in einem anderen Tarifbezirk nicht geliefert werden, erhalten Arbeitslosen- oder Kurzarbeitergeld von der Bundesagentur für Arbeit. Mittelbar Betroffene innerhalb des fachlichen und räumlichen Geltungsbereichs des umkämpften Tarifgebietes erhalten dagegen keine Leistungen von der Arbeitsagentur.

Streikposten Streikbrecher

Aussperrung

Die Aussperrung ist das Kampfmittel der Arbeitgeber. Aussperrung ist die von den Arbeitgebern planmäßig durchgeführte Ausschließung mehrerer Arbeitnehmer zur Erreichung eines bestimmten wirtschaftlichen Ziels.

– Auswirkungen

Die Aussperrung führt (meist nur zur vorübergehenden) „fristlosen Entlassung“ aus dem Arbeitsverhältnis. Der Arbeitgeber wird sich nur im äußersten Notfall der Aussperrung bedienen, da sie das Betriebsklima erheblich zerrüttet. Eine Aussperrung ist unter folgenden Gesichtspunkten nach der Rechtsprechung erlaubt:

- Sie darf den Gegner nicht vernichten.
- Sie muss auf das Tarifgebiet begrenzt sein.
- Sie muss zahlenmäßig begrenzt sein. Streiken weniger als 25 % im Tarifgebiet, so können weitere 25 % der Arbeitnehmer ausgesperrt werden (Grundsatz der Verhältnismäßigkeit).

Nach Beendigung der Aussperrung müssen die ausgesperrten Arbeitnehmer „wieder eingestellt" werden.

Zusammenfassend lässt sich das zuvor Gesagte etwa wie folgt darstellen:

Medienberichten zufolge ... bereitet die Lokführer-Gewerkschaft GDL einen Streik vor und droht, die ganze Republik lahmzulegen. ... Aus politischen Kreisen wird die Befürchtung geäußert, ein Gespenst gehe um in Deutschland – das Gespenst der Berufsgewerkschaft. Die Piloten hätten es vorgemacht, die Lokführer zeigten nun, wie es weitergeht. ...

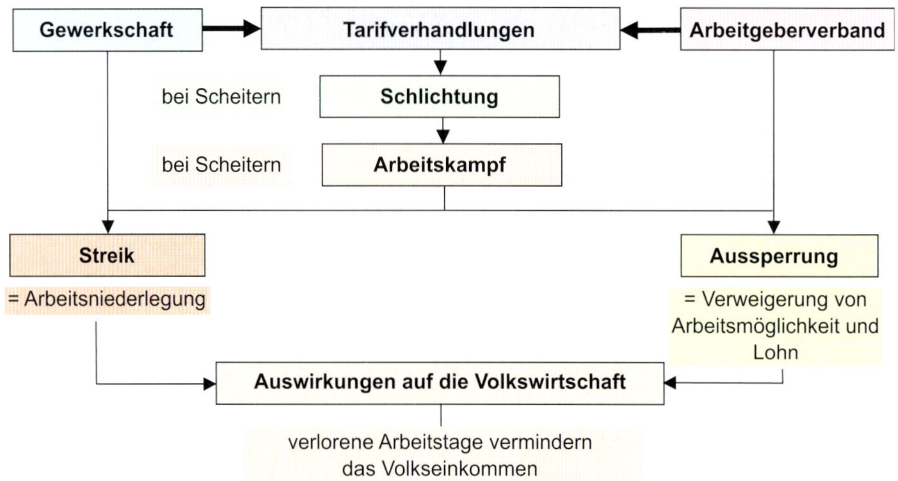

Ablauf des Arbeitskampfes

Bei Scheitern der Schlichtung kommt es zur sogenannten Urabstimmung unter den gewerkschaftlich organisierten Arbeitnehmern. Die **Urabstimmung** ist die geheime Abstimmung der Gewerkschaftsmitglieder in dem Tarifgebiet darüber, ob sie der Tarifforderung durch einen Streik Nachdruck verleihen wollen.

In der Gewerkschaftssatzung zum Beispiel der IG Metall wird verlangt, dass mindestens 75 % der Mitglieder einem Streik zustimmen müssen, wenn die Gewerkschaftsleitung den Streik genehmigen soll. (Die Einzelheiten der Urabstimmung sind in den Satzungen der Gewerkschaften unterschiedlich geregelt.)

Wie der Ablauf des Arbeitskampfes um Urabstimmung und Streik herum aussieht, zeigt die folgende Darstellung zum Grob- und Feinablauf:

Urabstimmung: Mindestens 75 % müssen zustimmen.

Grobablauf

Schlichtung

↓

bei Scheitern der Schlichtung ⟶ **Urabstimmng** der gewerkschaftlich organisierten Arbeitnehmer ①

↓

Streik,

wenn mindestens 75 % der gewerkschaftlich organisierten Arbeitnehmer zustimmen ②

↓

möglicherweise: **Aussperrung** durch die Arbeitgeber

↓

neue Tarifverhandlungen ③

↓

Beendigung des Streiks, wenn mindestens 25 % der gewerkschaftlich organisierten Arbeitnehmer zustimmen ④

Feinablauf (zu ① und ②)

Die Gewerkschaften unterscheiden folgende sieben Stufen vor Einleitung eines Streiks:

- Beschluss einer Gewerkschaft zur Einleitung des Streiks
- Beschluss zur Durchführung einer Urabstimmung der Gewerkschaften über die Vornahme eines Streiks
- Aufforderung an alle Mitglieder, an der Urabstimmung teilzunehmen
- Urabstimmung
- Genehmigung des Streikbeschlusses durch das zuständige Organ der Gewerkschaft
- Streikaufruf an die Mitglieder und Aufforderung an die Nichtmitglieder zur Teilnahme am Streik
- tatsächliche Arbeitsniederlegung

Die Urabstimmung ist beschränkt auf den Tarifbereich, in dem gestreikt werden soll, zum Beispiel Hessen oder Nordwürttemberg/Nordbaden.

Wer darf ausgeschlossen werden?

Sind in einem Betrieb die Arbeiter in der IG Metall und die Angestellten im CGB organisiert, so darf der Arbeitgeber als Gegenmaßnahme zu einem Streik **alle** Arbeitnehmer, nicht nur die Mitglieder einer bestimmten Gewerkschaft, ausschließen. Das verstieße gegen den Gleichbehandlungsgrundsatz.

Streikverbot

Nicht streiken dürfen **Beamte** und **Soldaten.**

2. Arbeitskampf

1. a) Welche Laufzeit hat ein Lohn- und Gehaltstarifvertrag meistens? ....
   b) Welche Laufzeit hat ein Mantel- und Rahmentarifvertrag? Zwischen .... Jahren.

2. Läuft ein Tarifvertrag aus, so erfolgt der Einstieg in die Tarifverhandlungen zum Beispiel, indem die Gewerkschaftsseite eine .... aufstellt und die andere Seite ihr .... dagegenhält, das meist niedriger ist. Gewerkschaftsseitig werden die beginnenden Tarifverhandlungen oft von ....-streiks begleitet. In den Verhandlungen versucht man, sich möglichst frühzeitig auf einen für beide Seiten akzeptablen Kompromiss zu einigen. Gelingt das bereits im ersten Anlauf, kommt ein neuer ....-vertrag zustande. Andernfalls folgt eine Erklärung des .... und ein mögliches ....-verfahren. Ergebnis einer erfolgreichen Schlichtung wäre ein ....

3. In Deutschland gilt der Arbeitskampf nach Artikel 9 des ....-gesetzes als anerkannt. Einzelheiten der Vorbereitung und Durchführung von Arbeitskämpfen sind nicht durch Gesetz, sondern durch ....-recht geregelt. Die Streikregeln leiten sich aus Entscheidungen von .... ab.

4. a) In welchen europäischen Ländern wurde von 1998 bis 2008 im Durchschnitt am wenigsten gestreikt?
   ....
   b) In welchen Ländern wurde am meisten gestreikt? ....

5. Arbeitskampfmaßnahmen, die das Ziel haben, den Gesetzgeber zur Änderung der .... zu zwingen, sind rechtswidrig. Rechtlich zulässige Mittel des Arbeitskampfes zur Durchsetzung der Arbeitnehmerforderungen sind auf Gewerkschaftsseite der .... und auf Arbeitgeberseite die ....

6. Was ist ein Streik? Die von einer größeren Zahl von Arbeitnehmern ....
   .... zur Erreichung eines wirtschaftlichen Ziels.

7. Erfolgt ein Streik ohne Genehmigung der Gewerkschaft, so spricht von man einem „ .... “. Der .... legt die gesamte Wirtschaft lahm. Der „ .... “ (Flächenstreik) schaltet einen ganzen Wirtschaftszweig aus.

8. Der .... betrifft die wichtigsten Betriebe eines Wirtschaftszweiges. Der .... dient dem Zweck, die Streikbereitschaft zu zeigen.

9. Warum sind Arbeitskampfmaßnahmen eines Betriebsrats gegen den Arbeitgeber zur Durchsetzung höherer Ausbildungsvergütungen unzulässig? ....
   ....

10. Ein Streik ist nur rechtmäßig, wenn er von einer Gewerkschaft geführt wird. Was kann der Arbeitgeber mit allen Arbeitnehmern tun, die widerrechtlich die Arbeit niederlegen?
    ....

11. Während des Streiks .... das Arbeitsverhältnis. Wer sich an Kampfmaßnahmen beteiligt, erhält auch keinen .... Arbeitnehmer, die außerhalb des Tarifbezirkes, in dem der Arbeitskampf stattfindet, in mittelbarer Auswirkung des Arbeitskampfes, arbeitslos geworden ist, erhalten ....-geld.

Betriebliche Mitbestimmung

12. Was ist eine Aussperrung? Die von Arbeitgebern ....
.... zur Erreichung eines wirtschaftlichen Ziels.

13. Die Aussperrung führt meist nur zur vorübergehenden fristlosen .... aus dem Arbeitsverhältnis. Eine Aussperrung ist nur im äußersten Notfall vorzunehmen, da sie das .... erheblich zerrüttet.

14. Eine Aussperrung ist nur unter folgenden Gesichtspunkten rechtmäßig:
- Sie darf nicht den Gegner ....
- Sie muss auf das Tarifgebiet .... sein.
- Sie muss zahlenmäßig begrenzt sein. Streiken weniger als 25 % im Tarifgebiet, so können nach dem Grundsatz der Verhältnismäßigkeit weitere .... % der Arbeitnehmer ausgesperrt werden.

15. Eine Urabstimmung ist die .... Abstimmung der Gewerkschaftsmitglieder in einem Tarifgebiet darüber, ob sie zur Durchsetzung ihrer Tarifforderungen durch einen Streik .... verleihen wollen.

16. Wie viel Prozent der abstimmungsberechtigten Mitglieder müssen nach der Gewerkschaftssatzung in der Regel einem Streik zustimmen, wenn die Gewerkschaftsleitung ihn genehmigen soll? ....

17. Ergänzen Sie im Folgenden jede zweite Stufe des Feinablaufs der Arbeitskampfvorbereitung vor der tatsächlichen Arbeitsniederlegung.
    1. Gewerkschaftsbeschluss zur Einleitung des Streiks
    2. Beschluss zur ....
    3. Aufforderung zur Teilnahme an der Urabstimmung
    4. Durchführung der ....
    5. Genehmigung des Streikbeschlusses
    6. Streikaufruf an ....
    (7. tatsächliche Arbeitsniederlegung)

18. Ergänzen Sie im Folgenden die vierte Stufe des Grobablaufs des Arbeitskampfes.
    3. neue Tarifverhandlungen nach einer eventuellen Aussperrung durch die Arbeitgeber
    4. Beendigung des Streiks, wenn ....
    ....

19. Wo sind die Einzelheiten zur Urabstimmung der Gewerkschaftsmitglieder geregelt?
....

20. Auf welchen Bereich ist die Urabstimmung beschränkt? ....
....

21. Nennen Sie zwei Arbeitnehmergruppen, die nicht streiken dürfen.
    1. .... 2. ....

22. Gegen welchen Grundsatz verstößt der Arbeitgeber beim Streik aller Arbeitnehmer, wenn er nur die Mitglieder einer bestimmten Gewerkschaft ausschließt und die einer anderen nicht?
Gegen den ....-grundsatz

3. Arbeitgeberorganisationen

PAL 92-101

Arbeitgeber-zusammenschlüsse

Um die gemeinsamen Belange besser vertreten zu können, haben sich die Arbeitgeber zu Interessenverbänden zusammengeschlossen. Darüber hinaus ist der Zusammenschluss in öffentlich-rechtlichen Vereinigungen erfolgt. Solche Arbeitgebervereinigungen können etwa bei der Vorbereitung von Gesetzen mitwirken, indem die Arbeitgeberorganisationen dazu Stellung beziehen oder selbst Vorschläge unterbreiten. Die Arbeitgebervereinigungen werden durch Mitgliedsbeiträge finanziert. Die Mitgliedschaft in einer privatrechtlichen Arbeitgebervereinigung ist freiwillig. Ihre Existenzberechtigung garantiert das GRUNDGESETZ, Art. 9 (Vereinigungsfreiheit):

Privatrechtliche Arbeitgeber-vereinigungen

(1) Alle Deutschen haben das Recht, Vereine und Gesellschaften zu bilden.
(3) Das Recht, zur Wahrung und Förderung der Arbeits- und Wirtschaftsbedingungen Vereinigungen zu bilden, ist für jedermann und für alle Berufe gewährleistet.

Zusammenschlüsse der Arbeitgeber,
um vereint gewerkschaftlichen Ansprüchen entgegenzutreten

Ein wichtiger Grund für Zusammenschlüsse der Arbeitgeber liegt darin, vereint gewerkschaftlichen Ansprüchen entgegenzuwirken, die in der Forderung nach größerer Mitbestimmung oder in der Forderung eines Aussperrungsverbotes bei Streik zum Ausdruck kommen. Ziel ist außerdem, staatliche oder gesetzliche Beschränkungen (zum Beispiel höhere Unternehmensbesteuerung) abzuwehren und die Wettbewerbsfähigkeit der Unternehmungen zu verbessern.

– BDA und BDI

http://de.wikipedia.org/wiki/Bundesvereinigung_der_Deutschen_Arbeitgeberverbände mit Link zum BDI

Die wichtigsten privatrechtlichen Arbeitgebervereinigungen sind die Bundesvereinigung der Deutschen Arbeitgeberverbände (**BDA**) und der Bundesverband der Deutschen Industrie (**BDI**).

In der **Bundesvereinigung der Deutschen Arbeitgeberverbände** (**BDA**) haben sich Arbeitgeberverbände aus allen Wirtschaftsbereichen zusammengeschlossen. Die BDA kümmert sich vorrangig um sozialpolitische Belange der Mitglieder. Sie hat unter anderem die Aufgabe, ihre Mitglieder in tarifpolitischen Auseinandersetzungen zu unterstützen, ihre sozialpolitischen und arbeitsrechtlichen Interessen bei der Beratung von Gesetzen zu vertreten und sich mit um die Berufsbildung zu kümmern.

Mehr zur Rolle von Interessenverbänden
in: Informationen zur politischen Bildung Nr.294/2007, Bundeszentrale für politsche Bildung (Hsg.) S. 24 f. Internetadresse: www.bpb.de

Der **Bundesverband der Deutschen Industrie** (**BDI**) ist zuständig für die wirtschaftspolitischen Interessen der Mitglieder in den Bereichen Verkehrs-, Steuer-, Finanzpolitik und auch Bildungspolitik sowie im Außenhandel. Ihm gehören die Bundesfachverbände der Industrie an, etwa Fachverbände der Eisen- und Stahlindustrie, der Elektro- und der Automobilindustrie.

Öffentlich-rechtliche Arbeitgeber-vereinigungen

Die privatrechtlichen Arbeitgebervereinigungen können Mitglieder, die gegen die Satzung verstoßen, ausschließen. In den **öffentlich-rechtlichen Vereinigungen** herrscht Zwangsmitgliedschaft, etwa bei den Kammern, zum Beispiel bei der Industrie- und Handelskammer (IHK) und der Handwerkskammer (HWK).

– IHK

http://de.wikipedia.org/wiki/Berufsständische_Körperschaft (= Kammer)

Die **IHK** etwa ist zuständig für alle gewerblichen Unternehmen der Industrie, des Verkehrs und des Handels eines bestimmten Bezirks. Sie erfüllt folgende Aufgaben:

- die Vertretung der Interessen ihrer Mitglieder (Gewerbetreibende ihres Bezirks) nach außen,
- das Tätigwerden im Rahmen der beruflichen Aus- und Weiterbildung, etwa bei der Abnahme von Prüfungen, der Überwachung und Förderung der kaufmännischen und gewerblichen Berufsausbildung, der Führung des Verzeichnisses der Berufsausbildungsverhältnisse, der Eignungsprüfung von Ausbildern, der Prüfung von Industriemeistern und dem Abhalten von Industriemeisterlehrgängen,
- den Beschluss von Prüfungsordnungen durch den Berufsbildungsausschuss der IHK,
- umfassende Beratung unter anderem in Fragen der beruflichen Aus-und Weiterbildung,
- öffentliche Bestellung und Vereidigung von Sachverständigen, Erstellen von Gutachten für Gerichte.

Nicht zu den IHK-Aufgaben zählt die Wahrnehmung sozialpolitischer und arbeitsrechtlicher Interessen.

– DIHK

Die einzelnen Industrie- und Handelskammern in Deutschland sind im Deutschen Industrie- und Handelskammertag (**DIHK**) zusammengeschlossen. Der DIHK stimmt die Arbeit der Industrie- und Handelskammern auf Bundesebene miteinander ab.

Betriebliche Mitbestimmung

3. Arbeitgeberorganisationen

1. Um die gemeinsamen Belange besser vertreten und durchsetzen zu können, haben sich die Arbeitgeber zu ....-verbänden zusammengeschlossen. Solche Arbeitgebervereinigungen können bei der Vorbereitung von Gesetzen mitwirken, indem sie dazu Stellung beziehen oder selbst .... unterbreiten. Die Arbeitgebervereinigungen werden durch die ....-beiträge finanziert.

2. Die Mitgliedschaft eines Arbeitgebers in einer privatrechtlichen Arbeitgebervereinigung ist .... Ein wichtiger Grund für diesen Zusammenschluss der Arbeitgeber liegt darin, vereint .... Ansprüchen entgegenzuwirken. Ziel ist außerdem, staatliche oder .... Beschränkungen (zum Beispiel höhere Unternehmensbesteuerung) abzuwehren.

3. Nennen Sie die beiden wichtigsten privatrechtlichen Arbeitgebervereinigungen mit ihren Abkürzungen.

   ....

   ....

4. Welche Hauptaufgabe hat die Bundesvereinigung der Deutschen Arbeitgeberverbände (BDA)?

   Die Vertretung der ....

5. Die Bundesvereinigung der Deutschen Arbeitgeberverbände (BDA) hat unter anderem die Aufgabe, ihre Mitglieder in ....-politischen Auseinandersetzungen zu unterstützen, ihre ....-politischen und arbeitsrechtlichen Interessen bei der Beratung von Gesetzen zu vertreten und sich im bildungspolitischen Bereich ebenfalls mit um die ....-bildung zu kümmern.

6. Der Bundesverband der Deutschen Industrie (BDI) ist zuständig für die ....-politischen Interessen seiner Mitglieder in den Bereichen Verkehrs-, Steuer-, Finanzpolitik und auch ....-politik sowie Außenhandel. Ihm gehören die Bundes-................-verbände der Industrie an.

7. In den öffentlich-rechtlichen Arbeitgebervereinigungen herrscht ....-mitgliedschaft. Beispiele für öffentlich-rechtliche Arbeitgebervereinigungen sind die .... Die Industrie- und Handelskammer ist zuständig für alle gewerblichen Unternehmungen der Industrie, des .... und des Handels.

8. Die IHK erfüllt unter anderem folgende Aufgaben:
   - die Vertretung der Interessen ihrer Mitglieder nach ....,
   - das Tätigwerden im Rahmen der beruflichen Ausbildung und ....

9. Im Rahmen der beruflichen Weiterbildung wird die IHK tätig bei der ....-prüfung von Ausbildern und beim Abhalten von ....-lehrgängen.

10. Die IHK erfüllt im Weiteren folgende Aufgaben:
    - der Beschluss von Prüfungsordnungen durch den ....-ausschuss der IHK,
    - die .... in Fragen der beruflichen Aus- und Weiterbildung,
    - öffentliche Bestellung und Vereidigung von ....

11. Welche Stelle koordiniert die Arbeit der Industrie- und Handelskammern auf Bundesebene?

    ....

4. Arbeitnehmerorganisationen

PAL 102-108

Gewerkschaften

MITTEILUNG
Spitzengespräch zwischen Vertretern von Arbeitgebern und Arbeitnehmern im Chemiebereich (9/2011)
Bestimmende Themen waren die Ausbildungssituation in der Chemie, gemeinsame Positionen zur Qualifizierung, die tarifliche Altersvorsorge ... Quelle: Die ChemieArbeitgeber BAVCE

Die Interessenverbände der Arbeitnehmer sind die Gewerkschaften. Sie vertreten die **Interessen** ihrer Mitglieder gegenüber Arbeitgebern und Regierung.

Interessen des Arbeitgebers	Interessen des Arbeitnehmers
Gewinn steigern	Lohn erhöhen, Arbeitszeit senken
Kosten senken (einschließlich Lohnzusatzkosten)	Arbeitsbedingungen verbessern
Stellung am Markt verbessern	Arbeitsplatz erhalten
Arbeitsteilung ausweiten, stärker rationalisieren	Mitbestimmung stärken
Schichtarbeit ausdehnen	Urlaub verlängern (einschließlich Bildungsurlaub)

Finanzierung und Beitritt

Die Finanzierung der Gewerkschaften erfolgt hauptsächlich durch die **Beiträge** der Mitglieder. Der Beitritt ist **freiwillig.** Derzeit (2011) sind in Deutschland rund 20 % der Arbeitnehmer gewerkschaftlich organisiert.

Die Anfänge der Gewerkschaften

http://de.wikipedia.org/wiki/Gewerkschaft

zeitweise geduldet, ansonsten verboten

Die ersten deutschen Gewerkschaften entstanden in der zweiten Hälfte des **19. Jahrhunderts**. Arbeitszeiten von 16 bis 18 Stunden sowie Nacht-, Sonn- und Feiertagsarbeit waren damals an der Tagesordnung. Die Entlohnung war so niedrig, dass nicht selten Frauen und Kinder unter den gleichen Bedingungen mitarbeiten mussten, um das Überleben der Familie sicherzustellen. Der Zusammenschluss der Arbeiterschaft war von **1845** bis **1869** in Deutschland durch das Koalitionsverbot (Vereinigungsverbot) und zwischen **1878** und **1890** durch das Bismarcksche Sozialistengesetz nicht gestattet. Zusammenkünfte der Arbeitnehmer untereinander mussten heimlich geschehen.

Die erste Berufsgruppe, die sich in Deutschland im 19. Jahrhundert in einer gewerkschaftsähnlichen Vereinigung organisierte, waren 1849 die Buchdrucker. Schließen sich Arbeitnehmer in Gewerkschaften zusammen, so sagt man: Sie sind organisiert.

1890 Expansion

1919 Anerkennung

Vom Jahr 1890 bis zum Beginn des 1. Weltkrieges 1914 konnte die Gewerkschaftsbewegung eine starke Ausdehnung verzeichnen. Nach 1918 wurden die Gewerkschaftsverbände neu geordnet. Die Weimarer Verfassung von 1919 brachte die Koalitionsfreiheit und damit die staatliche Anerkennung der Gewerkschaften.

1933 – 1945 Verbot

1949 Neugründung

Mit der Machtergreifung der Nationalsozialisten im Jahre 1933 wurden die Gewerkschaften aufgelöst und waren bis 1945 verboten. Die Nationalsozialisten hatten die Gewerkschaftsverbände zwangsweise in die „Arbeitsfront" überführt, in der Arbeitgeber- und Arbeitnehmerinteressen zusammengefasst waren. Nach der Gründung der Bundesrepublik Deutschland 1949 wurden die Gewerkschaften neu gegründet.

Die Gegenwart: Aufgaben

Heute haben sich die Gewerkschaften unter anderem folgende Aufgaben gestellt:

- **Vertretung** der Forderungen organisierter Arbeitnehmer gegenüber Arbeitgebern (neben kürzeren Arbeitszeiten und höheren Einkommen werden auch bessere Arbeitsbedingungen gefordert),
- **Abschluss von Tarifverträgen** mit Arbeitgebern oder Arbeitgeberverbänden (damit können die Gewerkschaften die wirtschaftlichen Interessen ihrer Mitglieder wirkungsvoll durchsetzen),
- **Unterstützungszahlungen** an die Mitglieder bei Arbeitskämpfen (Streiks),
- **Rechtsschutz** und Beratung für Gewerkschaftsmitglieder bei Streitigkeiten aus dem Arbeitsverhältnis (auch Vertretung vor dem Arbeitsgericht),
- **Weiterbildung** ihrer Mitglieder.

DGB

Deutscher Gewerkschaftsbund (DGB)

http://de.wikipedia.org/wiki/DGB
www.dgb.de

Die größte Gewerkschaft in der Bundesrepublik ist der Deutsche Gewerkschaftsbund **(DGB)**, 1949 neu gegründet. Einen Deutschen Gewerkschaftsbund gab es auch schon vor 1933. Der jetzige DGB ist ein Zusammenschluss von acht Einzelgewerkschaften mit insgesamt rund sechs Millionen Mitgliedern. Als **Dachverband** organisiert er selbst keine Einzelmitglieder und führt auch keine Tarifverhandlungen.

Prinzip Einheitsgewerkschaft

Besondere Bedeutung besitzen beim DGB das Prinzip der Einheitsgewerkschaft und das Industrieverbandsprinzip (ein Betrieb, eine Gewerkschaft).
Die Einzelgewerkschaften im DGB verstehen sich als Einheitsgewerkschaften, das

DGB und weitere Gewerkschaften

60 Jahre
Deutscher Gewerkschaftsbund
Bundespräsident Horst Köhler gratulierte dem DGB zu seinem 60. Geburtstag: „Sie werden gebraucht. Bleiben Sie stark, bleiben Sie streitbar und kompromissbereit und auf das Gemeinwohl bedacht!" Der DGB-Vorsitzende Michael Sommer sagte, der DGB wolle mit jeder demokratisch gewählten Regierung konstruktiv zusammen arbeiten, „das heißt aber mitnichten, dass wir jede Politik mittragen".
Aktuelles dazu unter: www.dgb.de [2011-07-05]

– Übersicht

heißt, sie organisieren ihre Mitglieder ohne Rücksicht auf deren parteipolitische und weltanschauliche (ethisch-religiöse) Richtung, auch unabhängig von arbeitsrechtlicher Stellung (Arbeiter, Angestellter). Das Gegenteil der Einheitsgewerkschaft wäre die Richtungsgewerkschaft. Die DGB-Gewerkschaften arbeiten zudem statt des Berufsprinzips nach dem Industrieverbandsprinzip, das heißt, in einem Betrieb und Industriezweig ist nur eine Gewerkschaft des DGB tätig. So kann zum Beispiel der Koch in der Kantine eines Automobilwerks nur der IG Metall beitreten (IG = Industriegewerkschaft) und nicht der Gewerkschaft Nahrung-Genuss-Gaststätten. *Wirtschaftszweige der Unternehmen* und nicht berufliche Aspekte bestimmen also die Zugehörigkeit zur DGB-Einzelgewerkschaft. Diese führt auch die Tarifverhandlungen mit Arbeitgebern oder mit *Arbeitgeberverbänden*, wie etwa mit *Gesamtmetall*.

Deutscher Gewerkschaftsbund (DGB)
- Industriegewerkschaft Metall (IGM)
- Industriegewerkschaft Bergbau-Chemie-Energie (IGBCE)
- Industriegewerkschaft Bauen-Agrar-Umwelt (IGBau)
- Vereinigte Dienstleistungsgewerkschaft (ver.di)
- Gewerkschaft Nahrung-Genuss-Gaststätten (NGG)
- Gewerkschaft TRANSNET (transnet)
- Gewerkschaft der Polizei (GdP)
- Gewerkschaft Erziehung und Wissenschaft (GEW)

dbb beamtenbund und tarifunion

Christlicher Gewerkschaftsbund (CGB)

und andere

Nach Gründung der Bundesrepublik Deutschland waren von verbeamteten und christlich orientierten Arbeitnehmern neben dem DGB eigene Gewerkschaftsdachverbände neu gegründet worden. Als beruflich ausgerichtete Interessenvertretung gibt es neben dem großen DGB in nennenswerter Stärke noch den **dbb Beamtenbund und Tarifunion** und als Richtungsgewerkschaft mit religiöser Orientierung noch den **Christlichen Gewerkschaftsbund (CGB),** wie die obige Darstellung zeigt.

CHRISTLICHER GEWERKSCHAFTSBUND DEUTSCHLANDS CGB
Christlicher Gewerkschaftsbund Deutschlands

– Mitgliederzahlen

Die Mitgliederzahlen der kleineren Dachverbände bewegen sich heute zwischen einer viertel Million (**CGB**) und 1 ¼ Millionen (**dbb**). Die größte Einzelgewerkschaft des DGB, die IG Metall, hat indes allein rund 2 ¼ Millionen Mitglieder.

dbb beamtenbund und tarifunion

dbb beamtenbund und tarifunion

http://de.wikipedia.org/wiki/Deutscher_Beamtenbund

Der dbb beamtenbund und tarifunion ist die Spitzenorganisation der Gewerkschaften des öffentlichen Dienstes und des privatisierten Dienstleistungssektors. Die dbb Tarifunion ist anerkannter Tarifpartner von Bund, Ländern und Gemeinden. Sie ist der Tarifarm des dbb. Die Dachorganisation dbb führt selbst keine Tarifverhandlungen. Die enge Verbindung der Gewerkschaft dbb Tarifunion zum dbb soll sicherstellen, dass die im öffentlichen Dienst tätigen Menschen – Beamte und Angestellte – nicht gegeneinander ausgespielt werden. Beamte dürfen nicht streiken.

Christlicher Gewerkschaftsbund (CGB)

...wiki/CGB

Die im Christlichen Gewerkschaftsbund (**CGB**) vereinigten Gewerkschaften bilden den drittgrößten deutschen Gewerkschaftsdachverband. Sie sind der Überzeugung, dass die gewerkschaftliche Vertretung christlich-sozialer Ordnungsvorstellungen nur in selbstständigen und unabhängigen christlichen Gewerkschaften möglich ist.

Beendigung der Mitgliedschaft

Gemäß Satzung kann die Mitgliedschaft in einer Gewerkschaft sowohl durch den Arbeitnehmer als auch durch die Gewerkschaft selbst beendet werden.

Verwendung der Beiträge

Den hauptsächlich aus den Beiträgen der Mitglieder erzielten Einnahmen stehen Ausgaben gegenüber für Arbeitskampfmaßnahmen, Personalkosten, Werbungsmaßnahmen und für die Schulung der Mitglieder.

Forderungen der Gewerkschaften

Die Gewerkschaften insgesamt erheben von Zeit zu Zeit folgende Forderungen:

- Besserstellung der Gewerkschaftsmitglieder gegenüber Nichtorganisierten in Tarifverträgen,
- Verbot von Aussperrung (Gegenmaßnahme der Arbeitgeber bei Streik),
- Arbeitszeitverkürzung bei teilweisem oder vollem Lohnausgleich,
- Zahlung eines Urlaubsgeldes für alle Arbeitnehmer,
- Wiederherstellung der Vollbeschäftigung.

4. Arbeitnehmerorganisationen

1. Die Interessenverbände der Arbeitnehmer sind die .... Sie vertreten die Interessen ihrer Mitglieder gegenüber .... und Regierung.

2. a) Interessen des Arbeitgebers sind:

- .... steigern
- .... senken
- .... verbessern
- .... ausweiten
- .... ausdehnen

b) Interessen des Arbeitnehmers sind:

- .... erhöhen
- .... verbessern
- .... erhalten
- .... stärken
- .... verlängern

3. Die Finanzierung der Gewerkschaften erfolgt hauptsächlich durch die .... Der Beitritt ist .... Derzeit sind in Deutschland rund .... % der Arbeitnehmer gewerkschaftlich organisiert.

4. Wann entstanden die ersten deutschen Gewerkschaften?

....

5. Arbeitszeiten von .... bis ...... Stunden sowie Nacht-, Sonn- und ....-arbeit waren in der ersten Hälfte des 19. Jahrhunderts an der Tagesordnung. Nicht selten mussten Frauen und .... unter den gleichen Bedingungen mitarbeiten, um das Überleben der Familie sicherzustellen.

6. Welche Berufsgruppe hat sich im 19. Jahrhundert als erste gewerkschaftsähnlich organisiert?

....

7. Was bedeutet es, wenn man von Arbeitnehmern sagt, sie seien „organisiert"?

....

8. In welchem Jahr erlangten die Gewerkschaften ihre staatliche Anerkennung? ....

9. Von wann bis wann waren die Gewerkschaften dann in Deutschland verboten? ....

10. Wann wurden die Gewerkschaften erneut gegründet?

....

11. Aufgaben der Gewerkschaften sind

- Vertretung der .... der organisierten Arbeitnehmer gegenüber den Arbeitgebern,
- Abschluss von .... mit Arbeitgebern oder Arbeitgeberverbänden,
- ....-zahlungen an die Mitglieder bei Streiks,
- ....-schutz und Beratung für Mitglieder bei Streitigkeiten aus dem Arbeitsverhältnis.

Hilfe geleistet wird auch für die Vertretung von Mitgliedern vor dem ....-gericht.

12. Schließlich ist Aufgabe der Gewerkschaft auch die ....-bildung ihrer Mitglieder.

13. Die größte deutsche Gewerkschaft ist der ....-bund (DGB). Der DGB war im Jahre .... neu gegründet worden. Der jetzige DGB ist ein Zusammenschluss von derzeit .... Einzelgewerkschaften mit insgesamt rund .... Millionen Mitgliedern.

Betriebliche Mitbestimmung

14. Als ....-verband organisiert der DGB selbst keine Einzelmitglieder. Besondere Bedeutung besitzen beim DGB das Prinzip der Einheitsgewerkschaft sowie das ....-prinzip. Die *Einzelgewerkschaften im DGB* verstehen sich als ....-gewerkschaften. Als solche organisieren die *Einzelgewerkschaften des DGB* ihre Mitglieder ohne Rücksicht auf deren parteipolitische und .... Richtung.

15. Im Sinne des Industrieverbandsprinzips ist oder sind in einem Betrieb jeweils .... Gewerkschaft(en) des DGB vertreten. Diese Gewerkschaft führt die ....-verhandlungen.

    Nach der Gründung der Bundesrepublik Deutschland **1949** wurden von .... und christlich orientierten Arbeitnehmern .... Gewerkschaftsdachverbände – neben dem DGB – neu gegründet.

16. Neben dem seit seiner Neugründung *großen* **DGB** gibt es heute als zweitgrößten Gewerkschaftsdachverband den **dbb** .... **und** .... und als drittgrößten den .... (**CGB**)

17. Die drei Industriegewerkschaften im DGB sind
    1. die IG .... (IGM),
    2. die IG .... (IGBCE),
    3. die IG .... (IG BAU).

18. Die fünf weiteren Einzelgewerkschaften des DGB sind die (Abkürzungen sind teilweise angegeben).
    1. ....-Gewerkschaft (Verdi),
    2. Gewerkschaft .... (NGG),
    3. Transnet - Gewerkschaft der Eisenbahner Deutschlands,
    4. Gewerkschaft .... (GdP),
    5. Gewerkschaft .... (GEW).

19. Welche DGB-Einzelgewerkschaft hat die meisten Mitglieder? ....

20. Die Gewerkschaft *dbb Beamtenbund und Tarifunion* ist die Spitzenorganisation der Gewerkschaften des .... Dienstes und des .... Dienstleistungssektors. Die Gewerkschaft *dbb Tarifunion* ist der Tarif-...................... des dbb.

21. Die im *Christlichen Gewerkschaftsbund (CGB)* vereinigten Gewerkschaften sind der Überzeugung, dass die gewerkschaftliche Vertretung .... Ordnungsvorstellungen nur in selbstständigen und unabhängigen .... Gewerkschaften möglich ist.

22. Durch wen kann gemäß Satzung die Mitgliedschaft eines Arbeitnehmers in einer Gewerkschaft beendet werden?

    ....

23. Den hauptsächlich aus den Beiträgen der Mitglieder erzielten Einnahmen der Gewerkschaft stehen Ausgaben gegenüber für Arbeitskampfmaßnahmen, für ....-kosten, für Werbungsmaßnahmen und für die .... der Mitglieder.

24. Forderungen des DGB und der anderen Gewerkschaften sind:
    - Besserstellung der Gewerkschaftsmitglieder gegenüber den ....,
    - Verbot der .... (Gegenmaßnahmen der Arbeitgeber bei Streik),
    - ....-verkürzung bei vollem Lohnausgleich,
    - Zahlung eines ....-geldes für alle Arbeitnehmer,
    - Wiederherstellung der ....-beschäftigung.

5. Betriebsverfassung • Betriebsrat • Betriebsratswahl

PAL 140-155, U29, U32

Betriebsverfassungsgesetz

Das BETRIEBSVERFASSUNGSGESETZ (BetrVG) von 1972, zuletzt geändert 2004, garantiert die Mitbestimmung der Arbeitnehmer im Betrieb. Dieses Gesetz regelt die Zusammenarbeit zwischen Arbeitgebern und Arbeitnehmern in Betrieben der privaten Wirtschaft, zum Beispiel für Einzelunternehmung, OHG, KG, GmbH und AG.

– Regelungen

Das Betriebsverfassungsgesetz gilt auch für Betriebe der öffentlichen Hand, die als AG oder GmbH betrieben werden, und auch für inländische Betriebe, die in Besitz von Ausländern sind, also auch etwa für die Generalvertretung und für das Reparaturwerk einer ausländischen Autofirma in Düsseldorf.

Hier die betriebsverfassungsrechtlichen Mitbestimmungsorgane in der Übersicht:

– Übersicht

www.ihk-nordwestfalen.de /wirtschaft/recht-fairplay/rechtsthemen/arbeits-und-sozialversicherungsrecht/betriebsverfassungsgesetz-wichtige-regelungen-im-ueberblick/

243 511

Im Betriebsverfassungsgesetz sind geregelt:

- Mitwirkung und Mitbestimmung der Arbeitnehmer,
- die Rechte und Pflichten des Betriebsrats und der Jugend- und Auszubildendenvertretung,
- die Zusammensetzung des Betriebsrats und der Jugend- und Auszubildendenvertretung,
- das Recht zur Durchführung von Betriebsratswahlen / Wahlen der Jugend- und Auszubildendenvertretung,
- die Durchführungsbestimmungen zu den vorgenannten Wahlen,
- die Stellung der Gewerkschaften und der Vereinigungen der Arbeitgeber.

Als Voraussetzung dafür, dass die im BETRIEBSVERFASSUNGSGESETZ eingeräumten Mitwirkungs- und Mitbestimmungsrechte bei Einstellungen und Umgruppierungen gelten, müssen im Betrieb mehr als 20 wahlberechtigte Arbeitnehmer beschäftigt sein. Die im Betrieb vertretenen Gewerkschaften dürfen an den Betriebsversammlungen teilnehmen.

Betriebsrat

http://br-wahl.verdi.de/warum_betriebsrat

http://br-wahl.verdi.de/die_wahl Dort: Kurzhinweise zur Einleitung und Durchführung einer Betriebsratswahl (Kurzhinweise zur Wahl DOC) und Wahlordnung allgemein PDF

http://br-wahl.verdi.de/praxis-portraits/ich-stehe-zur-wahl

http://de.wikipedia.org/wiki/Betriebsrat

...wiki/Betriebsverfassung

Nach dem BETRIEBSVERFASSUNGSGESETZ vertritt der **Betriebsrat** alle Arbeiter und Angestellten innerhalb eines Betriebes, nicht aber die leitenden Angestellten. Diese nehmen unternehmerische Aufgaben wahr, sie können aber – entsprechend dem Arbeitsrecht – einen „Sprecherausschuss“ bilden. Einen Einpersonen-Betriebsrat bezeichnet man auch als **Betriebsobmann** oder **Betriebsobfrau.**

Der Betriebsrat hat gegenüber dem Arbeitgeber ein Informationsrecht, ein Mitwirkungsrecht und ein Mitbestimmungsrecht. Er beantragt beim Arbeitgeber Maßnahmen, die dem Betrieb und den Arbeitnehmern dienen.

In den letzten Jahren wurden in vielen Betrieben **alternative Mitarbeitervertretungen** geschaffen, wie „runde Tische“, Betriebsausschüsse oder Belegschaftssprecher. Häufig haben diese neuen Einrichtungen einen großen Entscheidungsspielraum beim Planen und Steuern der Arbeitsprozesse und öfter sogar beim Festlegen der Vergütung oder der Auszahlung der Gewinnbeteiligung.

Betriebliche Mitbestimmung

– Wahlen

http://br-wahl.verdi.de/die_wahl

http://de.wikipedia.org/wiki/Betriebsverfassungsgesetz#Voraussetzung_und_Durchführung_der_Wahl_des_Betriebsrates

Die geheimen **Wahlen zum Betriebsrat** finden alle vier Jahre zwischen dem **1. März** und dem **31. Mai** statt, nachdem Wahlvorschläge gemacht wurden. Hierzu ist es erforderlich, dass mindestens **fünf** wahlberechtigte Arbeitnehmer, von denen **drei** wählbar sind, im Betrieb beschäftigt sind. Parallel zum Betriebsrat wählen die Jugendlichen/Auszubildenden die **Jugend- und Auszubildendenvertretung.**

Wahlberechtigt sind alle Arbeitnehmer, die mindestens 18 Jahre alt sind, wobei sich aber die Wahlberechtigung der volljährigen Auszubildenden in der Regel auf die Jugend- und Auszubildendenvertretung beschränkt, sofern eine solche besteht.

Nicht zur Wahl des Betriebsrats berechtigt sind die leitenden Angestellten, wie etwa der Geschäftsführer der GmbH oder ein Mitglied des Aufsichtsrats der AG.

Wählbar sind solche Arbeitnehmer, die mindestens sechs Monate dem Betrieb angehören, die mindestens 18 Jahre alt und ständig im Betrieb beschäftigt sind (keine Teilzeitarbeitskräfte), und solche, die nicht infolge strafrechtlicher Verurteilung die Fähigkeit verloren haben, Rechte aus öffentlichen Wahlen zu erlangen.

Die Betriebsratswahlen erfolgen **geheim** und **unmittelbar.** Unmittelbar bedeutet: Der Wahlberechtigte muss seine Stimme **persönlich** abgeben.

http://br-wahl.verdi.de/vor_der_wahl

Als **Wählende** dürfen an der Betriebsratswahl auch Wehrdienstleistende teilnehmen und auch solche Arbeitnehmer, die dem Betrieb noch keine sechs Monate angehören, und natürlich dürfen auch ausländische Arbeitnehmer teilnehmen.

Die durch die Betriebsratswahl verloren gegangene Arbeitszeit wird den Arbeitnehmern vergütet.

Die Kosten der Wahl des Betriebsrats trägt der Arbeitgeber.

Anfechtung

Abschließend noch dies: Die Betriebsratswahl kann von drei Wahlberechtigten zusammen oder vom Arbeitgeber oder von einer im Betrieb vertretenen Gewerkschaft angefochten werden.

Drei Ebenen der Mitbestimmung

http://de.wikipedia.org/wiki/Mitbestimmung#Arten_der_Mitbestimmung

Im Rahmen der Mitbestimmung unterscheidet das BETRIEBSVERFASSUNGSGESETZ drei Ebenen der Mitbestimmung. Dazu die folgende Darstellung:

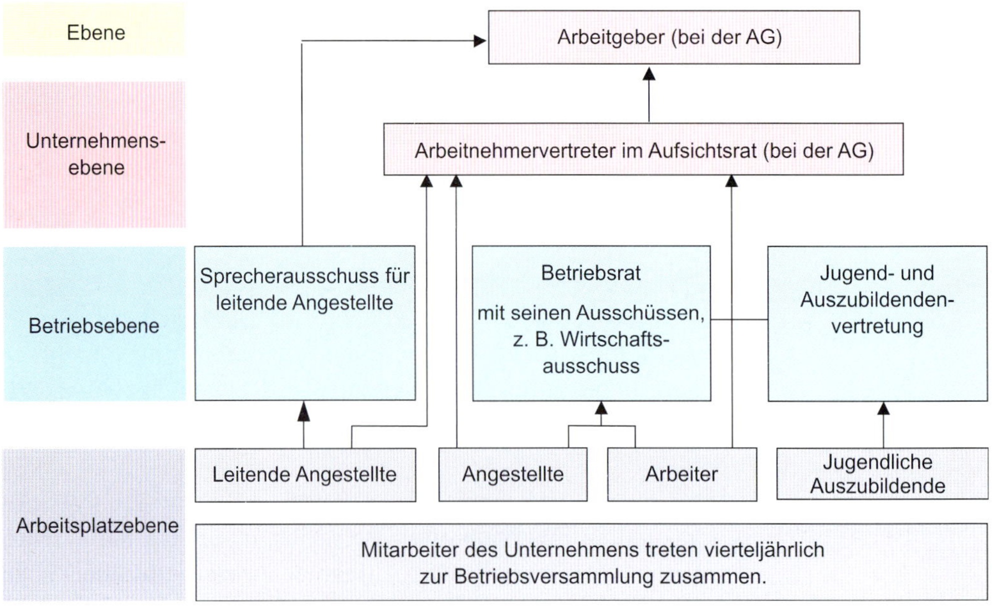

Die Mitbestimmung muss sich nicht etwa nur auf die oben genannten Organe auf Arbeitsplatz- und Betriebsebene erstrecken, sondern sie kann auch die Unternehmensebene einschließen, so zum Beispiel durch Arbeitnehmervertreter im Aufsichtsrat einer AG.

5. Betriebsverfassung • Betriebsrat • Betriebsratswahl

1. Durch welches Gesetz ist die Mitbestimmung der Arbeitnehmer innerhalb eines Betriebes garantiert?

....

2. Dieses Gesetz, abgekürzt ...., regelt die Zusammenarbeit zwischen Arbeitgebern und .... im Betrieb. Das Betriebsverfassungsgesetz gilt auch für öffentliche Betriebe, die als .... oder als .... (Abkürzungen) betrieben werden.

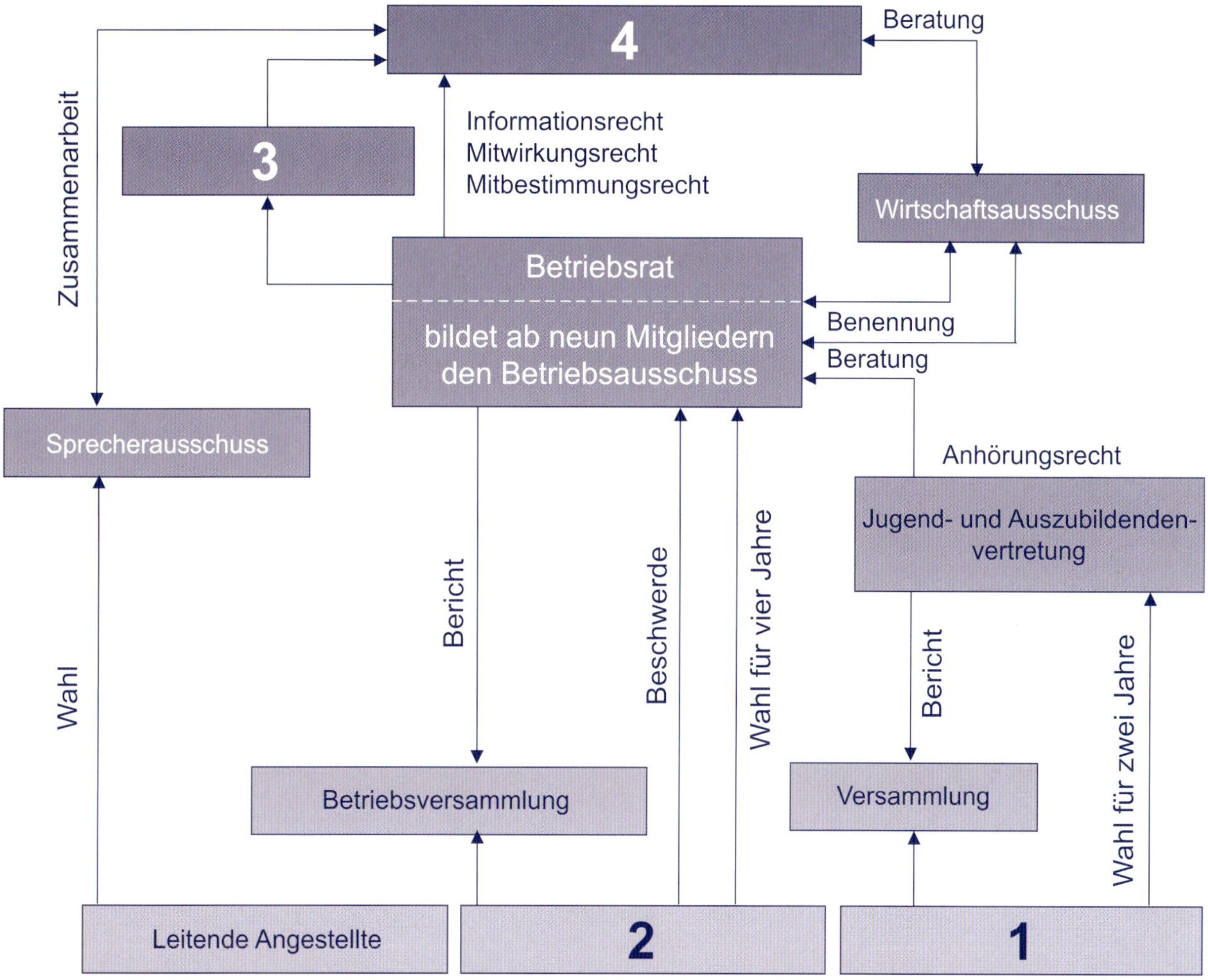

3. Welcher Begriff gehört in welches Kästchen der obigen Abbildung? Zur Auswahl stehen: Einigungsstelle – Unternehmensleitung – Jugendliche/Auszubildende – Beschäftigte.

Zu 1: .... Zu 2: ....

Zu 3: .... Zu 4: ....

4. Im Betriebsverfassungsgesetz sind geregelt:

1. Rechte und .... des Betriebsrats und der Jugend- und Auszubildendenvertretung,
2. die .... von Betriebsrat und Jugend- und Auszubildendenvertretung,
3. das Recht zur Durchführung von .... zu Betriebsrat und Jugend- und Auszubildendenvertretung,
4. die ....-bestimmungen zur Betriebsratswahl,
5. Mit-.. und Mit-.. der Arbeitnehmer,
6. die Stellung der .... und der Vereinigungen der Arbeitgeber.

Betriebliche Mitbestimmung

5. Wie viele wahlberechtigte Arbeitnehmer müssen im Betrieb beschäftigt sein, damit die im Betriebsverfassungsgesetz dem Betriebsrat eingeräumten Mitwirkungs- und Mitbestimmungsrechte bei Einstellungen/Umgruppierungen gelten?

   ....

6. Was gilt für die Berechtigung der im Betrieb vertretenen Gewerkschaften zur Teilnahme an den Betriebsversammlungen? ....

7. Wer vertritt nach dem Betriebsverfassungsgesetz die Arbeitnehmer innerhalb eines Betriebes?

   ....

8. Welche Gruppe von Angestellten wird nicht vom Betriebsrat vertreten und warum?

   ....

   ....

9. Welchen Ausschuss können die im Betrieb vertretenen leitenden Angestellten entsprechend dem Arbeitsrecht bilden? ....

10. Wie bezeichnet man einen Einmann-Betriebsrat? ....

11. Der Betriebsrat hat gegenüber dem Arbeitgeber ein Informationsrecht, ein ....-recht und ein Mitbestimmungsrecht. Parallel zum Betriebsrat wählen die Jugendlichen/Auszubildenden die ....

12. Die geheimen Wahlen zum Betriebsrat finden alle vier Jahre zwischen dem 1. .... und dem 31. .... statt, nachdem Wahl-.. gemacht wurden.

13. Über wie viele wahlberechtigte Arbeitnehmer muss ein Betrieb mindestens verfügen und wie viele davon müssen wählbar sein, damit laut Betriebsverfassungsgesetz ein Betriebsrat gewählt werden kann?
    Über mindestens .... wahlberechtigte Arbeitnehmer, von denen .... wählbar sind.

14. Wer ist bei der Wahl des Betriebsrats **wahlberechtigt**?
    Alle Arbeitnehmer, die ....

15. **Wählbar** sind solche Arbeitnehmer, die mindestens ...... Jahre alt sind, die dem Betrieb mindestens .... Monate angehören, die ständig im Betrieb beschäftigt sind und die nicht infolge strafrechtlicher Verurteilung das .... verloren haben, gewählt zu werden.

16. Die Betriebsratswahlen erfolgen in geheimer und „unmittelbarer" Wahl. Was bedeutet „unmittelbare" Wahl?
    Der Wahlberechtigte muss ....

17. An der Betriebsratswahl teilnehmen dürfen auch ....-leistende und auch solche Arbeitnehmer, die dem Betrieb noch keine sechs Monate angehören, und auch .... Arbeitnehmer.
    Die durch die Betriebsratswahl verloren gegangene Arbeitszeit wird den Arbeitnehmern ....

18. Wer trägt die Kosten der Betriebsratswahlen? ....

19. Wer kann die Betriebsratswahl gerichtlich anfechten?
    1. ....
    2. ....
    3. ....

20. Welche drei Ebenen der Mitbestimmung unterscheidet man? 1. ....
    2. .... 3. ....

6. Betriebsrat: Zusammensetzung und Tätigkeit

PAL 156-158, 167-168

Zusammensetzung des Betriebsrats

Die Anzahl der Betriebsratsmitglieder richtet sich nach der Zahl der wahlberechtigten Arbeitnehmer im Betrieb. Umfasst der Betriebsrat neun und mehr Personen, so gründet er einen Betriebsausschuss.

Betriebsratstätigkeit – des Vorsitzenden

Den Vorsitzenden des Betriebsrats wählen die Betriebsratsmitglieder aus ihrer Mitte.

Der **Vorsitzende**

- führt die laufenden Geschäfte des Betriebsrats,
- vertritt den Betriebsrat im Rahmen seiner Beschlüsse,
- beruft die Sitzungen des Betriebsrats ein und leitet sie,
- leitet die Betriebsversammlung.

Amtszeit und Amtsausübung der Betriebsratsmitglieder

Die regelmäßige **Amtszeit** des Betriebsrats beträgt **vier** Jahre. Die Mitglieder des Betriebsrats üben während der vier Jahre, für die sie gewählt sind, ihr Amt unentgeltlich als **Ehrenamt** aus.

– Freistellung

§

Mitglieder des Betriebsrats sind von ihrer beruflichen Tätigkeit ohne Minderung des Arbeitsentgelts zu befreien, wenn und soweit es nach Art und Umfang des Betriebes zur ordnungsgemäßen Durchführung ihrer Aufgaben erforderlich ist. Für Schulungsveranstaltungen, die für ihre Arbeit erforderlich sind, müssen sie ebenfalls von der beruflichen Tätigkeit freigestellt werden.

Zum Ausgleich für eine Betriebsratstätigkeit außerhalb der normalen Arbeitszeit können Betriebsratsmitglieder entsprechende Arbeitsbefreiungen beanspruchen. Sie erhalten für die Zeit, in der sie als Betriebsrat außerhalb der normalen Arbeitszeit tätig sind, auch ein Arbeitsentgelt.

– Pflichten

Betriebsratsmitglieder haben die Pflicht, ständig den Betriebsratssitzungen teilzunehmen. Hinsichtlich der Sitzungen unterliegen sie der **Schweigepflicht** nach außen.

Pflichtverletzung:
Verteilen von Wahl- und Werbematerial einer bestimmten Partei

Unterrichtet ein Betriebsratsmitglied den Arbeitgeber oder Außenstehende regelmäßig über den Inhalt der Betriebsratssitzungen, verteilt er im Betrieb Wahl- und Werbematerial einer bestimmten Partei, kopiert er die Lohn- und Gehaltslisten und gibt Kopien an „seine" Gewerkschaft weiter, verletzt er die gesetzlichen Pflichten.

– Absetzung/ Ausschluss

Verletzt ein Betriebsrat grob seine gesetzlichen Pflichten, ruft er zum Beispiel keine Betriebsversammlungen ein, kümmert er sich nicht um die Einhaltung der Unfallverhütungsvorschriften und arbeitet er zum Nachteil der Arbeitnehmer mit dem Arbeitgeber zusammen, so kann mindestens ein Viertel der Arbeitnehmer, die wahlberechtigt sind, beim Arbeitsgericht die Absetzung des Betriebsrats verlangen.

Das **Arbeitsgericht** kann auf Antrag ein Mitglied des Betriebsrats aus dem Betriebsrat ausschließen und auch den gesamten Betriebsrat absetzen.

Gestellt werden kann der Antrag außer von einem Viertel der wahlberechtigten Arbeitnehmer auch vom Betriebsrat selbst oder von einer im Betrieb vertretenen Gewerkschaft oder vom Arbeitgeber, nicht aber von der Jugend- und Auszubildendenvertretung.

Einberufung der Betriebsratssitzungen

Die Sitzungen des Betriebsrats beruft der Vorsitzende ein. Der Vertrauensmann der Schwerbehinderten kann an allen Betriebsratssitzungen teilnehmen.

– Beschlussfassung/ Beschlussfähigkeit

Die Beschlüsse des Betriebsrats werden mit der Mehrheit der Stimmen der anwesenden Mitglieder gefasst. Bei Stimmengleichheit ist der Antrag abgelehnt. Der Betriebsrat ist beschlussfähig, wenn mindestens 50% der Mitglieder anwesend sind.

– Sprechstunden des Betriebsrats

Der Betriebsrat richtet regelmäßige Sprechstunden ein. Ein Versäumnis von Arbeitszeit – wegen des Besuchs von Sprechstunden – darf der Arbeitgeber nicht zum Anlass nehmen, dem Arbeitnehmer das Arbeitsentgelt zu mindern.

– Kosten

Die Kosten, die dem Betriebsrat bei seiner Tätigkeit entstehen, und die Kosten, die durch die Tätigkeit des Betriebsrats entstehen, übernimmt der Arbeitgeber.

Gesamtbetriebsrat

In Unternehmungen mit mehreren Betrieben mit jeweiligen Betriebsräten gibt es einen Gesamtbetriebsrat. Dieser regelt die Angelegenheiten, die von den Betriebsräten in den einzelnen Betrieben nicht geregelt werden können.

Betriebliche Mitbestimmung

6. Betriebsrat: Zusammensetzung und Tätigkeit

1. Wonach richtet sich die Anzahl der Betriebsratsmitglieder?

   Nach der Zahl der ....

2. Nennen Sie drei Aufgaben des Betriebsratsvorsitzenden.

   1. Er führt ....

   2. Er vertritt ....

   3. Er leitet ....

3. Wie lange dauert die regelmäßige Amtszeit des Betriebsrats?

   ....

4. Die Mitglieder des Betriebsrats üben ihr Amt als ....-amt aus. Soweit es zur Erfüllung ihrer Aufgaben notwendig ist, müssen sie von ihrer beruflichen Tätigkeit .... werden. Arbeitsbefreiungen können Betriebsratsmitglieder auch beanspruchen als Ausgleich für die Betriebsratstätigkeit .... der Arbeitszeit.

5. Ein Mitglied des Betriebsrats hat die Pflicht, ständig an den .... des Betriebsrats teilzunehmen. Hinsichtlich des Inhalts der Betriebsratssitzungen unterliegen die Mitglieder des Betriebsrats der ....-pflicht. Unterrichtet ein Betriebsratsmitglied den Arbeitgeber regelmäßig über Inhalte der Betriebsratssitzung, so .... es seine gesetzlichen Pflichten.

6. Nennen Sie zwei Beispiele, wann ein Betriebsrat in grober Weise seine Pflichten verletzt.

   1. Er ruft keine .... ein.

   2. Er arbeitet zum Nachteil der Arbeitnehmer ....

7. a) Was kann mindestens ein Viertel der wahlberechtigten Arbeitnehmer verlangen und b) wo können sie dies, wenn ein Betriebsrat in grober Weise seine gesetzlichen Pflichten verletzt? a) ....

   .... b) ....

8. Wer außer einem Viertel der Arbeitnehmer ist berechtigt, einen Antrag auf Ausschluss eines Betriebsratsmitglieds aus dem Betriebsrat beim Arbeitsgericht zu stellen? 1. der .... selbst

   2. die .... 3. der ....

9. Von wem werden die Sitzungen des Betriebsrats einberufen? ....

10. Wie heißt der Vertreter der Schwerbehinderten, der an allen Betriebsratssitzungen teilnehmen kann?

    ....

11. Nach welchen demokratischen Regeln werden die Beschlüsse des Betriebsrats gefasst?

    1. Die Beschlüsse werden gefasst mit der Mehrheit der Stimmen der ....

    2. Bei Stimmengleichheit ist der Antrag ....

    3. Der Betriebsrat ist beschlussfähig, wenn mindestens ....
       anwesend sind.

12. Der Betriebsrat richtet regelmäßige ....-stunden ein. Der Arbeitgeber darf wegen des Besuchs dieser Stunden nicht das .... mindern.

13. Wer trägt die Kosten, die durch die Tätigkeit des Betriebsrats entstehen?

    ....

14. In Unternehmungen mit mehreren Betrieben gibt es einen ....-betriebsrat. Dieser regelt die Angelegenheiten, die von den Betriebsräten in den .... Betrieben nicht geregelt werden können.

7. Jugendvertretung • Zusammenwirken von Betriebsrat und Arbeitgeber • Betriebsversammlung

PAL 159-160, 166, 179-188

Jugend- und Azubivertretung

Für Betriebe, in denen mindestens fünf jugendliche Arbeitnehmer (Arbeitnehmer unter 18) oder Auszubildende, die das 25. Lebensjahr noch nicht vollendet haben, beschäftigt sind und in denen ein Betriebsrat besteht, sieht das BETRIEBSVERFASSUNGSGESETZ die Wahl einer Jugend- und Auszubildendenvertretung (**JAV**) vor.

– Wahlen

www.jav.info/JAV-Wahlen

Alle vorgenannten Betriebsangehörigen, also Arbeinehmter bis 18 und Auszubildende bis 25 – insgesamt mindestens fünf – dürfen die JAV wählen. In diese Vertretung gewählt werden dürfen alle Betriebsangehörigen bis zu ihrem 25. Geburtstag, wenn sie nicht im Betriebsrat sind.

– Amtszeit

Die Amtszeit eines Jugend- und Auszubildendenvertreters dauert zwei Jahre. Vollendet er im Laufe seiner Amtszeit das 25. Lebensjahr (feiert er also seinen 25. Geburtstag), so bleibt er bis zum Ende der Amtszeit Mitglied in der JAV.

– Rechte

www.jav.info/JAV-Wahlen /BetrVG/Wer_darf_waehlen

Die JAV hat ein Anhörungsrecht beim Betriebsrat und zudem ein Stimmrecht in Jugendfragen.

Die JAV darf zu allen Betriebsratssitzungen einen Vertreter entsenden. Fasst der Betriebsrat einen gegen wichtige Interessen der Jugendlichen gerichteten Beschluss, so kann die JAV mit Mehrheit diesen Beschluss für eine Woche aussetzen lassen.

Sollen in einer Betriebsratssitzung Fragen der Berufsausbildung behandelt werden, so dürfen an dieser Sitzung alle Jugend- und Auszubildendenvertreter mit Stimmrecht teilnehmen.

Mit dem Arbeitgeber direkt darf die JAV nicht verhandeln, dazu muss sie den Betriebsrat einschalten.

– Pflichten

Zu den Aufgaben der **JAV** gehören:

- die **Vertretung** der Jugendinteressen beim Betriebsrat,
- **Anträge** beim Betriebsrat auf Maßnahmen zugunsten der jungen Betriebsangehörigen zu stellen,
- die **Weitergabe** von Anregungen und Beschwerden an den Betriebsrat,
- die **Überwachung** der Einhaltung von Gesetzen und Vereinbarungen zugunsten der Jugendlichen,
- die **Einberufung** der Jugend- und Auszubildendenversammlung.

Der Betriebsrat hat die Aufgabe und Verpflichtung, mit der JAV eng zusammenzuarbeiten. Er bereitet die Wahl der JAV vor und führt sie durch.

Zusammenwirken Betriebsrat – Arbeitgeber

Betriebsrat und Arbeitgeber haben Betätigungen zu unterlassen, durch die der Betriebsfrieden beeinträchtigt wird.

Wenn es um das Zusammenwirken von Betriebsrat und Arbeitgeber im Betrieb geht, müssen insbesondere die Grundsätze für die Zusammenarbeit beachtet werden. Danach haben Arbeitgeber und Betriebsrat über strittige Fragen mit dem ernsten Willen zur Einigung zu verhandeln. Sie haben die Pflicht, konkrete Vorschläge zu unterbreiten, welche die Meinungsverschiedenheiten beseitigen können. Sie dürfen gegeneinander keine Maßnahmen des Arbeitskampfes treffen. Arbeitskämpfe tariffähiger Parteien werden hierdurch nicht berührt.

Arbeitgeber und Betriebsrat sollen mindestens einmal im Monat zu einer Besprechung zusammenkommen. Sie haben Betätigungen zu unterlassen, durch die der Betriebsfrieden beeinträchtigt wird. Arbeitgeber und Betriebsrat haben jede parteipolitische Betätigung im Betrieb zu unterlassen. Hierdurch unberührt bleibt die Behandlung der den Betrieb oder seine Arbeitnehmer unmittelbar betreffenden Angelegenheiten tarifpolitischer, sozialpolitischer, umweltpolitischer und wirtschaftlicher Art.

Verstöße gegen Grundsätze der Zusammenarbeit

Gegen die Grundsätze der Zusammenarbeit verstößt der Betriebsrat zum Beispiel dann, wenn er für eine bestimmte politische Partei wirbt, wenn er auf neu eingestellte Arbeitnehmer Druck ausübt, einer bestimmten Gewerkschaft beizutreten, oder wenn er einem Arbeitnehmer die Unterstützung verweigert, weil dieser einer den Gewerkschaften nicht genehmen Partei angehört.

Weitere Verstöße

Verboten: Der Betriebsrat entfernt eigenmächtig Anschläge vom Schwarzen Brett oder fordert, deutsche Arbeitnehmer zu bevorzugen.

Ein Verstoß gegen die Grundsätze der Zusammenarbeit liegt vor, wenn der Betriebsrat eigenmächtig Anschläge des Arbeitgebers vom Schwarzen Brett im Betrieb entfernt oder wenn er etwa vom Arbeitgeber fordert, dass in allen Betriebsvereinbarungen die deutschen Arbeitnehmer gegenüber den ausländischen bessergestellt werden.

Gegen die Grundsätze der Zusammenarbeit verstößt der Betriebsrat nicht, wenn er zur Betriebsratssitzung einen Gewerkschaftsvertreter einlädt, und auch nicht, wenn er für eine im Betrieb vertretene Gewerkschaft wirbt. Auch dürfen sich Betriebsratsmitglieder an einem von der Gewerkschaft ausgerufenen Streik beteiligen.

– Maßnahmen

Verstößt ein Arbeitgeber **grob** gegen eine Verpflichtung aus dem BETRIEBSVERFASSUNGSGESETZ, dann darf der Betriebsrat folgende Maßnahmen ergreifen:

- **Einladung** des Arbeitgebers zu den Betriebsratssitzungen, in denen der Verstoß behandelt wird,
- **Hinzuziehung** eines Beauftragten einer im Betrieb vertretenden Gewerkschaft zu den Beratungen des Betriebsrats,
- **Antrag** beim Arbeitsgericht, dem Arbeitgeber aufzugeben, seine Verpflichtungen zu erfüllen,
- **Antrag** beim Arbeitsgericht, den Arbeitgeber zu einem **Ordnungsgeld** zu verurteilen, wenn er trotz gerichtlicher Entscheidung seinen Verpflichtungen nicht nachkommt.

Auf keinen Fall darf der Betriebsrat zum Beispiel eine Maßnahme des Arbeitskampfes treffen oder etwa einen Warnstreik ausrufen.

– Streitbeilegung – Einigungsstelle

Nicht beilegbarer Streit, etwa in sozialen Angelegenheiten, zwischen Arbeitgeber und Betriebsrat wird nicht immer sofort beim Arbeitsgericht ausgetragen. Vielmehr ist zur Beilegung von Meinungsverschiedenheiten vom BETRIEBSVERFASSUNGSGESETZ zunächst die Austragung des Konflikts bei einer betrieblichen Einigungsstelle vorgesehen. Diese Stelle besteht aus einem unparteiischen Vorsitzenden und aus einer gleichen Anzahl von Beisitzern, die vom Arbeitgeber und vom Betriebsrat gestellt werden. Die Einigungsstelle hat bei ihrer Entscheidung die Belange des Betriebes und der betroffenen Arbeitnehmer zu berücksichtigen.

– Wirtschaftsausschuss

In Betrieben mit mehr als 100 Beschäftigten ist ein Wirtschaftsausschuss zu gründen. Dieser besteht aus Betriebsangehörigen, die etwas von Wirtschaft, Finanzen und dem Betrieb verstehen und deshalb die Unternehmensleitung in diesen Dingen beraten können. Über die Beratung wird der Betriebsrat informiert.

Betriebsversammlung

Nach dem BETRIEBSVERFASSUNGSGESETZ ist eine **Betriebsversammlung** eine vom Betriebsrat angesetzte Versammlung der Arbeitnehmer eines Betriebes.

– Zweck

Die Betriebsversammlung dient folgenden Zwecken:

- der **Unterrichtung** der Belegschaft über die Arbeit des Betriebsrats,
- der **Unterrichtung** der Belegschaft über die Entwicklung des Unternehmens durch den Arbeitgeber,
- der **Erläuterung** von Betriebsvereinbarungen durch den Betriebsrat,
- der **Aussprache** zwischen Belegschaft und Betriebsrat über Beschlüsse des Betriebsrats.

In der Betriebsversammlung hat in jedem Kalendervierteljahr der Betriebsrat einen Tätigkeitsbericht zu erstatten.

– Teilnahmeberechtigte

An der Betriebsversammlung darf auf Wunsch des Arbeitgebers ein Vertreter der Arbeitgeberverbände teilnehmen. Auch eine im Betrieb vertretene Gewerkschaft hat das Recht, Beauftragte in die Betriebsversammlung zu entsenden.

– Verhaltensregeln für die Teilnehmer

Parteipolitische Inhalte gehören nicht in eine Betriebsversammlung. So dürfen weder Arbeitgeber noch Betriebsrat die Möglichkeiten der Unterstützung einer bestimmten politischen Partei in einer Betriebsversammlung erörtern. Erlaubt dagegen sind Themen wie der Stand der Tarifverhandlungen, welche die Arbeitnehmer des Betriebes betreffen, oder der Stand einer arbeitsgerichtlichen Auseinandersetzung zwischen Betriebsrat und Arbeitgeber oder die Auswirkungen des Dollarverfalls auf die wirtschaftliche Lage des Betriebes.

7. Jugendvertretung • Zusammenwirken von Betriebsrat und Arbeitgeber • Betriebsversammlung

1. Folgende Voraussetzungen für die Wahl einer Jugend- und Auszubildendenvertretung müssen gegeben sein:
   1. Mindestens .... Arbeitnehmer bis 18 oder Auszubildende bis 25 müssen im Betrieb beschäftigt sein.
   2. Im Betrieb muss ein .... bestehen.

2. Welche Personen dürfen die Jugend- und Auszubildendenvertretung wählen? Alle dem Betrieb angehörenden .... bis 18 und .... bis 25.

3. In die Jugend- und Auszubildendenvertretung gewählt werden dürfen alle .... bis 25. Das gilt aber nur, wenn diese Personen nicht dem .... angehören.

4. Wie lange dauert die Amtszeit eines Jugend- und Auszubildendenvertreters? ....

5. Ein Mitglied der Jugend- und Auszubildendenvertretung vollendet im Laufe seiner Amtszeit das 25. Lebensjahr. Welche Folgen ergeben sich daraus für seinen Verbleib in der Vertretung? ....
   ....

6. Die Jugend- und Auszubildendenvertretung hat ein ....-recht beim Betriebsrat und zudem ein ....-recht in Jugendfragen.

7. Darf die Jugend- und Auszubildendenvertretung an Betriebsratssitzungen teilnehmen? (Wenn ja, durch wen?)
   ....

8. Der Betriebsrat fasst einen gegen wichtige Interessen der .... gerichteten Beschluss. Diesen Beschluss kann die Jugend- und Auszubildendenvertretung mit Mehrheit der Stimmen für .... Woche(n) aussetzen.

9. In einer Betriebsratssitzung sollen Fragen der Berufsausbildung behandelt werden. Wer von der Jugend- und Auszubildendenvertretung darf daran mit Stimmrecht teilnehmen? ....
   ....

10. Zu den Aufgaben der Jugend- und Auszubildendenvertretung gehört:
    - die Vertretung der ....-interessen beim Betriebsrat,
    - Anträge beim Betriebsrat auf Maßnahmen zugunsten der jungen Betriebsangehörigen zu stellen,
    - die Weitergabe von .... und Beschwerden an den Betriebsrat,
    - die Überwachung der Einhaltung von Gesetzen und Vereinbarungen zugunsten der Jugendlichen,
    - die .... der Jugend- und Auszubildendenversammlung.

11. Darf die Jugend- und Auszubildendenvertretung direkt mit dem Arbeitgeber verhandeln? (Wenn nein, wen muss sie einschalten?) ....

12. Gemäß den Grundsätzen für die Zusammenarbeit des Betriebsverfassungsgesetzes haben Arbeiter und Betriebsrat über strittige Fragen mit dem ernsten Willen zur .... zu verhandeln. Sie dürfen gegeneinander keine Maßnahmen des ....-kampfes treffen. Arbeitskämpfe tariffähiger Parteien werden hierdurch ....

13. Arbeitgeber und Betriebsrat sollen mindestens einmal im Monat zu einer .... zusammentreffen. Sie haben Betätigungen zu unterlassen, durch die der ....-frieden beeinträchtigt wird.

Betriebliche Mitbestimmung

14. Arbeitgeber und Betriebsrat haben jede .... Betätigung im Betrieb zu unterlassen. Hierdurch unberührt bleibt die Behandlung der den Betrieb oder seine Arbeitnehmer unmittelbar betreffenden Angelegenheiten tarifpolitischer, sozialpolitischer, ...-politischer und wirtschaftlicher Art.

15. Nennen Sie drei Beispiele für Verstöße des Betriebsrats gegen die Grundsätze für die Zusammenarbeit.
    Der Betriebsrat
    1. betätigt sich partei-.. im Betrieb,
    2. nötigt Arbeitnehmer, einer bestimmten .... beizutreten,
    3. entfernt Anschläge des .... vom Schwarzen Brett.

16. Gegen die Grundsätze der Zusammenarbeit verstößt der Betriebsrat nicht, wenn er zur Betriebsratssitzung einen ....-vertreter einlädt, und auch nicht, wenn er für eine im .... vertretene Gewerkschaft wirbt.

17. Nennen Sie drei Maßnahmen, die der Betriebsrat ergreifen darf, wenn ein Arbeitgeber in grober Weise gegen eine Verpflichtung aus dem Betriebsverfassungsgesetz verstößt.
    1. Einladung des .... zu den Betriebsratssitzungen, in denen der Verstoß behandelt wird
    2. Hinzuziehung eines Beauftragten einer im Betrieb vertretenen .... zu den Beratungen des Betriebsrats
    3. Antrag beim ...., dem Arbeitgeber aufzugeben, seine Verpflichtungen zu erfüllen

18. Zur .... von Meinungsverschiedenheiten sieht das Betriebsverfassungsgesetz eine Einigungsstelle vor. Diese besteht aus einem unparteiischen Vorsitzenden und einer Anzahl von Beisitzern, die zu gleichen Teilen vom Arbeitgeber und vom .... gestellt werden.

19. Wessen Belange hat die Einigungsstelle bei ihrer Entscheidung zu berücksichtigen?
    1. ....
    2. ....

20. Was ist nach dem Betriebsverfassungsgesetz eine Betriebsversammlung? Eine vom Betriebsrat angesetzte
    ....

21. Die Betriebsversammlung dient
    1. der Unterrichtung der .... über die Arbeit des Betriebsrats,
    2. der Unterrichtung der Belegschaft über die Entwicklung der Unternehmung durch den ....,
    3. der Erläuterung von ....-vereinbarungen durch den Betriebsrat,
    4. der Aussprache zwischen Belegschaft und Betriebsrat über die .... des Betriebsrats.

22. In welchen Zeiträumen hat der Betriebsrat in Betriebsversammlungen einen Tätigkeitsbericht zu erstatten?
    ....-jährlich.

23. Eine im Betrieb vertretene Gewerkschaft hat das Recht, ... in die Betriebsversammlung zu entsenden. Auch in einer Betriebsversammlung enthalten sich Arbeitgeber und Betriebsrat einer .... Betätigung.

8. Betriebsrat: Aufgaben und Beteiligungsrechte • Betriebsvereinbarung

PAL 161-165, 169-178, 189-191, U6, U30-31, U33-37

Betriebsrat – Aufgaben

Nach dem BETRIEBSVERFASSUNGSGESETZ hat der Betriebsrat folgende Aufgaben:

- das Überwachen der **Einhaltung** von **Tarifverträgen** und Arbeitsschutzgesetzen,
- das Fördern der **Eingliederung** von **Schwerbehinderten,**
- die enge Zusammenarbeit mit der **Jugend-** und **Auszubildendenvertretung,**
- das Fördern der Beschäftigung **älterer Arbeitnehmer.**

– Beteiligungsrechte

Nach dem BETRIEBSVERFASSUNGSGESETZ besitzt der Betriebsrat unterschiedlich stark ausgeprägte Rechte, im Dienste der Arbeitnehmer am betrieblichen Geschehen mitzuwirken. Diese Rechte reichen von tatsächlicher, erzwingbarer Mitbestimmung über Vetorechte bis hin zu bloßen Informationsrechten.

Der Betriebsrat kann seine abgestuften Beteiligungsrechte am stärksten im sozialen Bereich und am schwächsten im wirtschaftlichen Bereich ausüben. In personellen Angelegenheiten hat der Betriebsrat ein Anhörungsrecht und ein Vorschlagsrecht. Gegebenenfalls kann er zu einer personellen Entscheidung des Arbeitgebers seine Zustimmung verweigern.

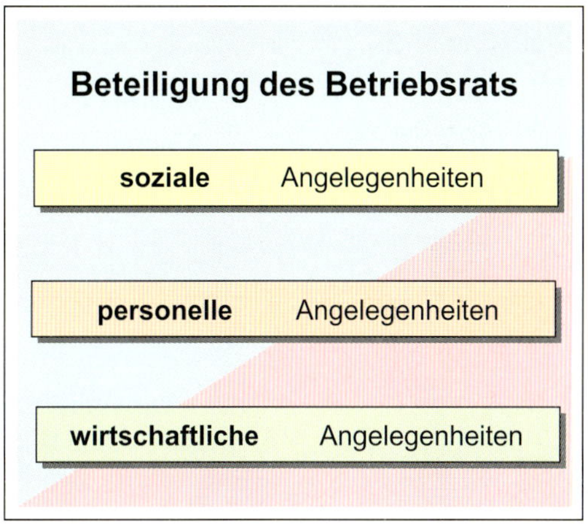

– in sozialen Angelegenheiten

In sozialen Angelegenheiten hat der Betriebsrat ein **generelles Mitbestimmungsrecht**. Das bedeutet: Der Arbeitgeber darf zum Beispiel eine soziale Maßnahme grundsätzlich nur mit Zustimmung des Betriebsrats durchführen.

Sowohl Arbeitgeber als auch Betriebsrat können zu sozialen Vorhaben die Initiative ergreifen. Beide Parteien müssen diesem Schritt zustimmen. Mit dieser erzwingbaren Mitbestimmung kann der Betriebsrat bestimmte Maßnahmen, die der Arbeitgeber im Betrieb durchführen will, im höchsten Maße beeinflussen. Das ist zum Beispiel der Fall, wenn der Arbeitgeber Beginn und Ende der täglichen Arbeitszeit oder die Pausen neu regeln will. Genauso verhält es sich bei der Einführung von Gleitzeit, Schichtarbeit und Überstunden. Soweit eine gesetzliche oder tarifliche Regelung nicht besteht, hat der Betriebsrat in folgenden Angelegenheiten mitzubestimmen:

Erzwingbare Mitbestimmung in sozialen Angelegenheiten

zum Beispiel bei den Fragen der täglichen Arbeitszeit
http://de.wikipedia.org/wiki/Betriebsvereinbarung

- bei der Aufstellung eines allgemeinen **Urlaubsplans**,
- bei Angelegenheiten, welche die **Betriebsordnung** und das **Verhalten** der Arbeitnehmer im Betrieb betreffen (die Einführung von Torkontrollen, das Aufstellen von Kontrolluhren, die Einführung eines Rauchverbotes für bestimmte Betriebsräume),
- bei der **Auszahlung** des **Entgelts** bezüglich Zeitpunkt, Ort und Art der Zahlung,
- bei der **Festsetzung** von **Akkordsätzen,** Stücklohn- und Prämiensätzen,
- bei der **Ausgestaltung** und **Verwaltung** von betrieblichen **Sozialeinrichtungen** (Werkskantine, Werkswohnungen, Werksbusse und Aufenthaltsräume) – **nicht** bei deren Errichtung,
- bei der **Durchführung** der **Berufsausbildung**.

– Einigungsstelle

Will der Arbeitgeber mitbestimmungspflichtige Angelegenheiten durchsetzen, bei denen er sich mit dem Betriebsrat nicht einigen kann, so entscheidet eine **Einigungsstelle** im Betrieb. Sie besteht aus Beisitzern, die jeweils zu gleichen Teilen seitens des Arbeitgebers und des Betriebsrats aufgestellt werden, sowie einem unparteiischen Beisitzer, der den Vorsitz führt.

Können sich die Parteien nicht über die Person des Vorsitzenden einig werden, so entscheidet ein Arbeitsrichter, wer Vorsitzender wird.

Betriebliche Mitbestimmung

– in personellen Angelegenheiten

Allein entscheiden kann der **Arbeitgeber** über die Höhe von freiwilligen Zuwendungen an bestimmte Arbeitnehmer, über die Festlegung der Höhe von Prämien für Verbesserungsvorschläge und über die Höhe der Gehälter für die leitenden Angestellten.

In personellen Angelegenheiten sind die Beteiligungsrechte des Betriebsrats weit schwächer ausgeprägt. Der **Betriebsrat** hat in der Regel **nicht** das Recht, von sich aus bestimmte Maßnahmen vorzuschlagen. Die Anregung geht gewöhnlich vom Arbeitgeber aus. Der Betriebsrat kann daraufhin erst seine Vorstellungen einbringen und gegebenenfalls seine Zustimmung verweigern. Hierbei gilt es zu unterscheiden zwischen:

• allgemein

- **allgemeinen personellen Angelegenheiten**, wie
  - die **Personalplanung**,
  - **Ausschreibungen** von Arbeitsplätzen,
  - die Aufstellung von **Beurteilungsgrundsätzen**, der Inhalt von **Personalfragebögen**,
  - die Durchführung von **betrieblichen Bildungsmaßnahmen**. (Können sich Arbeitgeber und Betriebsrat hierbei nicht einigen, so entscheidet die Einigungsstelle im Betrieb.)

• im Einzelfall

- **einzelnen personellen Maßnahmen** (für Betriebe mit mehr als 20 wahlberechtigten Arbeitnehmern), wie
  - **Einstellungen** von Arbeitnehmern (leitende Angestellte fallen **nicht** darunter),
  - **Eingruppierung** und **Umgruppierung** sowie **Versetzung** (wenn der Betriebsrat nicht zustimmt, kann der Arbeitgeber beim Arbeitsgericht die Zustimmung beantragen),
  - die **Kündigung**. (Der Betriebsrat hat bei Kündigung durch den Arbeitgeber ein Anhörungsrecht. Widerspricht der Betriebsrat, kann der Arbeitgeber die Kündigung trotzdem wirksam aussprechen. Die Kündigung ist unwirksam, wenn die Anhörung des Betriebsrats unterblieben ist.)

– bei Einstellung

In Betrieben mit mehr als 20 wahlberechtigten Arbeitnehmern kann der Betriebsrat bei der Einstellung eines Arbeitnehmers verlangen, dass der Arbeitgeber ihm den vorgesehenen Arbeitsplatz und die vorgesehene tarifliche Eingruppierung nennt, dass der Arbeitgeber ihm die Auswirkung der Einstellung auf die anderen Arbeitsplätze erläutert und ihm die Bewerbungsunterlagen vorlegt. Er kann nicht verlangen, dass der Arbeitgeber ihn zum Einstellungsgespräch einlädt.

Erteilt der Betriebsrat seine Zustimmung zu der Einstellung eines Arbeitnehmers nicht, besteht der Arbeitgeber jedoch auf der Einstellung, so entscheidet das Arbeitsgericht. Der Betriebsrat kann die Einstellung zunächst nicht verhindern.

– bei Kündigung

Veränderungen von Betrieben können so aussehen, dass ganz viele Mitarbeiter das Unternehmen verlassen sollen. Um die Auswirkungen für betroffene Mitarbeiter zu mildern, entwickelt etwa der Betriebsrat schriftlich einen **Sozialplan**. In dieser Form hat er die Bedeutung einer Betriebsvereinbarung. Dort kann geregelt sein, ob Abfindungen fließen oder es einen Ausgleich dafür gibt, dass Arbeitnehmer zukünftig eine andere Tätigkeit ausüben als die vereinbarte.

Im Falle einer Kündigung ist der Betriebsrat stets anzuhören. Der Betriebsrat kann der Kündigung widersprechen, wenn die Kündigungsfrist nicht eingehalten wurde, und er kann ihr widersprechen, wenn der Arbeitnehmer an einem anderen Arbeitsplatz weiterbeschäftigt werden kann. Lediglich im Falle der Kündigung des Vorstandsmitglieds einer Aktiengesellschaft braucht der Arbeitgeber den Betriebsrat nicht anzuhören, weil das Vorstandsmitglied als leitender Angestellter nicht den Arbeitnehmern, sondern den Arbeitgebern zugerechnet wird.

Nach dem Betriebsverfassungsgesetz haben Arbeitgeber und Betriebsrat einen Sozialplan auszuarbeiten, wenn der ganze Betrieb oder wesentliche Teile davon stillgelegt werden, was unter Umständen die Kündigung vieler Mitarbeiter betrifft. Diese Vorschrift gilt jedoch nicht für Betriebe mit weniger als 20 wahlberechtigten Arbeitnehmern.

In wirtschaftlichen Angelegenheiten steht dem Betriebsrat das geringste Beteiligungsrecht zu. Nach dem Betriebsverfassungsgesetz hat er unter anderem in folgenden Bereichen nur ein **Unterrichtungs-** und **Beratungsrecht,** das den Arbeitgeber in seinen Entscheidungen nicht oder kaum beeinflussen kann. Das trifft zu für

– in wirtschaftlichen Angelegenheiten

- die **wirtschaftliche** Lage des Unternehmens,
- **Erweiterungen** oder Modernisierungen von **Betriebsanlagen** (wozu Neu- oder Umbauten erforderlich sind),
- die Einführung neuer **Arbeits-** und **Fertigungsverfahren,**
- **Rationalisierungsmaßnahmen.**

Allein entscheidet der Arbeitgeber zum Beispiel über die Art der Erzeugnisse, die er fertigen will, über die Preise der erzeugten Güter, über die Finanzierung der Unternehmung und über den Werbeetat.

Betriebsvereinbarung

Bei der Zusammenarbeit zwischen Arbeitgeber und Betriebsrat spielen Betriebsvereinbarungen eine wichtige Rolle. In **Betriebsvereinbarungen** können spezielle, den Betrieb betreffende Einzelheiten geregelt werden, die nicht durch Tarifverträge oder durch geltende Gesetze festgelegt sind. Betriebsvereinbarungen dürfen nicht gegen bereits bestehende gesetzliche oder tarifliche Bestimmungen verstoßen.

http://de.wikipedia.org/wiki/Betriebsvereinbarung

Betriebsvereinbarungen werden zwischen dem Arbeitgeber und dem Betriebsrat abgeschlossen. Sie müssen schriftlich niedergelegt und von beiden Parteien unterzeichnet werden. Betriebsvereinbarungen sind vom Arbeitgeber an geeigneter Stelle im Betrieb auszulegen.

Häufige Betriebsvereinbarungen betreffen
- Alkoholverbot und Maßnahmen bei Alkoholmissbrauch
- Arbeitsunfähigkeitsbescheinigung
- Ausbildung und Fortbildung
- Betriebs- und Arbeitsordnung
- betriebsbedingte Entlassung und die Anpassung der Beschäftigung an die Auftragslage
- gleitende Arbeitszeit und die Einführung von Zeiterfassungsgeräten
- ständige Einigungsstelle

In Betriebsvereinbarungen können geregelt sein: Bestimmungen bezüglich **Sonderurlaub** oder Zusatzurlaub (für langjährige Mitarbeiter) oder hinsichtlich Maßnahmen zur Förderung der **Vermögensbildung** auf Arbeitnehmerseite oder auch **Bargeldzuschüsse** für die Arbeitnehmer oder **Akkordsätze.**

Was **nicht** in Betriebsvereinbarungen geregelt werden darf, ist zum Beispiel die Höhe der Tariflöhne oder die Größe des Betriebsrats.

In einer Betriebsvereinbarung können betriebliche **Ordnungsvorschriften** (Betriebsordnung) und **Sicherheitsvorschriften** enthalten sein. In Form der Betriebsordnung kann sie zum Beispiel ein Rauchverbot für bestimmte Betriebsteile oder das Tragen von Schutzhelmen in bestimmten Betriebsteilen oder zusätzliche Maßnahmen zur Verhütung von Arbeitsunfällen beinhalten. Die **Betriebsordnung** ist für jeden Arbeitnehmer deutlich sichtbar auszuhängen.

Eine Betriebsvereinbarung gilt **unmittelbar** und **zwingend** für alle Arbeitnehmer im Betrieb, die vom Regelungsbereich dieser Vereinbarung erfasst werden. Auf Rechte aus der Betriebsvereinbarung dürfen Arbeitnehmer nur mit Zustimmung des Betriebsrats verzichten.

– Beispiel einer Betriebsvereinbarung

Betriebsvereinbarung Telekommunikationsanlage (2007)

Die nachfolgende Vereinbarung wurde an einem mittelgroßen Standort eines Chemie-Unternehmens abgeschlossen. Sie zeichnet sich dadurch aus, dass das Unternehmen nur summierte, kostenstellenbezogene Auswertungen durchführt. Auswertungen von Einzelverbindungsdaten erfolgen nur nach Zustimmung des Betriebsrats.

1. Zielsetzung und Geltungsbereich
Ziele dieser Vereinbarung sind die ordnungsgemäße Abrechnung der Telefongespräche und der Schutz der Persönlichkeitsrechte der Mitarbeiter, insbesondere der Schutz des gesprochenen Worts sowie der Schutz der Mitarbeiter vor einer unzulässigen Verhaltens- oder Leistungskontrolle. Die Vereinbarung gilt für alle Beschäftigten.

2. Dokumentation
In Anlage 1 ist das eingesetzte System dokumentiert, einschließlich aktivierter Leistungsmerkmerkmale.

www.bwr-media.de/themen/datenschutz/basiswissen/00002/

3. Fernmeldegeheimnis
Telefongespräche unterliegen dem Fernmeldegeheimnis. Lautsprechereinrichtungen der Telefone dürfen daher in Anwesenheit anderer, am Telefonat nicht direkt beteiligter Personen nur benutzt werden, wenn alle Gesprächspartner dem zustimmen.
Das Unternehmen stellt sicher, dass auf Anrufbeantwortern gespeicherte Mitteilungen nur von den jeweiligen berechtigten Adressaten abgehört und gelöscht werden können.
Funktionen zum unbemerkten Mithören, Aufzeichnen, Raumüberwachen usw. werden nicht zur Verfügung gestellt.

4. Verbindungsdatenerfassung und -auswertung
Es werden nur ausgehende Gespräche protokolliert. Beim Verbindungsaufbau werden die nachfolgenden Daten aufgezeichnet. [...].

Weitere Betriebsvereinbarungen finden Sie unter: www.tse-hamburg.de/vereinbarungen/call%20center%20und%20telekommunikation/TK_kurz.html

Persönliche Wahrnehmung von Rechten gegenüber Arbeitgebern

Außer der Möglichkeit, über den Betriebsrat seine Rechte wahrnehmen zu lassen, kann zum Beispiel jeder Arbeitnehmer eines Betriebes persönlich gegenüber dem Arbeitgeber das Recht wahrnehmen, die über ihn geführte **Personalakte** einzusehen. Der Arbeitgeber muss dem Arbeitnehmer die Einsichtnahme gestatten.

Betriebliche Mitbestimmung

8. Betriebsrat: Aufgaben und Beteiligungsrechte • Betriebsvereinbarungen

1. Nennen Sie vier Aufgaben, die der Betriebsrat nach dem Betriebsverfassungsgesetz wahrzunehmen hat.

   1. das Überwachen der .... von Tarifverträgen
   2. das Fördern der .... von Schwerbehinderten
   3. eine enge .... mit der Jugend- und Auszubildendenvertretung
   4. das Fördern der Beschäftigung .... Arbeitnehmer

2. Nach dem Betriebsverfassungsgesetz besitzt der Betriebsrat .... stark ausgeprägte Rechte. Diese Rechte reichen von tatsächlicher, erzwingbarer .... (Vetorecht) bis hin zu bloßen ....rechten.

3. Der Betriebsrat kann seine .... Beteiligungsrechte am stärksten im sozialen Bereich und am schwächsten im .... Bereich ausüben. In personellen Angelegenheiten hat der Betriebsrat ein ....-recht und ein ....-recht.

4. In sozialen Angelegenheiten hat der Betriebsrat ein .... Mitbestimmungsrecht. Das bedeutet: Der Arbeitgeber darf eine soziale Maßnahme grundsätzlich nur mit .... des Betriebsrats durchführen. Mit dieser .... Mitbestimmung kann der Betriebsrat bestimmte Maßnahmen im höchsten Maße beeinflussen.

5. a) Für folgende sozialen Entscheidungsbereiche kann der Betriebsrat die Mitbestimmung erzwingen. Bei Neuregelungen von Beginn und Ende der täglichen ....-zeit und der ...., bei Einführung von ....-zeit, Schichtarbeit und Überstunden. b) Der Betriebsrat hat zudem in folgenden Angelegenheiten mitzubestimmen: bei

   - der Aufstellung eines allgemeinen ....-plans,
   - Angelegenheiten, welche die ....-ordnung betreffen und das .... der Arbeitnehmer im Betrieb (Rauchverbot),
   - der .... des Entgelts und der Festsetzung von ....-sätzen,
   - der Ausgestaltung und Verwaltung von betrieblichen ....-einrichtungen (Werkskantine) und
   - der Durchführung der Berufs-... .

6. Welche Stelle im Betrieb entscheidet, wenn sich in einer mitbestimmungspflichtigen sozialen Angelegenheit Arbeitgeber und Betriebsrat nicht einigen können? ....

7. Allein entscheiden kann der Arbeitgeber über die Höhe von freiwilligen .... an bestimmte Arbeitnehmer, über die Höhe von Prämien für ....-vorschläge und über die Höhe der Gehälter für die .... Angestellten.

8. Bei personellen Angelegenheiten gilt es zu unterscheiden zwischen .... personellen Angelegenheiten und .... personellen Maßnahmen. Unter die allgemeinen personellen Angelegenheiten fallen die ....-planung und betriebliche Bildungsmaßnahmen.

9. Unter die einzelnen personellen Maßnahmen fallen • die .... von Arbeitnehmern, • Ein- und Umgruppierung sowie .... und • die ....

10. In Betrieben mit mehr als 20 wahlberechtigten Arbeitnehmern ist der Betriebsrat vor der Einstellung eines Arbeitnehmers zu unterrichten. Nennen Sie drei Beispiele, was der Betriebsrat verlangen kann.
 1. die Nennung des vorgesehenen Arbeits-..
 2. die Bekanntgabe der tariflichen ....
 3. eine Erläuterung, welche Auswirkung die Einstellung auf die anderen ....-plätze hat
 4. die Vorlage der ....-unterlagen

11. Ein Betriebsrat erteilt seine Zustimmung zur Einstellung eines Arbeitnehmers nicht. Der Arbeitgeber besteht jedoch auf Einstellung. Wer entscheidet, ob der Arbeitnehmer eingestellt wird? ....

12. Nennen Sie zwei Voraussetzungen, unter denen der Betriebsrat einer Kündigung widersprechen kann.
 1. Die .... wurde nicht eingehalten.
 2. Der Arbeitnehmer kann an einem anderen Arbeitsplatz .... werden.

13. Nach dem Betriebsverfassungsgesetz haben Arbeitgeber und Betriebsrat einen ....-plan auszuarbeiten, wenn der Betrieb oder wesentliche Teile davon stillgelegt werden. Diese Vorschrift gilt jedoch **nicht** für Betriebe mit weniger als .... wahlberechtigten Arbeitnehmern.

14. Was muss ein Arbeitgeber tun, wenn er eine gründliche Modernisierung des Betriebes mit Neubauten plant? Er muss den Betriebsrat in Bezug auf die Maßnahmen .... und mit ihm darüber .... Gleiches gilt für die Einführung neuer ....verfahren und Fertigungsverfahren sowie für ....-maßnahmen.

15. Der Unternehmer entscheidet allein über die .... der Erzeugnisse, die er fertigen will, die .... der erzeugten Güter, die .... der Unternehmung und über den ....-etat.

16. In Betriebsvereinbarungen können spezielle, den Betrieb betreffende Einzelheiten geregelt werden, die nicht durch ....-verträge und geltende Gesetze festgelegt sind. Betriebsvereinbarungen
 - dürfen nicht gegen bereits bestehende .... oder tarifliche Bestimmungen verstoßen,
 - werden zwischen dem Arbeitgeber und dem .... abgeschlossen,
 - müssen .... niedergelegt und von den Parteien .... werden,
 - sind an geeigneter Stelle ....

17. Mögliche Regelungen in einer Betriebsvereinbarung können sein:
 1. Bestimmungen für ....-urlaub,
 2. zusätzliche Maßnahmen zur Verhütung von ....,
 3. Maßnahmen zur Förderung der ....-bildung auf Arbeitnehmerseite,
 4. ....-zuschüsse für die Arbeitnehmer,
 5. ....-sätze.

18. Nennen Sie zwei Vorschriften, die unter anderem in einer Betriebsordnung geregelt sein können.
 1. ein ....-verbot für bestimmte Betriebsteile
 2. eine Vorschrift zum Tragen von .... in bestimmten Betriebsteilen

19. Eine Betriebsvereinbarung gilt .... und .... für alle Arbeitnehmer, die vom Regelungsbereich dieser Vereinbarung erfasst werden. Auf Rechte aus den Betriebsvereinbarungen dürfen Arbeitnehmer nur mit Zustimmung des .... verzichten.

20. Welches Recht gegenüber dem Arbeitgeber darf jeder Arbeitnehmer persönlich wahrnehmen, ohne den Betriebsrat einschalten zu müssen? ....

....

Rolle der Verbraucher

1. Menschliche Bedürfnisse • Wirtschaftliche Güter

PAL 282, 338-341, 351

Menschliche Bedürfnisse

Mehr über Bedürfnisse unter http://de.wikipedia.org/wiki/Maslowsche_Bedürfnispyramide

Bedürfnisse nach Maslow
Persönliche Bedürfnisse, den Einzelnen betreffend, bezeichnet man als man als Individualbedürfnisse. Betreffen Bedürfnisse die Gemeinschaft, spricht man von Kollektivbedürfnissen.

Menschliche Bedürfnisse gliedern sich in Existenzbedürfnisse, Kulturbedürfnisse und Luxusbedürfnisse. Die folgende Übersicht zeigt, was man im Normalfall darunter versteht.

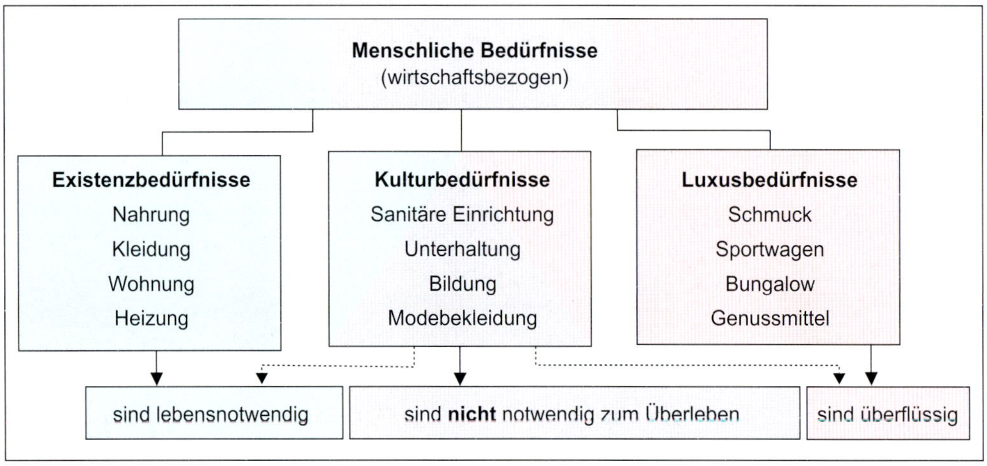

Existenzbedürfnisse sind zum Beispiel Nahrung, Kleidung und eine Wohnung. Sie sind lebensnotwendig. **Kultur**bedürfnisse sind zum Beispiel sanitäre Einrichtungen, Unterhaltung und Bildung. **Luxus**bedürfnisse sind etwa Schmuck, Sportwagen oder Bungalow. Kultur- und Luxusbedürfnisse sind nicht lebensnotwendig. Luxusbedürfnisse können überflüssig sein, sind es zumeist.

Was ist ein Bedürfnis?

Ein **Bedürfnis** ist ein Gefühl des Mangels. Es verlangt nach Befriedigung. Es treibt den Menschen an, zu seiner Befriedigung tätig zu werden: zu wirtschaften.

Was sind Güter?

Güter, wie Nahrungsgüter oder sanitäre Güter, sind Mittel zur Bedürfnisbefriedigung. Sie dienen zum Wirtschaften. Aber nicht alle Güter sind dazu geeignet.

Freie und knappe Güter

Güter gliedern sich in freie Güter und knappe Güter. Dazu die Übersicht unten.

Freie Güter sind zum Beispiel Tageslicht (im Gegensatz zu Kunstlicht) und Sand in der Wüste (im Gegensatz zu Bausand). Freie Güter sind nicht knapp.

Freie Güter und wirtschaftliche Güter
Güter sind frei, wenn es sie in großer Menge gibt und jeder Mensch wie im Schlaraffenland so viel davon haben kann, wie er möchte, und nichts dafür bezahlen muss. Wirtschaftliche Güter dagegen gibt es nicht in ausreichender Menge, um es jedem zu ermöglichen, sein Bedürfnis danach zu befriedigen.

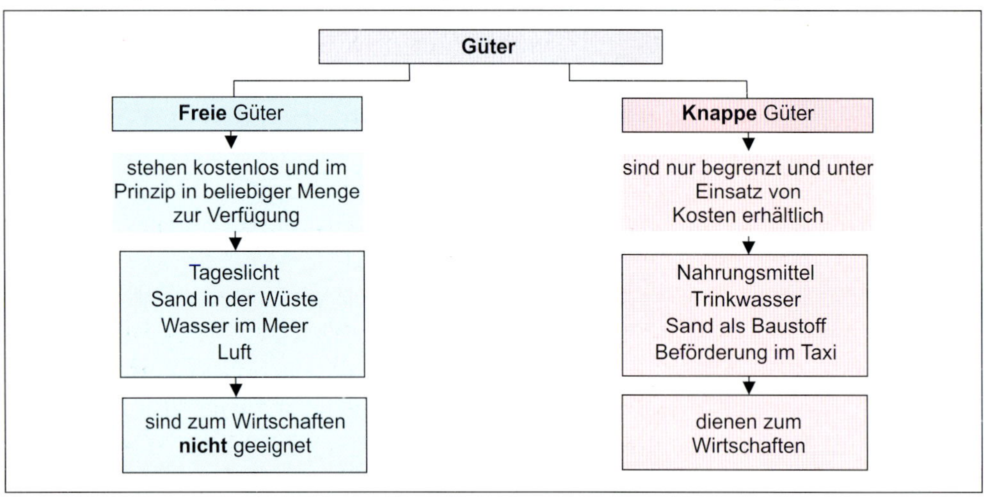

Wirtschaftliche Güter Begriff ‚Wirtschaften'

Nur **knappe Güter** sind wirtschaftliche Güter. Es ist die Knappheit der meisten Güter, die den Menschen zwingt zu wirtschaften, das heißt, planmäßig geistige und körperliche Kraft aufzubringen, um die Knappheit weitgehend zu überwinden. Dabei sind die hervorgebrachten – erwirtschafteten – Güter **sparsam** zu verwenden. Nur so kann nachhaltig und dauerhaft der Unbegrenztheit der menschlichen Bedürfnisse eine möglichst große Gütermenge gegenübergestellt werden.

Die Wirtschaftsgüter lassen sich unterteilen in Sachgüter, Dienstleistungen und Rechte. Siehe dazu die Übersicht auf der folgenden Seite.

Übersicht

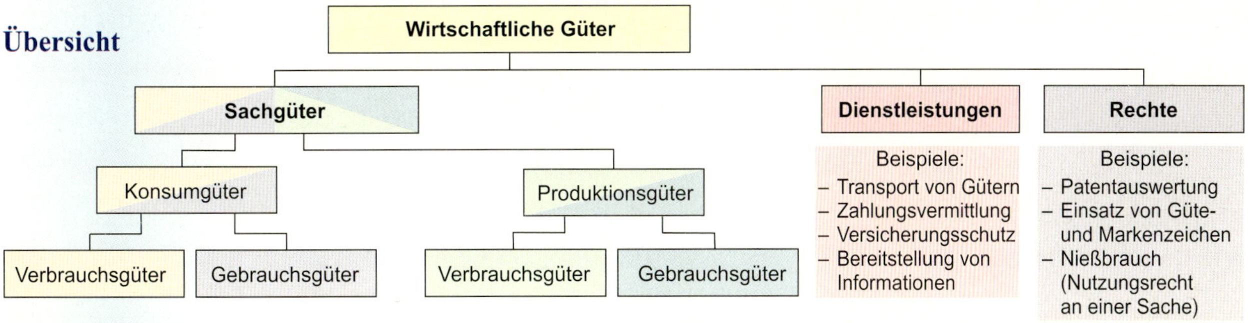

Die Einteilung der wirtschaftlichen Güter in Sachgüter, Dienstleistungen und Rechte und die weitere Unterteilung der Sachgüter

Sachgüter

Konsumgüter und Produktionsgüter

Ob Güter als Konsum- oder als Produktionsgüter gelten, hängt davon ab, wo man sie einsetzt: Der Hammer – ein Sachgut – mit dem wir **zu Hause** einen Nagel in die Wand schlagen, ist ein Konsumgut. Der Hammer, mit dem **in einer Autowerkstatt** ein Karosserieblech gerichtet wird, ist ein Produktionsgut.

Sachgüter ermöglichen zum einen die Befriedigung menschlicher Bedürfnisse unmittelbar, etwa durch den Kauf und den Verzehr von Nahrungsmitteln. Zum anderen dienen Wirtschaftsgüter indirekt der Bedürfnisbefriedigung. So zum Beispiel im Fall von Maschinen, die selbst wiederum andere Güter produzieren. Daher unterteilt man Sachgüter weiter in Konsumgüter und Produktionsgüter. **Produktion** ist die Leistungserstellung (in Betrieben) und **Konsum** ist die Leistungsverwendung (in Haushalten). Konsumgüter dienen unmittelbar der Bedürfnisbefriedigung in Haushalten.

Konsumgüter sind zum Beispiel Grundnahrungsmittel oder Haushaltsgeräte. Unter Haushalt versteht man in der Regel eine Gemeinschaft von Menschen, die zusammen wohnen und gemeinsam den Lebensunterhalt bestreiten. Daneben können auch alleinstehende Personen Haushalte bilden. Haushalte konsumieren Güter, das heißt, sie ge- oder verbrauchen Güter.

Konsumgüter und Investitionsgüter

Konsumgüter werden für den privaten Ge- oder Verbrauch produziert oder gehandelt und dienen dem privaten Konsum. **Investitionsgüter** oder Rohstoffe sind für den Produktionsprozess vorgesehen. Mangelt es an solchen Gütern, so führt das zur Schwächung der Leistungsfähigkeit von Betrieben und zu Verlusten von Arbeitsplätzen.

Produktionsgüter werden zur Herstellung von neuen Gütern in Betrieben eingesetzt. Beispiele hierfür sind Werkzeugmaschinen und Schmieröl. Kein Produktionsgut ist hingegen das private Kraftfahrzeug des Unternehmers. Es ist kein Gut, mit dem etwas erwirtschaftet wird. Es ist dem Haushalt des Unternehmers zuzurechnen.

Produktionsgüter werden auch als Investitionsgüter bezeichnet. **Investieren** heißt einsetzen. Investitionsgüter sind zum Erwirtschaften neuer Güter eingesetzte Mittel.

Konsumgüter und Produktionsgüter/Investitionsgüter unterteilt man jeweils noch weiter in Verbrauchsgüter und Gebrauchsgüter.

Verbrauchsgüter

Gebrauchsgüter

Verbrauchsgüter werden bei ihrer Verwendung unmittelbar aufgebraucht, sie können nur für kurze Zeit oder nur einmal benutzt werden. **Ge**brauchsgüter dagegen kann man über einen längeren Zeitraum hinweg oder mehrfach benutzen, bevor sie aufgebraucht sind.

Verbrauchsgüter sind zum Beispiel Getränke und Papiertaschentücher beim privaten Konsum in den Haushalten oder elektrische Energie und Werkstoffe bei der Produktion in Betrieben. **Ge**brauchsgüter sind zum Beispiel ein Pkw und ein Textiltaschentuch beim privaten Gebrauch im Haushalt oder ein Lkw und ein (im Kreislauf verwendetes) Kühlschmiermittel beim produktiven Einsatz im Betrieb.

Dienstleistungen

Auch Dienstleistungen sind Güter im wirtschaftlichen Sinne. Eine Dienstleistung ist ein Wirtschaftsgut, das keine Sache ist und das man somit auch nicht anfassen kann. Es handelt sich um ein nicht gegenständliches, **immaterielles** Gut. Bereitstellung und Verbrauch einer Dienstleistung finden gleichzeitig statt. Sie ist in dem Augenblick verbraucht, in dem sie erbracht wird. Eine Dienstleistung kann demnach nicht wie ein Sachgut – ein materielles Gut – gelagert werden. Beispiele für Dienstleistungen sind die Personenbeförderung durch die Bahn oder der Unterricht durch die Schule oder der Handel mit Wirtschaftsgütern oder deren Transport und Verteilung.

Rechte

Neben den Sachgütern und Dienstleistungen können auch Rechte Güter im wirtschaftlichen Sinne sein. Beispiele sind Rechte zum Einsatz bestimmter Marken- und Gütezeichen oder zur Auswertung bestimmter Patente. Mit solchen Rechten kann man Handel treiben.

Rolle der Verbraucher

1. Menschliche Bedürfnisse • Wirtschaftliche Güter

1. Nennen Sie drei Arten menschlicher Bedürfnisse.

   1. ....-bedürfnisse 2. ....-bedürfnisse 3. ....-bedürfnisse

2. Nennen Sie drei Beispiele für Existenzbedürfnisse. Für das Überleben notwendig ist

   1. .... 2. .... 3. ....

3. Nennen Sie Beispiele für Kulturbedürfnisse. Der zivilisierte Mensch hat das Bedürfnis nach

   1. .... 2. .... 3. ....

4. Nennen Sie Beispiele für Luxusbedürfnisse. Der im Überfluss lebende Mensch wünscht sich

   1. .... 2. .... 3. ....

5. 1. Was ist ein Bedürfnis? ....

   2. Wonach verlangt ein Bedürfnis? ....

6. Was sind Güter? ....

7. Neben freien Gütern gibt es .... Güter.

8. Nennen Sie zwei Beispiele für freie Güter.

   1. .... 2. ....

9. Die Knappheit der Güter zwingt den Menschen zum ....

10. Die wirtschaftlichen Güter gliedern sich zunächst in

    1. .... 2. .... 3. ....

11. Die Sachgüter untergliedern sich weiter in

    1. .... 2. ....

12. Wozu dienen Konsumgüter?

    ....

13. Nennen Sie zwei Beispiele von Konsumgütern.

    1. .... 2. ....

14. Wozu werden Produktionsgüter eingesetzt?

    ....

15. Nennen Sie zwei Beispiele von Produktionsgütern, die in Betrieben benötigt werden.

    1. .... 2. ....

16. Welchen anderen Begriff verwendet man für Produktionsgüter?

    ....

17. Konsum- und Produktionsgüter unterteilt man in Verbrauchsgüter und ....-güter. Verbrauchsgüter kann man nur für kurze Zeit oder nur .... benutzen, Gebrauchsgüter benutzt man .... oder über einen längeren Zeitraum.

18. Nennen Sie zwei Beispiele für Konsumgüter, die zum Verbrauch dienen.

    1. .... 2. ....

19. Nennen Sie zwei Beispiele für Produktionsgüter, die als Gebrauchsgüter dienen.

    1. .... 2. ....

20. Auch Dienstleistungen sind wirtschaftliche Güter. Im Gegensatz zu einem Sachgut, das man anfassen kann, ist eine Dienstleistung ein .... (nicht gegenständliches) Gut, das man nicht lagern kann. Die Bereitstellung und der Verbrauch finden .... statt.

21. Neben den Sachgütern und Dienstleistungen können auch .... Güter im wirtschaftlichen Sinne sein.

2. Grundlagen zum Vertragsrecht • Verbraucherverhalten PAL 342-343, 345-350, U7, U70-72, U74

Rechtsgeschäfte

Verträge, egal welcher Art, werden aus rechtswissenschaftlicher Sicht als Rechtsgeschäfte bezeichnet. Werden zwei übereinstimmende Willenserklärungen abgegeben, kommt ein zweiseitiges Rechtsgeschäft zustande. Aus solchen Willenserklärungen leiten sich zum Beispiel beim Ausbildungs- und Arbeitsvertrag für die Vertragspartner eine Reihe von Rechten und Pflichten ab (siehe Übersichten auf Seite 18 und 32).

– Gültigkeit

Ein weiteres sehr bedeutsames zweiseitiges Rechtsgeschäft ist der Kaufvertrag. So wie etwa beim Ausbildungsvertrag ein Jugendlicher wegen Minderjährigkeit den Vertrag zusammen mit seinen Eltern unterschreibt, ist auch der Kaufvertrag eines Minderjährigen nur gültig mit der Zustimmung der gesetzlichen Vertreter. Nur wer geschäftsfähig ist, darf selbstständig vollgültige Geschäfte abschließen. Geregelt ist das alles im BÜRGERLICHEN GESETZBUCH (BGB).

Geschäftsfähigkeit

Laut BGB unterscheidet man drei Stufen der Geschäftsfähigkeit:

– drei Stufen

Geschäftsfähigkeit

Geschäftunfähigkeit | Beschränkte Geschäftsfähigkeit | Volle Geschäftsfähigkeit

Geschäftsunfähig sind Kinder bis sechs sowie dauernd geistesgestörte Personen. Rechtsgeschäfte eines Geschäftsunfähigen sind nichtig, also ungültig.

Geistig behinderte und daher geschäftsunfähige Erwachsenene können gleichwohl mit geringen Mitteln kleinere Alltagsgeschäfte vornehmen (z. B. Kauf von Lebensmitteln). Diese gelten nach § 105a BGB als wirksam, sobald Leistung und Gegenleistung erbracht sind.

Beschränkt geschäftsfähig sind Kinder und Jugendliche (Minderjährige) von sieben bis 17. Erst wenn er seinen 18. Geburtstag feiert, ist ein junger Mensch voll geschäftsfähig und kann vollgültig Verträge abschließen, muss dann aber auch selbst dafür die volle Verantwortung übernehmen.

Ohne Zustimmung der gesetzlichen Vertreter ist das Rechtsgeschäft eines Minderjährigen *schwebend unwirksam*. Gültig wird es erst mit deren Zustimmung.

Der Sinn dieser Regelung liegt darin, Kinder und Jugendliche davor zu schützen, Willenserklärungen abzugeben, deren Folgen sie noch nicht voll überblicken können. Unsere Rechtsordnung setzt dafür ein bestimmtes Maß an Urteilsvermögen voraus.

In folgenden Ausnahmefällen braucht ein beschränkt Geschäftsfähiger indes keine Zustimmung der gesetzlichen Vertreter:

- Tätigen von Geschäften, die er aus eigenen Mitteln begleicht (§ 110 BGB = Taschengeld-Paragraf)
- Geschäfte, die nur rechtliche Vorteile bringen (Beispiel: Tante schenkt Nichte (14) ein Fahrrad.)

Eine Schenkung ist ein *einseitig verpflichtendes* zweiseitiges Rechtsgeschäft. Ein solches Geschäft ist dann gültig, wenn es rechtlich vorteilhaft ist.

Vor der Geschäftsfähigkeit steht noch die Rechtsfähigkeit. Paragraf 1 des BÜRGERLICHEN GESETZBUCHES legt den Beginn der Rechtsfähigkeit fest:

Rechtsfähigkeit

– Beginn

§ 1 Beginn der Rechtsfähigkeit

Die Rechtsfähigkeit des Menschen beginnt mit der Vollendung der Geburt.

Wer rechtsfähig ist, hat Rechte und Pflichten.

Jeder Mensch ist rechtsfähig, kann somit Träger von Rechten und Pflichten sein.

– Ende

Die Rechtsfähigkeit des Menschen beginnt mit der Geburt und endet mit dem Tod, Lebende Menschen werden als *natürliche Personen* bezeichnet.

Außer natürlichen Personen können auch *juristische Personen* rechtsfähig sein. Man unterscheidet dabei:

- **Juristische Personen des privaten Rechts**, zum Beispiel e.V. und AG sowie
- **Juristische Personen des öffentlichen Rechts**, zum Beispiel die Landesrundfunkanstalten der ARD

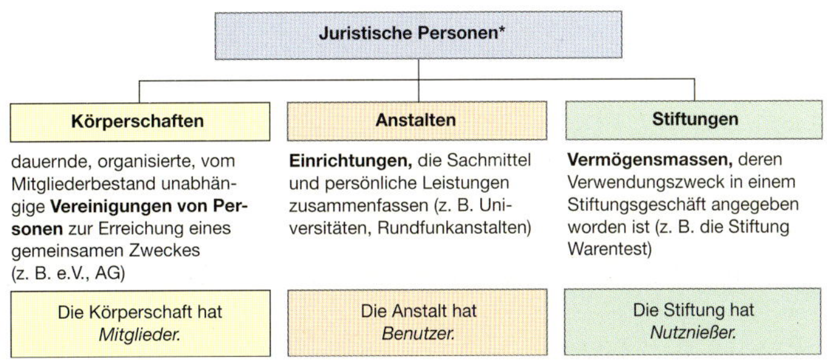

*) **Juristische Personen** sind Vermögensmassen, Einrichtungen oder Personenvereinigungen, denen man eine eigene Rechtsfähigkeit zuerkennt. Dadurch haben sie – natürlichen Personen vergleichbar – Rechte und Pflichten.

Privatrechtliche Personenvereinigungen erlangen ihre Rechtsfähigkeit durch *Eintragung in ein Register*, zum Beispiel in das Handelsregister oder Vereinsregister.

Öffentliche Körperschaften werden rechtsfähig durch *staatliche Verleihung*.

Die **Stiftung Warentest** ist eine von staatlicher Seite errichtete Verbraucherschutzorganisation.

Rolle der Verbraucher

Juristische Personen des privaten Rechts verlieren ihre Rechtsfähigkeit mit der Löschung in den Registern. *Juristische Personen des öffentlichen Rechts* verlieren ihre Rechtsfähigkeit, wenn sie ihnen von staatlicher Seite entzogen wird.

Juristische Personen benötigen die Hilfe von natürlichen Personen.

Juristische Personen sind zwar rechtsfähig, können jedoch nicht selbstständig im Wirtschaftsleben tätig werden. Dazu benötigen sie die Hilfe natürlicher Personen. Für juristische Personen handeln deshalb ihre Organe. Das sind zum Beispiel die Vorstände einer Aktiengesellschaft oder eines Vereins.

Kaufvertrag – Zustandekommen

Wie alle Verträge kommt auch der Kaufvertrag durch zwei übereinstimmende Willenserklärungen, den Antrag und dessen Annahme, zustande. Wer seinen Willen zuerst äußert, stellt den Antrag:

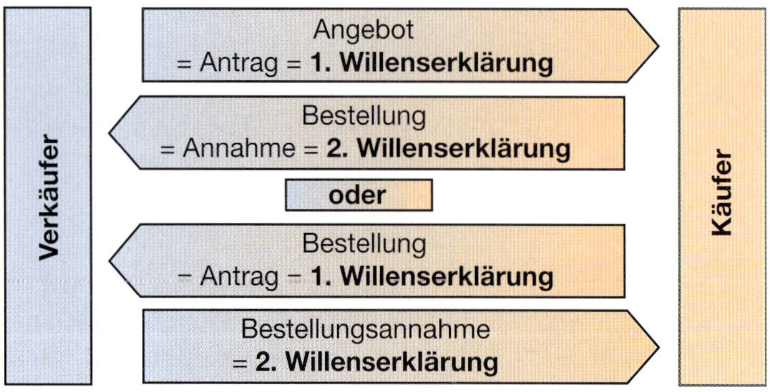

– Rechte und Pflichten

Bei Zustandekommen des Vertrages übernehmen Käufer und Verkäufer bestimmte Rechte und Pflichten.

Mit Abschluss eines Kaufvertrages verpflichtet sich der Käufer dazu, die Ware anzunehmen und zu bezahlen.

Der Verkäufer hat die Pflicht, die Ware zu liefern und dem Käufer zu übereignen.

Die Pflichten des einen sind die Rechte des anderen.

Kaufvertrags-Teile

Verpflichtungsgeschäfte kann man fast unbegrenzt abschließen (Vertragsfreiheit gemäß Art. 2 Abs. 11 GG). Man muss die eingegangenen Verpflichtungen indes auch erfüllen.

Ein Kaufvertrag besteht somit aus zwei Teilen: dem Verpflichtungsgeschäft und dem Erfüllungsgeschäft. Wer geschäftliche Verpflichtungen eingeht, muss diese auch erfüllen. Geregelt ist dies wiederum im BGB, dort in § 433 sowie in §§ 362 und folgende.

Allgem. Geschäftsbedingungen (AGB)

Manchmal wird beim Einkauf von Waren ein **Preisnachlass** gewährt. Ein **Rabatt** (von ital.: rabbattere = abschlagen, abziehen) ist ein Nachlass vom Listen-Preis einer Ware oder Dienstleistung oder von dem Preis, den der Unternehmer in sonstiger Weise allgemein ankündigt oder fordert (Netto-Verkaufspreis) oder ein Sonderpreis, der wegen der Zugehörigkeit zu bestimmten Verbraucherkreisen, Berufen, Vereinen oder Gesellschaften eingeräumt wird.

Damit beim Abschluss eines Kaufvertrages nicht jedes Mal alle möglichen Vertragsinhalte neu ausgehandelt werden müssen, gibt es vielfach vorformulierte Vertragsbedingungen, die sogenannten *Allgemeinen Geschäftsbedingungen* (AGB), oft auch „Kleingedrucktes" genannt. Um zu verhindern, dass diese AGB private Käufer einseitig benachteiligen, enthält das BÜRGERLICHE GESETZBUCH besondere Schutzvorschriften. Zum Beispiel muss der Käufer ausdrücklich auf die AGB hingewiesen werden. Überraschende Textklauseln sind unzulässig, die gesetzlichen Gewährleistungsfristen dürfen nicht verkürzt werden und Preiserhöhungen dürfen frühestens vier Monate nach Vertragsabschluss erfolgen. Das dient dem Verbraucherschutz.

Wenn die Ware nicht in Ordnung ist, kann der Käufer sie reklamieren. Er hat einen Anspruch auf einwandfreie Ware. Dennoch kann es vorkommen, dass ein gekauftes Produkt fehlerhaft ist.

Nacherfüllung des Vertrages: **Entweder durch** Nachbessern / Ersatzlieferung. **Oder durch** Rückritt vom Vertrag / Minderung des Preises. **Zusätzlich** kann der Kunde Schadensersatz verlangen.

In den AGB behalten sich die meisten Verkäufer ein *Nachbesserungsrecht* vor. Dazu muss der Käufer dem Händler die Möglichkeit einräumen, die Ware in einer angemessenen Frist zu reparieren, ohne dass ihm als Kunden dadurch Kosten entstehen. Schlagen zwei Nachbesserungsversuche fehl, kann der Käufer zwischen folgenden Rechten wählen:

- Er kann auf Nachlieferung eines mangelfreien (Ersatz-)Produktes bestehen.
- Er kann vom Vertrag zurücktreten (volle Kaufpreis-Erstattung) oder einen Preisnachlass verlangen.

ProdukthaftungsG

Auszug aus ProdHaftGesetz
§ 1 Haftung: Wird durch den Fehler eines Produkts jemand getötet, sein Körper oder seine Gesundheit verletzt, so ist der Hersteller ... verpflichtet, ... den Schaden zu ersetzen.

Werden durch ein fehlerhaftes Produkt Personen verletzt oder Sachschäden verursacht, so ist der Hersteller des Produkts verpflichtet, den entstandenen Schaden zu ersetzen. Das PRODUKTHAFTUNGSGESETZ (ProdHaftG) soll Verbraucher vor fehlerhaften Waren schützen. Das ProdHaftG erfasst keine Arzneimittel und landwirtschaftlichen Produkte.

Kreditverträge

Alle Verbraucher gehen ständig Verträge ein. Häufig sind es auch Kreditverträge. Wichtige Kreditarten für Verbraucher sind Ratenkredit und Überziehungskredit.

Kreditaufnahme

Bei der Kreditaufnahme sind sich die meisten Verbraucher über wesentliche Merkmale einzelner Kredite im Unklaren.

Zum Beispiel wissen viele nicht, dass beim Überziehungskredit deutlich mehr Zinsen zu zahlen sind als bei anderen Kreditarten. Jugendliche Verbraucher wissen oft nicht, dass sie trotz „Taschengeld-Paragraf" keine Ratenkreditverträge abschließen dürfen.

Verbraucherberatung

Beispiele für Verbraucherberatungen: Rechts-, Geräte-, Ernährungs- und Energieberatung sowie Budgetberatung (Budget = für bestimmte Ausgaben zur Verfügung stehende Geldmittel)

Zum Schutz der Konsumenten bieten Fachleute der Verbraucherberatung in den Verbraucherzentralen der Bundesländer Rat und Hilfe an. Dazu zählt die Rechtsberatung. Verbrauchberater klären zum Beispiel darüber auf, dass man einen Verbraucherkreditvertrag ohne Angaben von Gründen innerhalb von zwei Wochen schriftlich widerrufen darf. Oder ein junger Mensch hat im Internet etwas „angeklickt", wodurch er in eine vertragliche Bindung geraten ist, die er gar nicht wollte, und nun will er vom Berater wissen, wie er sich vor ungerechtfertigter und schädigender Einflussnahme (Mahnschreiben) eines „windigen" Anbieters schützen kann.

Verbraucherschutz

Neben dem Bürgerlichen Gesetzbuch schützt auch das Gesetz gegen den unlauteren Wettbewerb (UWG) den Verbraucher. Nach dem UWG verboten sind: Irreführende Werbung („Null-Euro-Flugreise"), falsche Angaben über die Ware, Verschleierung des effektiven Kaufpreises, Zusendung von unbestellter Ware und nicht zuletzt ungenehmigte Belästigung durch Telefonwerbung und über E-Mail.

Verbraucherfunktion Sparen

Sparen bedeutet, dass Teile des Einkommens nicht sogleich für Konsumzwecke ausgegeben, sondern für eine vernünftige Verwendung zurückgehalten werden.

Die durchschnittliche **Sparquote** eines Deutschen liegt bei 1/8 des verfügbaren Einkommens. **Insgesamt haben die Deutschen rund fünf Billionen Euro angespart.**

Das Gegenteil von Sparen ist Schuldenmachen. Laut Hochrechnungen gibt es in Deutschland derzeit (2011) rund 3,15 Millionen **überschuldete** Haushalte. Häufigster Grund für Schuldenberge ist die Arbeitslosigkeit (31,2 %), weitere Gründe sind Scheidung (12,5 %) und gescheiterte Existenzgründungen (12,1 %). In 10,5 % der Fälle gaben die Betroffenen eine Krankheit als Ursache für ihre finanziellen Probleme an – das sind mehr als doppelt so viele wie 2005. Das berichtet die WELT unter Berufung auf das Hamburger Institut für Finanzdienstleistungen und außerdem BILD am 26.9.2011, Seite 1.

Die privaten Haushalte sparen, um zu einem späteren Zeitpunkt hochwertige Konsumgüter oder ein Wohngrundstück zu erwerben oder um sich gegen Notlagen und Einkommensrisiken in der Zukunft abzusichern. Die Höhe der Ersparnis hängt vom laufenden und vom erwarteten Einkommen ab. Je höher der verfügbare Einkommensbetrag, desto höher ist im Verhältnis dazu der Anteil, der nicht für notwendige Konsumausgaben gebraucht wird, sondern gespart werden kann. Die Zinssätze für Spareinlagen und die Anreize der staatlichen Sparförderung können die Sparneigung zusätzlich beeinflussen. Den größten Teil ihres ersparten Geldes legen die Haushalte bei Versicherungen und Kreditinstituten ein, über die es der Wirtschaft zufließt.

Geld fließt ...

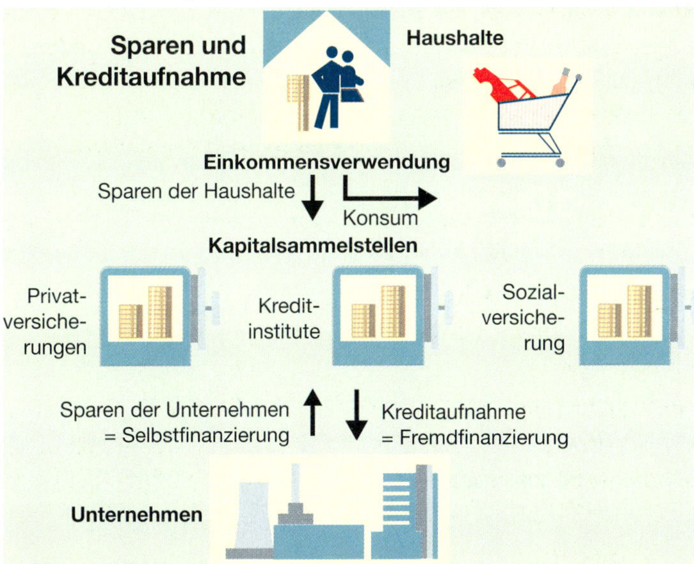

Quelle: nach Zahlenbilder, Bergmoser + Höller Verlag AG

Die Unternehmen sparen, um Mittel für die Durchführung von Investitionsvorhaben zu erlangen (Selbstfinanzierung).

Verbraucher tragen mit ihrer Sparleistung via Kreditinstitute als Kapitalsammelstellen maßgeblich zur Bereitstellung von Geldmitteln für Kredite an die Wirtschaft (Fremdfinanzierung) bei und damit für die Durchführung wichtiger Investitionsvorhaben.

... Kreislauf des Geldes

unter Berücksichtigung der Güter

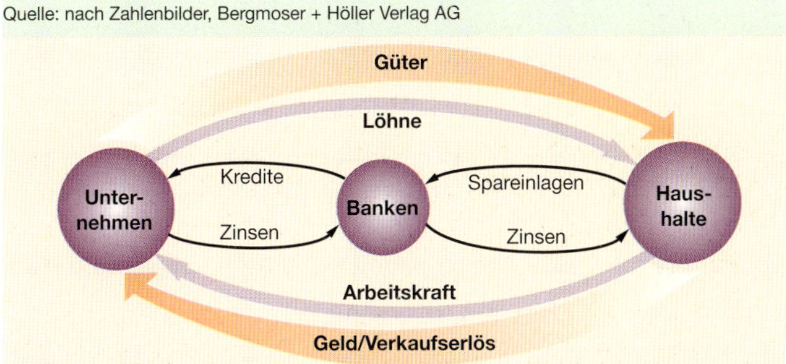

Auf diese Weise leisten die Verbraucher und Kreditinstitute einen wichtigen Beitrag zum gesamtwirtschaftlichen Wachstum. Zum Kreislauf des Geldes siehe Grafik links.

Rolle der Verbraucher

2. Grundlagen zum Vertragsrecht • Verbraucherverhalten

1. Verträge werden aus rechtswissenschaftlicher Sicht als .... bezeichnet. Werden mindestens zwei übereinstimmende .... abgegeben, kommt ein Vertrag zustande.
2. Nennen Sie zwei Beispiele für Rechtsgeschäfte, an denen mindestens zwei Personen beteiligt sind.
   1. .... 2. ....
3. Nur wer .... ist, darf selbstständig vollgültige Geschäfte abschließen. Festgelegt ist das im .... (BGB).
4. Welche drei Stufen der Geschäftsfähigkeit unterscheidet man laut BGB? 1. ....
   .... 2. ....
   3. ....
5. Geschäftsunfähig sind Kinder bis .... sowie dauernd .... Personen. Rechtsgeschäfte eines Geschäftsunfähigen sind ...., also ungültig.
6. In welchem Altersbereich sind junge Menschen beschränkt geschäftsfähig? Von .... bis ....
7. Erst wenn er seinen 18. Geburtstag feiert, ist ein junger Mensch .... und kann vollgültig Verträge abschließen. Er muss dann aber auch selbst dafür die .... Verantwortung übernehmen. Ohne Zustimmung der gesetzlichen Vertreter ist das Rechtsgeschäft eines Minderjährigen *schwebend* .... Gültig wird es erst mit der .... der gesetzlichen Vertreter. Der Sinn dieser Regelung liegt darin, Kinder und Jugendliche davor zu schützen, Willenserklärungen abzugeben, deren .... sie noch nicht voll überblicken können.
8. In welchen Ausnahmefällen braucht ein beschränkt Geschäftsfähiger keine Zustimmung der gesetzlichen Vertreter? 1. Beim Tätigen von Geschäften, die er aus .... Mitteln begleicht (§ 110 BGB) 2. Bei Geschäften, die nur rechtliche .... bringen (Tante schenkt Nichte (14) ein Fahrrad.)
9. Ab wann ist der Mensch rechtsfähig? ....
10. Jeder Mensch ist rechtsfähig, kann somit Träger von Rechten und .... sein, Die Rechtsfähigkeit des Menschen endet mit dem .... Lebende Menschen werden als .... *Personen* bezeichnet. Außer natürlichen Personen können auch .... *Personen* rechtsfähig sein.
11. Welche juristischen Personen unterscheidet man?
    1. ....
    2. ....
12. Privatrechtliche Personenvereinigungen erlangen ihre Rechtsfähigkeit durch .... in *ein Register*. Öffentliche Körperschaften werden rechtsfähig durch .... Verleihung. Juristische Personen des privaten Rechts verlieren ihre Rechtsfähigkeit mit der .... in den Registern. Juristische Personen des öffentlichen Rechts verlieren ihre Rechtsfähigkeit, wenn sie ihnen von staatlicher Seite .... wird.
13. Juristische Personen benötigen die .... natürlicher Personen. Für juristische Personen handeln deshalb ihre ....
14. Wie alle Verträge kommt auch der Kaufvertrag durch zwei .... Willenserklärungen (Antrag und Annahme) zustande. Wer seinen Willen zuerst äußert, stellt den .... Mit Abschluss eines Kaufvertrages verpflichtet sich der Käufer dazu, die Ware .... und zu bezahlen. Der Verkäufer hat die Pflicht, die Ware zu .... und dem Käufer zu übereignen.

15. Aus welchen Teilen besteht ein Kaufvertrag? – Aus dem ....-geschäft und dem ....-geschäft.

16. Zur Erleichterung des Geschäftsverkehrs gibt es vorformulierte Vertragsbedingungen, die .... (AGB). Um zu verhindern, dass diese AGB private Käufer einseitig benachteiligen, enthält das .... (BGB) besondere Schutzvorschriften.

17. Laut BGB muss der Käufer ausdrücklich auf die AGB hingewiesen werden. Nennen Sie zwei weitere Vorschriften des BGB.
1. ....
.... 2. ....
....

18. Es kommt vor, dass ein gekauftes Produkt fehlerhaft ist. In den AGB behalten sich die meisten Händler ein ....-recht vor. Dazu muss der Käufer dem Händler die Möglichkeit einräumen, die Ware in einer angemessenen Frist zu ....

19. Schlagen zwei Nachbesserungsversuche fehl, kann der Käufer zwischen folgenden Rechten wählen: Er kann
1. auf .... eines mangelfreien (Ersatz-)Produktes bestehen,
2. .... (alles Geld zurück) oder
3. einen Preis-... verlangen.

20. Werden durch ein fehlerhaftes Produkt Personen .... oder ....-schäden verursacht, so ist der Hersteller des Produkts verpflichtet, den entstandenen Schaden zu ersetzen. Das .... (ProdHaftG) soll Verbraucher vor fehlerhaften Waren schützen.

21. Nennen Sie zwei wichtige Kreditarten für Verbraucher.
1. .... 2. ....

22. Bei der Kreditaufnahme muss sich der Verbraucher über wesentliche Merkmale einzelner Kredite im Klaren sein. Er muss wissen, dass beim ....-kredit („Dispo“) deutlich mehr Zinsen zu zahlen sind als bei anderen Kreditarten. Jugendliche Verbraucher sind sich oft nicht darüber im Klaren, dass sie trotz „Taschengeld-Paragraf“ keine ....-verträge abschließen dürfen.

23. Zum Schutz der Konsumenten bieten Fachleute der ....-beratung in den Verbraucherzentralen der Bundesländer Rat und Hilfe an. Dazu zählt die ....-beratung. Verbraucherberater informieren darüber, dass man einen Verbraucherkreditvertrag ohne Angaben von Gründen innerhalb von .... schriftlich widerrufen darf. Oder ein junger Mensch will vom Berater wissen, wie er sich vor ungerechtfertigter und .... Einflussnahme (Rechnungen, Mahnschreiben) eines „windigen“ Internet-Anbieters schützen kann, der ihn „abkassieren“ will.

24. Nach dem .... (UWG) verboten sind: .... Werbung („Null-Euro-Flugreise“), falsche Angaben über die Ware, Zusendung von... Ware und nicht zuletzt .... Belästigung durch Telefonwerbung und über E-Mail.

25. Den größten Teil ihres ersparten Geldes legen die Haushalte bei Versicherungen und Kreditinstituten ein, über die es der .... zufließt. Die Unternehmen ...., um Mittel für die Durchführung von Investitionsvorhaben zu erlangen (Selbstfinanzierung). Verbraucher tragen durch ihre Sparleistung via *Kreditinstitute als Kapitalsammelstellen* maßgeblich zur Bereitstellung von Geldmitteln für .... an die Wirtschaft (Fremdfinanzierung) bei.

1. Wirtschaftszweige • Betriebe • Weltwirtschaft PAL 209-210, 288-289, 296, 361-362, U75

Betriebe

Der Betrieb ist der Ort der Leistungserstellung, an dem wirtschaftliche Güter hergestellt werden. Die beiden **Hauptaufgaben,** die Betriebe zu erfüllen haben, sind die Produktion von Sachgütern und die Bereitstellung von Dienstleistungen.

Danach lassen sich die Betriebe wie folgt in Produktions- und Dienstleistungsbetriebe einteilen:

– Einteilung I Zwei Bereiche

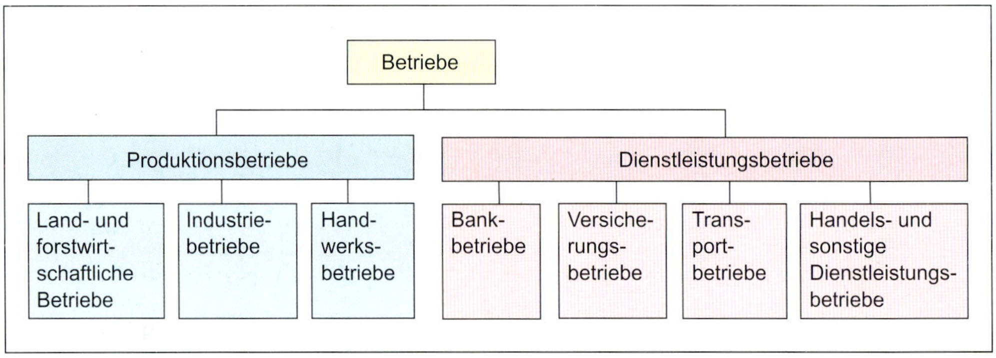

Produktionsbetriebe (Sachleistungsbetriebe) sind land- und forstwirtschaftliche Betriebe sowie Industrie- und Handwerksbetriebe.

Dienstleistungsbetriebe sind Bank-, Versicherungs-, Transport- und Handelsbetriebe. Unter den sonstigen Dienstleistungsbetrieben rangieren neben den Nachrichtenbetrieben auch die handwerklichen Dienstleistungsbetriebe (Friseur- und Malerbetriebe).

Dienstleistung gewinnt an Bedeutung

Dienstleistungsbetriebe können Produktionsbetriebe von Nebenarbeiten entlasten. Sie gewinnen schon seit vielen Jahren zunehmend an Bedeutung. Dienstleistungsbetriebe kommen in allen Größen vor, als Klein-, Mittel- und Großbetrieb.

http://de.wikipedia.org/wiki/Wirtschaftssektor

Eine andere Einteilung der Betriebe folgt der Gliederung der Wirtschaft in die Wirtschaftsbereiche (-sektoren) Urproduktion, Weiterverarbeitung und Dienstleistung.

– Einteilung II Drei Bereiche

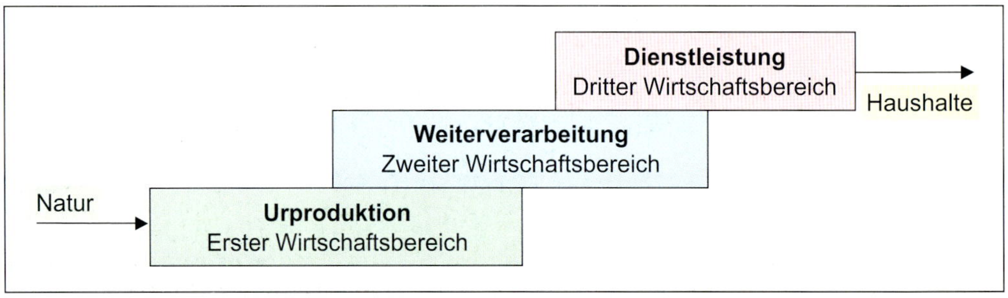

Die Gliederung der Wirtschaft in drei Bereiche

Erster Bereich Urproduktion

Bei dieser Einteilung geht man davon aus, dass am Anfang des weitverzweigten Produktionsprozesses die Urproduktionsbetriebe stehen: Sie gewinnen Rohstoffe unmittelbar aus der Natur. Reine Urproduktion betreiben zum Beispiel land-, forst- und fischereiwirtschaftliche Betriebe sowie Jagd- und Bergbaubetriebe, soweit gewonnene Rohstoffe nicht schon im Zuge der Gewinnung verfeinert werden, also bereits Weiterverarbeitung stattfindet. Das gilt z. B. für Rohöl und Ergas fördernde Betriebe.

Land-, Forst- und Fischereiwirtschaft sowie die Jagd sind **Wirtschaftszweige** des Bereichs der reinen Urproduktion. Siehe dazu die Übersicht auf der folgenden Seite.

Zweiter Bereich Weiterverarbeitung

An die Urproduktionsbetriebe schließen sich die Weiterverarbeitungsbetriebe an. Das sind Industrie- und Handwerksbetriebe. Diese stellen Zwischen- und Endprodukte sowie Produktions-/Investitionsgüter oder Konsumgüter her. Der **Unterbereich Industrie** gliedert sich in die Teilbereiche Grundstoffindustrie, Produktions-/Investitionsgüterindustrie und Konsumgüterindustrie.

Nach drei Wirtschaftsbereichen (-sektoren) geordnete BETRIEBE

Erster Wirtschaftsbereich

Urproduktion

- Landwirtschaftsbetriebe
- Forstwirtschaftsbetriebe
- Fischereibetriebe
- Jagd
- Bergbaubetriebe: Steinkohlenbergwerke und Steinbrüche
- Rohöl- und Erdgasförderungsbetriebe
- Energieerzeugungsbetriebe: Wind- und Wasserkraftwerke
- Wasserwirtschaftsbetriebe

Zweiter Wirtschaftsbereich

Weiterverarbeitung

Industrie

Grundstoffindustrie:

- Metall schaffende Industrie: Hüttenwerke, Stahlwerke, ...
- Metall verarbeitende Industrie: Metallgießereien, Walzwerke
- Baustoffindustrie: Zementwerke, Kieswerke, ...
- Holzverarbeitung: Sägewerke, Papierfabriken, ...
- Chemische Grundstoffindustrie: Lack- und Farbenfabriken
- Mineralölverarbeitung: Raffinierien, Pipeline-Betriebe

Produktions- oder Investitionsgüterindustrie:

- Maschinenbau: Werkzeugmaschinen- und Kugellagerfabriken, Sondermaschinenfabrikation, ...
- Teile der Elektroindustrie: Leitungs- und Kabelwerke, ...
- Teile des Fahrzeugbaus: Lkw- und Waggonfabriken, ...
- Teile der Bauwirtschaft: Wirtschafts- und öffentlicher Bau

Konsumgüterindustrie:

Schuh-, Textil-, Bekleidungs-, Glas-, Lederwaren-, Nahrungsmittel-, Genusswarenindustrie, Großbrauereien, Möbel-, Haushaltsgeräte-, Spielzeugindustrie, ...

Handwerk

Bäckereien, Fleischereien, Weinkellereien, Kunsthandwerksbetriebe, Bau- und Ausbauunternehmen, Tischlereien und Schneidereien, ...

Dritter Wirtschaftsbereich

Dienstleistung

Handel

Handelsbetriebe sammeln und verteilen Wirtschaftsgüter. Der Großhandel hat die Zielgruppe Großverbraucher und Wiederverkäufer. Der Einzelhandel zielt auf private Haushalte und damit auf Endverbraucher. Die Abnehmer des Großhandels sind Einzelhandelsfirmen, Gastgewerbe, nachgelagerte, regionale Großhändler oder weiterverarbeitende Betriebe, nicht aber private Haushalte. Handelsgeschäfte werden zunehmend über das Internet getätigt. Werden Waren ins Ausland verkauft, so spricht man von Export, im umgekehrten Fall von Import.

Verkehr, Logistik

Bahn, Post, Kraftverkehr, Luftfahrt, Schifffahrt, Spediteure, Reisebüros sorgen für die Beförderung von Personen und Gütern. Diese Beförderung muss natürlich geplant, gesteuert und kontrolliert werden. Damit befasst sich die Logistik. Befördert werden aber nicht nur materielle Güter, sondern auch Energie und Daten. Und das zum Teil über sehr große Strecken oder gar weltweit.

Tourismus, Hotel- und Gastgewerbe

Tourismus ist ein Überbegriff für Reisen, die Reisebranche und das Gastgewerbe. Die Branche zählt weltweit zu den größten Wirtschaftszweigen und ist einer der bedeutendsten Arbeitgeber. Unter dem Hotel- und Gastgewerbe versteht man die gewerbsmäßige Verpflegung und/oder Beherbergung in einem Beherbergungs- und Gaststättenbetrieb.

Nachrichtenübermittlung

Rundfunk, Fernsehen, Zeitungs- und Zeitschriftenverlage: Diese Nachrichtenbetriebe übermitteln Informationen.

Kreditinstitute

Banken und Sparkassen vermitteln den baren und unbaren Zahlungsverkehr, nehmen Einlagen zur Verzinsung an und stellen der Wirtschaft Kapital zur Verfügung (Kreditgewährung).

Versicherungen

Versicherungsbetriebe gewähren Versicherungsschutz: Sie übernehmen gegen Prämien unternehmerische Risiken und gleichen Verluste aus.

Sonstige Betriebe und freie Dienstleister

Für handwerkliche Dienstleistung, Beratung, Informationsvermittlung und medizinische Hilfe einige Leistungsträger:

Friseur- und Malerbetriebe, IT-Service (Hardware- und Software-Leistungen), Reparatur- und Reinigungsbetriebe, Steuerberater, Bildungsvermittler, Architektenbüro, Rechtsanwaltskanzlei, Arztpraxis, Informationsdienstleister aus dem IT-Bereich, der Hochtechnologie (Hightech) und der Kommunikationstechnologie auf hohem geistig. Niveau.

Öffentliche Haushalte

Staat, Gemeinden, Militär unterhalten Gesundheits- und soziale Dienste, Schulen, gewährleisten Sicherheit und Ordnung und bieten Schutz, innen und nach außen.

Mehr unter: http://de.wikipedia.org/wiki/Wirtschaftssektor

Beim Handwerk gibt es keine solchen Unterbereiche zu unterscheiden wie bei der Industrie. Man unterscheidet hier jedoch **weiterverarbeitende Handwerksbetriebe** wie Bäckereien und Fleischereien (zweiter Wirtschaftsbereich) und handwerkliche Dienstleistungsbetriebe wie Friseur- und Malerbetriebe (dritter Wirtschaftsbereich).

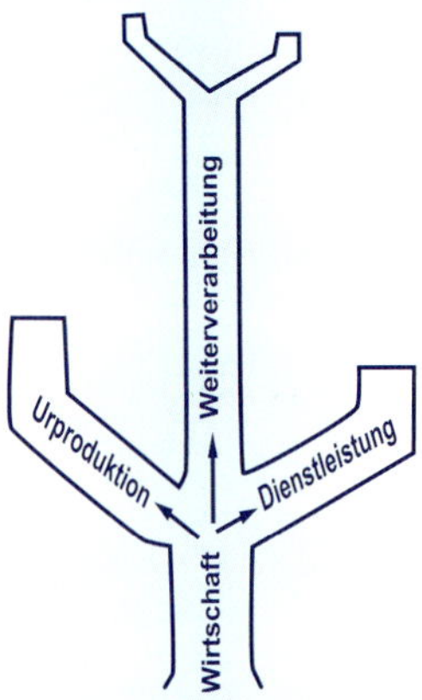

Die **Grundstoffindustrie** stellt die Ausgangsstoffe zur weiteren Verarbeitung in den Unterbereichen Produktions- oder Investitionsgüterindustrie und Konsumgüterindustrie zur Verfügung. Metall schaffende Industrie und Metall verarbeitende Industrie, Baustoffindustrie, Holz verarbeitende Industrie und chemische Grundstoffindustrie sind die Wirtschaftszweige des Unterbereichs Grundstoffindustrie.

Die **Produktions- oder Investitionsgüterindustrie** produziert Güter, die ihrerseits zur Herstellung neuer, **nicht** für den Endverbraucher bestimmter Güter notwendig sind. Die **Konsumgüterindustrie** stellt Güter her, die unmittelbar der Bedürfnisbefriedigung der Haushalte dienen. Diese Güter sind für den Endverbraucher bestimmt.

Wirtschaftszweige der Produktions- und Investitionsgüterindustrie sind etwa der Maschinenbau und Teile der Elektroindustrie und des Fahrzeugbaus. Wirtschaftszweige der Konsumgüterindustrie sind die Schuh-, die Textil- und die Bekleidungsindustrie, die Glas- und die Lederwarenindustrie, die Nahrungsmittel- und die Genusswarenindustrie, die Großbrauereien, die Möbelindustrie und andere.

Dritter Bereich Dienstleistung

Güter müssen im Anschluss an ihre Produktion in aller Regel transportiert und verteilt werden. Deshalb schließen sich an die Weiterverarbeitungsbetriebe Dienstleistungsbetriebe an, die diese Aufgaben wahrnehmen. Der dritte Wirtschaftsbereich umfasst neben den Handelsbetrieben unter anderem Bank-, Versicherungs- und Transportbetriebe. Unter „Sonstige Unternehmen oder freie Dienstleister" sind neben handwerklichen Dienstleistern (wie Friseur- und Malerbetriebe oder IT-Service) beratende und andere Leistungsträger eingeordnet (siehe Übersicht Seite 97).

Betrieb oder Unternehmung?

Neben dem Begriff Betrieb verwendet man in der Wirtschaftslehre auch häufig den Begriff Unternehmung. Worin unterscheiden sich die beiden Begriffe?

Bei genauer Unterscheidung versteht man unter **Betrieb** die Gebäude (Werkshallen, Geschäftsräume) und deren technische Einrichtungen, die den Menschen in seiner Arbeit unterstützen sollen. Ein Betrieb kann dabei aus mehreren, auch räumlich voneinander getrennten Werken bestehen. Er ist eine bloße Produktionsstätte und rechtlich unselbstständig.

Eine **Unternehmung** ist die rechtlich selbstständige Einheit, die den Betrieb unterhält. Sie kann Verträge schließen und in eigener Verantwortung planen. Wie sie dies kann, hängt von der gewählten Rechtsform ab (etwa Aktiengesellschaft oder Einzelunternehmung). Eine Unternehmung kann mehrere Betriebe besitzen.

Betrieb = Teil der Unternehmung

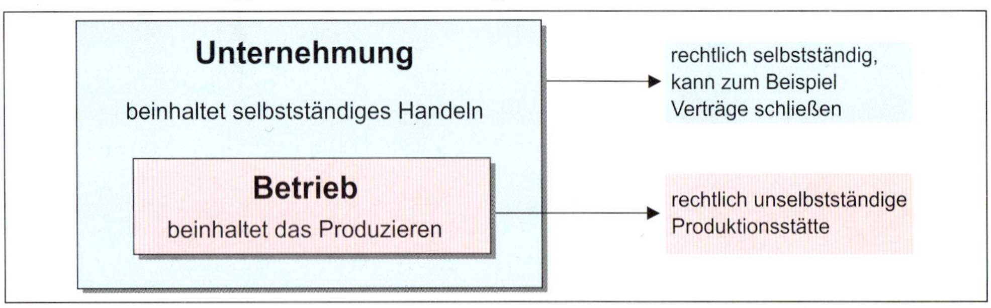

Gleichwohl spricht man etwa vom Ausbildungsbetrieb und meint damit jedenfalls mehr als lediglich eine Produktionsstätte. Das zeigt, dass man im tatsächlichen Sprachgebrauch die Begriffe Betrieb und Unternehmung nicht streng unterscheidet.

Betrieb/Unternehmung in Wirtschaftssystemen

Die bundesdeutsche Wirtschaftsordnung ist die soziale Marktwirtschaft. Mehr dazu unter: http://de.wikipedia.org/wiki/marktwirtschaft

Unternehmungen gibt es in der **Marktwirtschaft** westlicher Prägung, wo Angebot und Nachfrage den Markt steuern, nicht aber in der früheren Zentralverwaltungswirtschaft östlicher Ausformung. Bei der reinen **Zentralverwaltungswirtschaft** war der Staat in Gestalt der staatlichen Planungskommission ein einziges gigantisches Unternehmen. Dieses System hat sich indes als nicht zukunftsfähig erwiesen.

Marktwirtschaft mit staatlichem Einfluss

Kennzeichen einer *sozialen Marktwirtschaft* sind:

- Privateigentum an Produktionsmitteln (in der DDR waren die Produktionsmittel Volkseigentum),
- Wettbewerb (Verhinderung von marktbeherrschenden Monopolen),
- Tarifautonomie (Tarifpartner können Löhne und Arbeitsbedingungen frei aushandeln),
- sozialer Ausgleich (ein gerechtes Steuersystem sorgt für Ausgleich zwischen Arm und Reich).

Verlagerung betrieblicher Prozesse nach außen: „Outsourcing“

Bei der (arbeitsteiligen) Verlagerung betrieblicher (Teil-)Prozesse nach außen (Outsourcing), zum Beispiel in der Automobilindustrie, unterscheidet man:

- **Single** Sourcing: **Ein** (externer) Zulieferer liefert Armaturenverkleidungen.
- **Multiple** Sourcing: **Mehrere** Zulieferer liefern Motoren.

Arbeitsteilung global

- **Global** Sourcing: **Weltweite** Arbeitsteilung im Bereich Elektronik

Globalisierung

Ein Merkmal von Globalisierung ist der freie und ungehinderte weltweite Güter-, Dienstleistungs- und Kapitalaustausch durch Öffnung der Märkte in den verschiedenen Volkswirtschaften. Kennzeichen für Globalisierung sind zum Beispiel:

– Kennzeichen

- Ausländische Investoren übernehmen die Aktienmehrheit an einem deutschen Unternehmen.
- Ein deutsches Unternehmen verlegt seine Produktion nach Indien.
- Ein Unternehmen verlagert seine Produktion aus Asien nach Deutschland zurück.
- Ein Staat senkt die Besteuerung von Kapitaleinkommen, um den Kapitalzufluss zu erleichtern.

Europäischer Binnenmarkt

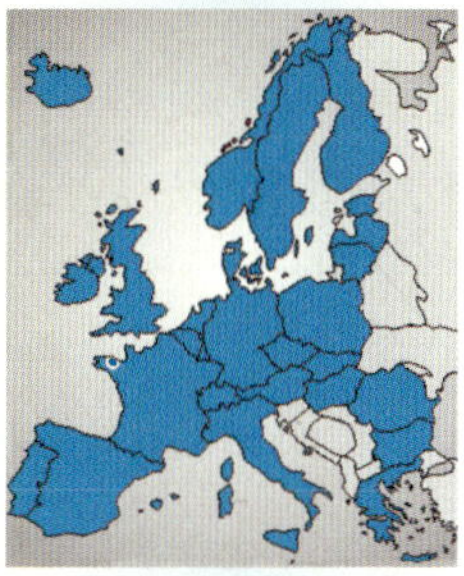

Der europäische Binnenmarkt umfasst die 27 Mitgliedsstaaten der EU und die Schweiz, Liechtenstein, Norwegen sowie Island.

Der **Europäische Binnenmarkt** mit seinen vier Grundfreiheiten (siehe Grafik unten) schafft einen gemeinsamen Markt, in dem 493 Millionen Menschen Wohnsitz, Studienplatz und Arbeitsstätte frei wählen können.

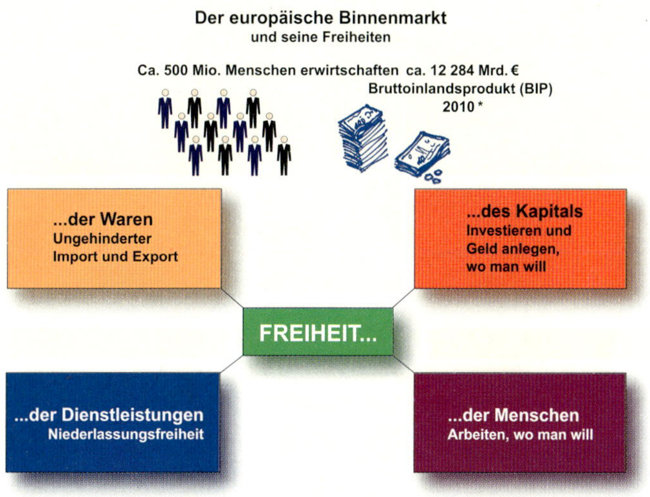

Der europäische Binnenmarkt und seine „Vier Freiheiten“

Grenzformalitäten entfallen, Schritt für Schritt auch zu den neuen Mitgliedstaaten. Größere Stückzahlen und mehr Wettbewerb führen zu Preisvorteilen für die Verbraucher und machen Europa fit im internationalen Wettbewerb. Deutsche Unternehmen liefern einen Großteil ihrer Waren im Wert von mehreren hundert Milliarden Euro in die anderen EU-Länder.

Der Binnenmarkt wird unter anderem ergänzt durch den Euro als gemeinsame Währung, bestimmte soziale Mindeststandards, gemeinsame Umweltstandards, energiepolitische Maßnahmen, Regelungen zum Verbraucherschutz, eine gemeinsame Verkehrspolitik, Forschungsförderung sowie einen solidarischen Beitrag für weniger entwickelte Mitgliedstaaten und Regionen durch EU-Fördermittel.

Europäische Sozialcharta

Die Europäische Sozialcharta ist im Bereich der wirtschaftlichen und sozialen Grundrechte das Gegenstück zur Europäischen Menschenrechtskonvention.

Im Zusammenhang mit der Schaffung des Europäischen Binnenmarktes steht die **Europäische Sozialcharta** (ESC). Dabei handelt es sich um ein Abkommen, das den Menschen in der EU soziale Grundrechte garantiert. Mit der Verabschiedung der ESC sollte im Rahmen der Einführung des Binnenmarktes sogleich die soziale Dimension berücksichtigt werden.

Soziale Grundrechte sind nicht Freiheitsrechte im Sinne von *Freiheit vom Staat.* Vielmehr soll mit ihnen *Freiheit mithilfe des Staates* verwirklicht werden. Es handelt sich also um Grundrechte im Sinne von Leistungs- oder Teilhaberechten, zum Beispiel auch um den Schutz alter Menschen und den Schutz für Wanderarbeiter und ihre Familien.

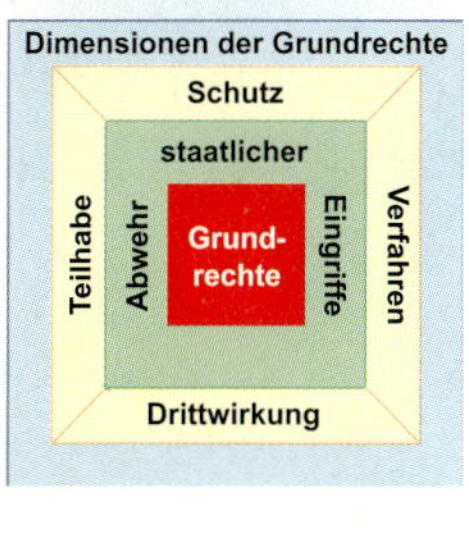

Unternehmensanalyse

1. Wirtschaftszweige • Betriebe • Weltwirtschaft

1. Der Betrieb ist der ...., an dem wirtschaftliche Güter hergestellt werden. Die beiden Hauptaufgaben, die Betriebe zu erfüllen haben, sind die Produktion von .... und die Bereitstellung von ....
2. Betriebe kann man einteilen in ....-betriebe und Dienstleistungsbetriebe. *Produktions*betriebe sind land- und forstwirtschaftliche Betriebe, ...-betriebe und Handwerksbetriebe. *Dienstleistungs*betriebe sind Bankbetriebe, ...-betriebe, Transportbetriebe und ....-betriebe sowie sonstige Dienstleistungsbetriebe.
3. Dienstleistungsbetriebe können Produktionsbetriebe von Nebenarbeiten .... Sie haben in den vergangenen Jahren zunehmend an Bedeutung ....
4. Eine andere Einteilung der Betriebe erfolgt in drei Wirtschaftsbereiche. Zu welchem Wirtschaftsbereich gehören Rohöl- und Erdgasförderungsbetriebe? ....
5. Zum Bereich der Urproduktion gehören außer land- und forstwirtschaftlichen Betrieben sowie Rohöl- und Erdgasförderungsbetrieben auch .... Betriebe, ...-betriebe und .... Betriebe.
6. Welcher Wirtschaftsbereich befasst sich **nicht** mit der sogenannten Urproduktion, sondern bearbeitet und verarbeitet Rohstoffe? ....
7. Beim Handwerk unterscheidet man .... Handwerksbetriebe (2. Wirtschaftsbereich) und handwerkliche ....-betriebe (3. Wirtschaftsbereich).
8. Zur Grundstoffindustrie gehören – außer der Baustoffindustrie – die .... schaffende Industrie, die Metall .... Industrie, die .... verarbeitende Industrie und die ....-industrie.
9. Was versteht man unter Produktions- oder Investitionsgütern? ....
....
10. Zur Produktions- oder Investitionsgüterindustrie zählen außer Maschinenbaubetrieben Teile der/des
1. .... 2. ....
11. Wirtschaftszweige der Konsumgüterindustrie sind zum Beispiel die ....-industrie, die ....-industrie und die ....-industrie.
12. Nennen Sie gemäß Übersicht Seite 97 außer Handel und Versicherungen vier weitere Dienstleistungsbereiche.
1. .... 2. ....
3. .... 4. ....
13. In der Wirtschaftslehre unterscheidet man zwischen Betrieb und Unternehmung. Der Betrieb ist (bei genauer Unterscheidung) .... Die Unternehmung ist die ...., die den Betrieb unterhält.
14. In welchem Wirtschaftssystem gibt es Wettbewerb? ....
15. Ein Merkmal von Globalisierung ist der freie und ungehinderte weltweite ....-austausch, Dienstleistungs- und Kapitalaustausch durch .... der Märkte in den verschiedenen Volkswirtschaften.
16. Der Europäische Binnenmarkt mit seinen .... Grundfreiheiten schafft einen gemeinsamen Markt, in dem 493 Mio. Menschen ....-sitz, Studienplatz und Arbeitsstätte .... wählen können.
17. Bei der Europäischen Sozialcharta handelt es sich um ein Abkommen, das den Menschen in der EU .... garantiert.
18. Ergänzen Sie die grafische Darstellung „Wirtschaftszweige“ auf der folgenden Seite.

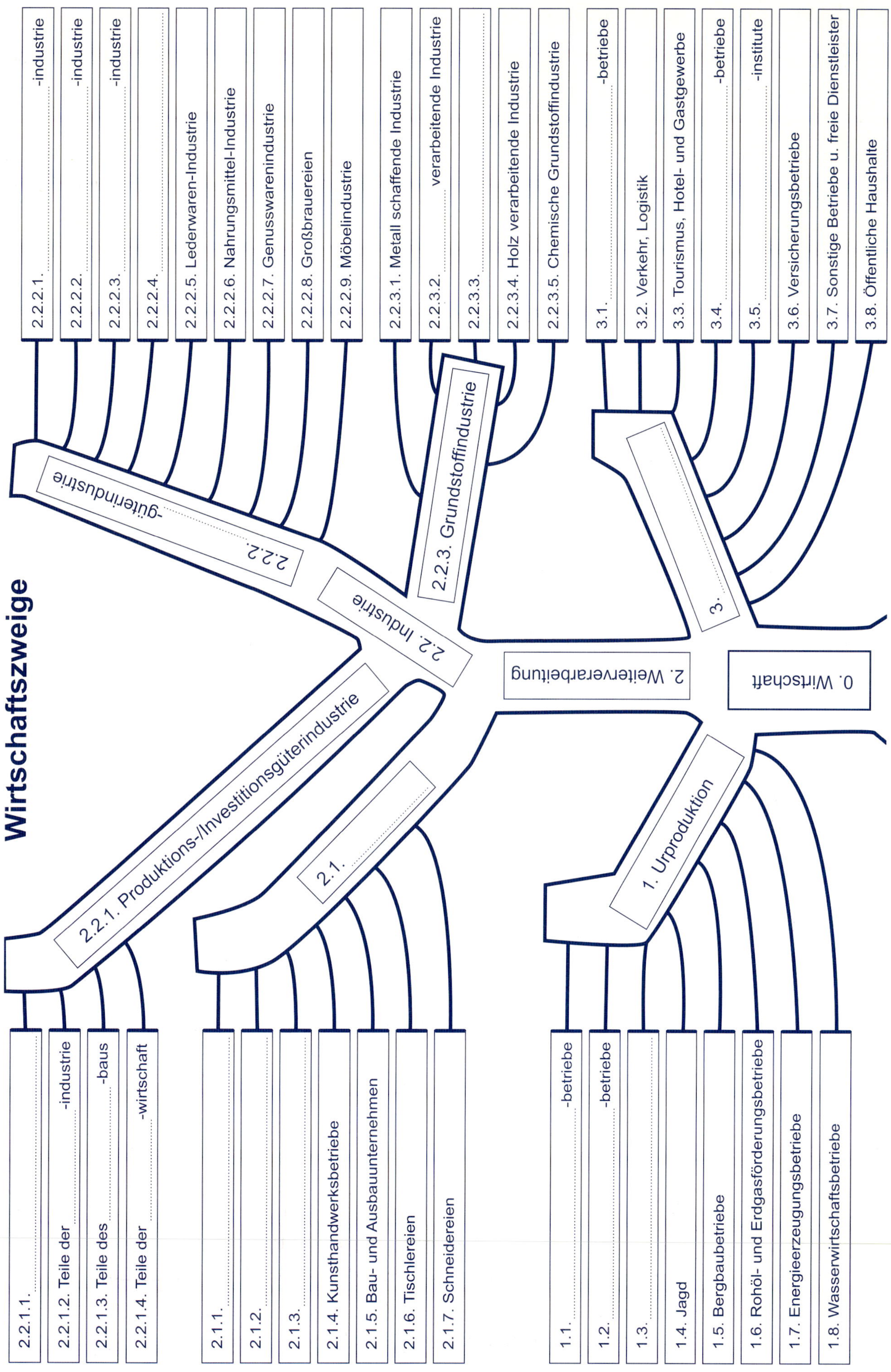
Wirtschaftszweige
0. Wirtschaft
1. Urproduktion
1.1. …… -betriebe
1.2. …… -betriebe
1.3. ……
1.4. Jagd
1.5. Bergbaubetriebe
1.6. Rohöl- und Erdgasförderungsbetriebe
1.7. Energieerzeugungsbetriebe
1.8. Wasserwirtschaftsbetriebe
2. Weiterverarbeitung
2.1. ……
2.1.1. ……
2.1.2. ……
2.1.3. ……
2.1.4. Kunsthandwerksbetriebe
2.1.5. Bau- und Ausbauunternehmen
2.1.6. Tischlereien
2.1.7. Schneidereien
2.2. Industrie
2.2.1. Produktions-/Investitionsgüterindustrie
2.2.1.1. ……
2.2.1.2. Teile der …… -industrie
2.2.1.3. Teile des …… -baus
2.2.1.4. Teile der …… -wirtschaft
2.2.2. …… -güterindustrie
2.2.2.1. …… -industrie
2.2.2.2. …… -industrie
2.2.2.3. …… -industrie
2.2.2.4. ……
2.2.2.5. Lederwaren-Industrie
2.2.2.6. Nahrungsmittel-Industrie
2.2.2.7. Genusswarenindustrie
2.2.2.8. Großbrauereien
2.2.2.9. Möbelindustrie
2.2.3. Grundstoffindustrie
2.2.3.1. Metall schaffende Industrie
2.2.3.2. …… verarbeitende Industrie
2.2.3.3. ……
2.2.3.4. Holz verarbeitende Industrie
2.2.3.5. Chemische Grundstoffindustrie
3. ……
3.1. …… -betriebe
3.2. Verkehr, Logistik
3.3. Tourismus, Hotel- und Gastgewerbe
3.4. …… -betriebe
3.5. …… -institute
3.6. Versicherungsbetriebe
3.7. Sonstige Betriebe u. freie Dienstleister
3.8. Öffentliche Haushalte

2. Unternehmensziele • Betriebsaufbau

PAL 290-295, 297-298, U61-63

Unternehmensziel Gewinnerzielung

Ein Teil des Gewinns ist das unternehmerische Einkommen; es fließt in den Privathaushalt des Unternehmers, ein anderer, größerer Teil wird wieder in das Unternehmen planvoll investiert.

In welcher Weise eine Unternehmung sich wirtschaftlich betätigt, hängt maßgeblich von den Unternehmenszielen ab. Um zu bestehen, muss eine privatrechtlich geführte Unternehmung einen Gewinn erwirtschaften. Das Erzielen eines Gewinns ist daher das oberste Unternehmensziel. Zu diesem Zweck werden private Unternehmungen meistens gegründet. Der Gewinn ist vergleichbar mit dem Zins für das eingesetzte Eigenkapital und mit einer Prämie für das eingegangene Kapitalrisiko. Die Kapitalverzinsung, der Gewinn, soll hoch sein.

Weitere Ziele der Privatwirtschaft

Neben der Gewinnerzielung gibt es weitere Unternehmensziele, wie zum Beispiel eine **volle** Ausnutzung der **Betriebskapazität** (des betrieblichen Leistungsvermögens), denn die vorhandenen Anlagen sollen optimal genutzt werden. In der Folge lassen sich noch weitere Ziele, etwa eine Steigerung der **Produktivität** (Stückzahl, Ausstoßmenge) und eine Erhöhung von **Marktanteilen**, erreichen.

Erwerbswirtschaft/ Gemeinwirtschaft

Betriebe, deren Ziel es ist, Gewinne für sich zu erwirtschaften, bezeichnet man auch als **erwerbswirtschaftliche Betriebe**. Im Gegensatz dazu steht bei den Betrieben der öffentlichen Hand das Gemeinwohl im Vordergrund; sie werden **gemeinwirtschaftlich** geführt. Solche Betriebe sind in der überwiegenden Anzahl im Besitz des Bundes, der Städte und Gemeinden, also im Besitz des Staates.

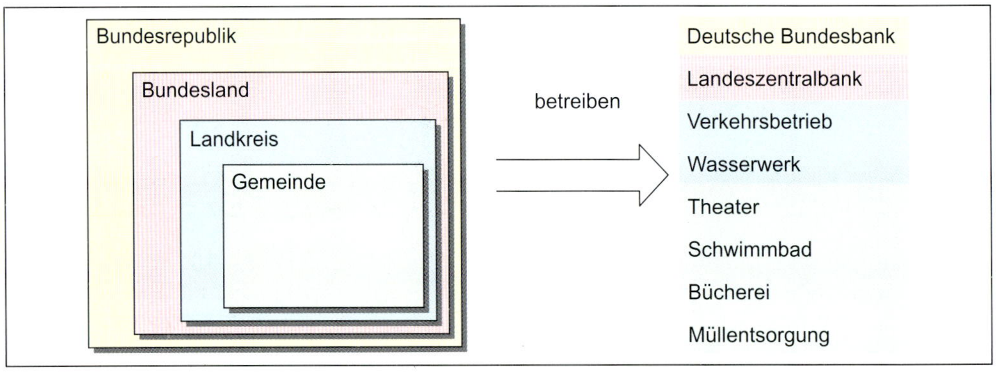

Aber aufgepasst: Die Namen mancher privater Kreditinstitute sind irreführend. So befinden sich die Deutsche Bank, die Bank für Gemeinwirtschaft und die Volksbank in privater und nicht etwa in öffentlicher Hand. Sie sind **nicht** gemeinwirtschaftlich.

Unternehmensziel Bedarfsdeckung

Die vorwiegende Aufgabe der öffentlichen Unternehmungen liegt in der Versorgung der Bevölkerung mit Gütern, für die ein allgemeiner Bedarf besteht. Die öffentliche Hand berücksichtigt bei der Preisgestaltung auch soziale und politische Gesichtspunkte. Die meisten dieser Betriebe sind Zuschussbetriebe.

Öffentliche Büchereien, Krankenhäuser, Schwimmbäder und Theater machen Verluste, die aus dem öffentlichen Haushalt gedeckt werden müssen. Private Unternehmungen arbeiten meist rationeller und sind am Markt beweglicher und erwirtschaften Gewinne. Öffentliche Unternehmer müssen allerdings auch ihre Leistungen **flächendeckend** anbieten, wozu private Unternehmungen nicht verpflichtet sind. Deshalb fahren zum Beispiel öffentliche Verkehrsbetriebe eher Verluste ein.

Eine Unternehmung, die viele Jahre lang mit hohen Verlusten arbeitete und nur aus gesamtwirtschaftlichen Gründen und aus Gründen des Gemeinwohls als überwiegend öffentliches Unternehmen aufrechterhalten wurde, war die Deutsche Bahn AG.

Kostendeckungsprinzip

Bei einigen gemeinwirtschaftlichen Unternehmungen, zum Beispiel bei öffentlichen Versorgungsbetrieben (Gas-, Elektrizitäts- und Wasserwerke), decken die Einnahmen die Kosten. Sie arbeiten erfolgreich nach dem **Kostendeckungsprinzip.** Als Kosten wird der in Geld ausgedrückte „Werteverzehr“ bezeichnet.

Da eine Unternehmung bestrebt ist, finanzielle Verluste zu vermeiden, wird sie versuchen, ihre betriebliche Leistung mit geringen Kosten zu erstellen. Oder sie wird bei gleichbleibenden Kosten versuchen, ihre betriebliche Leistung zu steigern.

Prinzip der angemessenen Gewinnerzielung

Für öffentlich-rechtliche Unternehmungen wie Stadt- und Kreissparkassen sowie für die Deutsche Bundesbank gilt darüber hinaus das Prinzip der angemessenen Gewinnerzielung. Die dort erzielten Gewinne können **zum Verlustausgleich,** zum Beispiel bei den öffentlichen Verkehrsbetrieben, herangezogen werden.

Aufgaben + Ziele öffentliche/private Unternehmungen

Da sich fast jedes Unternehmen heute einem Konkurrenzkampf mit den Mitanbietern auf dem Markt ausgesetzt sieht, muss darauf geachtet werden, dass
- alte Produktionsmittel (Geräte, Anlagen, Werkzeuge, Maschinen, ...) ersetzt werden,
- rationalisiert wird, also dass man Arbeitsvorgänge unter geschicktem Einsatz an Arbeit, Werkstoff und Maschine vernünftig und zweckmäßig gestaltet,
- man umstrukturiert, also dass man zum Beispiel die Produktpalette erweitert oder verringert,
- zum Beispiel die Kapazität erweitert wird, das heißt neue Produktionsmittel angeschafft werden,
- in Forschung und Umweltschutz investiert wird, etwa in der Automobilindustrie in die Entwicklung von Brennstoffzellen/Elektroautos oder geringeren Schadstoffausstoß (CO_2) bei den Verbrennungsmotoren.

Zusammengefasst stellen sich öffentliche und private Unternehmungen in ihren Aufgaben und Zielen wie folgt dar:

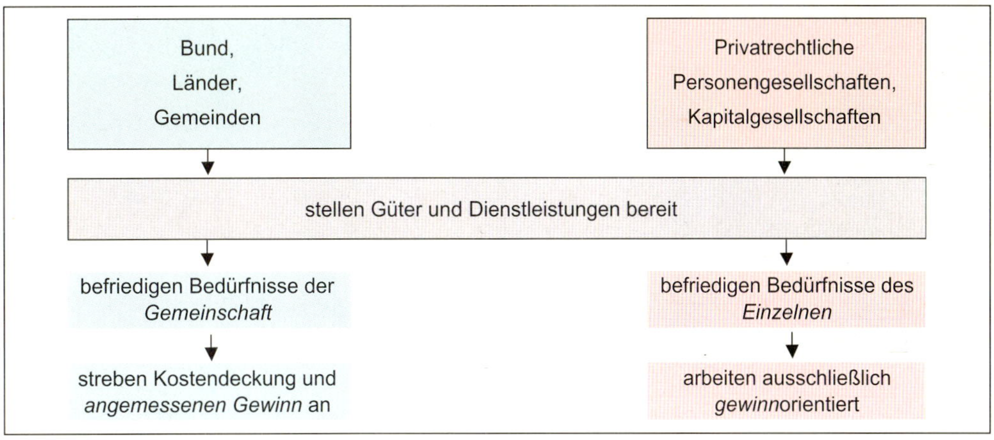

Teilbereiche eines Betriebes und Interessen

http://de.wikipedia.org/wiki/Produktionsprozess

...wiki/Produktion

Um seine Ziele und Aufgaben erfüllen zu können, muss jeder Betrieb Material, Anlagen, Personal, Kapital und Informationen beschaffen. Das betrifft einen ersten wichtigen Teilbereich des Betriebes: die **Beschaffung.**

Wichtige Interessen, die der Beschaffungsbereich verfolgt, sind:

- **Einkauf** (preiswerter und qualitativ) guter Produktionsmaterialien,
- **Vereinbarung** vorteilhafter Zahlungsziele (etwa: zahlbar binnen 30 Tagen),
- schneller **Zugriff** zu Rohstoffen und Halbzeugen.

Mithilfe der beschafften Anlagen und Arbeitskräfte werden ebenfalls angeschaffte Güter in irgendeiner Art und Weise in der **Produktion** be- und verarbeitet.

Wichtige Interessen im Produktionsbereich sind zum Beispiel:

- **rationelle Fertigung** der Produkte,
- **schneller Lagerumschlag** (Lagerkapazität ist in der Regel begrenzt).

Die dritte wichtige Aufgabe ist schließlich der **Absatz.** Hier werden die in der Produktion erstellten Güter dem Markt zugänglich gemacht.

Für die Entscheidungen im Absatzbereich ist von Bedeutung:

- **Wunsch** des Kunden,
- marktgerechter **Preis** der Produkte,
- ständige Weiter**entwicklung** der Produkte,
- hoher **Bestand** des Verkaufslagers.

Die Kombination der Teilbereiche Beschaffung, Produktion und Absatz berührt die Logistik im Unternehmen. Darunter versteht man die Abwicklung von Materialflüssen, von der Bestellung der Ausgangsmaterialien bis zur Versendung der fertigen Produkte.

Betriebe sind die kleinste zentrale Einheit der Wirtschaft. Erst das Zusammenwirken der vorgenannten drei Teilbereiche eines Betriebes zum Zwecke der Leistungserstellung ermöglicht es diesem zu produzieren.

Drei Teilbereiche wirken zusammen

Beschaffung, Produktion und Absatz stehen in einem Wirkzusammenhang. Man nennt sie deshalb auch betriebliche Funktionen.

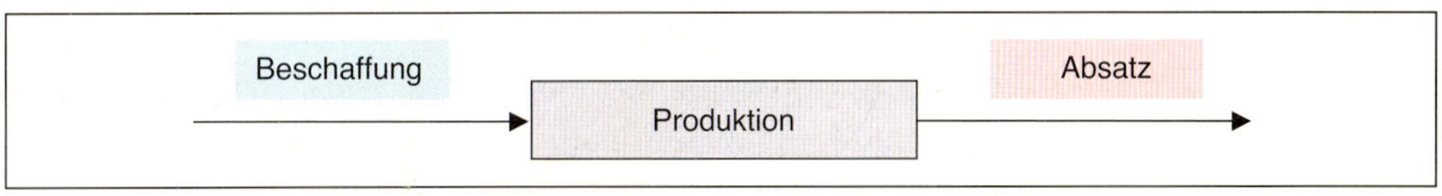

Funktionelles Zusammenwirken der Teilbereiche eines Betriebes

Unternehmensanalyse

Betrieb im Wirtschaftskreislauf

Der Betrieb beschafft die richtige Ware für den richtigen Preis in der richtigen Stückzahl auf dem richtigen Markt. Er setzt die von ihm in der richtigen Stückzahl produzierte richtige Ware auf dem richtigen Markt für den richtigen Preis ab.

Mit bestimmter Zielvorstellung (Logistik) beschafft der Betrieb gegen Bezahlung Personal, Maschinen und Material, notfalls auch Kredite, auf dem dafür vorhandenen **Markt.** Unter dieser Voraussetzung produziert er. Seine Produkte setzt er gegen Bezahlung auf dem Absatzmarkt ab. Dabei entsteht ein kombinierter **Kreislauf** aus Geld und Gütern. Der Betrieb ist also in ein **Netz von Beziehungen** eingeordnet, wie die folgende Darstellung zeigt.

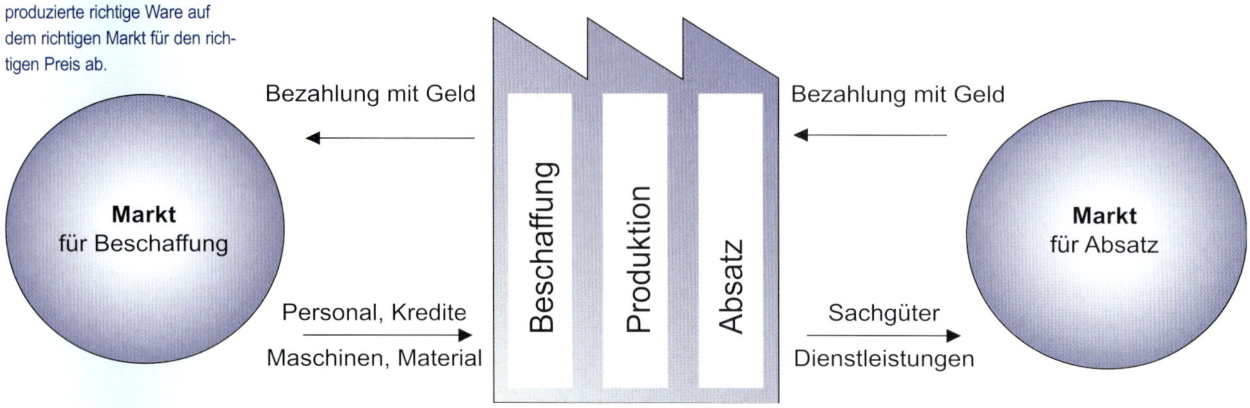

Der Betrieb als Einheit in einem Wirtschaftskreislauf

Aufgaben arbeitsteilig erfüllen

Teilbereiche und Abteilungen

Personalplanung / Personalwirtschaft ist Aufgabe der Personalabteilung der Unternehmung (nebenstehend dem gelb unterlegten Bereich der Unternehmensführung, dem Führungsstab, zugeordnet). Es geht darum, tüchtige Mitarbeiter zu gewinnen, die den wirtschaftlichen Erfolg der Unternehmung gewährleisten.
Teilgebiet der Personalwirtschaft ist die Personalmotivation.
Es geht nicht nur darum, tüchtige Mitarbeiter zu gewinnen, sondern sie auch zu halten und nicht etwa an die Konkurrenz zu verlieren.
Die Gründe, dem Unternehmen treu bleiben zu wollen und die zugewiesenen Aufgaben bestmöglich zu erfüllen, müssen überwiegen. Und dazu muss man das Personal anregen / motivieren. – Motivation ist hier die *Gesamtheit der Beweggründe, die ein Verhalten beeinflussen.*

In der modernen Wirtschaft erfolgt die Aufgabenerfüllung im Betrieb **arbeitsteilig.** In kleinen Unternehmen sind einzelne Mitarbeiter jeweils allein mit dem Materialeinkauf, mit der Fertigung eines bestimmten Produktes oder mit dessen Verkauf beschäftigt; in großen Unternehmen erledigen das ganze Abteilungen. Der Dreiteilung eines Handwerksbetriebs in Gesamtleitung, kaufmännische Aufgaben und technische Aufgaben entspricht – in größenmäßig abgewandelter Form –der organisatorische Aufbau eines Industriebetriebs.

Unternehmensführung

Sekretariat und Assistenten

Rechtsabteilung
Revision (obere Prüfstelle)
Organisation Betrieb(e)
Erzeugnis- und Personalplanung

Beschaffungsbereich	Produktionsbereich	Absatzbereich
Bedarfsplanung	Arbeitsvorbereitung (Kalkulation)	Vertrieb
Materialeinkauf	Fertigungsplanung (Konstruktion)	Marktforschung
Angebotsvergleich	Fertigungsdurchführung	Verkaufsförderung
Wareneingangskontrolle	Fertigungskontrolle	Werbung
	Forschung / Entwicklung (Erprobung)	Verpackung
		Versand

Allgemeiner Bereich (Werksverwaltung, Transport)
Verwaltungsbereich (Personal-, Sozial- und Materialverwaltung)
Finanzwesen (Buchhaltung, Betriebsabrechnung)

Organisationsplan eines mittleren bis großen Unternehmens

Technischer und kaufmännischer Bereich

Wegen des Umfangs der notwendigen Verwaltungsaufgaben haben größere Industriebetriebe oft auch eine eigene Verwaltungsabteilung.

Zum **Technischen** Bereich eines Großbetriebes gehört der gesamte Produktionsbereich mit all seinen Abteilungen, zum Beispiel der Arbeitsvorbereitung, der Fertigungsplanung und -durchführung sowie der Forschung und Entwicklung.

Zum **Kaufmännischen** Bereich eines Großbetriebes gehören die Teilbereiche Beschaffung und Absatz mit allen Abteilungen sowie das Finanzwesen und in der Regel auch Teile der Verwaltung.

2. Unternehmensziele • Betriebsaufbau

1. Zu welchem Zweck wird in der Hauptsache eine private Unternehmung gegründet?

....

2. Der Gewinn ist vergleichbar mit dem .... für das eingesetzte Eigenkapital und mit einer .... für das eingegangene Kapitalrisiko. Die Kapitalverzinsung soll .... sein.

3. Nennen Sie zwei weitere Unternehmensziele außer der Gewinnerzielung.

   1. ....
   2. ....

4. Betriebe, deren Ziel es ist, Gewinne für sich zu erwirtschaften, bezeichnet man als ....-wirtschaftliche Betriebe. Im Gegensatz dazu nennt man öffentliche Unternehmungen ....-wirtschaftlich, weil als ihr Ziel das Gemeinwohl im Vordergrund steht.

   Eine Unternehmung der öffentlichen Hand ist die Deutsche ....-bank.

5. Die öffentliche Hand berücksichtigt bei der Preisgestaltung .... Gesichtspunkte. Verluste müssen aus dem öffentlichen .... gedeckt werden. Mit Verlusten arbeiten zuweilen öffentliche ....-betriebe.

6. Welche Unternehmung arbeitete viele Jahre lang mit hohen Verlusten und wurde mehr aus gesamtwirtschaftlichen Gründen und aus Gründen des Gemeinwohls als überwiegend öffentliches Unternehmen aufrechterhalten?

....

7. Bei einigen gemeinwirtschaftlichen Unternehmungen, wie zum Beispiel bei den Wasserwerken, halten sich die Einnahmen und Kosten die Waage. Nach welchem Prinzip wirtschaften diese Unternehmungen?

....

8. Was bezeichnet man als Kosten?

....

9. Was strebt eine Unternehmung bei der betrieblichen Leistungserstellung hinsichtlich ihrer Kosten möglichst an?

....

10. Für welche öffentlich-rechtlichen Unternehmungen gilt das Prinzip der angemessenen Gewinnerzielung?

....

11. Wozu können die bei öffentlich-rechtlichen Unternehmungen erzielten Gewinne herangezogen werden?

....

12. Bund, Länder und Gemeinden stellen Güter und Dienstleistungen bereit und befriedigen damit Bedürfnisse der .... Privatrechtliche Personen- und Kapitalgesellschaften befriedigen Bedürfnisse des .... Bund, Länder und Gemeinden streben Kostendeckung und .... an. Privatrechtliche Unternehmungen arbeiten ausschließlich ....-orientiert.

13. Um seine Ziele und Aufgaben erfüllen zu können, muss jeder Betrieb Material, Anlagen, Personal, ... und .... beschaffen.

14. Nennen Sie drei wichtige Interessen, die im betrieblichen Beschaffungsbereich verfolgt werden.

    1. ....
    2. ....
    3. ....

Unternehmensanalyse

15. Nennen Sie ein wichtiges Interesse, das außer schnellem Lagerumschlag im Produktionsbereich verfolgt wird.

    ....

16. Nennen Sie drei Gesichtspunkte, die für Entscheidungen im Absatzbereich – außer dem Wunsch des Kunden – von Bedeutung sind.

    1. ....
    2. ....
    3. ....

17. Welches ist neben der Beschaffung und dem Absatz die wichtigste Aufgabe des Betriebes?

    ....

18. Unter Logistik im Unternehmen versteht man die Abwicklung von ...., von der Bestellung der Ausgangsmaterialien bis zur Versendung der fertigen Produkte.
    Beschaffung, Produktion und Absatz stehen in einem ....-zusammenhang. Man nennt sie deshalb auch betriebliche ....

19. Stellen Sie das funktionelle Zusammenwirken der betrieblichen Teilbereiche Beschaffung, Produktion und Absatz in einer einfachen **Skizze** dar.

20. Die für die Produktion notwendigen Güter erwirbt der Betrieb auf dem für die Beschaffung vorhandenen .... Das dafür notwendige Geld erhält er aus dem Verkauf seiner Produkte auf dem Absatzmarkt. Dabei entsteht ein kombinierter Kreislauf aus .... und ....

21. Die Aufgabenerfüllung im Betrieb erfolgt arbeitsteilig. Welche Aufgaben umfasst der Beschaffungsbereich eines Betriebes außer der Bedarfsplanung und dem Angebotsvergleich?

    1. ....
    2. ....

22. Der Produktionsbereich umfasst außer der Arbeitsvorbereitung und der Forschungs-/Entwicklungsabteilung
    1. die Fertigungs-..., 2. die Fertigungs-... und
    3. die Fertigungs-... .

23. Der Absatzbereich umfasst außer Vertrieb, Verpackung und Versand:

    1. .... 2. ....
    3. ....

24. Unter den allgemeinen Bereich fallen die Werks-.. und der Transport. Der Verwaltungsbereich umfasst die ....-verwaltung, die Sozialverwaltung und die Materialverwaltung. Das Finanzwesen beinhaltet die .... und die Betriebsabrechnung. Die Rechtsabteilung ist der Unternehmens-.. zugeordnet.

25. Mit welchem wichtigen Teilbereich eines Großbetriebes ist dessen technischer Bereich identisch?

    ....

26. Welche Teilbereiche eines Großbetriebes umfasst dessen kaufmännischer Bereich außer dem Finanzwesen und Teilen der Verwaltung?

    1. .... 2. ....

27. Welchem Teilbereich eines großen Unternehmens ist die Revision (obere Prüfstelle) zugeordnet?

    ....

3. Produktionsfaktoren

PAL 299, U64

Drei Produktionsfaktoren ...

Für die Gütererstellung benötigen die Unternehmen drei grundlegende Einsatzmittel:

- **Arbeit** (die menschliche Arbeitskraft),
- **Natur** (Boden, Bodenschätze und Naturkräfte),
- **Kapital** (Geld für das Produktionsmittel oder das Produktionsmittel selbst).

Man nennt sie Produktionsfaktoren (= Mittel betrieblicher Leistungserstellung).

... wirken zusammen

Nur durch ihr sinnvolles Zusammenwirken kann rationell produziert werden.
Für die Weizenproduktion benötigt man – vereinfacht ausgedrückt – einen Mähdrescher, einen Fahrer und ein Weizenfeld. Diese Produktionsfaktoren wirken zusammen zur Leistungserstellung (Weizenernte).

Eingesetzt werden:	Das sind die Produktionsfaktoren:
Fahrer	Arbeit
Feld	Natur
Mähdrescher	Kapital

→ wirken zusammen zur → **Güterproduktion** (hier: Weizenernte)

Produktionsfaktoren bei der Güterproduktion im landwirtschaftlichen Betrieb

... und erzeugen einen Mehrwert.

Der Fahrer steht für Arbeit, das Feld gehört zur Natur und der Mähdrescher stellt das Kapital dar. Damit wird in der Regel ein „Mehrwert“ erzeugt: **Die Ernte ist „mehr wert“ als der Aufwand dafür.** Der Überschuss entspricht grob dem Gewinn.
In dem nachfolgenden Beispiel ist das ähnlich:

Eingesetzt werden:	Das sind die Produktionsfaktoren:
ausführende Arbeitskräfte	Arbeit
Grundstück, Gebäude, Energie, Rohstoff	Natur
Maschinen, Werkzeuge	Kapital

→ wirken zusammen zur → **Güterproduktion** (hier: Brotfabrikation)

Produktionsfaktoren bei der Güterproduktion im industriellen Betrieb

Angenommen, in eine Brotproduktion werden im ersten Jahr **10** Mio. Euro an Kapital investiert. Aus der Produktion verkauft man in dem Jahr für **13** Mio. Euro Brote. Lässt man die anderen Produktionsfaktoren einmal außer Acht, so beziffert sich der Produktionsfaktor Kapital in diesem Fall mit **1,3** (**10** Mio. x **1,3** = **13** Mio.). Der erzeugte „Mehrwert“ (die betriebliche Wertschöpfung) beträgt **3** Mio. Euro.

Betriebswirtschaftliche Produktionsfaktoren

Auf den (kleineren) Rahmen des einzelnen Betriebes bezogen weist man den (volkswirtschaftlichen) Produktionsfaktoren Kapital, Natur und Arbeit die (betriebswirtschaftlichen) Begriffe Betriebsmittel, Werkstoffe und ausführende Arbeit zu und untergliedert sie wie folgt:

Betriebsmittel	Werkstoffe	ausführende Arbeit
• Grundstücke, Gebäude	• Rohstoffe, Halbzeuge	• körperliche
• Maschinen, Anlagen	• Hilfsstoffe	• geistige
• Werkzeuge, Hilfsmittel	• Betriebsstoffe	• gelernte
• Betriebsausstattung	• bezogene Fertigprodukte	• ungelernte

ausführende Arbeit

Kunstmaler: körperlich-geistig tätig

Hilfsstoffe sind zum Beispiel Lötmittel, Klebstoffe, Schweißelektroden und Lacke. Zu den Betriebsstoffen zählen Schmieröle, Kühlmittel, Putzwolle und Strom.

Von der leitenden Arbeit hängt es ab, wie die Produktionsfaktoren sinnvoll so kombiniert werden, dass als Ergebnis ein wirtschaftlicher Erfolg dabei heraus kommt.

Unternehmensanalyse

3. Produktionsfaktoren

1. Wie heißen die drei grundlegenden Einsatzmittel zur Gütererstellung (Produktionsfaktoren)?

   1. ....

   2. ....

   3. ....

2. Unter dem Produktionsfaktor Arbeit versteht man die menschliche .... Natur steht für ...., Bodenschätze und Naturkräfte. Kapital ist das .... für Produktionsmittel oder das Produktionsmittel selbst.

3. Die Produktionsfaktoren Arbeit, Natur, Kapital sind Mittel betrieblicher ....-erstellung. Nur durch ihr sinnvolles Zusammenwirken können Güter .... produziert werden.

4. Für die Weizenproduktion benötigt man 1. ein Weizenfeld, 2. einen Mähdrescher, 3. einen Fahrer für den Mähdrescher. Welche Produktionsfaktoren sind das?

   zu 1. .... zu 2. .... zu 3. ....

5. Die Ernte ist mehr wert als der Aufwand dafür.

   Was wird mit den Produktionsfaktoren demnach erzeugt? ....

6. Dem erzielten Überschuss entspricht der .... Für die Brotfabrikation braucht man ausführende Arbeitskräfte. Diese stehen für den Produktionsfaktor .... Man benötigt ein Fabrikgebäude auf einem dafür vorgesehenen Grundstück, einen Stromanschluss und Rohstoffe. Diese Einsatzmittel zählen zum Produktionsfaktor .... Weiterhin sind Maschinen und Werkzeuge erforderlich. Diese stellen das .... dar.

7. In eine Fernsehgeräteproduktion werden an Kapital 2 Millionen Euro investiert und aus der Produktion werden für 2,6 Millionen Euro Geräte verkauft. Wenn wir die anderen Produktionsfaktoren einmal außer Acht lassen,

   a) wie hoch ist dann der Produktionsfaktor Kapital (oder – anders gefragt – mit welchem Faktor ist 2 zu multiplizieren, um 2,6 zu erhalten)? ....

   b) Wie hoch ist der erzielte „Mehrwert"? ....

8. In eine Produktion von Computern werden an Kapital 300 Millionen Euro investiert. Aus der Produktion werden für 390 Millionen Euro Geräte verkauft. Wie hoch beziffert sich der Produktionsfaktor Kapital – lässt man die anderen Produktionsfaktoren einmal außer Acht? ....

   Wie hoch ist der erzielte Mehrwert (die betriebliche Wertschöpfung)? ....

9. Den betriebswirtschaftlichen Produktionsfaktoren Betriebsmittel, Werkstoffe und ausführende Arbeit entsprechen die volkswirtschaftlichen Produktionsfaktoren ....,.. und ....

10. Zu den Betriebsmitteln zählt die Betriebs-..., unter Werkstoffe fallen auch bezogene .... und die ausführende Arbeit unterteilt man in Gegensatzpaare wie körperliche und .... Arbeit sowie gelernte und .... Arbeit.

11. Leitende Arbeit (Management) ist von großer Bedeutung: Von ihr hängt es ab, wie die Produktionsfaktoren sinnvoll so kombiniert werden, dass am Ende ein .... steht.

4. Arbeitsteilung • Rationalisierung • Humanisierung • Fertigungsverfahren

PAL 300-301, 344, 359, U62

Mehr Leistung ... durch Arbeitsteilung

Unter **Arbeitsteilung** versteht man die **Aufteilung der Arbeit** für die Produktion und Verteilung von Gütern. Heute ist für alle Volkswirtschaften eine weltweite wirtschaftliche Verflechtung (Globalisierung) typisch, die das Ergebnis von Arbeitsteilung ist. Die zur Güterherstellung und -verteilung notwendigen Arbeiten werden weltweit aufgeteilt und die erstellten Güter unter Nutzung von Kostenvorteilen weiträumig ausgetauscht. Die Güterherstellung erfolgt vor Ort im Betrieb arbeitsteilig, auf bestimmte Tätigkeitsbereiche und auf bestimmte Leistungsträger verteilt.
Arbeitsteilung ist die Voraussetzung für den großen Einsatz von Maschinen, die den Menschen von schwerer körperlicher oder von monotoner Arbeit entlasten und eine bessere Qualität der Produkte sowie Kostenvorteile gewähren. Arbeitsteilung hat die Mehrfachproduktion ermöglicht, auf der unser moderner Lebensstandard beruht.

... durch Spezialisierung

... durch Rationalisierung

... durch Automation

http://de.wikipedia.org/wiki/**Automation**

Mit dem Begriff Arbeitsteilung eng verknüpft ist der Begriff **Spezialisierung**. Positiv betrachtet kommt die Spezialisierung den persönlichen Neigungen, Fähigkeiten und Begabungen des Menschen entgegen. Der Mensch fühlt sich in der Arbeitswelt zufriedener, wenn die Arbeit seinen Vorstellungen entspricht. Wenn der Einzelne **die** Arbeit übernimmt, die seinen Fähigkeiten entspricht, wird er leistungsfähiger.
Mit der Spezialisierung eines Betriebes auf ganz bestimmte Tätigkeitsbereiche steigen seine Produktivität (die erzeugte Gütermenge) und die Qualität der produzierten Güter. Dies ermöglicht der Unternehmung, im Konkurrenzkampf mit den Mitanbietern auf dem Markt zu bestehen.

Fortschreitende *Arbeitsteilung* beim Schleifen *durch Technisierung, Mechanisierung und Automatisierung*: In Stufen zur Automation

Arbeit mit dem Handschleifstein

Arbeit am Schleifbock – zunächst von Hand betrieben, dann durch Wasser- und zuletzt Motorenkraft

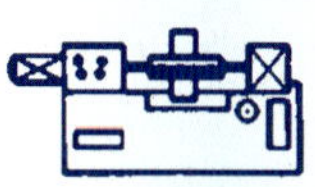
Schleifmaschine – motorbetrieben

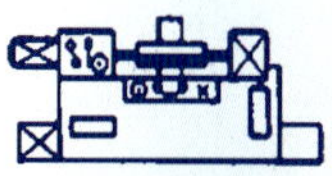
Schleifautomat – Halbautomat

Rationalisierung bedeutet die vernünftige und zweckmäßige Gestaltung der Arbeitsvorgänge. Sie baut auf der Spezialisierung auf. Rationalisierung ermöglicht eine weitere Steigerung der Produktivität eines Unternehmens. Da sich fast jedes Unternehmen heute einem Konkurrenzkampf mit den Mitanbietern ausgesetzt sieht, muss rationell gewirtschaftet werden. Will man rationalisieren, so gilt es insbesondere, die im Unternehmen anfallenden Kosten gering zu halten.
Rationalisieren kann heißen, mit dem **gleichen** Einsatz an Arbeit, Werkstoffen und Maschinen eine größere Menge zu produzieren (Maximalprinzip). Rationalisieren kann auch heißen, durch einen **geringeren** Einsatz von Arbeit und Material die gleiche Menge herzustellen (Minimalprinzip oder Sparprinzip).
Durch Rationalisierung der Fertigung erreicht man meist

- eine Verringerung der Lohnkosten an den Produktionskosten,
- eine Verkürzung der Produktionszeit,
- eine Verringerung schwerer körperlicher Arbeit,
- keine Verringerung der nervlichen Beanspruchung der Arbeitnehmer.

Man darf nicht übersehen, dass mit Rationalisierungsmaßnahmen häufig auch eine nervliche Mehrbelastung des einzelnen Arbeitnehmers verbunden ist.
Unter Einbeziehung der Automation, die man als einen bedeutsamen Teil der Rationalisierung ansehen kann, lässt sich das zuvor Gesagte wie folgt darstellen:

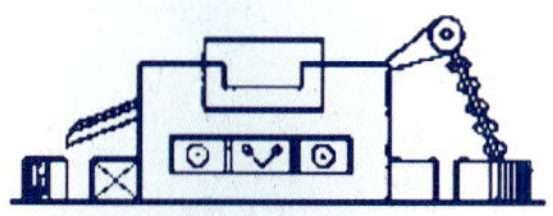
Schleifautomat – Vollautomat

Fertigungsstraße (Transferstraße) *Automation*

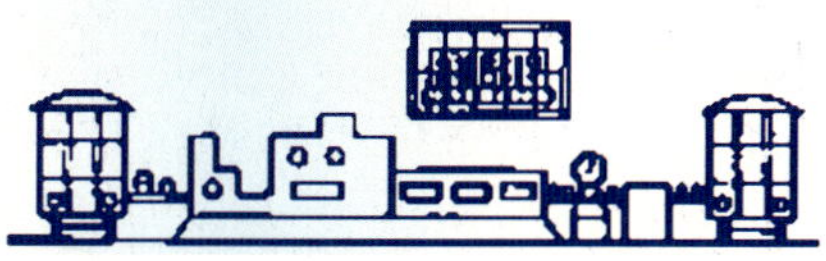
Fertigungskette *Automation*

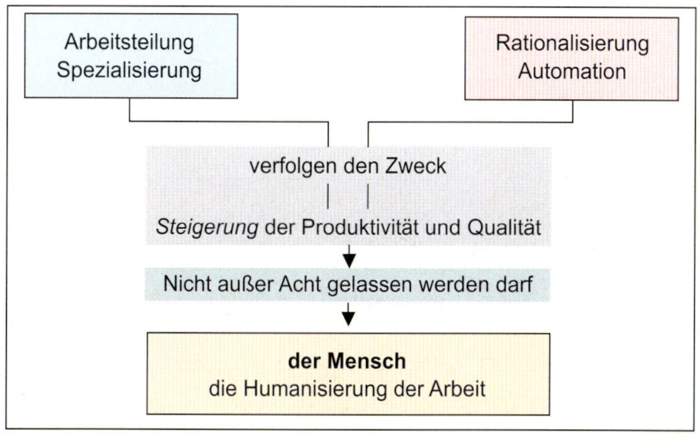

Ruf nach Humanisierung

http://de.wikipedia.org/wiki/Humanisierung_der_Arbeitswelt

Angenehmes Betriebsklima sowie gute Arbeitsbedingungen (günstige Gestaltung der Arbeitsplätze und gute Arbeitsmittel) sind Möglichkeiten, die Motivation der Mitarbeiter zu verbessern.

Mehr zum Individuum in der Wirtschaft in: Informationen zur politischen Bildung Nr. 294/2007, Bundeszentrale für politsche Bildung (Hsg.) S. 10 f. Internetadresse: www.bpb.de

Vor diesem Hintergrund wird vielerorts der Ruf nach einer stärkeren **Humanisierung der Arbeitswelt** laut. Dieser Begriff beinhaltet eine menschlichere Ausgestaltung des Arbeitsplatzes und des Arbeitsumfeldes. Hierzu gehört auch der Wunsch nach Anerkennung der Leistung des Einzelnen.

Betriebliche Maßnahmen zur Humanisierung der Arbeit dienen

- der Verringerung der körperlichen und seelischen Belastungen,
- der Steigerung der Freude an der Arbeit,
- der Verbesserung des Betriebsklimas.

Man darf schließlich nicht übersehen, dass durch Rationalisierungsmaßnahmen Arbeitskräfte freigesetzt werden. So wird durch Rationalisierung infolge Automatisierung menschliche Arbeit ersetzt durch die Arbeit von Maschinen, die sich selbst regeln. Das hilft einerseits, Ausschuss infolge menschlicher Fehler zu vermeiden, trägt aber andererseits zur Arbeitslosigkeit bei. Und die kann inhuman sein.

In der Folge von Arbeitsteilung und Rationalisierung haben sich Fertigungsverfahren herausgebildet, die man nach der Beweglichkeit der Produkte unterscheidet.

Übersicht Fertigungsverfahren

http://de.wikipedia.org/wiki/Produktionsprozess
Dort: Fertigungsprinzip

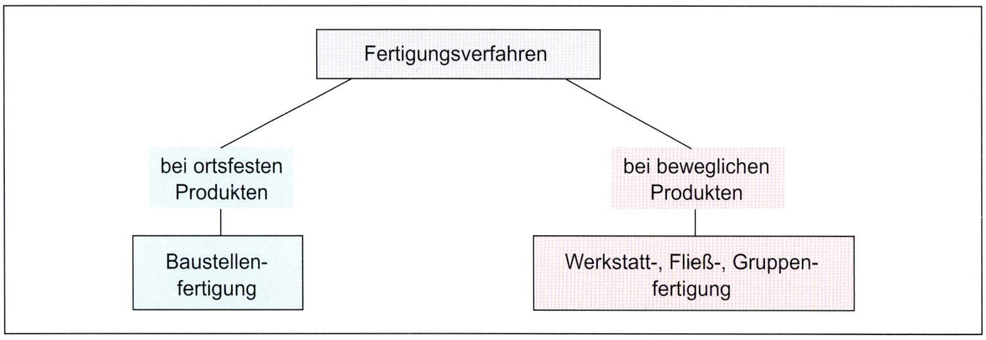

Man grenzt die Baustellenfertigung, die sich auf ortsfeste Produkte bezieht, von Werkstatt-, Fließ- und Gruppenfertigung ab, die sich auf bewegliche Produkte beziehen. Auf diese Fertigungsverfahren wird nachfolgend im Einzelnen eingegangen.

Baustellenfertigung

Baustellenfertigung gibt es im Hochbau (Häuser), Tiefbau (Straßen) und im Schiffsbau. Anders bei Fertighäusern – dort werden die Bauteile vorgefertigt, etwa in der Werkstatt, dann zur Baustelle gefahren und auf der Baustelle nur noch montiert.

Werkstattfertigung

Bei der **Werkstattfertigung** durchläuft das Produkt während der Fertigung verschiedene Werkstätten. Nach Beendigung eines bestimmten Arbeitsvorgangs in einer Werkstatt werden die bearbeiteten Produkte in die nächste Werkstatt transportiert.

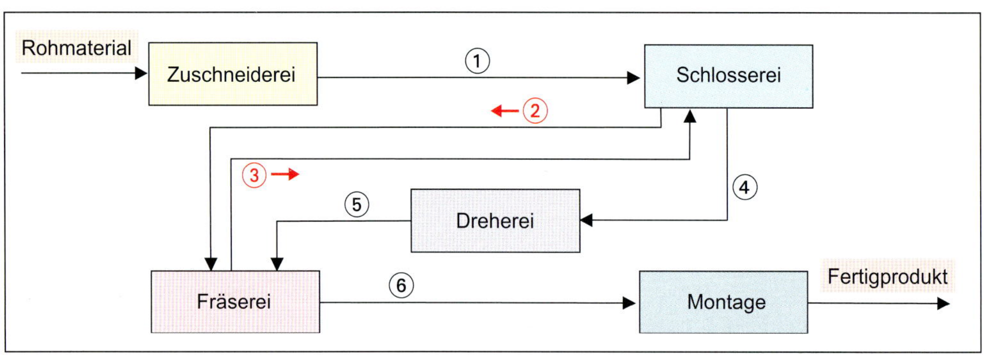

Vor- und Nachteile

Vorteile: Es handelt sich um ein sehr anpassungsfähiges Fertigungsverfahren, denn Marktveränderungen und Kundenwünsche können berücksichtigt werden. Zweckmäßig ist dieses Verfahren bei Einzelfertigung, und es ist geeignet für Kleinserien.

Nachteile: Der Transport der Produkte ist lohnintensiv, zum Beispiel durch Gabelstaplerfahrten von Werkstatt zu Werkstatt. Gemäß obiger Darstellung kann es auch sein, dass etwa zwei Werkstätten jeweils zweimal angefahren werden müssen. Unter Umständen kommt es auch zu langen Liegezeiten der (Zwischen-)Produkte.

Fließfertigung

Bei der **Fließfertigung** sind Arbeitsplätze und Maschinen so angeordnet, wie es der zeitliche Ablauf der Produktion erfordert, und zwar so, dass die zu bearbeitenden Gegenstände bestimmte Arbeitsgänge immer in der gleichen Reihenfolge durchlaufen. Kennzeichnend ist dabei, dass der Fließtransport von einem Bearbeitungsplatz zum anderen mit einem Fördermittel, zum Beispiel mit einer Röllchenbahn oder einem Förderband, verkettet erfolgt.

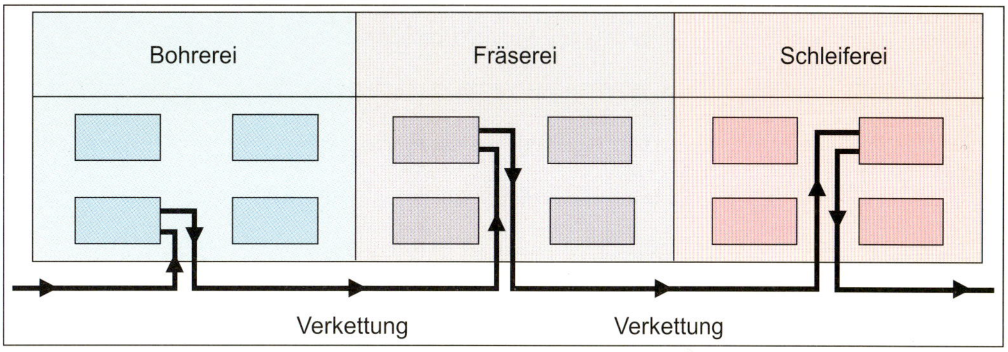

Die Verkettung erfolgt zum Beispiel durch eine Transportkette.

Fließbandfertigung

Fließbandfertigung liegt vor, wenn die einzelnen Arbeitsgänge entsprechend bestimmten Taktzeiten genau zeitlich festgelegt sind. Jeder Arbeiter führt immer wieder die wenigen gleichen Handgriffe aus; die Arbeitsteilung erfährt ihre ausgeprägteste Form, da die Arbeit am Fließband immer im bestimmten Zeittakt erfolgt, der unbedingt eingehalten werden muss. Bekannte Beispiele sind die Fertigungsstraßen bei der Herstellung von Fernsehern und von Automobilen.

Vor- und Nachteile

Vorteile: Die Produktivität ist hoch und der Produktionsprozess ist übersichtlich, weshalb auch die Fertigungskosten besser kalkuliert werden können. Die Qualität der Produkte ist gleichmäßig hoch.

Nachteile: Geringe Anpassungsfähigkeit bei neuen Produkten, hohe Störanfälligkeit des Produktionsprozesses: Schon geringfügige Störungen an Fließ- oder Förderband beeinflussen die gesamte Produktion des Betriebes. Oft ist die Beschäftigung für die Arbeitnehmer einseitig (monoton).

Gruppenfertigung

Eine Mischform von Werkstatt- und Fließfertigung ist die **Gruppenfertigung**. Dieses Fertigungsverfahren hat den Vorteil, dass hierbei die Nachteile von Werkstatt- und Fließfertigung gemindert werden. Zur Durchführung gleicher Arbeitsverrichtungen werden Maschinen und Arbeitskräfte in Gruppen zusammengefasst. Innerhalb der Gruppen erfolgt die Anordnung nach dem zeitlichen Ablauf. Der einzelne Arbeiter muss nicht ständig dieselben Handgriffe wie am Fließband verrichten und es fällt zudem kein langer Transport wie bei der Werkstattfertigung an.

Dieses Fertigungsverfahren erfreut sich zunehmender Beliebtheit. Es tritt immer mehr an die Stelle der Fließbandfertigung. Die Gruppenfertigung soll zur Humanisierung der Arbeitswelt beitragen und zugleich die Wirtschaftlichkeit erhöhen.

Die Zusammenarbeit in Gruppen – zunehmend beliebter – soll die Mitarbeiter stärker motivieren und die Wirtschaftlichkeit erhöhen.

Gruppenarbeit soll Monotonie am Fließband ersetzen

In der neuen Fabrik bei Mercedes in Rastatt gibt es kein einziges Fließband mehr im überlieferten Sinne. Stattdessen arbeiten die Mitarbeiter in kleinen Gruppen von 10 bis 15 Personen. Eine solche Gruppe ist für jeweils einen bestimmten Umfang der anfallenden Montagearbeiten zuständig. Die Gruppe hat weitgehend Einfluss auf den Arbeitsablauf. Sie ist nicht nur für die Montage, sondern auch für die Herstellung der notwendigen Montageteile, für Wartung und kleine Reparaturen der Maschinen und Anlagen bis hin zur Qualitätskontrolle verantwortlich.
Eine Endkontrolle oder gar eine eigene Abteilung für Nachbesserungen, wie in herkömmlichen Montagewerken der Autoindustrie notwendig, gibt es in Rastatt nicht mehr. Mercedes verspricht sich von dieser Fertigungskonzeption erheblich mehr Motivation der Mitarbeiter und eine entsprechend höhere Produktivität.

(Vgl. Arno Becker, Ein steiniger Weg zu neuen Ufern, in: Rheinpfalz Nr. 122/92)

Unternehmensanalyse

4. Arbeitsteilung • Rationalisierung • Humanisierung • Fertigungsverfahren

1. Was versteht man unter Arbeitsteilung? ....

....

2. Arbeitsteilung ermöglicht die Ausnutzung von Kostenvorteilen durch weiträumigen .... der Güter. Die Güterherstellung erfolgt vor Ort im Betrieb arbeitsteilig, auf bestimmte ....-bereiche und Leistungsträger verteilt. Arbeitsteilung bedeutet bessere .... der Produkte.

3. Arbeitsteilung ist die Voraussetzung für den Einsatz von ...., die den Menschen entlasten. Arbeitsteilung hat die Mehrfachproduktion ermöglicht, auf der unser moderner ....-standard beruht.

4. Mit dem Begriff Arbeitsteilung eng verknüpft ist der Begriff .... Wenn der Einzelne die Arbeit übernimmt, die seinen Fähigkeiten entspricht, wird er .... Mit der Spezialisierung eines Betriebes auf ganz bestimmte Tätigkeitsbereiche steigt seine ....

....

5. Was bedeutet Rationalisierung? ....

....

6. Will man rationalisieren, so gilt es insbesondere, die im Unternehmen anfallenden .... gering zu halten. Rationalisieren kann heißen, mit dem **gleichen** Einsatz an Arbeit, Werkstoffen und Maschinen eine .... Menge zu produzieren. Man spricht hier vom ....-prinzip. Rationalisieren kann auch heißen, durch einen .... Einsatz von Arbeit und Material die **gleiche** Menge herzustellen. Hier handelt es sich um das ....-prinzip.

7. Durch Rationalisierung erreicht man eine 1. .... der Lohnkosten, 2. .... der Produktionszeit, 3. .... schwerer körperlicher Arbeit. Durch Rationalisierung gelingt **keine** Verringerung der .... der Arbeitnehmer.

8. Arbeitsteilung, Spezialisierung, Rationalisierung und Automation verfolgen den Zweck, die Produktivität der Arbeit und die Qualität der erzeugten Produkte zu .... Nicht außer Acht gelassen werden darf der Mensch und damit die .... der Arbeit.

9. Der Ruf nach Humanisierung der Arbeitswelt beinhaltet eine menschlichere Ausgestaltung des Arbeits-............................... und des Arbeits-.. . Hierzu gehört auch der .... der Leistung des Einzelnen.

10. Maßnahmen zur Humanisierung der Arbeit dienen
1. der .... der körperlichen und seelischen Belastungen,
2. der .... der Freude an der Arbeit, 3. der .... des Betriebsklimas.

11. Was geschieht bei der Automatisierung in Bezug auf menschliche Arbeit? ....

....

12. Wozu verhilft Automatisierung in Bezug auf die Qualität von Produkten im Zusammenhang mit menschlichen Fehlern? ....

13. Zu welcher – die Arbeit des Menschen betreffenden – Zeiterscheinung, die inhuman sein kann, trägt die Automatisierung bei? ....

14. Fertigungsverfahren kann man nach der .... der Produkte unterscheiden. Welches Verfahren kommt bei ortsfesten Produkten in Betracht? ....

15. Welche Fertigungsverfahren unterscheidet man bei beweglichen Produkten? 1. ....

2. .... 3. ....

16. Wo gibt es die Baustellenfertigung außer im Hoch- und Tiefbau? ....

17. Was unterscheidet den Bau eines Fertighauses vom Bau eines Hauses in herkömmlicher Bauweise vor Ort?

....

....

18. Bei der Werkstattfertigung durchläuft das Produkt während der Fertigung .... Werkstätten. Nach Beendigung eines Arbeitsvorgangs in einer Werkstatt werden die bearbeiteten Produkte in die .... Werkstatt transportiert, wo der nächste Arbeitsvorgang erfolgt.

19. Werkstattfertigung ist für Einzelfertigung und für Kleinserien geeignet. Nennen Sie je einen Vorteil und einen Nachteil dieses Fertigungsverfahrens.

Vorteil: ....

Nachteil: ....

20. Bei der Fließfertigung sind Arbeitsplätze und Maschinen so angeordnet, wie es der .... Ablauf der Produktion erfordert. Der Fließtransport von einem Arbeitsplatz zum anderen erfolgt ...., zum Beispiel durch eine Transportkette.

Fließbandfertigung liegt vor, wenn die einzelnen Arbeitsgänge entsprechend bestimmter .... genau zeitlich festgelegt sind.

21. Bei der Fließbandfertigung führt jeder Arbeiter immer wieder die .... Handgriffe aus; die Arbeits-.......... erfährt ihre ausgeprägteste Form. Die Arbeit am Fließband erfolgt immer im bestimmten ....-takt, der unbedingt eingehalten werden muss. Bekannte Beispiele sind die Fertigungsstraßen bei der Herstellung von Fernsehern und von ....

22. Nennen Sie drei Vorteile der Fließbandfertigung.

1. ....

2. ....

3. ....

23. Nennen Sie drei Nachteile der Fließbandfertigung.

1. ....

2. ....

3. ....

24. Eine Mischform von Werkstatt- und Fließfertigung ist die Gruppenfertigung. Welchen Vorteil hat dieses Fertigungsverfahren? Die Nachteile von Werkstatt- und Fließfertigung ....

Der einzelne Arbeiter muss nicht ständig dieselben Handgriffe wie am .... verrichten, und es fällt zudem kein langer Transport wie bei der ....-fertigung an.

25. Die Gruppenfertigung erfreut sich zunehmender Beliebtheit. Dieses Fertigungsverfahren soll zur Humanisierung der Arbeitswelt beitragen und zugleich die .... erhöhen.

5. Klein-, Mittel- und Großbetrieb • Betriebsstandort • Handwerks- und Industriebetrieb

PAL 302-303

Unterscheidung der Betriebe

Betriebe kann man nach verschiedenen Kriterien unterscheiden, etwa nach

- dem vorherrschenden Rohstoff, der gewonnen oder verarbeitet wird (zum Beispiel Betriebe der Metallverarbeitung, der Holzindustrie und der Textilindustrie) oder
- dem Fertigungsverfahren (Werkstattfertigung oder Fließfertigung: Autowerkstätten oder Abfüllbetriebe).

Im Folgenden werden Betriebe zunächst unterschieden nach

- der Betriebsgröße
- dem Standort

und anschließend nach den Bereichen

- Industrie
- Handwerk

Betriebsgröße

Man unterscheidet Klein-, Mittel- und Großbetriebe. Der Großbetrieb, bei dem die Arbeitsteilung im Allgemeinen sehr weit fortgeschritten ist, hat gegenüber dem Klein- und Mittelbetrieb wirtschaftliche Vorteile.

Großbetrieb

Der Großbetrieb

- kann seine Fertigung stärker automatisieren bis hin zu automatischen Fertigungsstraßen,
- kann das Material für die Fertigung billiger einkaufen,
- wird durch den krankheitsbedingten Ausfall von Arbeitnehmern nicht so stark belastet,
- hat eine höhere Kapitalausstattung und bekommt von den Banken eher Kredite.

Klein- und Mittelbetrieb

Dennoch hat auch der Klein- und Mittelbetrieb gegenüber dem Großbetrieb seine wirtschaftlichen Vorteile.

Der Klein- und Mittelbetrieb

- besitzt eine höhere Flexibilität und Anpassungsfähigkeit,
- kann auf Kundenwünsche besser eingehen,
- kann sich an veränderte Marktgegebenheiten (neue Technologien) besser anpassen,
- kann sich schneller auf andere Erzeugnisse umstellen,
- kann eher Spezialanfertigungen liefern.

Vorteile von Klein-, Mittel- und Großbetrieben

Zusammengefasst stellen sich die wirtschaftlichen Vorteile von Klein- und Mittelbetrieben gegenüber Großbetrieben kurz wie folgt dar:

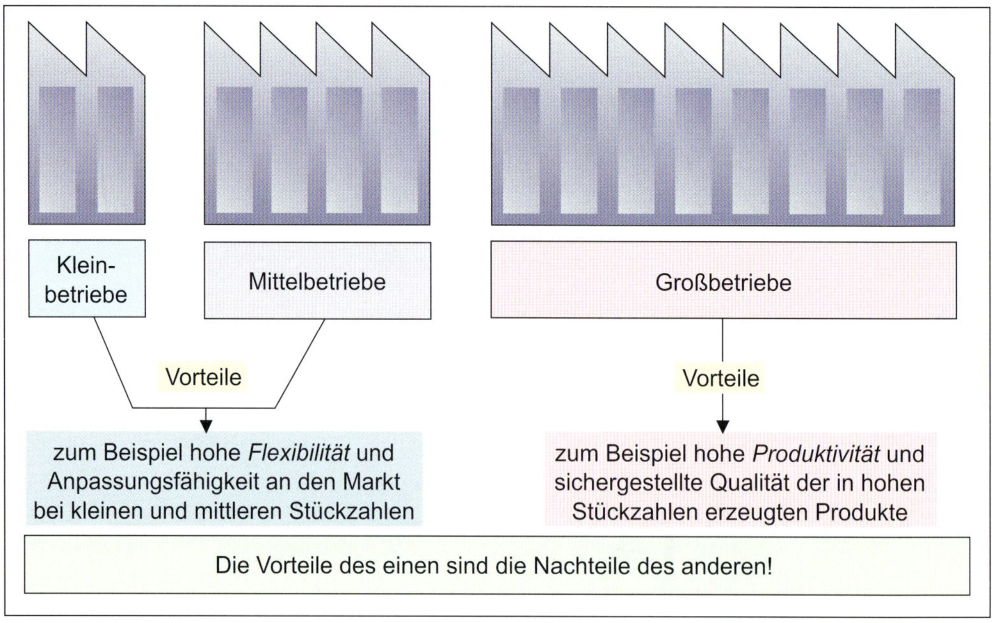

Mithin hat auch der Klein- und Mittelbetrieb durchaus seine Chancen auf dem Markt. So kann er in die kleinen und mittleren Marktlücken vorstoßen, die der Großbetrieb ihm auf dem Markt überlassen muss, da der Große nur bei größeren Projekten wirtschaftlich produzieren kann.

Vorteile der Tätigkeit in einem Großbetrieb

In einem Großbetrieb tätig zu sein, hat für den Arbeitnehmer bestimmte Vorteile. Der Großbetrieb

- bietet bessere Möglichkeiten der beruflichen Fortbildung,
- bietet bessere soziale Leistungen.

Vorteile der Tätigkeit in einem Kleinbetrieb

Auch die Tätigkeit im Klein- und Mittelbetrieb hat für den Arbeitnehmer Vorteile. Der Klein- und Mittelbetrieb

- bietet dem Arbeitnehmer eine abwechslungsreichere Tätigkeit als der Großbetrieb,
- ermöglicht eine persönlichere Beziehung zur Geschäftsleitung,
- kann den Arbeitnehmer eher an den Entscheidungen der Geschäftsleitung mitwirken lassen.

Kleine Betriebe = große Ausbilder

Man unterscheidet die Größe der Betriebe in gelegentlich vier Stufen: **Kleinstbetriebe** (unter zehn Beschäftigte), **Kleinbetriebe** (10–49 Beschäftigte), **Mittelbetriebe** (50–499 Beschäftigte) und **Großbetriebe** (500 und mehr Beschäftigte) Interessant ist, dass die kleinsten Betriebe die größten Ausbilder sind.

Wir bilden aus

DAS HANDWERK
DIE WIRTSCHAFTSMACHT. VON NEBENAN.

Fast zwei Drittel aller deutschen Erwerbstätigen haben ihre Berufsausbildung in Kleinstbetrieben (mit weniger als zehn Beschäftigten) und Kleinbetrieben (mit 10 bis 49 Beschäftigten) abgeschlossen. In Großunternehmen hat nur jeder Siebte (14 %) seine Ausbildung abgeschlossen. Damit erweist sich der Mittelstand – also die vielen tausend Betriebe des Handwerks und des Handels – als die mit Abstand wichtigste „Ausbildungsstätte" der Nation, von deren hoher Ausbildungsbereitschaft die Großen profitieren. Denn viele Arbeitnehmer, die in einem Kleinbetrieb gelernt haben, finden ihren späteren Arbeitsplatz in einem Großunternehmen.

Unterscheidung der Betriebe nach dem Standort

Der Standort eines Betriebes ist dort, wo man produziert oder wo die Dienstleistung erbracht wird. Der Standort für ein neu zu gründendes Unternehmen muss gut überlegt sein. Er kann nur schwer nachträglich geändert werden. Wer sich an der „richtigen" Stelle niederlässt, gewinnt gegenüber seinen Konkurrenten.

– gebundener Standort

Nicht alle Betriebe können die örtliche Lage ihrer Produktionsstätte frei wählen. Betriebe der Urproduktion (Land- und Forstwirtschaft, Fischerei und Bergbau, Energiewirtschaft) haben kaum Wahlmöglichkeiten. Bei ihnen ist der Standort an die Anbau-, Abbau- oder Erzeugungsmöglichkeiten gekoppelt (gebundener Standort). Betriebe, deren Standort gebunden ist an die Nähe zu:

- Rohstoffen, sind neben Betrieben der Urproduktion (Steinkohlebergwerk, Steinbruch, Erdölbohrinsel) auch solche der Grundstoffindustrie (Stahlwerk, Zementfabrik),
- Energiequellen (gestautes Wasser/Wind/Kohle), sind Wasserkraftwerke, die zum Beispiel an einer Talsperre angesiedelt sind, Windkraftwerke (Windräderparks), die auf Bergrücken oder an Küsten errichtet sind, wo der Wind stetig und kräftig weht, oder Braunkohlekraftwerke, die direkt neben dem Braunkohlentagebau stehen (hier ist Rohstoff = Energiequelle).

– freier Standort

Betriebe der Weiterverarbeitung und des Dienstleistungsbereichs haben hinsichtlich ihres Standortes mehr oder weniger große Wahlmöglichkeiten. Hier kommt es darauf an, dass bei der Standortwahl die jeweils wichtigen Faktoren berücksichtigt werden. Eine in drei Gruppen geordnete Auswahl von Standortfaktoren/Standortbedingungen zeigt die folgende Übersicht.

Standortbedingungen

Standortfaktoren		
Beschaffungsbezogene Faktoren	**Produktionsbezogene Faktoren**	**Absatzbezogene Faktoren**
Arbeitskräfte (gelernt/ungelernt)	Grundstücke	Konkurrenzsituation
Arbeitskosten/Lohnkosten	Grundstückspreise, Mieten	Kundennähe
Rohstoffe/Werkstoffe	Preis für die Elektroenergie	Verkehrsanbindung
Zulieferer/Lieferanten	Umweltauflagen (zum Beispiel Lärmvorschriften)	Entsorgungsmöglichkeiten (Recycling)
Banken und andere Dienstleistungen	Kommunale Abgaben/Steuern	Staatliche Absatzhilfe/Subvention

Unternehmensanalyse

Standortfaktor

Weiterverarbeitungs-/Dienstleistungsbetriebe und deren maßgeblicher **Standortfaktor**:

- das Vorhandensein von qualifizierten Arbeitskräften (facharbeiterorientierte Betriebe), zum Beispiel Flugzeug- und Motorenfabriken,
- Betriebe, deren wesentlicher Standortfaktor die Verfügbarkeit von weniger teuren Arbeitskräften ist, sind etwa Schuh- und Bekleidungsfabriken (gemeint sind lohnorientierte Betriebe, die sich fern der Großstadt in kleineren Gemeinden ansiedeln, weil die Löhne dort niedriger gehalten werden können),
- die Anbindung an Verkehrswege, zum Beispiel Kohlekraftwerke mit Anbindung an das Schienennetz, Tankstellen mit Anbindung an das Straßennetz oder Betriebe der Erdöl oder Erdgas verarbeitenden Industrie mit Anschluss an das entsprechende Rohrleitungsnetz (Pipeline-Netz),
- ein niedriger Preis für Elektroenergie vor Ort, zum Beispiel Aluminiumhütten, die bei der Herstellung sehr viel elektrische Energie brauchen, oder Elektrostahlwerke.

Handwerksbetrieb

Für den Handwerksbetrieb gilt in der Regel:

Lohnintensive Fertigung
... mehr Handarbeit ...

- Die Lohnkosten spielen die größte Rolle (für den Industriebetrieb dagegen die Kapitalkosten). Da mehr Handarbeit vorherrscht, ist die Fertigung lohnintensiv, das heißt, die Aufwendungen für Löhne sind höher als für Werkzeuge und Maschinen.
- Die Kunden sind (meist) in der Nähe des Betriebsstandortes.
- Handwerksbetriebe fertigen meist in Einzelfertigung, nicht in Massenfertigung. Maschinen werden weniger eingesetzt, das Materiallager ist nur klein.
- Der Unternehmer arbeitet oft handwerklich mit.
- Beim Handwerksbetrieb überwiegt die Auftragsfertigung im Gegensatz zum Industriebetrieb, bei dem die Lagerfertigung überwiegt.
- Der Betrieb beschäftigt überwiegend qualifizierte Arbeitskräfte; die meisten Mitarbeiter haben einen Beruf erlernt.
- Handwerksbetriebe sind in der Handwerkskammer organisiert.
- Und: Das Handwerk bildet mehr aus, es bietet mehr Ausbildungsplätze als die Industrie.

Industriebetrieb

Für den Industriebetrieb gilt in der Regel:

Massenproduktion
... Fließfertigung ...

- Im Industriebetrieb werden die Güter überwiegend in hochgradiger Arbeitsteilung hergestellt. Bei der Massenfertigung (Fließfertigung) ist der Grad der Arbeitsteilung sehr hoch.
- Die Kapitalkosten spielen die entscheidende Rolle. Die Fertigung ist kapitalintensiv. Der Kapitalbedarf für Maschinen ist groß, die Lohnkosten sind anteilig geringer.
- Kennzeichnend ist ein großer Maschinenpark einschließlich teurer Spezialmaschinen bis hin zur voll automatisierten Fertigung für die Massenproduktion von Gütern.
- Die Umstellung auf neue Produkte ist langwieriger als im Handwerksbetrieb (vergleiche die Aussagen über Groß-, Mittel- und Kleinbetrieb).
- Der Markt ist oft auch außerhalb der Landesgrenze.
- Es werden größere Aufwendungen für Werbung betrieben als beim Handwerksbetrieb.
- Zwischen Betrieb und Endverbraucher ist der Handel stärker eingeschaltet.
- Es können in großer Zahl auch weniger qualifizierte Arbeitskräfte eingesetzt werden, die keinen Beruf erlernt haben (für Fließband- und Lagerarbeiten).
- Der Einfluss der Gewerkschaften ist größer.
- Industriebetriebe sind in der Industrie- und Handelskammer organisiert.

Zusammenarbeit Handwerk – Industrie

In bestimmten Bereichen gibt es auch eine enge Zusammenarbeit zwischen Handwerk und Industrie. Das Kfz-Handwerk zum Beispiel arbeitet heute besonders intensiv mit der Kfz-Industrie zusammen.

5. Klein-, Mittel- und Großbetrieb • Betriebsstandort • Handwerks- und Industriebetrieb

1. Mit der Bezeichnung **Metall**verarbeitungsbetrieb, Betrieb der **Holz-** oder **Textil**industrie ordnet man solche Betriebe einer Gruppe von Betrieben zu, in denen ein vorherrschender ....-stoff .... oder verarbeitet wird. Autowerkstatt oder Getränkeabfüllbetrieb werden einer Gruppe von Betrieben zugeordnet, für die das ....-verfahren (Werkstattfertigung oder Fließfertigung) kennzeichnend ist.
2. Gemäß Kapitelüberschrift werden Betriebe unterschieden nach der ...., nach dem ....-ort und nach der Zugehörigkeit zu den Bereichen .... und ....
3. Nennen Sie drei wirtschaftliche Vorteile eines Großbetriebes gegenüber einem Klein- und Mittelbetrieb.
   1. Er kann seine Fertigung ....
   2. Er kann das Material für die Fertigung ....
   3. Er hat eine hohe Kapitalausstattung und bekommt von den Banken eher ....
4. Nennen Sie umgekehrt drei wirtschaftliche Vorteile von Klein- und Mittelbetrieben gegenüber Großbetrieben.
   1. Sie besitzen eine höhere ....
   2. Sie können besser auf .... eingehen.
   3. An veränderte ....-gegebenheiten (neue Technologien) passen sie sich besser an.
5. Zusammenfassend lässt sich sagen: Klein- und Mittelbetriebe zeichnen sich bei kleinen und mittleren Stückzahlen der Produkte durch hohe .... und Anpassungsfähigkeit an den Markt aus. Vorteile von Großbetrieben sind hohe .... und sichergestellte Qualität bei hohen Stückzahlen. Mithin hat auch der Klein- und Mittelbetrieb durchaus seine Chancen auf dem Markt. So kann er in die kleinen und mittleren Markt-.. vorstoßen, die der Großbetrieb ihm auf dem Markt überlassen muss.
6. Nennen Sie zwei Vorteile für den Arbeitnehmer, die eine Tätigkeit in einem Großbetrieb hat. Der Großbetrieb
   1. bietet bessere ....,
   2. bietet bessere ....
7. Nennen Sie zwei Vorteile für den Arbeitnehmer in einem Klein- und Mittelbetrieb. Der Klein- und Mittelbetrieb
   1. bietet dem Arbeitnehmer eine .... Tätigkeit,
   2. ermöglicht eine ....
8. Welche vier Gruppen von Betrieben kann man nach der Betriebsgröße unterscheiden? ....
   ....
9. Welche der vier Gruppen von Betrieben ist der größte Ausbilder? ....
10. Der Standort eines Unternehmens ist dort, wo man .... oder wo die .... erbracht wird. Der Standort für ein neu zu gründendes Unternehmen muss .... sein.
    Wer sich an der „richtigen“ Stelle niederlässt, ... gegenüber seinen Konkurrenten.
11. Nennen Sie außer Land- und Forstwirtschaft zwei weitere Zweige der (standortgebunden) Urproduktion.
    1. .... 2. ....
12. Nennen Sie außer Steinbruch zwei weitere Betriebe der Urproduktion mit gebundener Nähe zum Rohstoff.
    1. .... 2. ....
13. Betriebe, die man zwangsläufig in der Nähe von Energiequellen findet, sind ....-werke.

Unternehmensanalyse

14. Betriebe der Weiterverarbeitung und des Dienstleistungsbereichs haben hinsichtlich ihres Standortes mehr oder weniger große ....-möglichkeiten. Hier kommt es darauf an, dass bei der Standortwahl die jeweils wichtigen .... berücksichtigt werden.

15. Welche drei Gruppen unterscheidet man bei den Standortfaktoren? 1. ....-bezogene, 2. ....-bezogene und 3. ....-bezogene Faktoren.

16. Nennen Sie außer Arbeitskräften und Arbeitskosten/Lohnkosten zwei weitere beschaffungsbezogene Faktoren.

    1. .... 2. ....

17. Nennen Sie außer Grundstücken, Grundstückspreisen und Mieten zwei weitere produktionsbezogene Faktoren.

    1. .... 2. ....

18. Nennen Sie außer Konkurrenzsituation und Kundennähe zwei weitere absatzbezogene Faktoren.

    1. .... 2. ....

19. Betriebe, deren ausschlaggebender Standortfaktor das Vorhandensein von qualifizierten Arbeitskräften ist, sind zum Beispiel ....-fabriken und Motorenfabriken. Betriebe, deren wesentlicher Standortfaktor die Verfügbarkeit von weniger teuren Arbeitskräften ist, sind etwa ....-fabriken und Bekleidungsfabriken. Betriebe, bei denen die Anbindung an Verkehrswege wesentlich ist, sind zum Beispiel ....-kraftwerke mit Anbindung an die Schiene oder etwa Betriebe der .... verarbeitenden Industrie oder der .... verarbeitenden Industrie mit Anschluss an die Pipeline.

20. Für den Handwerksbetrieb spielen die ....-kosten die größte Rolle, für den Industriebetrieb die ....-kosten. Beim Handwerksbetrieb sind die .... in der Nähe des Betriebsstandorts.

21. Handwerksbetriebe fertigen meist in ...., nicht in Massenfertigung. Maschinen werden weniger eingesetzt, das ....-lager ist nur klein. Im Handwerksbetrieb arbeitet der .... oft handwerklich mit.

22. Beim Handwerk überwiegt die Auftragsfertigung, bei der Industrie überwiegt die ....-fertigung. Der Handwerksbetrieb beschäftigt überwiegend .... Arbeitskräfte. Die meisten Mitarbeiter haben einen .... erlernt.

23. Handwerksbetriebe sind in der ....-kammer organisiert.

    Das Handwerk bildet mehr aus: Es bietet mehr ....-plätze als die Industrie.

24. Im ....-betrieb werden die Güter überwiegend in hochgradiger Arbeitsteilung hergestellt.

    Der Grad der Arbeitsteilung ist sehr hoch bei der ....-fertigung.

    Die Fertigung ist ....-intensiv.

25. Kennzeichnend für den Industriebetrieb ist ein großer ....-park einschließlich teurer Spezialmaschinen bis hin zur .... Fertigung. Die Umstellung auf neue Produkte ist .... als im Handwerksbetrieb.

26. Für den Industriebetrieb ist der Markt oft auch .... der Landesgrenze. Es werden größere Aufwendungen für .... betrieben als beim Handwerksbetrieb. Zwischen Betrieb und Endverbraucher ist der .... stärker eingeschaltet. Der Einfluss der .... ist größer. Industriebetriebe sind in der .... organisiert.

27. Nennen Sie ein Handwerk, das besonders eng mit der Industrie zusammenarbeitet. Das ....-Handwerk.

6. Betriebliche Kenngrößen (Produktivität, Wirtschaftlichkeit und Rentabilität)

PAL 304-314, U 65-67

Zweck betrieblicher Kenngrößen

In einer Betriebsversammlung berichtet der Geschäftsführer eines Unternehmens: „Seit drei Monaten schreiben wir wieder rote Zahlen. (Er meint damit: Die Unternehmung macht wieder Verluste.) Wenn wir nicht bald wieder in den schwarzen Zahlen sind (das heißt Gewinne erzielen), dann können wir den Laden dichtmachen."

Hauptziel der Unternehmung: Gewinne zu erwirtschaften und sie zu steigern.

Das Hauptziel der erwerbswirtschaftlich ausgerichteten Unternehmung besteht darin, Gewinne zu erwirtschaften und sie zu steigern. Dies ist nur möglich durch laufende Kontrolle der betrieblichen Abläufe und der betrieblichen Leistungen.

Als Grundlage unternehmerischer Planungen und Entscheidungen in Zielrichtung Gewinn dienen die **betrieblichen Kenngrößen**:

- Produktivität (Arbeitsproduktivität),
- Wirtschaftlichkeit,
- Rentabilität.

HOHE PRODUKTIVITÄT
Zahl der Menschen, die ein Landwirt ernährt

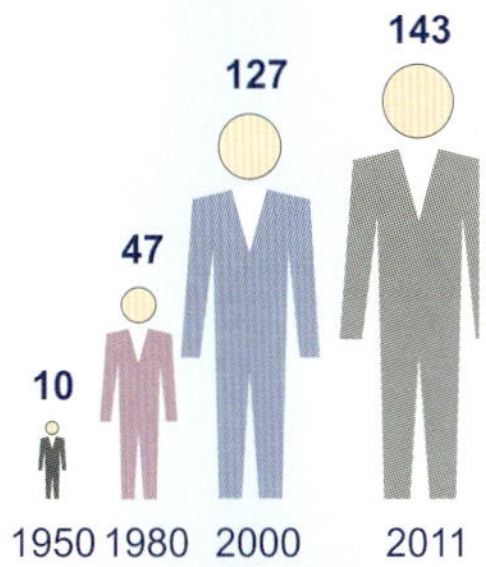

Eigene Darstellung, Zahlen LPD u. BMELV

Außer als Grundlage unternehmerischer Planungen und Entscheidungen dienen diese Kenngrößen weiterhin

- zum Vergleich der Leistung der Unternehmung mit der Leistung anderer Unternehmungen,
- zur Überwachung der Leistungen der einzelnen Betriebe der Unternehmung,
- zur Beobachtung der Entwicklung der Unternehmung.

Die **Produktivität** ist die Ergiebigkeit des Einsatzes an Produktionsfaktoren. Meist bezieht man sie auf den Produktionsfaktor Arbeit und spricht deshalb von Arbeitsproduktivität. Unter Arbeit versteht man hier im erweiterten Sinne auch die menschliche Arbeit, welche durch Maschinenarbeit ersetzt wird.

Arbeitsproduktivität

Der Begriff **Arbeitsproduktivität** ist gleichbedeutend mit dem Begriff Arbeitsleistung. Genauer ausgedrückt ist Arbeitsproduktivität die Produktionsmenge je geleisteter Arbeitsstunde.

Steigerung

In der Zeitung ist zu lesen: „Deutsche Wirtschaftsforschungsinstitute rechnen für die erste Hälfte der Dekade 2005 bis 2015 mit einer jährlichen Steigerung der Arbeitsproduktivität im Mittel um 2,5 %."

Dazu ein Zahlenbeispiel: In einem Betrieb werden stündlich 400 Maschinenteile hergestellt. Durch **Rationalisierung** der Fertigung wird die Stückzahl auf 500 Maschinenteile je Stunde erhöht. Die Arbeitsproduktivität wurde hierbei um 25 % erhöht.

400 Stck./Std. entsprechen **100** % Arbeitsproduktivität.
500 Stck./Std. entsprechen **125** % Arbeitsproduktivität.
Mithin beträgt die Erhöhung der Arbeitsproduktivität **25** %.

Die Arbeitsproduktivität in der Bauindustrie zum Beispiel wurde in den vergangenen 20 Jahren erheblich gesteigert. Erreicht wurde diese Produktivitätssteigerung durch den Einsatz moderner Baumaschinen (= Rationalisierung).

Weitere Steigerung der Arbeitsproduktivität durch den Einsatz von Industrierobotern.

Eine Steigerung der Arbeitsproduktivität, etwa in Betrieben mit Fließbandfertigung, die bereits weitgehend durchrationalisiert sind, erreicht man zum Beispiel durch den Einsatz von Industrierobotern (automatisierte Handhabungsgeräte). Eine weitere Steigerung kann man durch Verbesserung der Arbeitsbedingungen, wie Beleuchtung, Belüftung und Geräuschdämpfung, erreichen.

Die erwünschte Steigerung der Arbeitsproduktivität hängt von der Verbesserung zahlreicher Bedingungen ab. Etliche davon sind in der umseitigen Darstellung aufgeführt. Dabei wird zwischen persönlichen und äußeren Bedingungen unterschieden. Beleuchtung, Belüftung und Geräuschdämpfung gehören zu den äußeren Bedingungen und werden nachfolgend unter dem Begriff Arbeitsplatzgestaltung zusammengefasst.

Persönliche Bedingungen		Äußere Bedingungen
• Ausbildungsgrad • Übungsgrad • Erfahrung • Begabung • körperliche Eignung • Gesundheitszustand • Leistungswilligkeit	**beeinflussen den Grad der Arbeitsproduktivität**	• Entlohnung • Beginn und Dauer der Arbeitszeit • Arbeitsplatzgestaltung • Arbeitsklima • Arbeitsgeschwindigkeit • Arbeitsteilung • Pauseneinteilung • Aufstiegsmöglichkeiten • Entscheidungsbefugnisse • Mitbestimmung • Rationalisierung • Automation

Berechnung

Die Arbeitsproduktivität drückt die mengenmäßige Ergiebigkeit von geleisteter Arbeit aus. Man erhält einen Zahlenwert dafür, indem man ein Verhältnis bildet zwischen der erzeugten Menge und der dafür eingesetzten Arbeitszeit.

$$\textbf{Arbeitsproduktivität (A)} = \frac{\textbf{erzeugte Menge (in Stück)}}{\textbf{Arbeitseinsatz (in Mitarbeiterstunden)}}$$

1952
Fließband mit Handfertigung: hohe Arbeitsproduktivität bei mittlerem Technisierungsgrad

2012
Fließband mit Roboterfertigung: gesteigerte Arbeitsproduktivität bei hohem Technisierungsgrad

Dazu ein Beispiel: Ein Betrieb hat in **8** Stunden **240** Fernsehgeräte gefertigt. Nach Rationalisierungsmaßnahmen (Einsatz von Industrierobotern) können jetzt in der gleichen Zeit **320** Stück am Tag produziert werden. Daraus lassen sich zwei unterschiedliche Kennzahlen errechnen:

Vor der Rationalisierung: **240** Stück / **8** Stunden ➔ **30** Stück / **1** Stunde.
Nach der Rationalisierung: **320** Stück / **8** Stunden ➔ **40** Stück / **1** Stunde.

Die Arbeitsproduktivität betrug vorher **30** Stck./Std. und beträgt nachher **40** Stck./Std. Die Arbeitsproduktivität hat sich also um **10 Stck./Std.** erhöht; das entspricht einer Erhöhung der Arbeitsproduktivität um **33 $^1/_3$ %**.

In diesem Beispiel vergleicht man zwei Größen miteinander, die sich aus dem veränderten Verhältnis unterschiedlicher Ausbringungsmengen zum gleichen Arbeitseinsatz ergeben. Wenn jedoch durch die Einführung einer zweiten Fertigungsstraße/ Schicht die erzeugte Menge verdoppelt wird, bleibt die Arbeitsproduktivität gleich, weil sich auch der Einsatz verdoppelt hat, sodass also die Arbeitsproduktivität allein die Leistung des Betriebes nicht auszudrücken vermag. Wohl aber vermag sie dies in Verbindung mit anderen betrieblichen Daten, zum Beispiel der Wirtschaftlichkeit.

Wirtschaftlichkeit

Wenn ein Betrieb wirtschaftlich arbeitet, dann bedeutet dies, dass die Erträge aus dem Verkauf der erzeugten Produkte höher sind als die Kosten (= Aufwand), die mit der Herstellung und dem Absatz dieser Produkte verbunden sind.

Unter Wirtschaftlichkeit versteht man das Verhältnis von Ertrag (= Verkaufserlöse) zu Kosten (= Gesamtaufwand). Zur Berechnung der Wirtschaftlichkeit müssen die Verkaufserlöse und die Gesamtaufwendungen bekannt sein.

$$\textbf{Wirtschaftlichkeit (W)} = \frac{\textbf{Verkaufserlöse (in Euro)}}{\textbf{Gesamtaufwendungen (in Euro)}}$$

Dazu ein Beispiel: Nach Rationalisierungsmaßnahmen können 300 Fernseher am Tag hergestellt werden. Dafür erhält der Hersteller 500 Euro je verkauftes Gerät, insgesamt 150 000 Euro. Die täglichen Kosten für Löhne, Material, Strom und Ähnliches (= Gesamtaufwendungen) betragen 120 000 Euro. Nach dieser Aufstellung beträgt die **Kennziffer für die Wirtschaftlichkeit** des Betriebes:

$$W = \frac{500 \text{ Euro} \times 300}{120\,000 \text{ Euro}} = 1{,}25$$

Preisnachlass
aufgrund starker Konkurrenz

Aufgrund der starken Konkurrenz von anderen Herstellern kann nach einiger Zeit nur noch ein Preis von 472 Euro je Fernseher auf dem Markt erzielt werden. Bei gleichbleibenden Kosten verringert sich die Wirtschaftlichkeit auf:

$$W = \frac{472 \text{ Euro} \times 300}{120\,000 \text{ Euro}} = 1{,}18$$

Die nebenstehend dargestellte Ertragssituation ist erwünscht. Der Ertrag deckt die Kosten ab und es fällt ein Gewinn an: W > 1.

Es lässt sich leicht nachvollziehen, dass der Faktor auch dann kleiner wird, wenn die Verkaufserlöse zwar gleich bleiben, die Gesamtaufwendungen aber steigen (zum Beispiel durch Lohnerhöhungen).
Die Wirtschaftlichkeit einer Unternehmung, welche die Preise ihrer Erzeugnisse aufgrund der Marktsituation nicht erhöhen kann,

- sinkt, wenn die wöchentliche Arbeitszeit bei vollem Lohnausgleich gesenkt wird,
- sinkt, wenn die Dauer des Urlaubs erhöht wird,
- steigt, wenn die Preise für Rohstoffe und Energie fallen.

Sind bei einem Unternehmen die Verkaufserlöse **gleich** den Gesamtaufwendungen, so ist **W = 1**. Muss das Unternehmen aufgrund starker Konkurrenz die Preise weiter senken, so wird die Wirtschaftlichkeit kleiner als 1 (**W < 1**).

Rentabilität

Unternehmer sind naturgemäß daran interessiert, festzustellen, inwieweit sich ihre Unternehmen hinsichtlich der finanziellen Erfolge bewerten lassen. Die Rentabilität in Prozent ist ein Maß für die Ergiebigkeit des Produktionsfaktors Kapital und kann gut mit den Zinssätzen verglichen werden, die der Kapitaleigner bei Anlage des Kapitals in anderen Projekten erhalten könnte.

Die dritte wichtige Kennzahl ist die **Rentabilität**. Mithilfe dieser Zahl wird der finanzielle Erfolg eines Unternehmens gemessen. Zur Berechnung der Rentabilität wird der Reingewinn, den das Unternehmen erzielt hat, ins Verhältnis gesetzt zu dem Kapital, das zur Erzielung dieses Gewinns eingesetzt wurde. Der Prozentsatz, der sich daraus ergibt, bezeichnet die Höhe der Verzinsung des Kapitals.

$$\textbf{Rentabilität (R)} = \frac{\textbf{Gewinn in Euro} \times \textbf{100}}{\textbf{Kapitaleinsatz (in Euro)}}$$

Dazu ein Beispiel: Mit der Produktion von Monitoren konnte in einem Jahr ein Reingewinn von 246 320 Euro erzielt werden. Dafür wurde Kapital in Höhe von 3 079 000 Euro eingesetzt. Die Rentabilität beträgt danach 8 % (siehe Tabelle).

	1. Jahr (vor der Investition)	**2. Jahr** (vor der Investition)
Gewinn	246 320 €	938 988 €
Eigenkapital	3 079 000 €	6 829 000 €
Rentabilität =	$\frac{246\,320\ € \times 100\ €}{3\,079\,000\ €} = 8\ \%$	$\frac{938\,988\ € \times 100\ €}{6\,829\,000\ €} = 13{,}75\ \%$

Im nächsten Jahr wurde nach erfolgter Investition ein Reingewinn von 938 988 Euro erzielt. Hierfür wurde Kapital in Höhe von 6 829 000 Euro investiert. Die Rentabilität beträgt dann 13,75 %.

Ergibt sich für das dritte Jahr durch einen abnehmenden Gewinn nur noch eine Rentabilität von - 0,95 Prozent, so sagt man, der Betrieb habe sich weniger rentiert. Wesentliche Voraussetzung für die Erzielung einer positiven Rentabilität einer Unternehmung ist somit das Erwirtschaften eines Gewinns.

Wird im obigen Beispiel im dritten Jahr infolge einer Wirtschaftsflaute zum Beispiel ein Verlust von (–) 29 250,50 Euro (rote Zahlen) eingefahren, so beträgt die Rentabilität (–) 0,95 %.

$$R = \frac{-29\,250{,}50 \text{ Euro} \times 100}{3\,079\,000 \text{ Euro}} = -0{,}95\ \%$$

Von negativer Rentabilität wird gesprochen, wenn der Betrieb Verluste macht (Verluste = negative Gewinne). Größen, von denen die Rentabilität abhängt, weil sie den erzielbaren Gewinn bestimmen, sind

- die Menge der verkauften Güter (bei hinreichender Preisstabilität),
- die auf dem Markt durchsetzbaren Preise,
- die Einführung einer zweiten Schicht (bei ausreichendem Auftragsbestand).

Größen, von denen die Rentabilität außerdem abhängt, weil sie den erforderlichen Kapitaleinsatz bestimmen, sind

- Kosten für Material und Energie,
- Höhe der Löhne und Gehälter,
- Kosten für Maschinen und sonstige Fertigungseinrichtungen.

Kenngrößen im Zusammenhang

Betrachtet man die drei Kenngrößen einmal nebeneinander, so erscheinen sie zunächst recht verwandt. Zum Beispiel darf man von einem Betrieb mit hoher **Produktivität** mit Recht erwarten, dass normalerweise auch die **Rentabilität** groß ist, zumal dann, wenn auch sparsam gewirtschaftet wird, wenn also die **Wirtschaftlichkeit** ebenfalls hoch ist.
Nun gilt aber auch dies: Ein Betrieb mit geringer Produktivität kann gleichwohl eine hohe Rentabilität aufweisen. Allerdings ist in einem Betrieb mit geringer Wirtschaftlichkeit (wo nicht gut gewirtschaftet wird) meist auch die Rentabilität gering. Leider kann sich steigende Produktivität auch so auswirken, dass steigende Arbeitslosigkeit die Folge ist. Das muss aber dann nicht sein, wenn man die Arbeitszeit herabsetzt.

Unternehmensanalyse

6. Betriebliche Kenngrößen

1. Was bedeutet es, wenn der Geschäftsführer einer Unternehmung berichtet, die Unternehmung schreibe seit einiger Zeit wieder *rote* Zahlen? ....

2. Was bedeuten *schwarze* Zahlen? ....

3. Nennen Sie drei betriebliche Kenngrößen.

   1. .... 2. ....

   3. ....

4. Die betrieblichen Kennzahlen dienen als Grundlage unternehmerischer Planungen und Entscheidungen. Sie dienen weiterhin

   1. zum .... der Leistung der Unternehmung mit den Leistungen anderer Unternehmungen,

   2. zur .... der Leistungen der einzelnen Betriebe der Unternehmung,

   3. zur .... der Entwicklung der Unternehmung.

5. Produktivität ist die .... des Einsatzes an Produktionsfaktoren. Der Begriff Arbeitsproduktivität ist gleichbedeutend mit dem Begriff Arbeits-.......... Arbeitsproduktivität ist, genauer ausgedrückt, die Produktions-.......... je geleisteter Arbeitsstunde.

6. In einem Betrieb (Hosenfabrikation) wurden im Jahre 1991 stündlich von einer Näherin 1,6 Hosen gefertigt. Durch **Rationalisierung** konnten im Jahre 2011 stündlich 2,4 Hosen gefertigt werden. Um wie viel Prozent wurde in den 20 Jahren die Arbeitsproduktivität erhöht? (Hinweis: Man geht von 100 % aus.)

   ....

7. Wodurch wurde im vorigen Beispiel die Steigerung der Arbeitsproduktivität erreicht?

   ....

8. Die wirtschaftliche Entwicklung einer Textilfirma (Fabrikation von Herrenoberbekleidung) wird wie folgt beschrieben: Die Firma beschäftigt seit 1991 gleichbleibend 20 Näherinnen, davon sieben in der Hosenfabrikation. Diese sieben schafften **1991** täglich (acht Stunden) zusammen 77 Hosen, **2011** dagegen 119 Hosen. Der Firmenchef, nach den Gründen für diesen Fortschritt befragt, weist in erster Linie auf die ständige **Modernisierung** des Maschinenparks hin, die schon durch die Konkurrenz nötig wurde. „Da wir unsere Mitarbeiter außerdem auf **Speziallehrgängen** sehr gut an den neuen Maschinen eingearbeitet haben, konnten wir allein im letzten Jahr einen Produktivitätssprung von 10 % verbuchen. Nicht ganz unwesentlich ist vielleicht auch, dass wir die Arbeit durch **gute Licht-, Luft- und Temperaturverhältnisse** sowie eine günstigere Pausenregelung angenehm zu gestalten versuchen und nicht zuletzt durch Prämien und Gewinnbeteiligung einen finanziellen Leistungsanreiz schaffen."
   Nennen Sie mindestens eine **persönliche** Bedingung (**1.**) und drei **äußere** Bedingungen (**2., 3., 4.**), von denen die Höhe der Arbeitsproduktivität im beschriebenen Beispiel ausdrücklich beeinflusst wurde.

   1. ....
   2. ....
   3. ....
   4. ....

9. Wie groß (Zahlenangabe) war im obigen Beispiel die Arbeitsproduktivität A im Jahre 1991? Rechnen Sie!

   A_{1991} =

10. Wie groß ist die Arbeitsproduktivität A im Jahre 2011? A_{2011} =

11. Die Verkaufserlöse der Firma Schürmann betrugen 2011 insgesamt 50 Millionen Euro. Infolge guten, sparsamen Wirtschaftens betrug der Gesamtaufwand nur 40 Millionen Euro. Berechnen Sie die Wirtschaftlichkeit!

W =

12. Die Wirtschaftlichkeit einer Unternehmung, welche die Preise ihrer Erzeugnisse aufgrund der Marktsituation nicht erhöhen kann, sinkt, wenn Lohnerhöhungen vereinbart werden. Weiterhin gilt: Die Wirtschaftlichkeit

sinkt, wenn ....,

sinkt, wenn ....,

steigt, wenn ....

13. a) Bei einem Unternehmen sind die Verkaufserlöse gleich dem Gesamtaufwand. Wie groß ist die Wirtschaftlichkeit W ? ....

b) Wie groß wird die Wirtschaftlichkeit, wenn das Unternehmen aufgrund starker Konkurrenz die Preise senken muss? ....

14. Aufgrund der Investition einer Getränkeunternehmung (neue Abfüllanlage) verbleibt ein geplanter Gewinn von 350 000 Euro (nach Steuern: 150 000 Euro). Dafür müssten 900 000 Euro an Kapital eingesetzt werden. Die Frage ist: Lohnt sich die Investition auch noch, wenn statt 150 000 Euro nur noch 100 000 Euro Gewinn bleiben (bei Anlage des Geldes über Banken in anderen Projekten ließen sich derzeit – angenommen – 8 % Verzinsung erzielen)? Berechnen Sie dazu a) die Rentabilität und beantworten Sie b) die gestellte Frage!

a) R =

b) ....

15. Die Firma Schmidt erlitt im letzten Jahr infolge Überschwemmungsschäden einen Verlust von (-) 50 000 Euro, bezogen auf ein investiertes Kapital von 2 000 000 Euro. Berechnen Sie die Rentabilität R.

R =

16. Was bedeutet die Erzielung einer negativen Rentabilität?

Die Unternehmung ....

17. Größen, von denen die Rentabilität abhängt, weil sie den erzielbaren Gewinn bestimmen, sind:

- die .... der verkauften Güter,
- die auf dem Markt durchsetzbaren ....,
- die Einführung einer zweiten ....

18. Größen, von denen die Rentabilität außerdem abhängt, weil sie den erforderlichen Kapitaleinsatz bestimmen, sind:

- die ....-kosten und Energiekosten,
- die Höhe der ....,
- die Kosten für .... und sonstige Fertigungseinrichtungen.

19. Die drei Kenngrößen – im Zusammenhang betrachtet – erscheinen verwandt. Von einem Betrieb mit hoher Produktion darf man normalerweise erwarten, dass auch die .... groß ist, zumal dann, wenn auch sparsam gewirtschaftet wird, wenn also die .... ebenfalls hoch ist.

20. In Bezug auf die drei Kenngrößen gilt auch Folgendes: Ein Betrieb mit geringer Produktivität kann trotzdem eine hohe Rentabilität aufweisen. Allerdings ist in einem Betrieb mit .... Wirtschaftlichkeit auch die Rentabilität .... Leider kann sich steigende Produktivität auch so auswirken, dass steigende Arbeitslosigkeit die Folge ist. Das muss aber nicht sein, wenn man die .... herabsetzt.

7. Rechtsformen der Unternehmung I: Einzelunternehmung • Offene Handelsgesellschaft

PAL 315-320, 331

Unternehmungsform = rechtlicher Rahmen

Jedes Unternehmen tritt im Geschäftsverkehr nach außen hin in einer bestimmten Rechtsform auf. Diesen rechtlichen Rahmen bezeichnet man kurz als Unternehmungsform. Die folgenden Rechtsformen der Unternehmung sind zu unterscheiden:

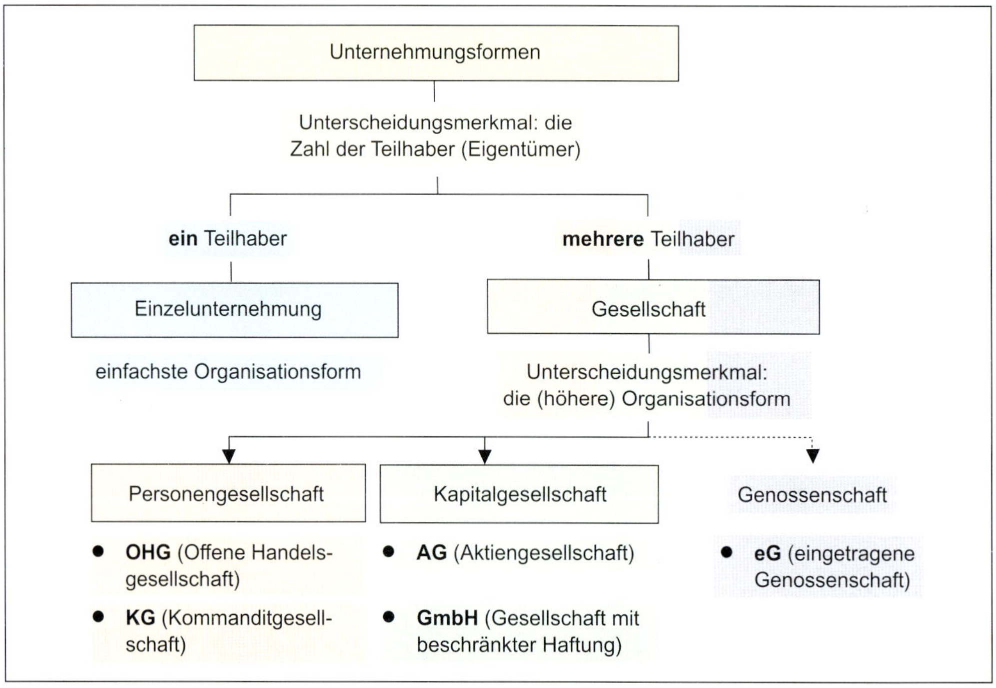

Unterscheidungsmerkmale von Unternehmungen

Bei den Unternehmungsformen unterscheidet man nach der Zahl der Teilhaber (oder Eigentümer) zunächst die Einzelunternehmung und die Gesellschaft (Gesellschaftsunternehmung). Dabei stellt gegenüber der Einzelunternehmung mit ihrer einfachen Organisationsform die Gesellschaft die höhere Organisationsform dar. (Die Organisationsform der Genossenschaft wird in den weiteren Betrachtungen nicht mehr besonders berücksichtigt.) Je nachdem, ob bei den Gesellschaftsunternehmungen die Gesellschafter (mit ihrem Kapital) oder das Kapital (mit seinen Eignern) im Vordergrund steht, unterscheidet man sodann Personengesellschaften und Kapitalgesellschaften. (Beispiele für Personen- und Kapitalgesellschaften mit ihren bekannten Abkürzungen sind in obiger Darstellung mit angeführt.)

– organisatorische Merkmale

Die Unternehmensformen unterscheiden sich vor allem durch die folgenden organisatorischen Merkmale (siehe dazu auch die Bildübersichten auf den folgenden Seiten):

- die Zahl der Gründungsmitglieder,
- die Befugnis zur Leitung des Unternehmens (Geschäftsführung),
- die Beteiligung an Gewinn oder Verlust seitens der Teilhaber,
- die Haftung gegenüber Gläubigern, das heißt, wer in welchem Ausmaß für Verpflichtungen (Schulden) des Unternehmens einsteht,
- die Art der Kapitalaufbringung.
  Gemeint ist, in welcher Form und in welcher Höhe das Eigenkapital in die Unternehmung gebracht wird. Unter Eigenkapital versteht man die finanziellen Mittel, die dem Unternehmen direkt von seinen Eigentümern oder aus erwirtschafteten Gewinnen zugeführt werden.

Einzelunternehmung

Die einfachste und zugleich am weitesten verbreitete Unternehmensform ist die Einzelunternehmung. Sie wird nur von einer einzigen Person geleitet. Man schätzt, dass in der Bundesrepublik etwa 90 % aller Unternehmen diese Rechtsform besitzen. Der Erfolg der Einzelunternehmung hängt weitgehend von den berufsspezifischen und kaufmännischen Fähigkeiten ihres Gründers ab.

Übersicht

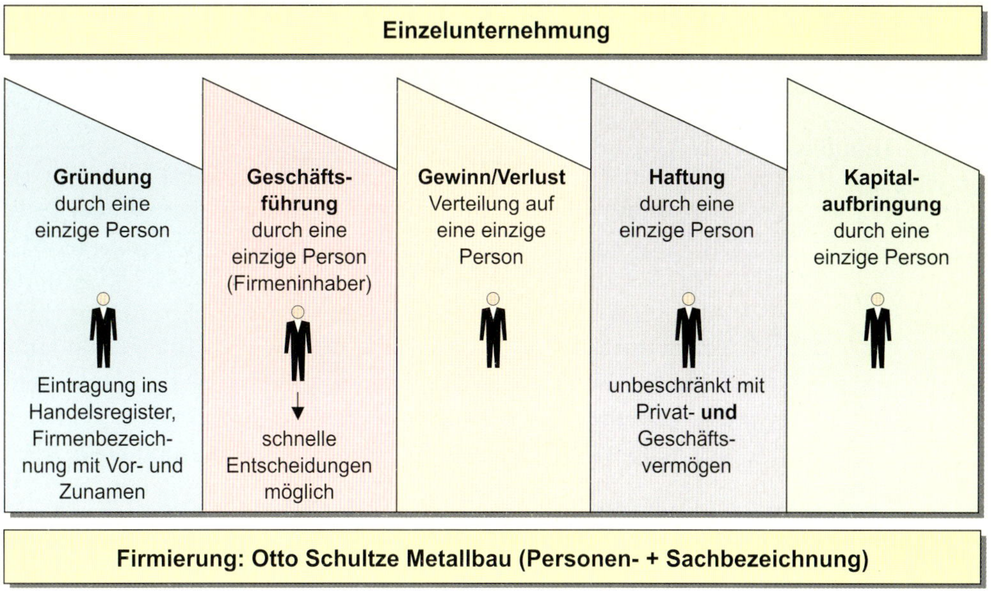

– Vorteile/Nachteile

Von **Vorteil** ist: Gründung, Geschäftsführung, Gewinn oder Verlust, Haftung und Kapitalaufbringung sind auf eine einzige Person konzentriert. Der einzelne Unternehmer kann frei entscheiden, ohne auf andere hören zu müssen. Er kann sich dabei an wirtschaftliche Veränderungen schnell anpassen. Die Firmierung oben enthält eine Personen- und eine Sachbezeichnung.

Von **Nachteil** ist: Der Einzelunternehmer trägt das Risiko allein, er haftet unbeschränkt mit seinem gesamten Vermögen, also mit allem, was er hat. Die Kapitalkraft des einzelnen Unternehmers und seine Geldbeschaffungsmöglichkeiten sind begrenzt. Die Banken gewähren ihm keine hohen Kredite. Das ganze Unternehmen hängt von einer Person und deren Fähigkeiten ab. Später kann die Nachfolge des alleinigen Firmeninhabers Probleme bereiten.

– Verbreitung und Beispiele

Die Rechtsform der Einzelunternehmung wird von einer großen Anzahl von kleinen und mittleren Unternehmen in den Bereichen Handwerk, Handel und in anderen Bereichen bevorzugt und ist weit verbreitet. Beispiele für Einzelunternehmungen sind – außer zahlreichen Handwerksbetrieben – Einzelhandelsgeschäfte, Architekturbüros, Taxiunternehmen und landwirtschaftliche Betriebe.

Gesellschaft

Den Zusammenschluss mehrerer Personen, die zum Zweck der Gewinnerzielung eine Unternehmung gründen, nennt man eine Gesellschaft.

– Arten der Gesellschaft

Man unterscheidet zwei Arten der Gesellschaft: die Personengesellschaft und die Kapitalgesellschaft.

– Zweck der Gründung

Gründe für die Einrichtung einer Gesellschaft können sein:

- die Verteilung des wirtschaftlichen Risikos auf mehrere Personen,
- die Haftung, also das Einstehen für die Verpflichtungen des Unternehmens, durch mehrere Personen,
- die günstige Beschaffung oder die Vergrößerung von Eigenkapital,
- das Vorbeugen im Falle von Krankheit oder Tod eines Einzelunternehmers,
- die Beteiligung von Familienmitgliedern oder von leitenden Angestellten an der Geschäftsführung (zum Beispiel dann, wenn ein Geschäftsführer allein die anstehenden Aufgaben nicht mehr bewältigen kann).

– Gesellschaftervertrag

Bei der Gründung einer Gesellschaft wird ein schriftlich abgefasster und von den einzelnen Gesellschaftern unterzeichneter Gesellschaftervertrag geschlossen, in dem die Beziehungen der Teilhaber untereinander genau geregelt werden.

Personengesellschaft

Bei Personengesellschaften, wie der Offenen Handelsgesellschaft (OHG) und der Kommanditgesellschaft (KG), steht vor allem die persönliche Mitarbeit und die Haftung der Teilhaber im Vordergrund.

Offene Handelsgesellschaft (OHG)

Zur OHG schließen sich mindestens zwei Personen (Gesellschafter) zusammen, um unter einer gemeinsamen Firma ihr Gewerbe zu betreiben. Alle Gesellschafter sind berechtigt, an der Unternehmensführung teilzunehmen. In der Firmenbezeichnung muss wenigstens der Name eines Gesellschafters aufgeführt sein, mit einem Zusatz über das Gesellschaftsverhältnis (zum Beispiel OHG, Co., Gebr.). Es können aber auch mehrere oder alle Gesellschafter in der Firmierung enthalten sein. Der Kunde soll wissen, wer in dem Unternehmen unbeschränkt und unmittelbar haftet. Hierbei bedeutet unmittelbar, dass der Gläubiger sich zur Begleichung der Schuld nicht an das Unternehmen halten muss, sondern dass er sich direkt an den Gesellschafter halten kann. (Co. = Compagnon = Gesellschafter und Gebr. = Gebrüder)

Die **Organisationsform** der **OHG** stellt sich wie folgt dar:

– Übersicht

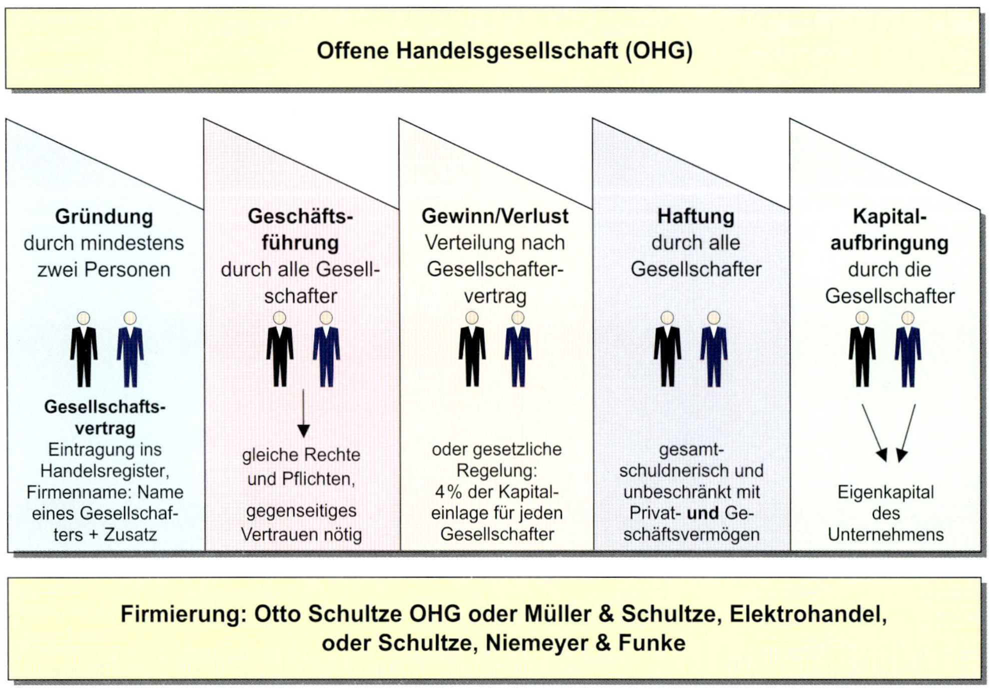

In Bezug auf diese Unternehmensform gilt für die Gesellschafter der Grundsatz: **„Gleiche Rechte, gleiche Pflichten."**

– Entstehung
– Vorteile/Nachteile

Vielfach entsteht eine **OHG** durch Umwandlung einer Einzelunternehmung. Eine solche Umwandlung ist in mehrfacher Hinsicht von **Vorteil**. Die Unternehmung erhöht auf diese Weise ihre Kreditwürdigkeit oder die Arbeitsbelastung kann so auf zwei oder mehrere Personen verteilt werden. Auch Fachkräfte kann man mit einer Umwandlung gewinnen und es entstehen steuerliche Vorteile, denn die zu zahlenden Steuern sind geringer, wenn der erzielte Gewinn sich auf mehrere Köpfe verteilt.

Von **Nachteil** für die **OHG** ist die Tatsache, dass alle Gesellschafter unbeschränkt mit ihrem gesamten Vermögen (Betriebs- und Privatvermögen) haften. Jeder Gesellschafter muss für die Geschäfte des anderen Gesellschafters einstehen, er haftet auch solidarisch. Da alle Gesellschafter unmittelbar haften, kann ein Gläubiger beliebig auswählen, welchen Gesellschafter er zur Haftung heranziehen möchte.

Aufgrund der unbeschränkten Haftung besitzt die OHG allerdings eine sehr gute Kreditwürdigkeit. Trotzdem ist im Vergleich zu Kapitalgesellschaften die Kapitalaufnahme bei der OHG beschränkt. Von Nachteil ist weiterhin, dass Meinungsverschiedenheiten unter nicht kompromissfähigen Gesellschaftern dem Unternehmen schaden können.

7. Rechtsformen der Unternehmung I: Einzelunternehmung • Offene Handelsgesellschaft

1. Welche Gesellschaftsunternehmensform muss in die nebenstehende Übersicht in die Felder 1 und 2 eingetragen werden?

   1. ....

   2. ....

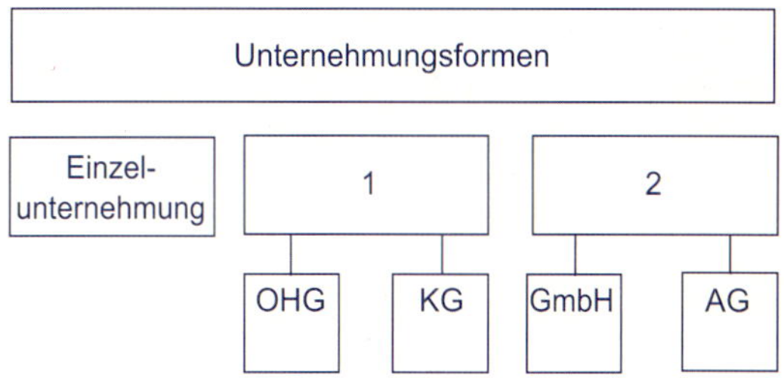

2. Wie lautet der Sammelbegriff zu den Unternehmungsformen in den Feldern 1 und 2 in der oben stehenden Übersicht?

   ....

3. Die einzelnen Unternehmungsformen unterscheiden sich durch
   - die Zahl der ....-mitglieder,
   - die Befugnis zur .... des Unternehmens,
   - die .... am Gewinn oder Verlust.

4. Die einzelnen Unternehmensformen unterscheiden sich weiterhin durch
   - die .... gegenüber den Gläubigern,
   - die Art der ....-aufbringung.

5. Wie nennt man die finanziellen Mittel, die der Unternehmung direkt von ihren Eigentümern oder aus erwirtschafteten Gewinnen zugeführt werden? ....

6. Welche Rechtsform liegt den meisten Unternehmungen zugrunde?

   ....

7. Bei der Einzelunternehmung erstrecken sich Gründung, Geschäftsführung, Gewinn/Verlust, Haftung sowie Kapitalaufbringung auf .... Person. Der einzelne Unternehmer kann .... entscheiden, ohne auf andere .... zu müssen. Er kann sich dabei an wirtschaftliche Veränderungen .... anpassen.

8. Die Firmierung, zum Beispiel Otto Schultze Metallbau, enthält eine ....-bezeichnung und eine ....-bezeichnung.

9. Der Einzelunternehmer trägt das Risiko allein, er haftet .... mit seinem gesamten Vermögen. Seine Geldbeschaffungsmöglichkeiten sind ...., die Banken gewähren ihm keine hohen Kredite. Später kann die .... des alleinigen Firmeninhabers Probleme bereiten.

10. Nennen Sie zwei Wirtschaftsbereiche, in denen die Rechtsform der Einzelunternehmung bevorzugt wird.

    1. .... 2. ....

11. Nennen Sie außer Handwerks- und Handelsunternehmung zwei Beispiele für Einzelunternehmungen.

    1. .... 2. ....

12. Den Zusammenschluss mehrerer Personen, die zum Zweck der Gewinnerzielung ein Unternehmen gründen, nennt man eine .... Man unterscheidet zwei Arten der Gesellschaft: die ....-gesellschaft und die ....-gesellschaft.

Unternehmensanalyse

13. Die Gründe für die Einrichtung einer Gesellschaft können sein:
    - die .... des wirtschaftlichen Risikos auf mehrere Personen,
    - die .... durch mehrere Personen,
    - die günstige .... oder die Vergrößerung von Eigenkapital.

14. Weitere Gründe für die Einrichtung einer Gesellschaft können sein:
    - das Vorbeugen im Falle von Krankheit oder .... eines Einzelunternehmers,
    - die Beteiligung von .... oder von leitenden Angestellten an der Geschäftsführung.

15. Bei der Gründung einer Gesellschaft wird von den einzelnen Gesellschaftern ein schriftlich abgefasster ....-vertrag geschlossen, in dem die Beziehungen der ....-haber untereinander genau geregelt werden.

16. Nennen Sie zwei Personengesellschaften mit Namen und Abkürzungen.
    1. ....
    2. ....

17. Was steht bei Personengesellschaften neben der persönlichen Mitarbeit im Vordergrund?

    ....

18. Zur Offenen Handelsgesellschaft (OHG) schließen sich mindestens .... Personen (Gesellschafter) zusammen. Alle Gesellschafter sind berechtigt, an der Unternehmens-.. teilzunehmen.

19. In der Firmenbezeichnung muss wenigstens der Name eines Gesellschafters aufgeführt sein, mit einem Zusatz über das Gesellschafts-.. (zum Beispiel OHG, Co., Gebr.). Es können aber auch mehrere oder .... Gesellschafter in der Firmierung enthalten sein. Der Kunde soll wissen, wer in dem Unternehmen un-.. und unmittelbar haftet.

20. *Unmittelbare* Haftung bedeutet, dass der Gläubiger sich zur Begleichung der Schuld nicht an das Unternehmen halten muss, sondern dass er sich direkt an den .... halten kann.

21. Da die Geschäftsführung bei der OHG durch alle Gesellschafter erfolgen kann, ist gegenseitiges .... nötig. Alle Gesellschafter haften gesamtschuldnerisch und unbeschränkt mit ihrem ....-vermögen und dem ....-vermögen. Für die Gesellschafter der OHG gilt der Grundsatz: „Gleiche ...., gleiche ....“.

22. Vielfach entsteht eine OHG durch .... einer Einzelunternehmung. Auf diese Weise wird die ....-würdigkeit erhöht. Außerdem wird die .... auf zwei oder mehrere Personen verteilt, was von Vorteil ist. Auch ....-kräfte können so gewonnen werden, und es entstehen .... Vorteile.

23. Von Nachteil für die OHG ist, dass alle Gesellschafter unbeschränkt mit ihrem .... Vermögen haften. Jeder Gesellschafter haftet auch ...., das heißt, er muss für die Geschäfte der anderen einstehen. Ein .... kann sich aussuchen, welchen Gesellschafter er zur Haftung heranziehen möchte. Von Nachteil für die OHG ist weiterhin, dass ....-verschiedenheiten unter den Gesellschaftern dem Unternehmen schaden können.

8. Rechtsformen der Unternehmung II: Kommanditgesellschaft
• Aktiengesellschaft

PAL 282, 321-330, 332-334

KG im Vergleich zur OHG

Die Kommanditgesellschaft (**KG**) ist eine Personengesellschaft, die der **OHG** sehr ähnlich ist. Der wesentliche Unterschied besteht jedoch darin, dass es zwei Arten von Gesellschaftern gibt.

Vollhafter und Teilhafter

Einmal gibt es als Firmengründer den **Komplementär,** auch Vollhafter genannt, und dann als Geldgeber und Mitgründer den **Kommanditist**en, das ist der Teilhafter. Nach dem Teilhafter hat die **KG** ihren Namen: Kommanditgesellschaft.

Rechte und Pflichten

Die Komplementäre der KG haben grundsätzlich die gleichen Rechte und Pflichten wie die OHG-Gesellschafter: Sie sind die persönlich haftenden Gesellschafter. Sie haften unbeschränkt, also nicht nur mit ihrer Kapitaleinlage, sondern auch mit ihrem Privatvermögen.

Dagegen beschränkt sich die Haftung eines Kommanditisten auf seine Kapitaleinlage. Dafür ist er allerdings auch nicht zur Geschäftsführung und Vertretung der Gesellschaft berechtigt. Das ist nur der Komplementär.

Übersicht

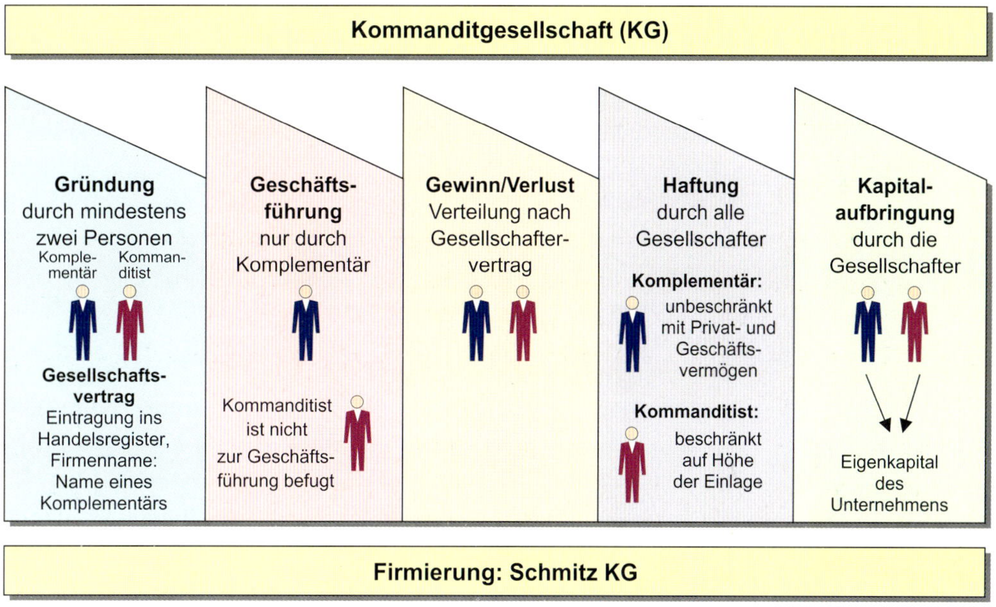

Die Kommanditisten dürfen nur zum Schluss des Geschäftsjahres:

- zur Kontrolle die Bücher einsehen und eine Bilanzschrift verlangen,
- einen anteiligen Gewinn beanspruchen.

Auch haben die Kommanditisten bei außergewöhnlichen Rechtsgeschäften, zum Beispiel der Auflösung der Unternehmung, ein Recht auf Widerspruch.

Zu den Rechten des Komplementärs gehört es weiterhin, seinen Familiennamen in der Firmenbezeichnung zu führen, zum Beispiel Schmitz KG. Festgelegt ist das in den Vorschriften des Handelsgesetzbuches.

Vorteil der KG gegenüber der OHG

Gegenüber der **OHG** hat die **KG** den Vorteil, dass sie Geldgebern offensteht, die keine tätige Mitwirkung wünschen.

Kapitalgesellschaften

Kapitalgesellschaften werden überwiegend dann errichtet, wenn Unternehmungen für die Durchführung ihrer Aufgaben und die Erreichung ihrer Ziele einen sehr hohen Kapitalbedarf haben.

Stellung der Gesellschafter

Anders als bei den Personengesellschaften, bei denen die persönliche Bindung der Gesellschafter zur Unternehmung im Vordergrund steht, wird bei Kapitalgesellschaften die Stellung der Gesellschafter und der Teilhaber von den unterschiedlichen Kapitalbeiträgen bestimmt, die in das Unternehmen eingebracht werden.

Unternehmensanalyse

Kapitalgesellschaft – Vertretung
Anders als bei den Personengesellschaften werden die Kapitalgesellschaften durch **Organe** und nicht durch Personen vertreten. Die Rechtsgeschäfte werden nicht mit den Gesellschaftern, sondern mit der Gesellschaft abgeschlossen.

– Haftungsbeschränkung
Die persönliche Haftung der Teilhaber und damit das Risiko des Verlustes beschränkt sich ausschließlich auf die **Kapitaleinlage** (Aktien), das Privatvermögen bleibt unberührt. Es gibt bei den behandelten Kapitalgesellschaften daher nur Teilhafter und keine Vollhafter.

– Bestandsformen
Die wichtigsten Bestandsformen der Kapitalgesellschaften sind die **AG** und **GmbH**.

Aktiengesellschaft
Die Aktiengesellschaft (**AG**) ist allein auf Kapital gegründet. Die persönliche Bindung der Gesellschafter zur Unternehmung tritt zurück.
Diese Unternehmungsform wird vorwiegend von Großunternehmen mit einem sehr hohen Kapitalbedarf gewählt.

Organisationselement Aktie
Die Aktiengesellschaft ist die wirtschaftlich bedeutendste Kapitalgesellschaft.
Die Gesellschafter (auch Anteilseigner oder Aktionäre) der **AG** sind mit Anteilen (Aktien) am Grundkapital der Gesellschaft beteiligt (Aktie = **Anteilspapier** am Grundkapital einer AG). Die Gesellschafter haften nur mit ihren Aktien.
Das **Gründungskapital** (auch Grundkapital oder Einlage) der AG beträgt 50 000 Euro. Es muss von nur einer Person (vor dem 01.08.1994: von fünf Personen) aufgebracht werden. Für seine Einlage erhält jeder Gesellschafter Aktien.

Aktienhandel
Die Aktien der großen Aktiengesellschaften werden an **Wertpapierbörse**n gehandelt, wo fünfmal wöchentlich ein Preis (Kurs) ermittelt wird.

Kurswert/Nennwert der Aktie
In der Regel ist der Kurswert der Aktie, der sich an der Börse bildet, erheblich höher als der auf den Aktien aufgedruckte Nennwert. Durch den Erwerb einer Aktie zum Kurswert, zum Beispiel über eine Bank, wird man zum Aktionär.
Der Mindestnennwert einer deutschen Aktie beträgt **1,00 Euro**. Daneben gibt es nennwertlose Stückaktien (anteiliger Wert am Stammkapital auch mind. 1,00 Euro).
Der Kurswert einer Aktie wird für den Zeitpunkt festgestellt, an dem die Aktie verkauft wird. Der Aktienkurs, also der Preis einer Aktie an der Börse, bildet sich durch Angebot und Nachfrage heraus.
Ist die Nachfrage nach Aktien eines bestimmten Unternehmens groß, weil beispielsweise dort eine neue, zukunftsweisende Erfindung gemacht wurde, steigt der Preis. Der Käufer ist bereit, einen Preis (= Kurswert) über dem aufgedruckten Wert der Aktie (= Nennwert) zu bezahlen. Ist aber die Nachfrage nach einer Aktie gering, weil das Unternehmen Verluste macht, dann sinkt ihr Preis, also ihr Kurswert.

Dividende
Die Dividende ist die **Gewinnausschüttung** einer AG an die Aktionäre. Es handelt sich bei der Dividende um einen Betrag in Euro je Aktie, den man in Prozent auf den Nennwert rechnet und in bestimmten Zeitabständen an die Aktionäre ausbezahlt.

Übersicht

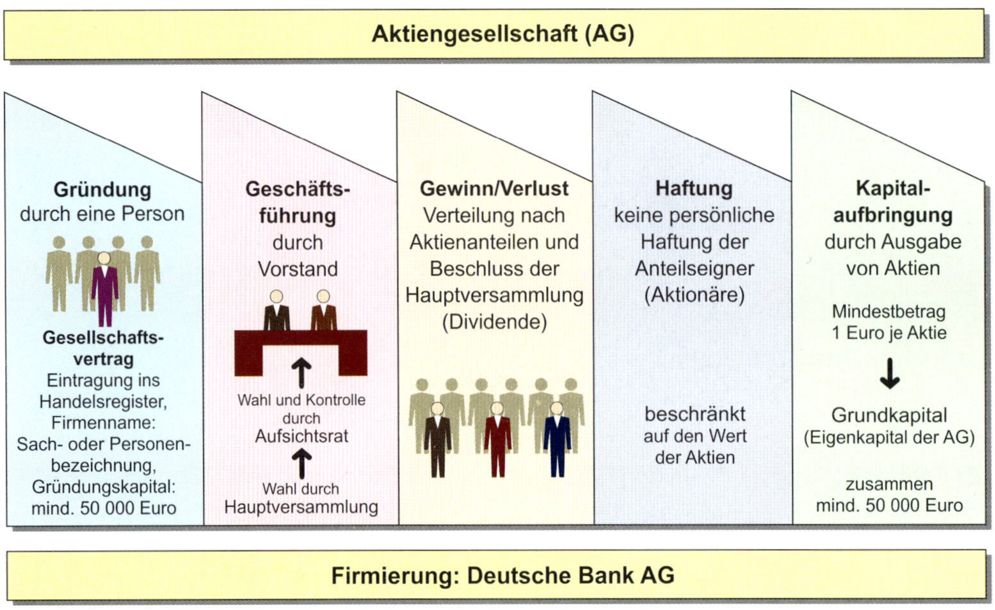

AG: Instrument zur Kapitalbeschaffung

Die Rechtsform der AG bietet beste Möglichkeiten zur Beschaffung von Eigenkapital. Da man das Grundkapital in Form der Aktien in sehr kleine Anteile zerlegen kann, lässt sich eine sehr große Zahl von Kapitalgebern (Aktionären) gewinnen.

Kontrolle der AG

Damit das Konkursrisiko und das Arbeitsplatzrisiko gering gehalten wird, schreibt der Gesetzgeber neben dem hohen Gründungskapital auch vor, dass die wirtschaftliche Lage einer Kapitalgesellschaft überprüfbar sein muss. Aktiengesellschaften müssen deshalb regelmäßig ihre Bilanzen und Veränderungen in der Unternehmensführung **öffentlich** machen.

Organe der AG und Mitbestimmung im Aufsichtsrat der AG

Jede **AG** hat einen gesetzlich vorgeschriebenen Aufbau und muss danach aus den folgenden Organen bestehen:

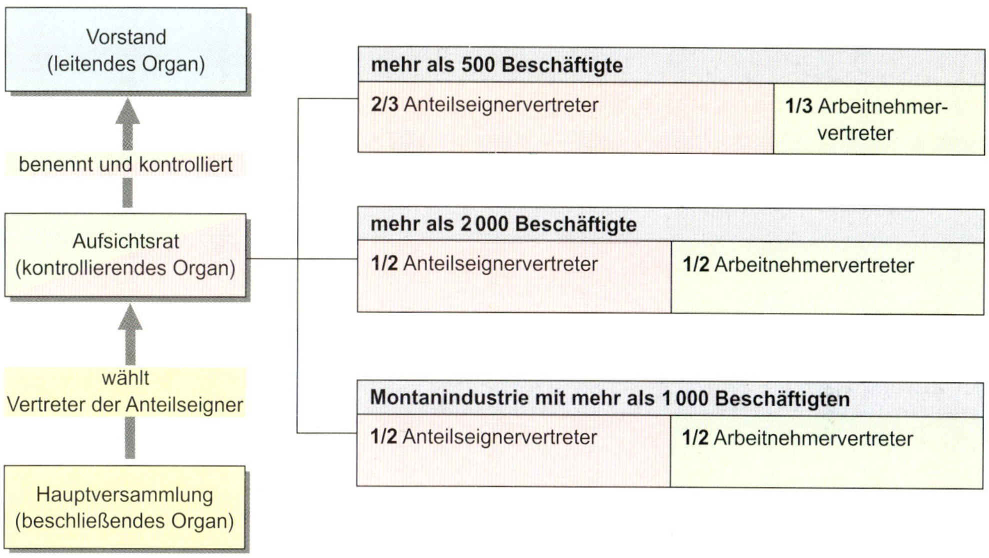

Montanmitbestimmung (1951)
gültig für Eisen und Stahl erzeugende Industrie sowie Bergbau
(Aufsichtsrat)

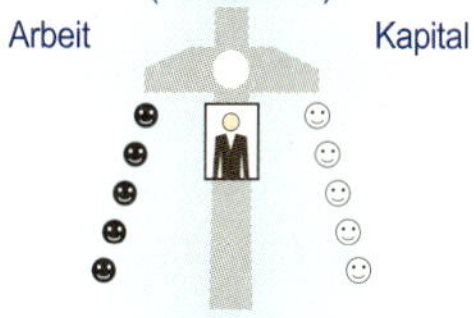

11. Mitglied (neutral) sorgt für Chancengleichheit

Mitbestimmung von 1952
gültig für Kapitalgesellschaften mit < 2000 Arbeitnehmern
(Aufsichtsrat)

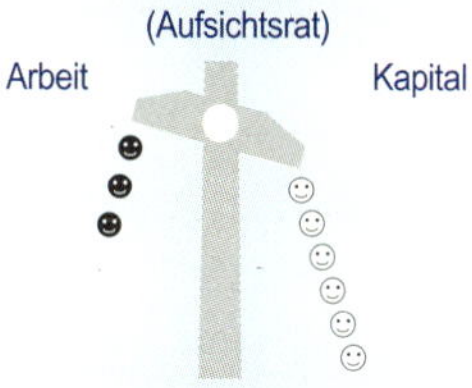

Das Kapital hat die Stimmenmehrheit (2/3)

Betriebsverfassung von 1976
gültig für Kapitalgesellschaften mit > 2000 Arbeitnehmern
(Aufsichtsrat)

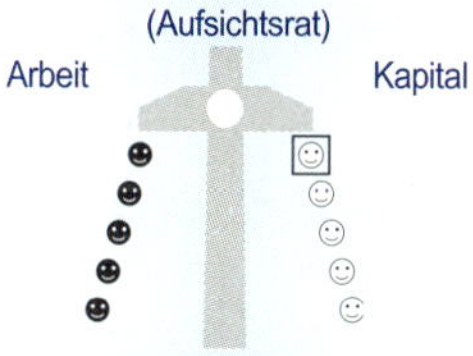

Bei Stimmengleichheit hat ein Vertreter des Kapitals 2

Gesetzlich geregelte Mitbestimmung (Montan-MitbestG 1951), DrittelbG 1952, MitbestG 1976)

Die drei Organe der AG heißen Hauptversammlung (beschließendes Organ), Aufsichtsrat (kontrollierendes Organ) und Vorstand (leitendes Organ).

Der **Vorstand** leitet (führt) die Geschäfte der AG und ist zuständig für die Planung und die Abstimmung des Handlungsablaufs in der Unternehmung.

Der **Aufsichtsrat** wählt (bestellt/ernennt) und kontrolliert (überwacht) den Vorstand. Er besteht aus Vertretern der Anteilseigner (Aktionäre) und der Arbeitnehmer (ab 501 Beschäftigten). Wenn die **AG** mehr als **2 000** Arbeitnehmer beschäftigt, so setzt sich der Aufsichtsrat zu gleichen Teilen aus Anteilseigner- und Arbeitnehmervertretern zusammen. Er ist **quasi paritätisch** besetzt. Zahlenmäßig ist die Gleichberechtigung von Arbeitgebern und Arbeitnehmern gegeben. Bei Stimmengleichheit hat aber der Vorsitzende des Aufsichtsrats zwei Stimmen. In der Regel ist der Aufsichtsratsvorsitzende aufgrund des Wahlverfahrens ein Vertreter des Kapitals. Zudem muss mindestens ein Arbeitnehmervertreter zur Gruppe der leitenden Angestellten gehören, die über ihren Arbeitsvertrag viel stärker an die Interessen der Arbeitgeber gebunden sind, als an die Arbeitnehmerinteressen.

Besonderheit in der Montanindustrie

Aktiengesellschaften der Montanindustrie (Grundstoffindustrie **Kohle** und **Stahl)** sind im Aufsichtsrat ab **1 001** Beschäftigten paritätisch besetzt. Der Vorsitzende des Aufsichtsrats ist hier neutral. Hier ist eine echte **paritätische** Mitbestimmung verwirklicht worden. Von Nachteil ist, dass Entscheidungsprozesse in Unternehmungen, die der Montanmitbestimmung unterliegen, länger dauern.

AG mit weniger als 500 Beschäftigten

Bei Aktiengesellschaften, die sich im Besitz einer Familie befinden und weniger als **500** Beschäftigte haben, wirken im Aufsichtsrat keine Arbeitnehmer mit.

Hauptversammlung

Die Hauptversammlung ist die **Versammlung der Aktionäre.** Für jede Aktie steht dem Aktionär dort eine Stimme zu. Die Hauptversammlung tritt einmal im Jahr zusammen. Sie wählt (bestellt) die Vertreter der Anteilseigner in den Aufsichtsrat, beschließt über die Verwendung des Gewinns und beschließt Satzungsänderungen.

Unternehmensanalyse

8. Rechtsformen der Unternehmung II: Kommanditgesellschaft • Aktiengesellschaft

1. Um welche Unternehmungsform handelt es sich, wenn das Geschäftskapital von Vollhaftern und Teilhaftern aufgebracht wird? ....

2. Der Komplementär ist der ....-hafter, der Kommanditist ist der ....-hafter. Die KG hat ihren Namen nach dem .... (Kommanditisten).

3. Die Komplementäre sind die .... haftenden Gesellschafter. Sie haften ...., also mit ihrer Kapitaleinlage und mit ihrem Privatvermögen. Dagegen beschränkt sich die Haftung eines Kommanditisten auf seine ....

4. Wer ist allein zur Geschäftsführung und Vertretung der Kommanditgesellschaft berechtigt?

   ....

5. Welche Rechte haben die Kommanditisten in der KG? Sie dürfen nur zum Schluss des Geschäftsjahres

   1. ....,

   2. ....

6. Der Medienkaufmann Werner Schmitz gründet mit dem Bankier Albert Kies eine KG, worin Schmitz Komplementär und Kies Kommanditist ist. Welche – den Familiennamen enthaltende – Bezeichnung erhält die Firma?

   ....

7. Welchen Vorteil hat die Kommanditgesellschaft, verglichen mit der offenen Handelsgesellschaft? Die Kommanditgesellschaft steht Geldgebern offen, die

   ....

8. Kapitalgesellschaften werden errichtet, wenn Unternehmungen einen sehr hohen ....-bedarf haben. Anders als bei Personengesellschaften wird bei den Kapitalgesellschaften die Stellung der Gesellschafter von den unterschiedlichen .... bestimmt. Kapitalgesellschaften werden durch .... vertreten und nicht durch Personen.

9. Bei den Kapitalgesellschaften werden die Rechtsgeschäfte **nicht** mit den Gesellschaftern abgeschlossen, sondern mit der .... Die persönliche Haftung der Teilhaber beschränkt sich ausschließlich auf die Kapital-.......... Bei den Kapitalgesellschaften gibt es nur ....-hafter.

10. Die wichtigsten Bestandsformen der Kapitalgesellschaften sind die .... und die GmbH. Die Aktiengesellschaft ist allein auf .... gegründet. Die persönliche .... der Gesellschafter zur Unternehmung tritt zurück.

11. Von welchen Unternehmungen (Größenordnung?) wird die Unternehmensform AG des sehr hohen Kapitalbedarfs wegen gewählt? ....

12. Die Aktiengesellschaft ist die wirtschaftlich ....-ste Kapitalgesellschaft. Das Organisationselement dieser Kapitalgesellschaftsform ist die ....

13. Die .... (Anteilseigner oder Aktionäre) der AG sind mit Anteilen in Form von Aktien am Grundkapital der Gesellschaft beteiligt. Eine Aktie ist ein ....-papier am Grundkapital einer AG.

14. Womit haften die Eigentümer (Anteilseigner) einer AG nur? ....

15. Das Gründungskapital der AG beträgt .... Es muss von .... Person(en) aufgebracht werden. Für seine Einlage erhält jeder Gesellschafter ....

16. Die Aktien der großen Aktiengesellschaften werden an Wertpapier-...................................... gehandelt, wo fünfmal wöchentlich ein .... (Kurs) ermittelt wird.

17. Der Kurswert einer Aktie ist in der Regel erheblich höher als der auf der Aktie aufgedruckte .... Durch den Erwerb einer Aktie wird man zum ....

18. Wie hoch ist der Mindestnennwert einer deutschen Aktie? ....

19. Zu welchem Zeitpunkt wird der Kurswert einer Aktie festgestellt? ....

....

20. Wodurch bildet sich der Aktienkurs, also der Preis einer Aktie, an der Börse heraus?

....

21. Ist die Nachfrage nach bestimmten Aktien groß, dann .... der Preis. Der Käufer ist bereit, einen Preis (= Kurswert) über dem aufgedruckten Wert der Aktie (= Nennwert) zu bezahlen. Ist dagegen die Nachfrage nach einer Aktie gering, dann .... ihr Preis.

22. Was versteht man unter der Dividende? ....

....

23. Die Rechtsform der AG bietet die besten Möglichkeiten zur Beschaffung von Eigen-... Da man das Grundkapital in sehr kleine Anteile zerlegen kann, lässt sich eine .... Zahl von Kapitalgebern gewinnen. Der Gesetzgeber schreibt vor, dass die wirtschaftliche Lage einer Kapitalgesellschaft .... sein muss. Aktiengesellschaften müssen deshalb regelmäßig ihre Bilanzen und Veränderungen in der Unternehmensführung .... machen.

24. Wie heißen die drei Organe der AG?
    1. (beschließendes Organ) ....
    2. (kontrollierendes Organ) ....
    3. (leitendes Organ) ....

25. Der Vorstand führt die .... der AG. Der Aufsichtsrat ernennt und überwacht den .... Ab 501 Beschäftigten besteht der Aufsichtsrat der AG aus Vertretern der Anteilseigner oder der Aktionäre (2/3-Anteil) und der .... (1/3-Anteil).

26. Wenn die AG mehr als 2 000 Beschäftigte hat, ist der Aufsichtsrat .... (zu gleichen Teilen) besetzt. Bei Stimmengleichheit hat der Vorsitzende des Aufsichtsrates .... Stimme(n). Der Aufsichtsratsvorsitzende ist in der Regel ein Vertreter des ....

27. Die Montanindustrie umfasst die Grundstoffindustrie .... und .... Hier ist der Aufsichtsrat bereits ab 1 001 Beschäftigten in der AG paritätisch besetzt. Der Vorsitzende des Aufsichtsrats ist hier ....

28. Die Hauptversammlung ist die Versammlung der .... Für jede Aktie steht/stehen dem Aktionär dort .... Stimme(n) zu. Die Hauptversammlung wählt die Vertreter der Anteilseigner in den .... und sie beschließt über die Verwendung des .... und sie beschließt ....-änderungen.

9. Rechtsformen der Unternehmung III: GmbH • Unternehmenszusammenschlüsse

PAL 331, 335-337, 360, U68-69, U73

GmbH

GmbH-Gesetz § 1
Gesellschaften mit beschränkter Haftung können ... zu jedem gesetzlich zulässigen Zweck durch eine oder mehrere Personen errichtet werden.

Die Gesellschaft mit beschränkter Haftung (GmbH) ist die einfachste Form der Kapitalgesellschaft und wird sehr häufig gewählt. Auch bei der GmbH tritt die persönliche Bindung der Gesellschafter zur Unternehmung zurück.

Die Haftung, wie in der Unternehmensform Gesellschaft mit **beschränkter** Haftung angedeutet, erstreckt sich **nicht** auf das Privatvermögen. Die Gesellschafter der **GmbH** haften nur mit ihrem Firmenvermögen

GmbH im Vergleich zur AG

Im Unterschied zur **AG**, bei der das Eigenkapital in gleich große Teile (= Aktien) zerstückelt ist, gilt eine derartige Normierung für das Eigenkapital der **GmbH** nicht. Bedeutung besitzt die GmbH vor allem für mittlere und kleine Betriebe.

GmbH im Vergleich zur OHG und KG

Gegenüber der **OHG** und der **KG** hat die **GmbH** den Vorteil, dass niemand mit seinem Privatvermögen haften muss. – Allerdings ist gerade aus diesem Grund die Kreditwürdigkeit der GmbH beschränkt. Gegründet werden kann die GmbH von nur einer Person (als sogenannte Einmann-GmbH). Die GmbH haftet nur bis zur Höhe des Stammkapitals (Eigenkapital der GmbH). Das Stammkapital ist in Stammeinlagen zerlegt. Das Mindeststammkapital beträgt 25 000 Euro; jede Stammeinlage mind. 1 Euro. Vom Gesetzgeber wurde als Variante der GmbH für Existenzgründer die "haftungsbeschränkte" Unternehmergesellschaft eingeführt. Firmenzusatz: „UG (haftungsbeschränkt)“. Mindesteinzahlung 1 Euro. Jedes Jahr ist 1/4 des Gewinns einzubehalten, bis 25 000 Euro erreicht sind. Erst dann darf der Firmenzusatz GmbH lauten.

Übersicht

Existenzgründerfreundlich: die „Mini-GmbH“
Die Unternehmergesellschaft (haftungsbeschränkt), umgangssprachlich auch als „Mini-GmbH“ bezeichnet, wurde in Deutschland im Zuge der Reform des Rechts der GmbH durch das Gesetz zur Modernisierung des GmbH-Rechts und zur Bekämpfung von Missbräuchen (MoMiG) 2008 als existenzgründerfreundliche Variante der herkömmlichen GmbH eingeführt (§ 5a GmbHG). Sie ist keine neue Rechtsform, sondern eine GmbH mit einem geringeren als dem Mindestkapital gemäß § 5a GmbHG und mit einer besonderen Bezeichnung: UG (haftungsbeschränkt)

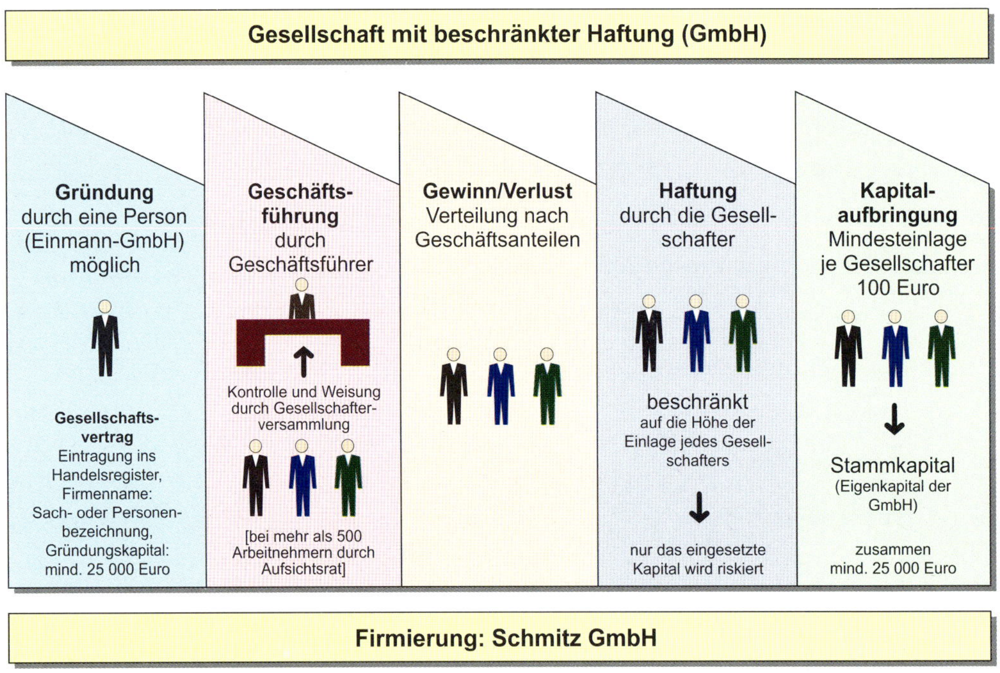

– Organe

Auch die GmbH muss gesetzlich vorgeschriebene Organe einrichten. Es sind mindestens zwei: die Geschäftsführung und die Gesellschafterversammlung.

– Geschäftsführung

Die Geschäftsführung wird durch die Gesellschafterversammlung bestellt und ist an deren Weisungen gebunden. Die GmbH kann durch mehrere Geschäftsführer vertreten werden, die keine Gesellschafter sein müssen. Die GmbH kann im Gegensatz zur OHG auch von einer Person allein geführt werden.

– Gesellschafterversammlung

Die Gesellschafterversammlung beschließt über die Verteilung des GmbH-Gewinns, bestellt und kontrolliert die Geschäftsführer.

– Aufsichtsrat

Ab 501 Beschäftigten muss ein Aufsichtsrat gegründet werden, der die Aufgabe der Gesellschafterversammlung übernimmt. Ab 2 001 Mitarbeitern besteht der Aufsichtsrat auch aus Arbeitnehmervertretern. Festgelegt ist das im GmbH-Gesetz (GmbHG).

Mehr dazu unter: http://prolog.uni-duisburg.de/binnenschiff/Handrecht.pdf

Unternehmungszusammenschlüsse

In den vorangegangenen Kapiteln wurde gezeigt, dass sich Personen zu einer Gesellschaft (**OHG**, **KG**, **AG** und **GmbH**) zusammenschließen können, um damit zum Beispiel das Geschäftskapital zu vergrößern, um die Arbeit an der Führungsspitze zu teilen oder um die Haftung zu verringern oder um Steuern zu sparen.

Gründe/Ziele

Unternehmenshochzeit, um eine Monopolstellung zu erreichen

Wenn sich nun Gesellschaften zu noch größeren Gesellschaften zusammenschließen (Unternehmenshochzeiten), dann geschieht das, um mit noch mehr Kapital wichtige **Investitionen zu tätigen**, um die vorhandene **Marktstellung zu festigen und auszubauen, neue Märkte** – national und international – **zu erschließen** oder um **Rohstoffquellen zu sichern**. Oft steckt jedoch ein anderes Ziel dahinter: Die Absicht kann sein, auf dem Markt eine Monopolstellung zu erreichen. Darunter versteht man eine marktbeherrschende Stellung der Unternehmung, die es dieser ermöglicht, unter Ausschluss von Konkurrenten die Preise zu diktieren.

– Kartell
– Kartellgesetz

Auszug aus dem **Gesetz gegen Wettbewerbsbeschränkungen (Kartellgesetz)** § 1... alle Verträge und Beschlüsse von Unternehmen ... sind unwirksam, wenn sie geeignet sind, die Marktverhältnisse durch Beschränkung des Wettbewerbs zu beeinflussen.

Unternehmen schließen sich zum Kartell, Konzern oder zum Trust zusammen.
Beim **Kartell** binden sich Unternehmen der gleichen Branche durch vertragliche Absprachen, um bestimmte wirtschaftliche Vorteile zu erzielen. Die Unternehmen bleiben rechtlich selbstständig, werden dabei aber teilweise wirtschaftlich abhängig. Durch das Kartell wollen die Unternehmen Marktgeschehen und Wettbewerb in ihrem Interesse bestimmen. Das kann für den Verbraucher von Nachteil sein.

In Deutschland sind Kartelle im Rahmen des Wettbewerbsrechts durch das Gesetz gegen Wettbewerbsbeschränkungen (GWB), das sogenannte KARTELLGESETZ, verboten. Nach dem neuen Kartellrecht (gültig seit 1. Juli 2005) gibt es keine anmelde- oder genehmigungspflichtigen Kartelle mehr.

DIN
EN
ISO

Rationalisierungskartell einheitliche Anwendung von Normen

Nach dem neuen GWB obliegt den Unternehmen grundsätzlich selbst die Pflicht zu prüfen, ob die von ihnen getroffene (wettbewerbsbeschränkende) Vereinbarung nach § 2 des GWB erlaubt und somit von einem Verbot freigestellt ist (Erlaubniskartell). Beim Rationalisierungskartell, nach altem Recht genehmigungspflichtig, wird die Produktion auf bestimmte Typen beschränkt. Auch die einheitliche Anwendung von Normen (DIN/EN/ISO) und Typen, zum Beispiel bei Elektroartikeln, kann beschlossen werden (nach altem Recht anmeldepflichtig).

Nach altem Recht bereits uneingeschränkt verboten waren das **Preiskartell** und das **Quoten- oder Produktionskartell.** Beim Preiskartell spricht man für ein vergleichbares Produkt einen einheitlichen, in der Regel überhöhten Preis ab. Beim Quoten- oder Produktionskartell strebt man durch Drosselung der Produktion eine Verknappung der hergestellten Güter an. Jedem Unternehmen wird eine bestimmte Produktionsmenge (-quote) zugeteilt, um über die (beschränkte) Angebotsmenge den Preis einer Ware (nach oben) zu beeinflussen, zum Nachteil des Verbrauchers.

– Konzern, Trust

Nach dem Kartellgesetz muss der Trust oder Konzern dem Kartellamt in Bonn gemeldet werden, wenn der Marktanteil der zusammengeschlossenen Unternehmen 20 % des Inlandsmarktes überschreitet. Ein Trust besitzt eine starke wirtschaftliche Macht und kann den Markt extrem dominieren.

Bei der Bildung von Konzernen schließen sich Unternehmungen enger zusammen. Sie bleiben zwar rechtlich selbstständig, verlieren jedoch häufig ihre wirtschaftliche Unabhängigkeit. Die beherrschende Unternehmung, die **Muttergesellschaft**, kauft dabei alle oder große Anteile (zum Beispiel Aktien) einer **Tochtergesellschaft** auf. Beim Trust verlieren die beteiligten Unternehmen sowohl ihre rechtliche als auch ihre wirtschaftliche Selbstständigkeit. Ein Trust kann entstehen, indem ein Unternehmen die anderen aufnimmt (Aufnahme), oder es wird eine neue Gesellschaft gegründet, in der alle aufgehen (Neugründung).

Bundeskartellamt

www.bundeskartellamt.de

In jedem Fall ist von der Kartellbehörde – in Deutschland ist dies das **Bundeskartellamt** in Bonn – darauf zu achten, dass zum Nachteil des Verbrauchers kein marktbeherrschendes Unternehmen zustande kommt. Dem **Bundeskartellamt** müssen deshalb Unternehmenszusammenschlüsse unverzüglich angezeigt werden.

EU-Kartellrecht

Schließen sich Unternehmen innerhalb der EU zusammen, unterliegen sie der Aufsicht durch die Europäische Kommission. Das EU-Kartellrecht hat im Verhältnis zum Kartellrecht der Mitgliedstaaten (Anwendungs-)Vorrang. Soweit das EU-Kartellrecht reicht, ist das mitgliedstaatliche Kartellrecht daher unanwendbar oder es bleibt zwar weiterhin anwendbar, darf aber nicht zu Entscheidungen führen, die vom EU-Recht abweichen.

Unternehmensanalyse

9. Rechtsform der Unternehmen III: GmbH • Unternehmenszusammenschlüsse

1. Die .... (GmbH) ist die einfachste Form der Kapitalgesellschaft. Die Gesellschafter der GmbH haften nur mit ihrem ....-vermögen. Bedeutung besitzt die GmbH vor allem für mittlere und .... Betriebe. Die GmbH haftet nur bis zur Höhe des .... (= Eigenkapital der GmbH).

2. a) Wie viele Personen sind für die Gründung einer GmbH erforderlich? ....

   b) Wie hoch muss das Stammkapital einer GmbH sein? ....

3. Welche Organe muss eine GmbH mindestens besitzen? ....

   ....

4. Die GmbH kann durch einen oder mehrere .... vertreten werden, die keine Gesellschafter sein müssen. Die Gesellschafterversammlung beschließt über die Verteilung des GmbH-... Sie bestellt und .... die Geschäftsführer.

5. Ab wie vielen Arbeitnehmern ist bei der GmbH ein Aufsichtsrat zwingend vorgeschrieben? ....

6. Ab wie vielen Mitarbeitern besteht der Aufsichtsrat auch aus Arbeitnehmervertretern? ....

7. Unternehmungen schließen sich zusammen, um
   - mit noch mehr Kapital wichtige .... zu tätigen,
   - die Marktstellung zu festigen und ....,
   - neue Märkte – national und international – zu ....,
   - Rohstoff-.. zu sichern, oft aber auch um
   - auf dem Markt eine ....-stellung zu erreichen, um die Preise diktieren zu können.

8. Unternehmungen schließen sich zum ...., zum .... oder zum Trust zusammen.

9. Beim **Kartell** binden sich Unternehmungen der gleichen Branche durch vertragliche Absprachen, um bestimmte wirtschaftliche .... zu erzielen. Die Unternehmen bleiben rechtlich ....-ständig, werden dabei aber teilweise wirtschaftlich .... Durch das Kartell wollen die beteiligten Unternehmen das Marktgeschehen und den Wettbewerb in ihrem Interesse ....

10. In Deutschland sind Kartelle im Rahmen des Wettbewerbsrechts durch das Gesetz gegen Wettbewerbsbeschränkungen (GWB), das sogenannte ....-gesetz, verboten. Nach dem (neuen) GWG obliegt den Unternehmen seit dem 1. Juli 2005 selbst die Pflicht zu prüfen, ob die von ihnen getroffene (wettbewerbsbeschränkende) Vereinbarung nach § 2 des GWB .... ist.

11. Beim Preiskartell spricht man für ein vergleichbares Produkt einen einheitlichen, in der Regel überhöhten .... ab. Beim Quoten- und Produktionskartell strebt man durch Drosselung der Produktion eine .... der hergestellten Güter an.

12. Wie nennt man einen Unternehmenszusammenschluss, wenn Unternehmungen so verbunden sind, dass man von der Muttergesellschaft und den Tochtergesellschaften spricht? ....

13. Von der Kartellbehörde – in Deutschland dem Bundeskartellamt – ist darauf zu achten, dass durch einen Unternehmenszusammenschluss kein markt-.. Unternehmen zustande kommt. Dem Bundeskartellamt müssen Unternehmenszusammenschlüsse unverzüglich .... werden.

14. Unternehmenszusammenschlüsse innerhalb der EU unterliegen der .... durch die Europäische Kommission. Diese achtet darauf, dass auf EU-Ebene der .... nicht beeinträchtigt wird.

10. Gründung einer Unternehmung

PAL 352-358

Businessplan

www.existenzgruender.de

Existenzgründungen sind dann erfolgreich, wenn sie wohlüberlegt und sorgfältig geplant sind (Businessplan). Ein Fragenkatalog wie der nachfolgende hilft dem Existenzgründer, seine Geschäftsidee zu überdenken und zum Konzept reifen zu lassen.

- Beschreiben Sie Ihr zu gründendes Unternehmen.
- Stellen Sie die Gründerperson dar.
- Beschreiben Sie Ihr Produkt/Ihre Dienstleistung.
- Beschreiben Sie Ihre Kunden.
- Beschreiben Sie Ihre Konkurrenten.
- Beschreiben Sie Ihren Standort.
- Welche Lieferanten wollen Sie nutzen?
- Erläutern Sie Ihre Personalplanung.
- Zu welchem Preis wollen Sie Ihr Produkt/Ihre Dienstleistung verkaufen?
- Welche Vertriebspartner wollen Sie nutzen?
- Welche Kommunikations- und Werbemaßnahmen wollen Sie ergreifen?
- Für welche Rechtsform haben Sie sich entschieden?
- Welche Chancen und Risiken hat Ihr Vorhaben?
- Wie hoch ist der Kapitalbedarf?
- Wie können Sie diesen Kapitalbedarf decken?
- Wie sehen Sie die zukünftige Entwicklung Ihrer Branche?

Stiftung Warentest
„Am besten abgeschnitten hat das BMWi-Existenzgründungsportal"
test.de/2009

Mehr bei: www.bmwi.de/BMWi/Navigation/Service/publikationen,did=23212.html [2011-07-18]

Der Gründer muss sich klarmachen, dass die Entscheidung für oder gegen einen Standort alle wichtigen Faktoren eines Unternehmenskonzeptes berührt: Kunden, Lieferanten, Konkurrenz, Arbeitskräfte, Kosten, Verkehrsanbindungen und gegebenenfalls behördliche Auflagen. Es gilt also, einen Standort zu finden, der das Konzept und die Zielsetzung des Unternehmens am besten unterstützt. Existenzgründer sollten sich zum Beispiel folgende Fragen stellen:

Standortwahl

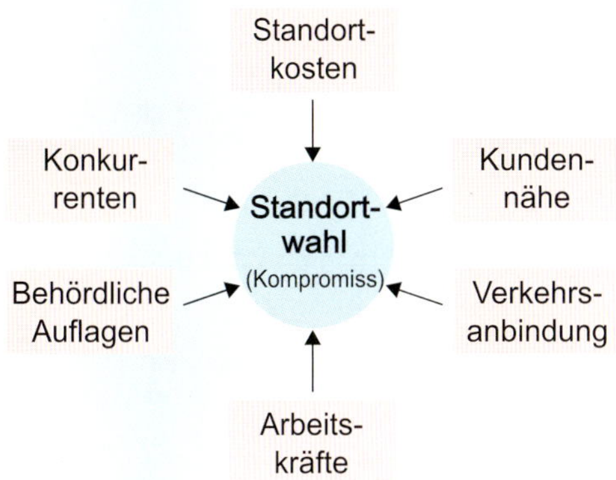

- Gibt es genügend Kunden am Standort (Kundennähe)?
- Wie gut ist die Konkurrenz und wie stark ist sie am Standort vertreten (Konkurrenten)?
- Wie teuer ist das Grundstück, wie hoch sind Miete und Nebenkosten sowie Gewerbesteuer (Standortkosten)?
- Ist der geplante Standort für Kunden und Lieferanten gut erreichbar? (Verkehrsanbindung)?
- Bietet vor Ort der Arbeitsmarkt geeignete Mitarbeiter und wie hoch ist das Lohnniveau (Arbeitskräfte)?
- Gibt es Umwelt- und baurechtliche Verordnungen (behördliche Auflagen)?

„Den" optimalen Standort gibt es selten, deshalb gilt es Kompromisse zu schließen. Mehr bei: www.wirtschaftundschule.de/WUS/homepage/Unterrichtsmaterial/Selbststaendigkeit/Details.html?id=4315 [2011]

Berufsbezogene Voraussetzungen

Nach Artikel 12 Grundgesetz [Recht der freien Berufswahl] haben alle Deutschen das Recht, sich beruflich selbstständig zu machen (Gewerbefreiheit). Die Ausübung eines Gewerbes ist an bestimmte **persönliche** Voraussetzungen gebunden, zum Beispiel volle Geschäftsfähigkeit des Gründers und geordnete Lebensverhältnisse sowie bestimmte **fachliche** Qualifikationen.

Selbstständig machen im Handwerk – mit Meisterbrief

Wer sich zum Beispiel in einem zulassungspflichtigen Handwerk selbstständig machen will, benötigt dafür in der Regel den Meisterbrief. Erforderlich ist auch der Eintrag in die Handwerksrolle bei der Kammer. Dies betrifft alle Tätigkeiten, die in der Handwerksordnung unter Anlage A als Handwerksberufe aufgeführt sind.

– ohne Meisterbrief

Demgegenüber kann in sogenannten zulassungsfreien Handwerken oder „handwerksähnlichen" Gewerben (gemäß Anlage B der Handwerksordnung) ein Unternehmen auch ohne Meisterbrief gegründet und geführt werden.

Nach der Reform des Handwerksrechts im Jahre 2004 ist in 41 von 94 Handwerksberufen die Meisterprüfung Voraussetzung für den Eintrag in die Handwerksrolle. In 35 Berufen mit „Meisterzwang" werden auch Gesellen ohne Meisterprüfung eingetragen, wenn sie zum Beispiel sechs Jahre Berufspraxis besitzen.

– als Techniker

Staatlich geprüfte Techniker und Ingenieure können ein Handwerk der Anlage A unter erleichterten Bedingungen ausüben. Ihr Abschluss wird der Meisterprüfung gleichgestellt. Mehr bei: www.existenzgruender.de/imperia/md/content/pdf/publikationen/gruenderzeiten/gz_48.pdf [2011]

Gründungshilfen

Gründersorgen

Ist die Selbstständigkeit der richtige Weg für mich?

Reichen meine persönlichen/fachlichen Kenntnisse aus?

Sind meine finanziellen Vorstellungen realistisch?

Ansprechpartner, die erste Informationen für Existenzgründer anbieten, sind berufsständische Organisationen, wie Industrie- und Handelskammern (Unternehmensförderung www.ihk.de), Handwerkskammern (http://handwerk.com/erfolgreich-in-die-existenzgruendung/150/367/30951/), Landwirtschaftskammern, Fachverbände und verschiedene Institute der Wirtschaft, staatliche Stellen, wie das Bundesministerium für Wirtschaft (www.bmwi.de; siehe Förderdatenbank [2011-07-18]), und zuständige Stellen in den Bundesländern. (Alle Länder verfügen über eigene Förderprogramme.)

Ansprechpartner

Gründersorgen

Verfüge ich über kaufmännisches / betriebswirtschaftliches Know-how?

Steht meine Familie hinter mir?

Stehe ich die Belastungen während der Startphase – und auch später – durch?

Rechtsanwälte und **Notare** zieht der Gründer am besten beim Erstellen von Verträgen zurate. Damit erspart er sich unliebsame Überraschungen. **Steuerberater** liefern notwendige Informationen zu Steuerfragen und unterstützen bei der Einrichtung einer Buchhaltung. **Kreditinstitute** helfen bei den Gründungsvorbereitungen, beraten vorwiegend in Finanzfragen, stellen auf Nachfrage aber auch Informationen zu Branchen und Märkten zur Verfügung. Freie **Unternehmensberater** erarbeiten Unternehmensplanungen, führen Marktanalysen durch und erstellen auch Finanzierungskonzepte.

Anmeldung zur Unternehmensgründung

Die eigene Unternehmensgründung macht eine Vielzahl von Anmeldeformalitäten notwendig. Zahlreiche gesetzliche Vorschriften sind zu beachten. Jeder Gewerbebetrieb muss beim zuständigen **Gewerbeamt** (bei der Gemeindeverwaltung) angemeldet werden. Bei der Anmeldung sind ein Personalausweis (Pass) und gegebenenfalls besondere Genehmigungen und Nachweise vorzulegen, zum Beispiel Handwerkskarte oder Konzession. Mehr bei: www.softwarepaket.de/9.0/ [2011]

Behördenlabyrinth
Vielzahl von Anmeldeformalitäten (im Zuge der Reformgesetzgebung zunehmend erleichtert)

Wegweiser Anmeldung Kleingründung (Handwerk)	
• Eintrag Handwerksrolle, Handw.karte (Kammer)	• Anmeldung beim Gewerbeamt (Gemeinde)
• Eintrag ins Handelsregister (Amtsgericht)*	• Anmeldung beim Finanzamt (Steuergesetze)
• Mitteilung an Berufsgenossenschaft (Unfallversicherung) via Internet	• Anmeldung bei Krankenkasse(n) (Sozialversicherung)
• Aushandeln von Tarifen bei Versorgungsunternehmen (für Strom, Gas, Wasser, Müllabfuhr)	• Einholung von Betriebsgenehmigung (überwachungspflichtige Anlagen) und eventuell notwendige Sondergenehmigungen

* Seit 2007 ist der Eintrag schneller möglich (elektronisches Handelsregister)

Wirtschaftliche Förderung

Der Start in die unternehmerische Selbstständigkeit wird durch **Förderprogramme** (vor allem günstige Investitionskredite) von staatlicher Seite unterstützt, von der EU, von Bund, Ländern und Gemeinden. Die **Antragstellung** erfolgt meist über die Hausbank, jedoch immer **vor** Beginn der Investitionsmaßnahme. Investitionskredite decken einen langfristigen Kapitalbedarf zur Finanzierung von beispielsweise Gebäuden, Maschinen, Geschäftseinrichtungen, Fuhrpark, erstes Warenlager, Gründungskosten.

Die wichtigsten öffentlichen Förderprogramme für Unternehmensgründungen sind Eigenkapitalhilfe-Darlehen und Existenzgründungsdarlehen. Diese gibt es bei der KfW-Mittelstandsbank in Bonn (KfW = Kreditanstalt für Wiederaufbau). Die Programme sehen zum Beispiel ermäßigte Zinssätze vor oder bieten tilgungsfreie Jahre oder verzichten auf Sicherheiten. Existenzgründer sollten sich sorgfältig informieren, um die optimale Kombination von Förderprogrammen zu finden. Mehr bei www.foerderdatenbank.de und weiterführende Links [2011-10-08]

Franchising

Viele Existenzgründer wählen das **Franchise-Verfahren**. Beim Franchising räumt ein Franchise-Geber einem Franchise-Nehmer das Recht ein, seine Waren und Dienstleistungen zu verkaufen. Er bietet ihm Marke (hinter der ein fertiges Konzept steht), Know-how und Marketing (Produktvermarktung) sowie einen Gebietsschutz an.

Beispiele für Franchise-Geber: McDonalds, Bofrost, Coca Cola, Obi, Pizza Hut.

Von **Vorteil** ist: Der Franchise-Geber führt Markttests durch, bietet Kalkulationshilfen und laufende geschäftliche Beratung und Betreuung sowie Gebietsschutz, übernimmt Werbung und gewährleistet Aus- und Fortbildung. Von **Nachteil** sind die Einschränkung des Entscheidungsspielraums, die enge vertragliche Bindung und der vergleichsweise geringe Gewinn.

Mehr zu Franchising bei: www.existenzgruender.de/imperia/md/content/pdf/publikationen/gruenderzeiten/gz_04.pdf [2011-07-18] Franchising ist ein Weg zur Unternehmensgründung. Es gibt jedoch viele Wege, zum eigenen Unternehmen zu kommen. Ordnet man diese den Pfaden Neugründung, Übernahme und Beteiligung zu, so sind über die Hälfte der Existenzgründungen Neugründungen, gefolgt von den Beteiligungen (20 %) und den Übernahmen (10 %). Mehr bei: www.existenzgruender.de/checklisten_und_uebersichten/gruendungswege/index.php [2011-07-18]

Wahl der Rechtsform

Die meisten Gründer entscheiden sich – wegen der unternehmerischen Unabhängigkeit und der wenigen Formalitäten – für die Rechtsform der Einzelunternehmung, wie die nebenstehende Darstellung zeigt.

AG	600
KG	800
OHG	900
Sonstige	1 700
GmbH & Co. KG	8 600
GbR	20 800
GmbH einschl. UG (haftungsbeschränkt)	48 600
Einzelunternehmen	335 700

Existenzgründungen nach Rechtsform

Eigene Darstellung auf Basis der Zahlen von:
www.ifm-bonn.org/assets/documents/Eekhoff-Guenterberg-24-03-2011.pdf, S.16

Gesellschaft des bürgerlichen Rechts

Eine wegen ihrer Einfachheit häufig anzutreffende Unternehmensform ist die GbR, Gesellschaft bürgerlichen Rechts (BGB-Gesellschaft).
Deren Merkmale sind:

- Rechtsgrundlage ist das Bürgerliche Gesetzbuch (BGB), daher der Name.
- Zwei oder mehr Personen schließen sich vertraglich zusammen (bilden eine Gesellschaft), um ein bestimmtes Geschäft abzuwickeln. Es ist keine Schriftform notwendig (aber empfohlen) und auch keine gerichtliche oder notarielle Eintragung (wenig Gründungsaufwand).
- Die Gesellschaft hat keine eigene Rechtspersönlichkeit. Das heißt, Verträge werden nicht von der Gesellschaft, sondern von den einzelnen Gesellschaftern geschlossen.
- Die gemeinschaftliche Geschäftsführung erfordert die Zustimmung aller Gesellschafter. Die Vertretung der Gesellschaft erfolgt gemeinschaftlich. Das kann wiederum den Entwurf aufwendiger Gesellschaftsverträge erfordern, um diese Rechtsform den Bedürfnissen aller Gründer anzupassen.
- Die Gesellschafter haften als Gesamtschuldner.

Beispiele für eine GbR (BGB-Gesellschaft) reichen von der Lottogemeinschaft und der Fahrgemeinschaft über den gemeinschaftlichen Betrieb eines Geschäfts (Internet-Café), einer ärztlichen Gemeinschaftspraxis bis hin zum Computer-Laden mit angeschlossener Reparaturwerkstatt.

Die Entscheidung für (oder gegen) eine Rechtsform sollte der Gründer erst dann treffen, wenn er nach eingehender Information und Beratung eine klare Position bezogen hat.

Weitere Informationen sind zu finden auf dem Portal von: www.existenzgruender.de/imperia/md/content/pdf/publikationen/gruenderzeiten/gz_33.pdf

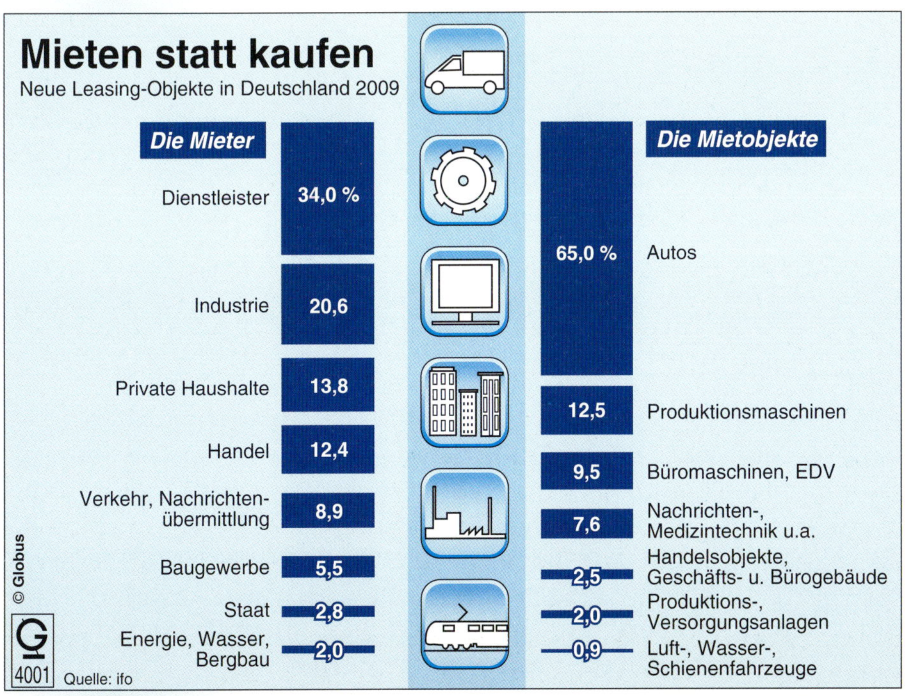

Viele Unternehmen finanzieren einen Teil ihrer Investitionen durch Leasing. Der Leasingvertrag hat eine große Ähnlichkeit mit einem Miet- oder Pachtvertrag, mit dem Unterschied, dass der Leasingnehmer (Mieter) die gemietete Sache am Ende der Leasingzeit erwerben kann. Leasingobjekte (Mietobjekte) sind zum Beispiel Fahrzeuge, Maschinen und Computer. Leasingnehmer sind hauptsächlich Dienstleister und die Industrie (siehe nebenstehende Darstellung).

Vorteile des Leasings: Statt sofort anfallender hoher Investitionskosten sind über die gesamte Vertragsdauer verteilt Leasingraten zu zahlen. Zur Finanzierung der Investitionen werden weder Bankkredite (Kreditkauf) noch Eigenkapital benötigt. Der Leasingvertrag beinhaltet einen Wartungsservice. Durch (Operate-)Leasing kann man immer über die neueste Technik verfügen.

Unternehmensanalyse

10. Gründung einer Unternehmung

1. Wann sind Existenzgründungen nur erfolgreich? Wenn sie ....

....

2. Die Entscheidung für einen Standort berührt alle wichtigen Faktoren eines Unternehmenskonzeptes. Es gilt also, einen Standort zu finden, der das .... und die ....-setzung des Unternehmens am besten unterstützt.

3. Standortfaktoren sind zum Beispiel ....-nähe, Konkurrenten, Standort-..................................., Verkehrs-.., Arbeitskräfte und .... Auflagen.

4. Wenn der Existenzgründer wissen möchte, ob vor Ort besondere umwelt- und baurechtliche Verordnungen zu beachten sind, dann will er etwas zu .... in Erfahrung bringen. Fragt er nach Mieten und Steuern, dann will er über .... informiert werden. Der Gründer ist sich darüber im Klaren, dass es **den** optimalen Standort selten gibt. Die Standortwahl ist deshalb in der Regel ein ....

5. Nach Artikel 12 Grundgesetz haben alle Deutschen das Recht, sich .... zu machen (Gewerbefreiheit). Die Gewerbeausübung ist an bestimmte .... Voraussetzungen gebunden und an bestimmte .... Qualifikationen.

6. Wer sich in einem (gemäß Anlage A der Handwerksordnung) zulassungspflichtigen Handwerk selbstständig machen will, benötigt dafür in der Regel den .... Erforderlich ist auch der .... bei der Kammer.

7. In zulassungsfreien Handwerken oder „handwerksähnlichen" Gewerben kann demgegenüber (gemäß Anlage B der Handwerksordnung) ein Unternehmen .... gegründet und geführt werden.

8. In 41 von 94 Handwerksberufen ist .... Voraussetzung für den Eintrag in die Handwerksrolle. In 35 Berufen mit „Meisterzwang" werden auch .... ohne Meisterprüfung eingetragen, wenn sie .... besitzen.

9. Staatlich geprüfte .... und .... können ein Handwerk der Anlage A unter erleichterten Bedingungen ausüben. Ihr Abschluss wird der Meisterprüfung ....-gestellt.

10. 1. Welche berufständischen Organisationen bieten Gründungshilfen an? ....
    2. Welche staatlichen Stellen bieten als Ansprechpartner Gründern erste Informationen an?

    ....

    ....

11. Beim Erstellen von Verträgen zieht der Gründer .... und .... zurate. Steuerberater liefern notwendige Informationen zu ....-fragen und unterstützen bei der Einrichtung einer .... Kreditinstitute helfen bei den Gründungsvorbereitungen, beraten vorwiegend in ....-fragen. Freie Unternehmensberater erarbeiten Unternehmens-.. und führen Marktanalysen durch.

12. Die eigene Unternehmensgründung macht eine Vielzahl von Anmeldeformalitäten notwendig. Wo muss jeder Gewerbebetrieb angemeldet werden? ....

13. Was ist bei der Anmeldung außer gegebenenfalls besonderen Genehmigungen und Nachweisen (Handwerkskarte oder Konzession) vorzulegen? ....

14. Nach dem Erledigen der Formalitäten bei Kammer, Gemeinde und gegebenenfalls Amtsgericht ist eine Kleingründung – wegen der Steuergesetze – beim .... anzumelden. Sodann ist Mitteilung an die .... (Unfallversicherung) zu machen. Arbeitnehmer sind bei den zuständigen .... (Sozialversicherung) anzumelden und mit ....-unternehmen sind die Bezugsbedingungen (für Strom, Gas, Wasser und Müllabfuhr) auszuhandeln. Schließlich sind gegebenenfalls bei überwachungspflichtigen Anlagen .... einzuholen.

15. Der Start in die Selbstständigkeit wird durch .... (vor allem günstige Investitionskredite) von .... unterstützt. Die Antragstellung erfolgt meist über die Hausbank, jedoch immer .... Beginn der Investitionsmaßnahme. Investitionskredite decken einen ....-bedarf zur Finanzierung diverser Investitionsgüter und der Gründungskosten.

16. Die wichtigsten öffentlichen Förderprogramme sind 1. ....-darlehen und 2. ....-darlehen.

17. Welche Vorteile bieten die Darlehen dem Gründer? 1. ....
2. .... Jahre 3. Verzicht auf ....

18. Beim Franchising räumt ein Franchise-.................................... einem Franchise-.. das Recht ein, seine Waren und Dienstleistungen zu verkaufen. Er bietet ihm ...., Know-how und .... (Produktvermarktung) sowie einen .... -schutz an.

19. Von Vorteil ist : Der Franchise-Geber führt ....-tests durch, bietet ....-hilfen und laufende geschäftliche Beratung/Betreuung, übernimmt .... und gewährleistet Ausbildung und .... Von Nachteil sind die Einschränkung des Entscheidungsspielraums, die .... vertragliche Bindung und der vergleichsweise .... Gewinn.

20. Eine wegen ihrer Einfachheit häufig anzutreffende Unternehmensform ist die Gesellschaft bürgerlichen Rechts, abgekürzt: .... Rechtsgrundlage ist das Bürgerliche Gesetzbuch, abgekürzt .... Wegen geringer Formvorschriften erfordert die GbR .... Gründungsaufwand. Die Gesellschaft hat keine eigene Rechtspersönlichkeit. Verträge werden von den .... geschlossen. Die .... Geschäftsführung erfordert die Zustimmung aller Gesellschafter. Die Vertretung der Gesellschaft erfolgt .... Die Gesellschafter haften als ....-schuldner.

21. Beispiele für eine GbR reichen von Lotto- und Fahrgemeinschaften über den gemeinschaftlichen Betrieb eines Geschäfts (Internet-Café) bis hin zum .... mit Reparaturwerkstatt.

22. Viele Unternehmen finanzieren einen Teil ihrer Investitionen durch .... Der Leasingvertrag ist vergleichbar mit dem ....-vertrag, mit dem Unterschied, dass der Leasingnehmer (Mieter) die gemietete Sache am Ende der Leasingzeit .... kann. Leasingobjekte (Mietobjekte) sind zum Beispiel ...., Maschinen und Computer.

23. Vorteile des Leasings: Statt sofort anfallender hoher Investitionskosten sind über die gesamte Vertragsdauer verteilt Leasing-.................................. zu zahlen. Zur Finanzierung der Investitionen werden weder Bankkredite noch ....-kapital benötigt. Der Leasingvertrag beinhaltet einen ....-service. Durch Leasing kann man immer über die .... verfügen.

Sozialversicherung, Soziale Sicherheit

1. Soziale Absicherung • Geschichtliches • Versicherungsarten

PAL 216-218, 220, 225, U44, U56

Absicherung in Notfällen des Lebens

In der Sozialversicherung findet man zwei Prinzipien des Sozialstaates verkörpert. Dem **Solidaritätsprinzip**, wie nebenstehend beschrieben, steht das **Subsidiaritätsprinzip** gegenüber: Absicherung des Staates nur dann, wenn das eigene Einkommen, notfalls auch Vermögen, nicht ausreicht.

Der Grundgedanke der gesetzlichen Sozialversicherung besteht darin, dass jeder Mensch ein grundlegendes Interesse an einer sozialen Absicherung hat, die dem arbeitenden Menschen im Berufsleben direkt (und indirekt auch seiner Familie) materielle Sicherheit gewährleistet, wenn er unverschuldet in wirtschaftliche Not gerät.

Heutzutage existiert für weite Teile der Bevölkerung ein „soziales Netz", das den Einzelnen gegen Risiken des Arbeitslebens absichert. Geknüpft ist dieses Netz durch die Gemeinschaft der Versicherten, die durch die Entrichtung ihrer Beiträge gewährleisten, dass einzelne Mitglieder der Versicherungsgemeinschaft im Notfall unterstützt werden können. Man kann auch sagen, dass der Grundsatz „Alle für einen, einer für alle" herrscht, und nennt dies auch das Prinzip der Solidargemeinschaft (Solidaritätsprinzip).

Probleme bei der Finanzierung

Die Ausgaben für das soziale Netz sind in den letzten Jahren stark gestiegen. Die Beitragseinnahmen sind deutlich gesunken. Infolge hoher Arbeitslosigkeit und höherer Lebenserwartung gibt es weniger Beitragszahler und mehr Leistungsempfänger. Das bedeutet, dass entweder die Beiträge der einzelnen Mitglieder der Versicherungsgemeinschaft erhöht oder die Versicherungsleistungen reduziert werden müssen.

Ziele staatlicher Sozialpolitik

Familienschutz

Ziele staatlicher Sozialpolitik und Sozialgesetzgebung für den Bürger sind:

- **Vermeidung** sozialen **Abstieg**s bei Krankheit, Arbeitsunfall, Arbeitslosigkeit oder im Alter,
- **Sicherung** eines **Einkommen**s, das für ein menschenwürdiges Leben notwendig ist,
- Voraussetzungen dafür schaffen, den **Lebensunterhalt durch** eine **frei gewählte Tätigkeit** zu sichern,
- **Familie**nschutz und Familienförderung sowie **Bildung**s- und **Arbeit**sförderung.

Nicht Ziel der Sozialpolitik für den Bürger ist die Absicherung gegen alle Risiken des Lebens. Neben dem (Sozial-)Versicherungsprinzip gelten das Versorgungs- und Fürsorgeprinzip.*

Es geht in der Sozialpolitik im Wesentlichen um die Schaffung und Erhaltung des sozialen Sicherheitsnetzes für möglichst alle Bevölkerungsgruppen. In Hinsicht auf den Einzelnen geht es darum, nicht unter einen gewissen sozialen Stand zu sinken.

Das Netz der sozialen Sicherung

www.bmas.de/DE/Service/Publikationen/c721-soziale-sicherung-im-ueberblick-cd-rom.html

Das Netz der sozialen Sicherung ist mit Beginn im 19. Jahrhundert stetig weiter ausgebaut worden. Ausbau und Sicherung des Netzes bei steigender Belastung – deutlich ist gerade in letzter Zeit die Kostenzunahme im Gesundheitswesen – hat für die Versicherten eine Einschränkung der Leistungen und höhere Eigenbeteiligung zur Folge.

Geschichtlicher Hintergrund

http://de.wikipedia.org/wiki/Geschichte_der_Sozialversicherung_in_Deutschland

Bereits im 14. Jahrhundert bestanden im Handwerk und im Bergbau Selbsthilfeeinrichtungen, die heute als Vorläufer der Sozialversicherung angesehen werden. Als erster deutscher Staat erkannte Preußen die Notwendigkeit und Verpflichtung, Bestimmungen für eine staatliche Armenpflege zu erlassen.

Die **Industrialisierung,** die zur Auflösung der alten Formen der Sozialversicherung führte, war die Ursache für tief greifende soziale Umwälzungen im 19. Jahrhundert.

Die schnelle Industrialisierung im 19. Jahrhundert hatte einen starken Anstieg der Stadtbevölkerung und eine gesellschaftliche Entwurzelung der Arbeiter zur Folge. Diese Situation zwang den Staat zur gesetzlichen Regelung der Sozialversicherung. Maßgeblichen Anteil an der Schaffung der gesetzlichen Sozialversicherung hatte in der zweiten Hälfte des vorletzten Jahrhunderts der Staatsmann Otto von Bismarck.

Bereits 1883 wurde als erstes Werk der Sozialversicherung die Krankenversicherung gesetzlich geregelt, als letztes im Jahre 1995 die Pflegeversicherung.

Versicherungszweige

Die ***fünf*** Zweige der gesetzlichen Sozialversicherung sind

- **Kranken**versicherung
- **Unfall**versicherung
- **Renten**versicherung
- **Arbeitslosen**versicherung
- **Pflege**versicherung

...wiki/Individualversicherung

Ausbildungsversicherung und Lebensversicherung sind **privat**e Versicherungen. Dazu zählt im Gegensatz zur gesetzlichen Unfallversicherung auch die private Unfallversicherung. Außerdem gibt es die private Krankenversicherung, die private Rentenversicherung und die (private) Berufsunfähigkeitsversicherung.

*) Versicherungsprinzip: Leistungen erhält, wer als Pflichtversicherter Beiträge einzahlt (Beisp. Rentenversicherung).
Versorgungsprinzip: Leistungen erhält, wer besondere gesellschaftliche Leistungen erbringt (Beispiel Kindergeld).
Fürsorgeprinzip: Leistungen erhält, wer bedürftig ist und nicht auf die Hilfe anderer zurückgreifen kann (Sozialgeld).

1. Soziale Absicherung • Geschichtliches • Versicherungsarten

1. Soziale Absicherung soll dem arbeitenden Menschen materielle Sicherheit gewährleisten, wenn er .... in Not gerät. Wenn der Grundsatz „Alle für einen, einer für alle" herrscht, so nennt man dies auch das Prinzip der ....

2. Die Ausgaben für das soziale Netz sind in den letzten Jahren stark .... Die Beitragseinnahmen sind deutlich .... Infolge hoher Arbeitslosigkeit und höherer Lebenserwartung gibt es .... Beitragszahler und .... Leistungsempfänger.

3. Die steigenden Ausgaben können durch die sinkenden Einnahmen nicht mehr abgedeckt werden. Das bedeutet, dass entweder die Beiträge der einzelnen Mitglieder der Versicherungsgemeinschaft .... oder die Versicherungsleistungen .... werden müssen.

4. Ziele staatlicher Sozialpolitik und staatlicher Sozialgesetzgebung für den Bürger sind:
   - Vermeidung sozialen .... bei Krankheit, Arbeitsunfall, Arbeitslosigkeit oder im Alter,
   - Sicherung eines ...., das für ein menschenwürdiges Leben notwendig ist,
   - Schaffung von Voraussetzungen, den Lebensunterhalt durch eine .... gewählte Tätigkeit zu sichern,
   - Familienschutz und .... sowie Bildungs- und Arbeitsförderung.

5. Nicht Ziel staatlicher Sozialpolitik ist die .... gegen alle Risiken des Lebens. Vielmehr geht es im Wesentlichen um die Schaffung und Erhaltung des sozialen ....-netzes. Bei der sozialen Absicherung möglichst aller Bevölkerungsgruppen geht es für den Einzelnen darum, nicht .... einen gewissen sozialen Stand zu sinken. Der Ausbau und die Sicherung des sozialen Netzes hat für die Versicherten zur Folge, dass die Sozialversicherungsbeiträge .... erhöht werden.

6. In welchen Wirtschaftsbereichen gab es bereits im 14. Jahrhundert Vorläufer der heutigen Sozialversicherung?
   1. .... 2. ....

7. Welcher deutsche Staat erkannte im 19. Jahrhundert zuerst die Notwendigkeit und die Verpflichtung, Bestimmungen für eine staatliche Armenpflege zu erlassen? ....

8. Welche Auswirkungen auf die Entwicklung der Stadtbevölkerung (1) und auf die gesellschaftliche Stellung der Arbeiter (2) hatte die schnelle Industrialisierung, die im 19. Jahrhundert in Deutschland stattfand?
   1. ....
   2. ....

9. Welcher deutsche Staatsmann hatte maßgeblichen Anteil an der gesetzlichen Regelung der Sozialversicherung in der zweiten Hälfte des vorletzten Jahrhunderts? ....

10. Welcher Zweig der Sozialversicherung wurde zuerst (wann?) und welcher Zweig zuletzt (wann?) gesetzlich geregelt?
    1. ....
    2. ....

11. Nennen Sie die fünf Zweige der gesetzlichen Sozialversicherung. 1. ....-versicherung
    2. ....-versicherung 3. ....-versicherung
    4. ....-versicherung 5. ....-versicherung

12. Ausbildungsversicherung und Lebensversicherung sind .... Versicherungen. Dazu zählen im Gegensatz zur gesetzlichen Unfallversicherung auch die private ....-versicherung, die private ....-versicherung, die private ....-versicherung und die private ....-versicherung.

2. Versicherungsprinzip • Beiträge • Soziale Sicherheit

PAL 219, 222-224, 277-281, 283, U45-U47, U51, U57

– Versicherungspflicht

www.deutsche-sozialversicherung.de/

Von den Privatversicherungen unterscheiden sich die einzelnen Zweige der Sozialversicherung. Zur Sicherung des Beitragsaufkommens besteht überwiegend Versicherungspflicht für Personen und Organisationen. Mehr unter:
http://de.wikipedia.org/wiki/Versicherungspflicht_im_Sinne_der_deutschen_Sozialversicherung.

– Finanzierung

Wer die Sozialversicherung **ungerechtfertigt** ausnützt, handelt verantwortungslos, weil dadurch die Kosten für die Sozialversicherungen steigen. Das hätte wiederum Beitragserhöhungen oder Leistungsminderungen zur Folge. Beides ginge zulasten der anderen Beitragszahler.

http://de.wikipedia.org/wiki/Generationenvertrag

Altersaufbau der Bevölkerung am 31.12.2001 und am 31.12.2050
Alter in Jahren

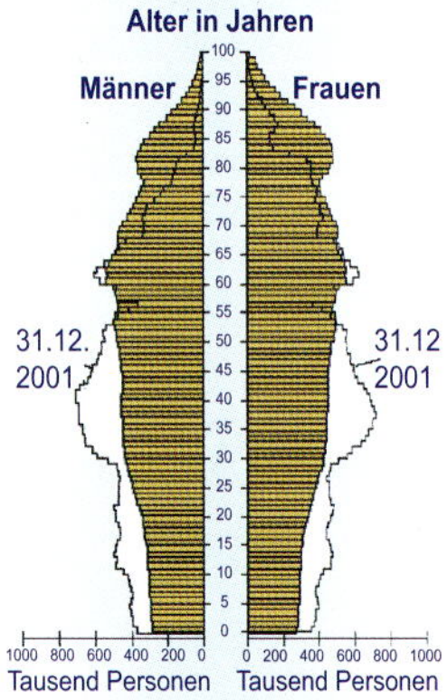

Die Sozialversicherungen werden hauptsächlich über die **Beiträge** der Versicherten und durch die Arbeitgeber finanziert. *Über Beitragszahlungen finanzierte Leistungen* werden auch über die aktive Lebensarbeitszeit hinaus gewährt. Im Falle der Rentenversicherung funktioniert das nach dem Prinzip des **Generationenvertrags**.

Wenn man heute arbeitet und Beiträge zahlt, finanziert man die Rente der älteren Generation. Ist man selbst Rentner, dann erhält man seine Rente aus den Rentenbeiträgen der jüngeren Generation. Aufgrund der sinkenden Geburtenraten *(siehe am Rand den zukünftigen Altersaufbau der Bevölkerung in Urnenform)* werden in Zukunft weniger Beiträge eingezahlt, als man Renten an die ältere Generation auszahlt. Der Ausgleich erfolgt zunehmend über Bundeszuschüsse zulasten der Steuerzahler.

Während die Beitragszahlungen bei den Privatversicherungen vom Risiko und vom gewünschten Leistungsumfang abhängig sind, richten sich die Beiträge bei den Sozialversicherungen nach der Einkommenshöhe.

– Beitragseinnahmen und Leistungen

Der Umfang der durch die Sozialversicherung insgesamt erbrachten Leistungen ist abhängig einerseits von den Einnahmen aus den Beiträgen, andererseits vom Umfang der Inanspruchnahme der Leistungen durch die Versicherten.

Die **Pflichtleistungen** der Sozialversicherungen werden durch Gesetze vorgeschrieben. Die Beitragseinnahmen hängen vom Beschäftigungsgrad ab, dieser hängt wiederum von der wirtschaftlichen Lage der Unternehmungen und von der Lage auf dem Arbeitsmarkt ab.

Wer zahlt welche Beitragsanteile?

Für Kranken-, Pflege-, Renten- und Arbeitslosenversicherung zahlen Arbeitgeber und Arbeitnehmer anteilig je circa **50 %** in die Kasse ein. Für die gesetzliche Unfallversicherung zahlt der Arbeitgeber allein **100 %** der Beiträge.

Wachsende Probleme

Die Ursachen für die zunehmenden Probleme bei der Finanzierung der Leistungen im Bereich der Sozialversicherungen liegen in den steigenden Kosten bei den Leistungen (unter anderem Kostenexplosion im Gesundheitswesen), sinkenden Beitragseinnahmen bei steigender Zahl der Leistungsempfänger und deren höherer Lebenserwartung und gegebenenfalls an der steigenden Arbeitslosigkeit.

– Lösungsvorschläge

Um einem möglichen Abbau der Sozialleistungen entgegenzuwirken, müssen Kostendämpfungsprogramme entwickelt, versicherungsfremde Leistungen, wie Kindergeld, durch Steuermittel finanziert, höhere Eigenbeteiligungen der Versicherten herbeigeführt oder Sozialversicherungsbeiträge erhöht werden.

Zu welchem Zweck erhebt der Staat Steuern? – Um Einnahmen für die Finanzierung der Staatsausgaben zu erzielen, unter anderem solche zur Bezuschussung der Sozialversicherungen. Die Staatsausgaben für Soziales machen circa ein Drittel des Staatshaushaltes aus. Mehr unter http://de.wikipedia.org/wiki/Sozialhaushalt

Einem Abbau der Leistungen im Bereich der Renten kann der Einzelne durch persönliches Sparen entgegenwirken. (Hinweise zur teilweise staatlich bezuschussten privaten Altersvorsorge – Riester-Rente – siehe Seite 155.) Geringe, aber feste Zinsen werden dem Sparer bei einem Sparbrief garantiert. Demgegenüber ist der Zinssatz bei einem Sparbuch variabel. Das Abheben eines größeren Betrages von einem Sparbuch muss vorher angekündigt werden, und monatlich kann man maximal 2000 Euro abheben.

2. Versicherungsprinzip • Beiträge • Soziale Sicherheit

1. Durch welche Form der Mitgliedschaft unterscheiden sich die einzelnen Zweige der Sozialversicherung von den Privatversicherungen? ....
2. Die Rentenversicherung funktioniert nach dem Prinzip des ....-vertrags. Wenn der Einzelne heute arbeitet und Beiträge zahlt, finanziert er die Rente der.............................. Generation. Ist er selbst Rentner, erhält er seine Rente aus den Rentenbeiträgen der .... Generation.
3. Aufgrund der sinkenden Geburtenraten werden in Zukunft .... Beiträge eingezahlt, als der Versicherungsträger Renten an die .... Generation auszahlt. Der Ausgleich erfolgt zunehmend über Bundeszuschüsse zulasten der ....-zahler.
4. Wonach richtet sich die Höhe der Beitragszahlungen der Versicherten bei den Sozialversicherungen?

   ....
5. Die Pflichtleistungen der Sozialversicherungen werden durch .... vorgeschrieben. Die Beitragseinnahmen hängen vom Beschäftigungs-.................... ab. Das Ausmaß der Beschäftigung hängt wiederum von der .... Lage der Unternehmungen und von der Lage auf dem ....-markt ab.
6. Durch wen werden die meisten Sozialversicherungen anteilig finanziert? Durch .... und durch ....
7. Für welche Zweige der Sozialversicherung werden dem Arbeitnehmer Beiträge vom Lohn abgezogen?
   1. ....
   2. ....
   3. ....
   4. ....
8. Welche Anteile an den Beiträgen zahlen Arbeitnehmer und Arbeitgeber jeweils für die Kranken-, Pflege-, Renten- und Arbeitslosenversicherung? Sie zahlen jeweils circa .... %.
   Für die gesetzliche ....-versicherung zahlt der Arbeitgeber allein .... der Beiträge,
9. Nennen Sie zwei der zahlreichen Ursachen für die zunehmenden Probleme bei der Finanzierung der Sozialleistungen.
   1. ....
   2. ....
10. Um einem möglichen Abbau der Sozialleistungen entgegenzuwirken, müssen ....-dämpfungsprogramme entwickelt werden, höhere ....-beteiligungen der Versicherten herbeigeführt oder Sozialversicherungsbeiträge .... werden.
11. Einem Abbau der Leistungen im Bereich der Renten kann der Einzelne durch persönliches .... entgegenwirken. Geringe, aber .... Zinsen werden dem Sparer bei einem Sparbrief garantiert. Demgegenüber ist der Zinssatz .... bei einem Sparbuch. Das Abheben eines größeren Betrages von einem Sparbuch muss vorher .... werden und monatlich kann man maximal .... Euro abheben.
12. Zu welchem Zweck erhebt der Staat Steuern? Um ....

    ....

3. Gesetzliche Kranken- und Pflegeversicherung

PAL 221, 225-234, 261 U48-50

Abzüge vom Lohn (Fallbeispiele)

Marie Müller ist Büroassistentin mit einem Bruttolohn von 2900 Euro und unverheiratet. Sie erhält ohne Zuschüsse lediglich 1729 Euro ausgezahlt.

Paul Kohler ist Industriemeister. Er ist verheiratet und hat ein Kind. Seine letzte Lohnabrechnung, die er wegen einer Lohnerhöhung erhält, weist einen Bruttolohn von 2 220 Euro, einen Krankenkassenzuschuss von 140 Euro und eine zu versteuernde Zulage von 7 Euro aus. Ein Vergleich mit dem Auszahlungsbetrag, der 1 840 Euro beträgt, versetzt ihn in Erstaunen. Es wurde weniger ausgezahlt als erwartet.

Beiträge zur gesetzlichen Krankenversicherung (GKV)

Die Krankenversicherungsbeiträge wandern in den Gesundheitsfonds, von dem aus sie nach einem bestimmten Schlüssel auf die einzelnen Träger der GKV umverteilt werden. Der Gesundheitsfonds ist ein System zur Finanzierung der GKV, das gesetzliche Vorgaben in besonderer Weise berücksichtigen soll.

Den Gesamtbetrag der Sozialversicherungsbeiträge (SV-Beiträge) – im Falle Paul Kohlers sind es 450 Euro – überweist der Arbeitgeber zusammen mit weiteren 430 Euro, die von ihm kommen, der Einfachheit halber zunächst an den zuständigen SV-Träger: die Krankenkasse. Diese verteilt sie – gemäß folgender Darstellung – weiter:

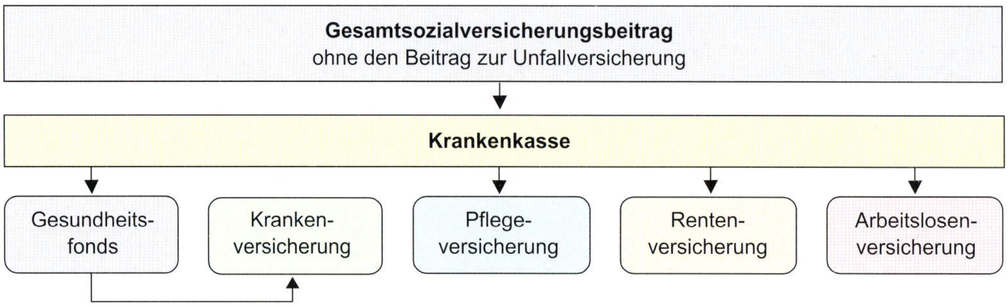

Familienversicherung

Familienangehörige sind in der GKV beitragsfrei mitversichert.

Die gesetzliche Krankenversicherung (GKV) ist eine Zwangsversicherung zum Schutz des Beschäftigten und seiner Familie in allen Krankheitsfällen.

Leistungen der GKV

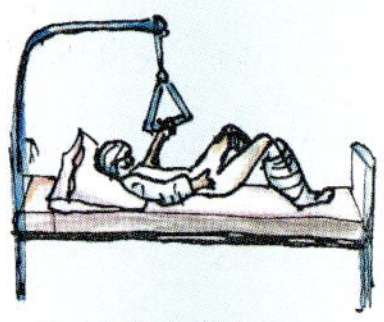

Krankenhauspflege

Versicherungsfremde Leistungen sind in erster Linie Leistungen, die im allgemeinen Interesse des Staates liegen. Mit dem GKV-Modernisierungsgesetz werden diese Leistungen (z. B. Leistungen rund um die Schwangerschaft, Mutterschaftsgeld oder Krankengeld bei Betreuung eines erkrankten Kindes) nicht mehr wie bisher von der Gemeinschaft der Krankenversicherten aus deren Beiträgen, sondern durch eine Erhöhung der Tabaksteuer finanziert.

Die Leistungen der Krankenkassen sind genau geregelt. Der Anspruch darauf besteht vom ersten Tag der Mitgliedschaft an. Versicherte haben Anspruch auf:

- **Gesundheitsförderung:** Aufklärung und Beratung helfen Krankheiten verhüten,
- **Vorsorgeuntersuchungen:** Maßnahmen zur Früherkennung von Krankheiten,
- **Krankenpflege:** Anspruch auf Behandlung durch einen Arzt/Zahnarzt nach Vorlage der Versichertenkarte (Gesundheitskarte) und auf verordnete Arznei- und Verbandsmittel,
- **Krankenpflege im Haus:** ohne zeitliche Begrenzung, außerdem: **Haushaltshilfe**,
- **Krankenhauspflege:** Behandlung und Pflege im Krankenhaus (auch bei Kurmaßnahmen).
- **Krankengeld:** Erkranken Sie arbeitsunfähig, zahlt Ihr Arbeitgeber für sechs Wochen Ihr Arbeitsentgelt fort. Nach Ablauf der Entgeltfortzahlung, ab Woche sieben, erhalten Sie von Ihrer Krankenkasse Krankengeld. Es beträgt bei Arbeitnehmern 70 % des beitragspflichtigen Bruttoarbeitsentgelts, höchstens jedoch 90 % des Nettoarbeitsentgelts. Das Krankengeld erhalten Sie bei Arbeitsunfähigkeit wegen derselben Krankheit für einen Zeitraum von längstens 78 Wochen.
  Krankengeld wird im Übrigen auch anstelle des Arbeitslosengeldes gezahlt, wenn der Arbeitslose länger als sechs Wochen an derselben Krankheit leidet.
- **Familienhilfe:** Kinder und nicht berufstätige Ehegatten sind mitversichert. Das ist sozial.
- **Mutterschaftshilfe:** Sie wird geleistet bei Schwangerschaft und Geburt. Unter anderem wird auch Mutterschaftsgeld sechs Wochen vor und acht Wochen nach der Entbindung gezahlt.

– Übersicht

http://de.wikipedia.org/wiki/Gesetzliche_Krankenversicherung

...wiki/Private_Krankenversicherung

Die Gesundheitsreform führte unter anderem dazu, dass Arbeitnehmer 0,9 % Beitrag für Zahnersatz und Krankengeld zusätzlich bezahlen (Zusatzbeitrag) und wegen Leistungsnotstand von Krankenkassen weitere Beträge gesondert bezahlen (Sonderbeitrag). Stand 2011

Gesetzliche Krankenversicherung (GKV)		
Beiträge	**Träger (Auswahl)**	**Leistungen**
Einheitlich **15,5** % vom Bruttoentgelt (2011) – Beschäftigte **8,2** % – Arbeitgeber **7,3** % Hinzu kommen je nach Träger variierende Sonderbeiträge. Bis 400 Euro Monatslohn ist bei einem Mini-Job vom Arbeitnehmer ***kein*** *Beitrag* zu bezahlen. Oberhalb 3 825 Euro mtl. (2012) zahlt er weiter 8,2 % von 3 825, egal, wieviel er mehr verdient.	**Ortskrankenkassen** (Allgemeine Krankenkassen) **Ersatzkassen**, zum Beispiel die Techniker-Krankenkasse **Betriebskrankenkassen** **Innungskrankenkassen** Versicherte können entscheiden, bei welcher Kasse sie versichert sein wollen.	**Gesundheitsförderung:** Prämienangebot für gesundheitsbewusstes Verhalten **Vorsorgeuntersuchungen:** Maßnahmen zur Früherkennung von Krankheiten **Krankenhilfe:** – Krankenpflege – Krankenhauspflege – Krankengeld – Haushaltshilfe **Familienhilfe** **Mutterschaftshilfe**

Versicherungspflicht

Das Solidaritätsprinzip gemäß dem Grundsatz „Alle für einen, einer für alle" ist kennzeichnend für die gesetzliche Kranken- und Pflegeversicherung. Wichtige Grundlage für die Schaffung des Ausgleichs zwischen wirtschaftlich schwächeren und wirtschaftlich stärkeren Versicherten ist die Anbindung vieler Versicherter an die Risikogemeinschaft.

Mit Inkrafttreten der Gesundheitsreform im April 2007 wurde es für jeden mit Wohnsitz in Deutschland zur Pflicht, eine Krankenversicherung zu haben. Spätestens ab Januar 2009 musste eine Krankenversicherung nachgewiesen werden, die sowohl ambulante als auch stationäre Heilbehandlung umfasst.

Übersteigt das Brutto-Jahresarbeitsentgelt **50 850** Euro oder 4 237,50 Euro pro Monat (2012) müssen Arbeitnehmer ***nicht* mehr** Mitglied in einer **gesetzlichen** Krankenversicherung sein. Sie können sich dann zum Beispiel freiwillig **privat** versichern. Für Arbeitnehmer, deren Jahresarbeitsentgelt am 31.12.2002 über der Versicherungspflichtgrenze des Jahres 2002 lag und die an diesem Tag privat krankenversichert waren, gilt seit 2003 eine besondere Versicherungspflichtgrenze. 2012 beträgt diese **45 900** Euro (3 825 Euro monatlich).

Beitragsbemessungsgrenze

Der Versicherungspflicht bei der gesetzlichen Krankenversicherung unterliegen alle Arbeitnehmer, deren Arbeitsentgelt einen Satz nicht übersteigt, der bei 75 % der Beitragsbemessungsgrenze in der Rentenversicherung liegt.

In der gesetzlichen Krankenversicherung richtet sich der **Höchstbeitrag** nach der jeweils gültigen **Beitragsbemessungsgrenze.** 2012 beträgt diese **45 900** Euro (3 825 Euro monatlich). Um die Arbeitnehmer, deren Arbeitsentgelt die **Versicherungspflichtgrenze** überschreitet, findet auf dem Versicherungsmarkt ein Wettbewerb zwischen privaten und gesetzlichen Krankenkassen statt. Ein Arbeitnehmer, der einer solchen Personengruppe angehört, wird 2012 bereits nach einer Mindestwartezeit von einem Jahr pflichtversicherungsfrei. Die Herabsetzung der Wartezeit war im Koalitionsvertrag 2009 vereinbart worden.

Gesetzlich oder privat versichern?

Die monatliche Bezugsgröße für die Festsetzung der Mindestbeitragsbemessung für freiwillige Mitglieder der gesetzlichen Krankenversicherung, etwa Selbstständige oder freiberuflich Tätige, wurde für 2012 auf 2 625 Euro (West) und 2 240 Euro (Ost) festgelegt.

versicherungsfreie Mini-Jobs

www.minijob-zentrale.de

Ein Mini-Job (steuer- und sozialversicherungsfrei) ist bis zu 400 Euro monatlich möglich (nicht für Azubis). Die Versicherungsfreiheit bis zu der **Geringfügigkeitsgrenze** von 400 Euro bedeutet nur, dass der Arbeitnehmer keine Beiträge zur Sozialversicherung zahlen muss. Der Arbeitgeber muss (30,1 %) gesetzliche Abgaben zahlen.

Versicherungsträger – Ersatzkassen

In der zuvor gezeigten Übersicht sind als Träger der gesetzlichen Krankenversicherung nach den Allgemeinen Ortskrankenkassen (AOK) die Ersatzkassen genannt, darunter die Techniker-Krankenkasse, eine gesetzliche Krankenkasse, die eine freiwillige Mitgliedschaft einschließt. Alle Versicherten können frei entscheiden, bei welcher Krankenkasse sie versichert sein wollen.

Für Arbeitslose, die Arbeitslosengeld beziehen, gilt: Für den ersten Monat der Arbeitslosigkeit hat die Krankenversicherung eine Nachversicherungspflicht. Dann übernimmt die Beitragszahlung die Agentur für Arbeit. Auf diese Weise bleiben Arbeitslose Mitglied in der Krankenkasse. Arbeitslose erhalten aus der Krankenversicherung die gleichen Leistungen wie die beschäftigten Arbeitnehmer. In den ersten sechs Wochen der Erkrankung erhält der Arbeitslose das Arbeitslosengeld. Erst ab Woche sieben leistet die Krankenkasse.

Aufbringung der Finanzierungsmittel

Die Mittel zur Finanzierung der Leistungen der gesetzlichen Krankenkassen bringen mehrheitlich Arbeitgeber und Versicherte auf, den Rest der Staat. Der Versichertenanteil wird in dem Maße weiter ausgebaut, in dem die Ausgaben der Krankenkassen nicht mindestens zu 95 % aus dem Gesundheitsfonds gedeckt werden können. Die Höhe der Beiträge zur gesetzlichen Krankenversicherung beschließt ab 2009 die Bundesregierung (bundeseinheitlich).

Höhe der Beiträge u. sonstige Regelungen

Die von der Kasse zu übernehmenden Leistungen sind gesetzlich vorgeschrieben; neu festgelegt wurden sie in Reformgesetzen ab 2004 (Gesundheitsreform). Die Übernahme der Kosten für die **Krankenhausbehandlung** ist zeitlich unbegrenzt. Diese Kosten haben den größten Anteil an den Ausgaben der Krankenkassen. Für den Aufenthalt im Krankenhaus müssen deshalb 10 Euro pro Tag zugezahlt werden. Kinder und Jugendliche sind von Zuzahlungen befreit. Zu den vorgeschriebenen Leistungen gehören nicht die Kosten von **Kuren**. Die Kosten für **Krankenhauspflege** und **häusliche Krankenpflege** werden nicht voll getragen, 10 % der Kosten müssen zugezahlt werden, maximal 2 % der Bruttoeinkünfte. Bei **Arzneien und Verbandsmitteln** liegt die Zuzahlung zwischen 5 und 10 Euro. **Sehhilfen** (Brillen) werden nicht getragen, **Zahnersatz** nur bei erheblicher Zuzahlung. Voll getragen werden die Kosten für **Vorsorgeuntersuchungen**. Bei jedem **Zahnarzt- oder Arztbesuch** fällt im Quartal eine **Praxisgebühr** in Höhe von 10 Euro an.

Zuzahlung

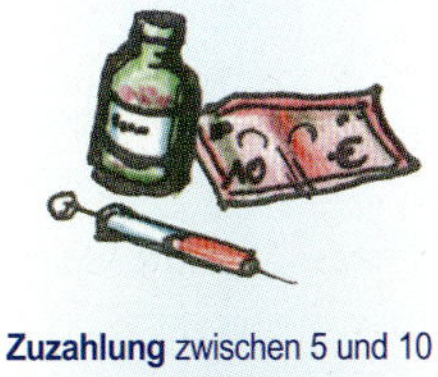

Zuzahlung zwischen 5 und 10 €
Mehr dazu unter: www.dasgesundheitsportal.de/zuzahlungen_zu_leistungen_aus_der_gesetzlichen_krankenversicherung.html

Wahlfreiheiten

Ist ein schwer erkrankter Versicherter ins Krankenhaus einzuweisen, kann ihm die Krankenkasse, etwa aus Kostengründen, **nicht** vorschreiben, welches Krankenhaus er aufsuchen muss. Auch kann der Versicherte im Falle ärztlicher Behandlung unter den zur vertragsärztlichen Versorgung zugelassenen Ärzten **frei** wählen.

Pflegeversicherung

http://de.wikipedia.org/wiki/Pflegeversicherung

Durch die 1995 eingeführte Pflegeversicherung kann der **Pflegefall** abgesichert werden. Die **Pflegebedürftigkeit** erstreckt sich entweder auf eine Betreuung rund um die Uhr oder auf eine nur zeitweise Hilfestellung. Wer keine Angehörigen hat, die beim Waschen, Anziehen, Essenzubereiten oder Einkaufen helfen, muss sich um einen Platz im **Pflegeheim** bemühen.

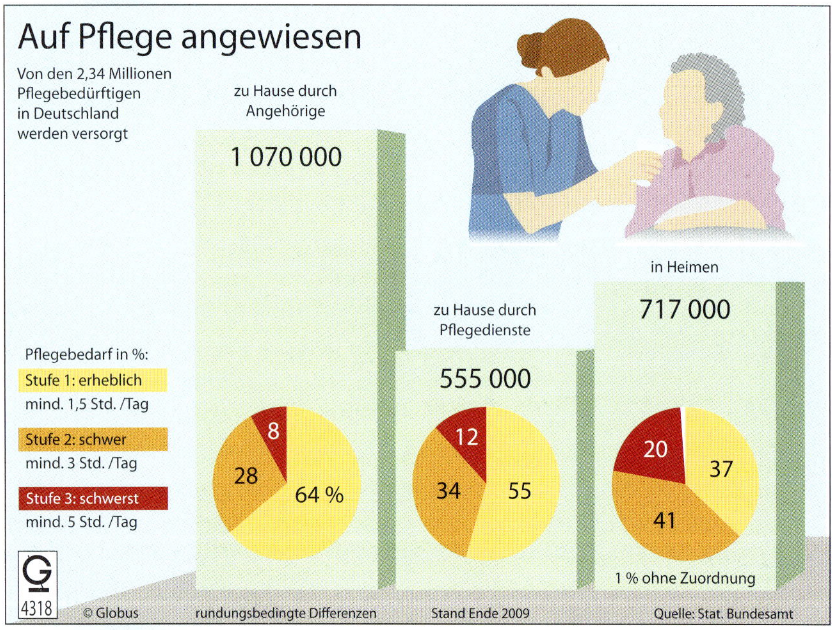

Mehr als zwei Drittel der zwei Millionen Pflegebedürftigen in Deutschland werden in ihren eigenen vier Wänden betreut. In etwa der Hälfte der Fälle übernehmen Angehörige die Versorgung. Weitere 20 % der Betroffenen können dank ambulanter Pflegedienste weiter zu Hause wohnen. Fast ein Drittel der Hilfebedürftigen lebt in Heimen. Weniger als ein Sechstel der Pflegebedürftigen hat Pflegestufe III, mehr als ein Drittel Pflegestufe II, und die Hälfte hat Pflegestufe I (Grafik).

MELDUNG
Reform der Pflegeversicherung
... tritt am 1. Juli 2008 in Kraft und beinhaltet ... eine für die Betriebe wesentliche Neuregelung: die Einführung der sog. Pflegezeit. Angehörige haben Anspruch auf bis zu sechs Monate ...
Mehr unter: http://www.rp-online.de/politik/deutschland/Bahr-Pflegereform-startet-Anfang-2012_aid_1026325.html

Beitragspflichtig sind alle gesetzlich und privat Krankenversicherten. Die Beiträge der überwiegenden Zahl der Pflichtversicherten werden von ihnen und vom Arbeitgeber je zur Hälfte gezahlt. Die **Beitragsbemessungsgrenze** richtet sich nach der der gesetzlichen Krankenversicherung.

Ob die Voraussetzungen für die Pflegebedürftigkeit erfüllt sind, lassen die Pflegekassen auf Antrag des Versicherten durch den **Medizinischen Dienst** prüfen. Nach der zuerkannten **Pflegestufe** richten sich dann die Leistungen.

Die Pflegeversicherung

Seit dem 1.4.1995 gibt es Leistungen aus der Pflegeversicherung für die häusliche Pflege und seit dem 1.7.1996 für Pflegebedürftige in Heimen.

Was sie leistet (monatlich):

Häusliche Pflege	Übernahme der Kosten für ambulante Pflegedienste (Sachleistungen)	Zuschuss für pflegende Angehörige, Nachbarn oder Freunde (Geldleistungen)	Stationäre Pflege in Heimen
Pflegestufe I (erheblich Pflegebedürftig; mind. 1,5 Std./Tag)	440 Euro	225 Euro	1 023 Euro
Pflegestufe II (schwer Pflegebedürftig; mind. 3 Std./Tag)	1 040 Euro	430 Euro	1 279 Euro
Pflegestufe III (Schwerstpflegebedürftig; mind. 5 Std./Tag)	1 510 Euro (Härtefälle 1 918 Euro)	685 Euro	1 510 Euro (Härtefälle 1 825 Euro)

Sach- und Geldleistungen können auch kombiniert in Anspruch genommen werden. Daneben gibt es ergänzende Leistungen bei Ausfall der Pflegepersonen, bei Tages-, Nacht- und Kurzzeitpflege sowie für allgemeine Betreuung (z. B. Demenzkranke).

Was sie kostet:

Die Pflegeversicherung ist Pflicht für alle krankenversicherten Bürger.

- ★ Beitragsbemessungsgrenze: **3 750,00 Euro**
  Versicherungspflichtgrenze: **4 162,50 Euro**
- ★ Beitragssatz: **1,95 % vom Arbeitsentgelt,** davon tragen **Arbeitnehmer** und **Arbeitgeber** jeweils die Hälfte, also **0,975 %**
- ★ Beitragszuschlag für Kinderlose: **0,25 %,** trägt allein **der Arbeitnehmer**

Vom Zuschlag ausgenommen:
- Rentner, geboren vor dem 1.1.1940
- Jugendliche bis 23 Jahre
- Wehr- u. Zivildienstleistende
- Empfänger von Arbeitslosengeld II

Quelle: BMG Stand Januar 2010 © Globus 3274

Aus sowohl finanziellen als auch menschlichen Gründen hat die **Pflege zu Hause** Vorrang vor der Heimpflege. Es ist ungeheuer wichtig, dass Pflegebedürftige möglichst lange in ihrer vertrauten Umgebung bleiben. Umgewöhnung fällt ihnen sehr schwer. Für pflegebedürftige Personen, die in Heimen untergebracht sind, gibt es zum Beispiel je nach Hilfebedürftigkeit (Pflegestufe) Leistungen bis zu 1 510 Euro monatlich, in Härtefällen bis zu 1 918 Euro (siehe nebenstehende Grafik). Der Pflegeversicherungsbeitrag beträgt 1,95 % vom Arbeitsentgelt. Davon tragen Arbeitnehmer und Arbeitgeber jeweils die Hälfte: 0,975 %. Arbeitnehmer zahlen 2011 somit maximal 36,11 Euro pro Monat. Kinderlose Arbeitnehmer über 23 zahlen laut nebenstehender Infografik 0,25 % Beitrag mehr, somit monatlich 45,94 Euro maximal.

3. Gesetzliche Kranken- und Pflegeversicherung

1. Paul Kohler, Industriemeister, verdient brutto 2 220 Euro und zahlt 450 Euro Sozialversicherungsbeitrag. Wie viel Prozent vom Bruttolohn sind das (aufgerundet auf 1 Stelle hinter dem Komma)? ....

2. Paul Kohler, verheiratet, ein Kind, zahlt 450 Euro Sozialversicherungsbeitrag, 77 Euro Steuern und erhält 140 Euro Krankenkassenzuschuss plus 7 Euro Zulage. Wie viel bekommt er von den 2 220 Euro brutto ausbezahlt? ....

3. Wie hoch ist der Gesamtsozialversicherungsbeitrag, den der Arbeitgeber abzuführen hat? ....

4. An wen wird der Gesamtsozialversicherungsbeitrag überwiesen? ....

5. Wer sind die vier Empfänger, auf die der gesamte obige Sozialversicherungsbeitrag verteilt wird? ....

....

6. Die gesetzliche Krankenversicherung ist eine ....-versicherung zum Schutz des Beschäftigten und seiner .... in allen Krankheitsfällen. Der Anspruch auf die Leistungen der gesetzlichen Krankenkasse besteht vom .... Die Versicherten haben ein Recht auf ....-untersuchungen (Maßnahmen zur Früherkennung).

7. Die Versicherten haben einen Anspruch auf Behandlung durch einen .... unter Vorlage der Versichertenkarte und auf die Kostenübernahme für Arzneimittel und ....-mittel. Leistungen aus der Krankenkasse werden erbracht für die Krankenpflege im Haus ohne zeitliche .... Leistungen werden auch erbracht für die Behandlung und Pflege im ....-haus.

8. Die Versicherten erhalten Krankengeld in Höhe von 70 % des Bruttolohns ab der .... Krankheitswoche bis maximal 78 Wochen. Das Krankengeld darf höchstens .... % des Nettoverdienstes betragen. Auch Arbeitslose sind krankenversichert. Wenn Arbeitslose länger als sechs Wochen an derselben Krankheit leiden, erhalten sie anstelle des ....-geldes dann Krankengeld.

9. Nennen Sie außer der Krankenhilfe (Kranken- und Krankenhauspflege sowie Krankengeld) zwei weitere Leistungen der Krankenkasse. 1. ....-hilfe 2. ....-hilfe

10. Mit Inkrafttreten der Gesundheitsreform im April 2007 wurde es für jeden mit .... in Deutschland zur Pflicht, eine Krankenversicherung zu haben. Spätestens ab Januar .... muss eine Krankenversicherung nachgewiesen werden. Übersteigt das jährliche Bruttoeinkommen .... Euro (Versicherungspflichtgrenze), können Arbeitnehmer sich dann freiwillig .... versichern.

11. Wie heißt der Einkommensbetrag, nach dem der Höchstbeitrag zur Krankenversicherung errechnet wird? Beitrags-...

12. Um die Arbeitnehmer, deren Jahresarbeitsentgelt die Versicherungspflichtgrenze überschreitet, findet auf dem Markt der Krankenversicherung ein .... statt. Ein Arbeitnehmer, der einer solchen Personengruppe angehört, wird derzeit (2012) nach einer Mindestwartezeit von .... Jahr(en) pflichtversicherungsfrei. Die monatliche Bezugsgröße für die Festsetzung der Mindestbeitragsbemessung für .... Mitglieder der gesetzlichen Krankenversicherung wurde für 2012 auf 2 625 Euro (West) und 2 240 (Ost) festgelegt.

13. Bis zu welcher Höhe monatlich kann ein Arbeitsentgelt sozialversicherungsfrei sein? ....

14. Welchen Betrag in Euro muss der Arbeitgeber an gesetzlichen Abgaben monatlich abführen, wenn er einen Mini-Jobber für 400 Euro monatlich beschäftigt? ....

15. Neben den Ortskrankenkassen (allgemeine Krankenkassen) gibt es noch ....-kassen (die Technikerkrankenkasse gehört dazu). Versicherte können .... entscheiden, bei welcher Kasse sie versichert sein wollen.

16. Arbeitslose erhalten aus der Krankenversicherung die .... Leistungen wie die beschäftigten Arbeitnehmer. In den ersten .... Wochen der Erkrankung erhält der Arbeitslose das Arbeitslosengeld. Erst ab der .... Woche leistet die Krankenkasse.

17. Die Mittel zur Finanzierung der gesetzlichen Krankenkassen werden wie folgt aufgebracht: 30 % vom Staat, von den Arbeitgebern .... %, von den Arbeitnehmern .... % und 10 % von den Rentnern.

18. Wer beschließt die Beitragshöhe zur gesetzlichen Krankenversicherung? Der ....-rat

19. Die von der Krankenkasse zu übernehmenden Regelleistungen sind .... vorgeschrieben. Die Übernahme der Kosten für die ....-behandlung durch die Krankenkasse ist zeitlich unbegrenzt. Die Kosten für die Krankenhausbehandlung haben den .... Anteil an den Ausgaben der Krankenkassen. Pro Tag müssen für den Krankenhausaufenthalt .... Euro zugezahlt werden.

20. Zu den (gesetzlich vorgeschriebenen) Regelleistungen gehören nicht die Kosten von .... in Kurorten und Badeorten. Zugezahlt werden müssen .... % der Kosten (maximal 2 % der Einkünfte) für Krankenhauspflege und für ....-pflege. Voll bezahlen muss man in der Regel für .... (Brillen) und für ....

21. Bei Arzneien und Verbandsmitteln liegt die Zuzahlung zwischen ...... Euro und .... Euro.
Voll getragen werden die Kosten für ....
Die Praxisgebühr beim Arzt- oder Zahnarztbesuch beträgt im Quartal .... Euro.

22. Ein Versicherter ist schwer erkrankt und muss in ein Krankenhaus eingewiesen werden. Was darf die Krankenkasse in Bezug auf das Aufsuchen eines bestimmten Krankenhauses durch den Erkrankten – etwa aus Kostengründen – **nicht** tun? ....

....

23. Der Versicherte kann unter den zur vertragsärztlichen Versorgung zugelassenen Ärzten .... wählen.

24. Durch die 1995 eingeführte Pflegeversicherung kann der ....-fall abgesichert werden. Die Pflegebedürftigkeit erstreckt sich entweder auf eine Betreuung .... oder auf eine nur .... Hilfestellung.

25. Mehr als .... der zwei Millionen Pflegebedürftigen in Deutschland werden in ihren eigenen vier Wänden betreut. In etwa der Hälfte der Fälle übernehmen Angehörige die Versorgung. Weitere 20 % der Betroffenen können dank .... Pflegedienste weiter zu Hause wohnen. Fast .... der Hilfebedürftigen lebt in Heimen.

26. Wer ist beitragspflichtig in der Pflegeversicherung? ....

....

27. Ob die Voraussetzungen für die Pflegebedürftigkeit erfüllt sind, lassen die Pflegekassen auf Antrag des Versicherten durch den .... prüfen. Nach der zuerkannten .... richten sich dann die Leistungen.

28. Der Pflegeversicherungsbeitrag für die gesetzliche Pflegeversicherung beträgt .... % des Bruttoverdienstes. Kinderlose Arbeitnehmer zahlen .... % Beitrag mehr.

4. Gesetzliche Unfallversicherung

PAL 222, 235-250

Hauptaufgabe

...wiki/Gesetzliche_Unfallversicherung_(Deutschland)

Die Hauptaufgabe der Unfallversicherung ist die Verhütung von Arbeitsunfällen. Sollte dennoch ein Arbeitsunfall geschehen, so hat die Unfallversicherung die Betroffenen finanziell zu sichern und ihre Erwerbsfähigkeit wiederherzustellen.

Versicherungsträger

UK|BG Unfallkassen und Berufsgenossenschaften

Träger der gesetzlichen Unfallversicherung sind **Berufsgenossenschaft**en **(BG**en) und öffentliche Versicherungsträger**.** Diese sind auch die gesetzlich beauftragten Ersteller von Unfallverhütungsvorschriften **(UVV).** Rechtlich bindend sind diese UVV für Unternehmer und Versicherte der Mitgliedsbetriebe der Versicherungsträger.

Versicherungspflicht

Versicherungspflichtig sind alle Arbeitnehmer, teilweise Arbeitgeber, Auszubildende, Heimarbeiter, Schüler und Studenten sowie Hilfeleistende bei Unglücksfällen. Niemand außer dem Arbeitgeber zahlt Beiträge an den Versicherungsträger. Das Versicherungsverhältnis eines Arbeitnehmers mit dem zuständigen Träger kommt durch die Pflichtmitgliedschaft von privaten und staatlichen Arbeitgebern und bei dem Versicherungsträger zustande. Gesetzlich versichert sind Auszubildende im Betrieb, in der Schule und am Prüfungsort, und – im Zusammenhang mit „Arbeit" – auch Kinder im Kindergarten. (Wenn Kinder spielen und lernen, „arbeiten" sie. Sie sind über öffentliche Träger versichert.) Öffentliche Unfallkassen sind auch Versicherungsträger für Schüler und Studenten, für Umschüler (die auf einen anderen Beruf umschulen), für Beamte und für Hilfeleistende bei Unglücksfällen. Bürger sind also unfallversichert bei der Hilfe zur Rettung eines Unfallopfers, etwa bei Autounfällen.

Beiträge

Die **Arbeitgeber** bringen die Beiträge für die versicherten Arbeitnehmer **allein** auf. Deren Höhe hängt ab vom Arbeitsverdienst der Versicherten in den jeweiligen Unternehmen sowie vom Grad der Unfallgefahr. Gewerbezweige, in denen die Unfallgefahr größer ist, zahlen höhere Beiträge, so zum Beispiel das Baugewerbe.

Leistungsanspruch

Führt ein privater Arbeitgeber den Beitrag zur **BG nicht** ab, so sind die Arbeitnehmer trotzdem versichert, weil sie die Nichtzahlung des Beitrags nicht zu verantworten haben. Festgelegt ist das im SGB VII – GESETZLICHE UNFALLVERSICHERUNG.

Über 60% der mehr als acht Mio. Unfälle in Deutschland passieren in der Freizeit oder in den eigenen vier Wänden. Hier zahlt die gesetzliche Unfallversicherung in der Regel nicht.
Quelle: BAuA [2001-07-24]
BAuA = Bundesanstalt für Arbeitsschutz und Arbeitsmedizin

Nicht durch jeden Unfall wird ein Anspruch begründet.
Drei Ereignisse sind es, die einen Versicherungsanspruch auslösen können:

- **Arbeitsunfall** (rund 79 % der Fälle) wird ein Unfall genannt, den ein Versicherter während seiner beruflichen Tätigkeit erleidet.
- **Wegeunfall** (rund 15 % der Fälle) ist ein Unfall, der sich auf dem Weg von der Wohnung zur Arbeitsstätte und umgekehrt ereignet. Versichert ist jeweils der kürzeste Weg.
- **Berufskrankheit** (rund 6 % der Fälle) ist die Folge einer gesundheitsschädigenden Tätigkeit. Beispiele: Erkrankungen von Lunge, Haut, Wirbelsäule und Lärmschwerhörigkeit an oberer Stelle.

– Vorschriften

Im Zusammenhang mit möglichen Unfällen schreiben die Versicherungsträger vor: das Tragen eines **Schutzhelms** bei Arbeiten auf Baustellen, ein **Rauchverbot** beim Umgang mit Explosivstoffen, das Tragen einer **Schutzbrille** beim Umgang mit ätzenden Flüssigkeiten. Im Zusammenhang mit möglichen Berufskrankheiten schreiben die Versicherungsträger zum Beispiel auch das Anlegen eines **Gehörschutz**es beim Arbeiten an lauten Maschinen vor. Ein Arbeitnehmer, der vorsätzlich oder fahrlässig gegen eine UVV verstößt, kann mit einem Bußgeld bestraft werden. Aufsichtspersonen der Versicherungsträger statten Betrieben gelegentlich Besuche ab. Solche Aufsichtspersonen (Beamte) können sofort vollziehbare Anordnungen treffen, wenn Gefahr im Verzug ist.

Die gesetzliche Unfallversicherung erbringt auch Leistungen für Arbeitsunfälle, die durch höhere Gewalt (zum Beispiel Glatteis) verursacht werden, und auch für Verkehrsunfälle auf dem Weg zur Arbeit, aber auf keinen Fall, wenn übermäßiger Alkoholgenuss oder Drogeneinnahme im Spiel sind.

Die Unfallversicherung leistet nicht bei Alkoholgenuss.

Kommt zum Beispiel ein Monteur mit seinem privaten Auto auf der Fahrt zu einem Kunden ins Schleudern, fährt gegen einen Baum und wird dabei erheblich verletzt und das Auto wird stark beschädigt, so kommt die Berufsgenossenschaft für die Behandlung der Verletzung des Fahrers auf, für die Schäden am Auto aber kommt sie nicht auf.

http://de.wikipedia.org/wiki/Private_Unfallversicherung

Häuslicher Unfall ist **nicht** gesetzlich versichert.

Der Versicherungsschutz für Wegeunfälle erstreckt sich auf den direkten Weg zur Arbeit. Die Versicherung leistet nicht, wenn man etwa in der Mittagspause privat zum Friseur geht und sich bei Glatteis den Arm bricht oder wenn man von der Arbeit nach Hause kommt und im Treppenhaus gegen einen Pfeiler läuft und sich die Nase bricht. Diese Dinge beziehen sich auf den Privatbereich. Somit ist man nicht gesetzlich unfallversichert, wenn man in der eigenen Wohnung beim Fensterputzen von der Leiter fällt und sich verletzt. Das gilt auch für den Fall, dass man mit dem Motorrad in den (vom Arbeitgeber bezahlten) Urlaub fährt und dabei verunglückt.

Dagegen leistet die Versicherung, wenn man auf dem Weg zur Arbeit am Auto einen Reifendefekt hat und sich beim Reifenwechsel den Daumen bricht.

Leistungen

– Unfallverhütung

Zur Wahrnehmung ihrer wichtigsten Aufgabe, der Unfallverhütung, erlassen die Versicherungsträger Unfallverhütungsvorschriften (UVV) und lassen deren Einhaltung durch staatliche Aufsichtspersonen überwachen. Bei vorsätzlichen oder grob fahrlässigen Verletzungen können zum Teil sehr hohe Geldbußen verhängt werden.

Die zweitwichtigste Aufgabe der Versicherungsträger ist die finanzielle Sicherstellung des unfallgeschädigten Versicherten.

– Heilbehandlung

Die Heilbehandlung umfasst die ärztliche Behandlung, die Arzneimittel, den Krankenhausaufenthalt und mögliche Rehabilitationsmaßnahmen; das sind Maßnahmen zur Wiederherstellung der Arbeitsfähigkeit des Verunglückten.

– Verletztengeld

Verletztengeld erhält der Versicherte für die Dauer der Heilbehandlung. Das Verletztengeld wird während der Arbeitsunfähigkeit bezahlt und wird auch **Übergangsgeld** genannt. Es wird wie das Krankengeld berechnet und schließt sich an die Entgeltfortzahlung durch den Arbeitgeber bei unfallbedingter Arbeitsunfähigkeit an.

– Berufshilfe

Berufshilfe wird mit dem Ziel gezahlt, den Verletzten wieder ins Arbeitsleben einzugliedern. Kann der Verletzte seinen alten Beruf nicht mehr ausüben, werden die Ausbildungskosten für einen anderen Beruf übernommen (Umschulung).

– Verletztenrente

Verletztenrente wird gewährt, wenn die Erwerbsfähigkeit nicht wiederhergestellt werden kann. Ihre Höhe ist abhängig vom Grad der Erwerbsunfähigkeit. Rentenvoraussetzung ist eine Minderung um mindestens 20 %.

– Hinterbliebenenrente

– Sterbegeld

Hinterbliebenenrente wird in unterschiedlicher Höhe geleistet. Die Höhe der Rente für die Witwe eines auf der Arbeitsstelle tödlich verunglückten Facharbeiters beträgt bis zu 40 % des Jahresarbeitsverdienstes des verunglückten Facharbeiters. Das **Sterbegeld** beträgt zum Todeszeitpunkt im Jahr 2011 4 380 Euro (West) und 3 840 Euro (Ost).

Ausriss aus der Unfallanzeige Die Anzeige ist **binnen 3 Tagen** zu erstatten, nachdem der Unternehmer von dem Unfall Kenntnis erhalten hat.

UNFALLANZEIGE

1 Name und Anschrift des Unternehmens

2 Unternehmensnummer des Unfallversicherungsträgers

3 Empfänger

4 Name, Vorname des Versicherten

5 Geburtsdatum Tag Monat Jahr

6 Straße, Hausnummer

Postleitzahl

Ort

7 Geschlecht ☐ männlich ☐ weiblich

8 Staatsangehörigkeit

9 Leiharbeitnehmer ☐ ja ☐ nein

10 Auszubildender ☐ ja ☐ nein

11 Ist der Versicherte ☐ Unternehmer ☐ mit dem Unternehmer verwandt ☐ Ehegatte des Unternehmers ☐ Gesellschafter/Geschäftsführer

Die ganze Unfallanzeige zum Anschauen unter www.dguv.de/formtexte/unternehmer/U_1000/U1000.pdf

4. Gesetzliche Unfallversicherung

1. Die wichtigste Aufgabe der Unfallversicherung ist die .... von Arbeitsunfällen. Sollte dennoch ein Arbeitsunfall geschehen, so hat sie die Betroffenen .... zu sichern.

2. Wer sind die Träger der gesetzlichen Unfallversicherung? Die Berufs-.. und .... Versicherungsträger.

3. Versicherungspflichtig sind alle ...., teilweise Arbeitgeber, Heimarbeiter, ... und .... sowie Hilfeleistende bei Unglücksfällen.

4. Gesetzlich unfallversichert sind Auszubildende im Betrieb, in der .... und am Prüfungsort. Kinder im Kindergarten und Auszubildende in der Schule sind über .... Träger unfallversichert.

5. Nennen Sie drei Ereignisse, die einen Versicherungsanspruch auslösen können.
   1. ....-unfall 2. ....-unfall 3. ....-krankheit

6. Einen Wegeunfall nennt man einen Unfall, der sich auf dem Weg von der .... des Versicherten zur Arbeitsstätte ereignet und umgekehrt. Versichert ist jeweils der .... Weg.

7. Berufskrankheit ist die Folge einer ....-schädigenden Tätigkeit: Beispiele dafür sind Erkrankungen der .... , Haut, Wirbelsäule und Lärm- ....

8. Im Zusammenhang mit möglichen Berufskrankheiten schreiben die Berufsgenossenschaften auch das Anlegen eines ....-schutzes beim Arbeiten an lauten Maschinen vor. Die gesetzliche Unfallversicherung erbringt auch Leistungen für Arbeitsunfälle im Betrieb, die durch eigene .... verursacht wurden, oder für Arbeitsunfälle auf einer Baustelle, die durch höhere .... (Glatteis) verursacht wurden.

9. Die Versicherung leistet **nicht,** wenn man, von der Arbeit nach .... gekommen, im eigenen Treppenhaus einen Unfall erleidet. Dagegen leistet die Versicherung zum Beispiel, wenn man auf dem Weg zur Arbeit unterwegs einen Reifendefekt hat und sich beim ....-wechsel die Finger bricht.

10. Zur Wahrnehmung ihrer wichtigsten Aufgabe, der Unfallverhütung, erlassen die Versicherungsträger Unfallverhütungsvorschriften (abgekürzt: ....) und lassen deren Einhaltung durch staatliche Aufsichtspersonen .... Bei vorsätzlichen oder grob fahrlässigen Verletzungen der Unfallverhütungsvorschriften können zum Teil sehr hohe .... festgesetzt werden.

11. Im Rahmen der finanziellen Sicherstellung des unfallgeschädigten Versicherten übernimmt die Berufsgenossenschaft zum Beispiel die Übernahme von Kosten für die .... Unter Rehabilitation versteht man Maßnahmen zur Wiederherstellung der ....

12. Aufgabe der Versicherungsträger ist auch die Zahlung von ....-geld (Übergangsgeld). Berufshilfe wird mit dem Ziel gezahlt, den Verletzten wieder in das .... einzugliedern. Kann er seinen Beruf nicht mehr ausüben, so werden die ....-kosten übernommen.

13. Verletztenrente wird auch gewährt, wenn die ....-fähigkeit **nicht** mehr wiederhergestellt werden kann. Ihre Höhe ist abhängig vom .... der Erwerbsunfähigkeit. Ein Facharbeiter verunglückt tödlich. Bis zu wie viel Prozent des Jahresarbeitsverdienstes des Verunglückten erhält die 50-jährige Witwe? ....

14. Das Sterbegeld beträgt zum Todeszeitpunkt im Jahr 2011: .... Euro (West).

15. Innerhalb welchen Zeitraums, nachdem der Unternehmer vom Unfall Kenntnis erhalten hat, ist die Unfallanzeige zu erstatten? ....

5. Gesetzliche Rentenversicherung • Erweiterte Alterssicherung PAL 251-260, U51-55

Rentenversicherung

www.vdr.de

Die gesetzliche Rentenversicherung schützt die Versicherten und ihre Familien, indem sie Renten zahlt bei Minderung der Erwerbsfähigkeit, bei Alter und bei Tod.

– Versicherungsträger

Alle deutschen Rentenversicherungsträger wurden 2005 unter dem Namen „**Deutsche Rentenversicherung**" zusammengefasst. Alle Rentenversicherungsträger treten damit nach außen einheitlich auf.

– Versicherungspflicht

Mitteilung
Das Vorliegen einer **Versicherungspflicht** teilt Ihnen Ihr Rentenversicherungsträger mit.
Ihre Deutsche Rentenversicherung 14.01.2008

Versicherungspflichtig sind zum Beispiel Arbeitnehmer, Auszubildende, Handwerker und Landwirte. Wer nicht versicherungspflichtig ist, kann sich freiwillig versichern.

Arbeitgeber und **Arbeitnehmer** zahlen den Beitrag **jeweils zur Hälfte**. Bei geringem Einkommen übernimmt der Arbeitgeber die Beiträge allein. Außerdem werden die Leistungen der Rentenversicherung durch Zuschüsse vom Bund finanziert. Das gesamte Rentenversicherungsrecht ist im SOZIALGESETZBUCH VI enthalten.

– Beiträge

Wegen voller Kasse wird 2012 weniger Beitrag möglich sein.

Die Höhe der Beiträge für die Rentenversicherung legt der Bundestag fest. Der Beitrag, den ein Arbeitnehmer für die Rentenversicherung zu entrichten hat, richtet sich nach dem Bruttoeinkommen.

– Beitragsbemessungsgrenze

Mehr zu Beitragsbemessungsgrenzen unter www.krankenkassen.de/sys/suche/goto-11383.html
...wiki/Generationenvertrag

Die Beiträge werden nur bis zur Beitragsbemessungsgrenze errechnet. Sie beträgt 2012 bei der Rentenversicherung 5 600 Euro monatlich oder 67 200 Euro jährlich (West) und 57 600 Euro (Ost). Sie unterscheidet sich damit von der Beitragsbemessungsgrenze in der Krankenversicherung. Der bundeseinheitliche Beitragssatz beträgt derzeit (2011) 19,9%.

Die Beiträge der Versicherten, die der Rentenversicherungsträger einnimmt, werden in einer Art **Umlageverfahren** sogleich als Rente wieder ausgezahlt. Ein geringerer Teil wird für andere Aufgaben der Rentenversicherung ausgegeben.

– Aufgaben

Außer der Zahlung von Renten übernimmt die Rentenversicherung die Finanzierung von Maßnahmen, die der Erhaltung der Erwerbsfähigkeit der Arbeitnehmer dienen (Rehabilitationsmaßnahmen), auch Kuren, und sie übernimmt die Aufklärung über Rentenansprüche und die Beratung der Versicherten.

Rentenleistungen

- **Erwerbsminderungsrente** erhalten Arbeitnehmer, deren Erwerbsfähigkeit teilweise oder ganz gemindert ist.
- **Altersrente** wird gewährt, wenn der Versicherte das Rentenalter erreicht hat.
- **Witwenrente/Witwerrente/Waisenrente** ist für die Hinterbliebenen.
- **Erziehungsrente** wird Versicherten bis zum 65. Lebensjahr gewährt, die ein Kind erziehen.

Anspruch auf Rente

Fünf Jahre anrechnungsfähiger Versicherungszeiten muss ein Versicherter mindestens nachweisen, um eine Rente für Erwerbsminderung beanspruchen zu können. Die gleiche Anzahl von Jahren gilt für den Anspruch auf Altersruhegeld.

Beantragung der Rente

Für alle nach 1963 Geborenen gilt die Regelaltersgrenze 67 Jahre in voller Höhe.

Langjährige Versicherte können **Altersruhegeld** ab dem 63. Lebensjahr beantragen. Die Altersgrenze ist somit „flexibel" (dehnbar). Wird Rente vor Vollendung des 65. Lebensjahres in Anspruch genommen, sind **Abschläge** von monatlich 0,3 % in Kauf zu nehmen. Auf ein Jahr bezogen macht das eine Rentenkürzung von 3,6 % aus. Die Regelaltersgrenze (65 Jahre) wird von 2012 bis 2029 schrittweise auf 67 Jahre angehoben.

Rentenhöhe

Die Höhe des Altersruhegeldes, das ein Arbeitnehmer erhält, richtet sich nach

- der Anzahl der Beitragsjahre,
- dem Durchschnittseinkommen des Arbeitnehmers,
- dem Durchschnittseinkommen aller Arbeitnehmer.

Rentenanpassung

Die Renten werden meist jährlich der Entwicklung der Nettolöhne und -gehälter angepasst. Das nennt man ***„Dynamisierung"*** der Rente (Dynamik = Bewegung).

Die Lage in der gesetzlichen Rentenversicherung

Demografische Entwicklung = Bevölkerungsentwicklung

Aus den Kassen der gesetzlichen Rentenversicherung kann das bisherige Rentenniveau dauerhaft nicht mehr aufrecht erhalten werden. Die Gründe dafür sind:

- die veränderte demografische Entwicklung (niedrige Geburtenrate, steigende Lebenserwartung),
- die mit dem technologischen Fortschritt verbundenen Veränderungen in der Arbeitswelt (mehr Rationalisierung = weniger Arbeit = weniger Beitrag in die Rentenversicherung),
- der Wertewandel in der Gesellschaft (wachsendes Interesse an frühzeitigem Rentenbeginn).

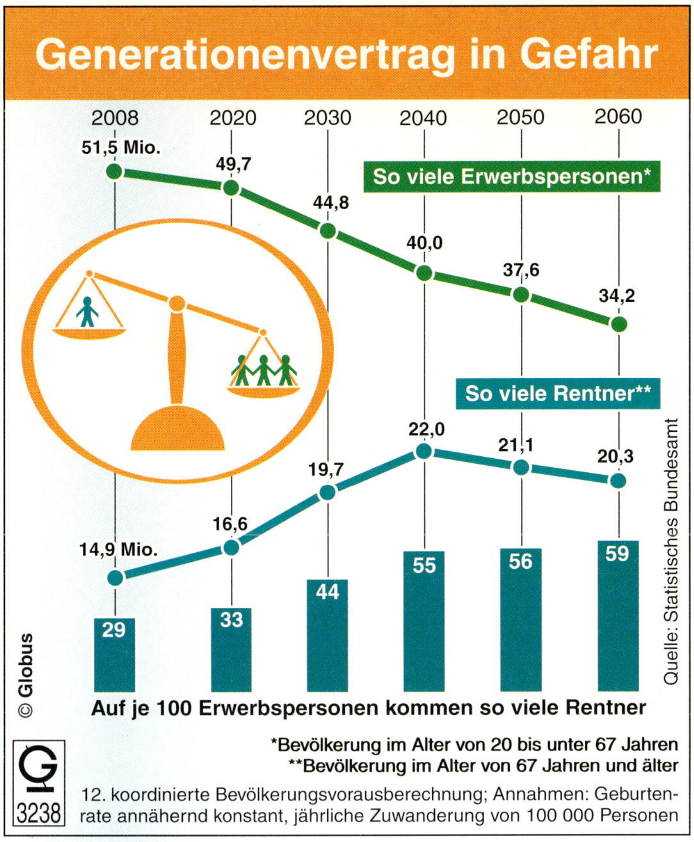

Der Begriff *Generationenvertrag* entstand mit dem sogenannten Umlageverfahren in der Rentenversicherung, eingeführt 1957 durch die Rentenreform unter Bundeskanzler Adenauer: Als sozialversicherungspflichtige Erwerbstätige sorgen die Bürger einerseits für die Nachkommen und andererseits für den Lebensunterhalt der älteren Generation. Für die Kinder sorgen sie durch Unterhalt, Pflege, Erziehung und Ausbildung, für die Eltern durch Beiträge zur gesetzlichen Rentenversicherung. Die nebenstehende Grafik zeigt die Entwicklung unserer Bevölkerung hin zu mehr Rentnern und weniger Erwerbspersonen. Im Jahr 2060 kommen voraussichtlich auf 100 Erwerbspersonen 56 Rentner, also ungefähr doppelt so viele wie heute. Die daraus resultierenden Finanzierungsprobleme hinsichtlich der Renten in der Zukunft veranlassten die **Rentenreform von 2001**. Ziele dieser Reform:

1. Der **Beitragssatz** soll bis 2020 unter 20 %, bis 2030 unter 22 %, also gering gehalten werden (Finanzierung aus der Ökosteuer).
2. Ab 2011 soll das **Rentenniveau** der Neurenten von derzeit 70 % auf 67 % abgesenkt werden.
3. Sinkende Renten sollen durch eine freiwillige, kapitalgedeckte Altersvorsorge (**private Zusatzvorsorge**) ausgeglichen werden. Das soll der Sicherung des Lebensstandards dienen. Anreiz: Wer zusätzlich privat vorsorgt, wird vom Staat unterstützt (Stichwort **„Riester-Rente“**).
4. Die **Betriebliche Altersvorsorge** (Betriebsrente) soll mithilfe von Pensionskassen gestärkt werden.

Wichtig: Ein Rentenniveau von 67 % erreicht nur der sogenannte Durchschnittsverdiener, der 45 Jahre lang Beitrag gezahlt hat in Höhe des Durchschnittslohns.

Information zur Pensionskasse
Die Unternehmen zahlen Beiträge an die Pensionskasse, aus denen Betriebsrenten für die Arbeitnehmer finanziert werden.

Information zur Riester-Rente
Die Kinderzulage für ab 1.1.2008 geborene Kinder erhöht sich von 185 auf 300 Euro.

Der Begriff **Rentenreform** umfasst gesetzgeberische Maßnahmen zur Änderung der Rahmenbedingungen für die gesetzliche Rentenversicherung und andere Formen der Alterssicherung. Das wichtigste Ziel der Rentenreformen in Deutschland war die Bewältigung der Folgen der demografischen Alterung in Hinsicht auf Finanzierung und Leistungen der Alterssicherung.

Wer die sogenannte Riester-Rente früh genug ins Auge fasst und zum Beispiel jährlich 4 % des Einkommens etwa bei einer Versicherung anlegt, kann sein späteres Versorgungsniveau, je nach Anlageart (private Rentenversicherung, Fondsprodukte ...), deutlich steigern. Die jährliche staatliche Zulage für Arbeitnehmer hängt indes von der Höhe der eingezahlten Beiträge (bis zu 4 % des Bruttoeinkommens) und von der Anzahl der Kinder ab.

Die **Rentenreform von 2004** hatte die Regelung der Rahmenbedingungen für die Altersvorsorge zum Ziel: Es erfolgt eine stärkere **Förderung der privaten Vorsorge** und eine **nachgelagerte Besteuerung** von Rentenleistungen im Alter.

Drei Säulen der Alterssicherung

Einer Umfrage des **Instituts Allensbach** vom August 2010 zufolge rangiert in der Beliebheitsskala der Bevölkerung (ab 16 Jahre) ganz oben die gesetzliche Rente/Beamtenpension, gefolgt vom Eigenheim / der Eigentumswohnung als Alterssicherungsform. Es folgen unter anderem die betriebliche Altersvorsorge/Zusatzversorgung im öffentlichen Dienst, die private Rentenversicherung, Riester-Rente und Bausparvertrag.

Säule 1 umfasst die sogenannten **Regelsysteme**:

- gesetzliche Rentenversicherung der Arbeitnehmer
- Beamtenversorgung
- berufsständische Altersversicherungssysteme für Gruppen von Selbstständigen und Freiberuflern

Säule 2 ist die **Betriebliche Altersversorgung** (BAV). Deren Rahmenbedingungen wurden deutlich verbessert. Seit Anfang 2002 wird auch sie staatlich gefördert. Begünstigt sind hierbei:

- Arbeitnehmer in der Privatwirtschaft
- Arbeitnehmer im öffentlichen Dienst

Säule 3 ist die **private Vorsorge**. Diese umfasst zum Beispiel:

- Lebensversicherung
- Aktienfonds
- Bausparvertrag

Seit Anfang 2002 werden besonders gefördert:

- private Rentenversicherung
- Investmentfonds
- Banksparplan

Immobilie, um im Alter mietfrei leben zu können (zum Teil staatlich gefördert):

- Eigentumswohnung
- Eigenheim

Sozialversicherung, Soziale Sicherheit

5. Gesetzliche Rentenversicherung • Erweiterte Alterssicherung

1. Die Rentenversicherung schützt die Versicherten und ihre .... vorwiegend, indem sie Renten zahlt bei .... der Erwerbsfähigkeit, bei .... und bei ....

2. Unter welchem Namen sind alle deutschen Rentenversicherungsträger zusammengefasst?

   ....

3. Versicherungspflichtig sind ...., Auszubildende, Handwerker und Landwirte. Wer nicht versicherungspflichtig ist, kann sich .... versichern.

4. Arbeitgeber und Arbeitnehmer tragen den Beitrag zur Rentenversicherung jeweils zur .... Bei geringem Einkommen übernimmt der Arbeitgeber die Beiträge .... Außer durch die Beiträge werden die Leistungen der Rentenversicherung durch .... vom Bund finanziert. Das gesamte Rentenversicherungsrecht ist im Sozialgesetzbuch .... enthalten.

5. Wer legt die Höhe der Beiträge für die Rentenversicherung fest? ....

6. Der Beitrag, den ein Arbeitnehmer für die gesetzliche Rentenversicherung zu entrichten hat, richtet sich nach seinem ....-einkommen. Die Beiträge werden nur bis zur Beitragsbemessungsgrenze errechnet. Diese beträgt für die Rentenversicherung (2011) .... Euro monatlich (West).

7. Die Beiträge, welche die Rentenversicherungsanstalten einnehmen, werden sogleich als .... wieder ausgezahlt (Umlageverfahren) oder für andere .... der Rentenversicherung ausgegeben.

8. Außer der Zahlung von Renten übernimmt die Rentenversicherung auch die Kosten für Maßnahmen, die der Erhaltung der ....-fähigkeit der Arbeitnehmer dienen. Die Rentenversicherung leistet außerdem die Aufklärung über Rentenansprüche und die .... der Versicherten.

9. Wer in seiner Erwerbsfähigkeit gemindert ist, erhält ....-rente. Witwen- oder Waisenrente erhalten die ....

10. Welche Anzahl von anrechnungsfähigen Versicherungsjahren muss man nachweisen, um einen Anspruch auf Altersruhegeld zu haben? ....

11. Langjährige Versicherte können das Altersruhegeld ab dem .... Lebensjahr beantragen. Die Altersgrenze ist somit .... Wird Altersrente vor 65 in Anspruch genommen, sind Abschläge von monatlich 0,3 % in Kauf zu nehmen. Auf ein Jahr bezogen macht das eine Rentenkürzung von .... % aus.

12. Die Höhe des Altersruhegeldes richtet sich nach der Anzahl der ....-jahre und nach dem ....-einkommen des versicherungspflichtigen Arbeitnehmers sowie nach den Durchschnittseinkommen .... Arbeitnehmer.

13. Was bedeutet: „Renten sind dynamisiert"? Die Renten werden jeweils der Entwicklung der Arbeitnehmereinkommen ....

14. Das bisherige Rentenniveau ist dauerhaft nicht mehr aufrechtzuerhalten. Ein Grund dafür ist die veränderte .... Entwicklung. Ein zweiter Grund ist die mit dem technologischen Fortschritt verbundene Veränderung in der ....-welt. Ein dritter Grund ist der Werte-... in der Gesellschaft.

15. Der Generationenvertrag besagt: Als sozialversicherungspflichtige .... sorgen die Bürger einerseits für die .... und andererseits für den Lebensunterhalt der .... Generation. Für die Kinder tun Erwerbstätige das durch Unterhalt, Pflege, Erziehung und .... Für die Eltern tun Erwerbstätige das in Gestalt von Beiträgen zur .... Rentenversicherung.

16. Im Jahr 2060 kommen voraussichtlich auf 100 Erwerbspersonen .... Rentner, also ungefähr doppelt so viele wie im Jahr .... (29 Rentner). Diese hochgerechneten Zahlen und die damit zu erwartenden Finanzierungsprobleme veranlassten die Renten-... von 2001.

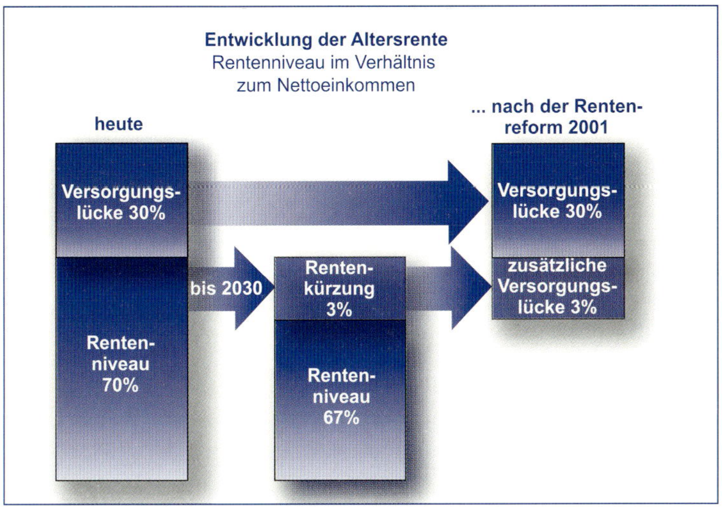

17. Zwischen Höhe Nettolohn und Höhe Altersrente besteht eine Differenz (Versorgungslücke) von .... %. Ab 2011 soll das Rentenniveau der Neurenten von derzeit 70 % schrittweise bis 2030 auf 67 % abgesenkt werden. Die zusätzliche .... von 3% (siehe nebenstehende Grafik *Entwicklung der Altersrente*) soll .... gefördert werden. Die Versorgungslücke von 30% soll .... werden.

18. Die Rentenreform von 2001 hat vier Ziele. Welches Ziel ist in das nebenstehend mit 1 gekennzeichnete Feld einzutragen? ....

19. Die Rentenreform von 2004 verfolgt eine stärkere Förderung der .... Vorsorge und eine nachgelagerte .... Besteuerung von Rentenleistungen im Alter.

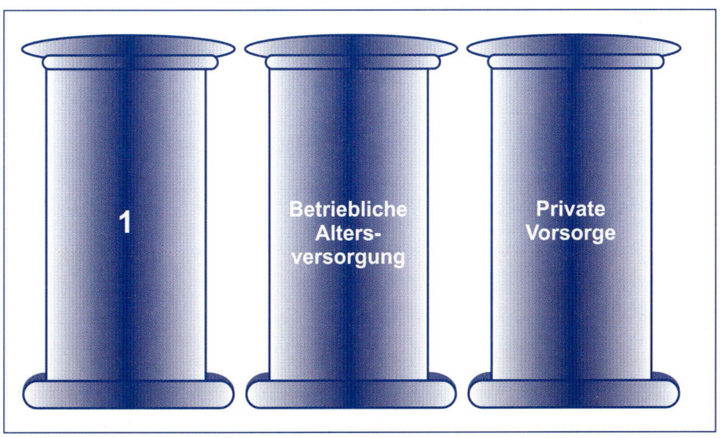

20. Die Alterssicherung hat drei Säulen. Welcher Begriff ist in das nebenstehend mit 1 gekennzeichnete Feld einzutragen?

....

21. Die private Vorsorge umfasst • Lebensversicherung • Aktienfonds • ....-sparvertrag • private Rentenversicherung • Investmentfonds • ....-sparplan • Immobilie

22. Regelsysteme sind die • gesetzliche .... und • ....

23. Bei der .... (BAV) begünstigt sind • Arbeitnehmer in der ....-wirtschaft • Arbeitnehmer im öffentlichen ....

24. Mit der Riesterrente kann man das spätere Versorgungs-.. deutlich steigern.

6. Arbeitslosenversicherung

PAL 263-273, 276

Arbeitslosenversicherung

http://de.wikipedia.org/wiki/Arbeitslosenversicherung

Die eigentlichen Aufgaben der Arbeitslosenversicherung, die Integration der Menschen in Arbeits- und Ausbildungsverhältnisse und die Sicherstellung des Lebensunterhalts während der Arbeitslosigkeit, wurden mit der Schaffung des SOZIALGESETZBUCHES III – ARBEITSFÖRDERUNG – erweitert. Arbeitsförderung nennt man Maßnahmen, die man ergreift, um die Beschäftigung des einzelnen Arbeitnehmers sowie der gesamten Bevölkerung zu sichern.

– Versicherungsträger

Träger der Arbeitslosenversicherung ist die Bundesagentur für Arbeit in Nürnberg mit ihren Regionaldirektionen auf Landesebene und Arbeitsagenturen vor Ort. Aufsichtsführendes Ministerium ist (2011) das Bundesministerium für Arbeit und Soziales.

– Versicherungspflicht

Ein 400-Euro-Job ist für den Arbeitnehmer sozialversicherungsfrei. Diese Regelung gilt nur für einen 400-Euro-Job; weitere Mini-Jobs sind hinsichtlicht Kranken-, Pflege- und Rentenversicherung sozialabgabenpflichtig, nicht jedoch bezüglich der Arbeitslosenversicherung.

Versicherungspflichtig sind alle Personen, die mehr als nur geringfügige Beschäftigungen (Mini-Jobs) gegen Arbeitsentgelt ausüben, auch die Auszubildenden. Mit Vollendung des 65. Lebensjahres brauchen keine Beiträge mehr bezahlt zu werden.

Selbstständige und Hausfrauen, Schüler und Studenten sind nicht versichert und erhalten keine Leistungen aus der Arbeitslosenversicherung. Soldaten und Beamte sind beim Staat versichert. Beispiel: Frau Lutz ist als Inspektorin bei der Stadt Köln beschäftigt und zahlt somit keinen Beitrag zur Arbeitslosenversicherung.

– Beiträge

Arbeitgeber und **Arbeitnehmer** tragen den Beitrag **jeweils zur Hälfte.** Es gilt die **Beitragsbemessungsgrenze** wie bei der Rentenversicherung. 2012: 5 600 Euro monatlich (West), 4 800 (Ost). Bei geringem Einkommen übernimmt der Arbeitgeber die Beiträge allein. Die Höhe des Beitrags richtet sich nach dem Bruttoarbeitsentgelt.

Für die Berechnung der Beitragshöhe und der Höhe des Arbeitslosengeldes ist das im Bemessungszeitraum erzielte Arbeitsentgelt von Bedeutung. Zum Arbeitsentgelt zählt auch das Entgelt für Überstunden, ohne Zuschläge. Nicht dem Arbeitsentgelt zugeordnet werden Weihnachts-, Urlaubsgeld und Jubiläumsgelder.

– Leistungen

Auch Arbeitgeber können unter bestimmten Voraussetzungen Leistungen von der Bundesagentur für Arbeit erhalten. Mehr bei: www.deutsche-sozialversicherung.de

Das Leistungsspektrum der Arbeitslosenversicherung für Arbeitnehmer umfasst neben Entgeltersatzleistung für Arbeitslose, Kurzarbeiter und Winterausfall (in der Bauwirtschaft) Entgeltsicherung für ältere Arbeitnehmer sowie Beratung und Vermittlung Arbeitsuchender einschließlich flankierender Maßnahmen (Bewerbungskosten- und Reisekostenerstattung, Vermittlungsgutscheinausgabe). Außerdem:

- Maßnahmen zur Verbesserung der **Eingliederungsaussichten** für Langzeitarbeitslose,
- Förderung der Aufnahme einer **Beschäftigung, Mobilitätshilfen** (Übergangsbeihilfe, Ausrüstungsbeihilfe; Reisekostenbeihilfe; Fahrkostenbeihilfe, Trennungskosten- und Umzugskostenbeihilfe),
- Förderung der Aufnahme einer **selbstständigen Tätigkeit** (Überbrückungsgeld; Existenzgründungszuschuss),
- Förderung der **Berufsausbildung** und Förderung der **beruflichen Weiterbildung**, (mittelabhängige Übernahme von Weiterbildungskosten und Leistung von Unterhaltsgeld),
- Förderung der **Teilhabe behinderter Menschen** am Arbeitsleben.

Mehr bei www.deutsche-sozialversicherung.de/de/arbeitslosenversicherung/leistungen.html.

Arbeitslosengeld (I)

Wenn viele sagen, den Arbeitslosen ginge es viel zu gut, warum sind dann nicht alle arbeitslos?

Arbeitslosengeld (ALG I) erhält ein Arbeitsloser unter bestimmten Voraussetzungen.

- Er muss sich bei der Arbeitsagentur **persönlich arbeitslos melden** und das ALG **beantragen.** Die Meldung erfolgt bei der Agentur am Wohnsitz. Der Antragsteller erhält das ALG **nicht** ab Antragseingang, sondern ab dem Tag, an dem er sich persönlich bei der Agentur arbeitslos gemeldet hat. Beispiel: Herr Schulz erhält am 15. Februar seine Kündigung zum 31. März. Am 25. März beantragt er bei der Agentur für Arbeit schriftlich ALG. Am 5. April meldet er sich (verspätet) persönlich bei der Agentur: Erst ab diesem Tag und **nicht** bereits ab dem 1. April erhält er das ALG.
- Er muss der Arbeitsagentur zur Vermittlung **zur Verfügung stehen**. Dabei muss er **nicht** bereit sein, jede andere Arbeit an jedem Ort anzunehmen, nur um den Anspruch auf ALG zu behalten.
- Er muss die **Anwartschaftszeit** erfüllt haben, muss in der Rahmenfrist von zwei Jahren (ab 1. Februar 2006) mindestens zwölf Monate in einem Versicherungspflichtverhältnis gestanden haben.

Mehr zu Arbeitslosengeld (I) unter http://de.wikipedia.org/wiki/Arbeitslosengeld I

Von der Anspruchsvoraussetzung der Arbeitslosmeldung zu unterscheiden ist die Verpflichtung zur frühzeitigen Meldung als Arbeitsuchender: Gemäß § 37b SGB III sind Arbeitnehmer verpflichtet, sich spätestens drei Monate vor Beendigung ihres Arbeitsverhältnisses persönlich arbeitsuchend zu melden. Für betriebliche Ausbildungsverhältnisse gilt diese Regelung nicht.

- Der Arbeitslose muss eine **zumutbare Tätigkeit** unter den üblichen Bedingungen des Arbeitsmarktes ausüben können. Er muss bereit sein, jede zumutbare Beschäftigung aufzunehmen.
- Der Arbeitslose muss der Agentur für Arbeit eine **Änderungsmitteilung** machen, wenn sich seine Lohnsteuerklasse ändert, aber (im Falle von ALG I) *nicht*, wenn sich seine Vermögensverhältnisse, zum Beispiel infolge einer Erbschaft, ändern.
- Die Agentur für Arbeit muss den Arbeitslosen **täglich erreichen** können (durch Postkarte oder Brief unter der Wohnanschrift) und der Arbeitslose muss die Agentur täglich aufsuchen können. Der Arbeitslose ist nicht verpflichtet, sich ständig an seinem Wohnort aufzuhalten, er muss nur erreichbar sein. Dazu gibt es folgende Ausnahme: Möchte ein Arbeitsloser, der ALG bezieht, außerhalb des Wohnorts mehrere Wochen **Urlaub** machen, so muss er – vor Urlaubsantritt – die Arbeitsagentur um eine Bestätigung ersuchen. Wird der Urlaub genehmigt, dann erhält der Arbeitslose für drei Wochen Arbeitslosengeld. Fährt der Arbeitslose ohne Genehmigung – einfach so – zum Beispiel für acht Wochen nach Italien, dann wird ihm für die gesamte Dauer des Urlaubs das Arbeitslosengeld gesperrt.

Anspruch nach Abschlussprüfung

Für Auszubildende ist wichtig zu wissen: Wird man nach **bestandener** Abschlussprüfung arbeitslos, so hat man Anspruch auf ALG. Der Arbeitsuchende sollte sich also unverzüglich bei seiner Arbeitsagentur persönlich arbeitslos melden.

Sozialversicherung – Übersicht

	Krankenversicherung	**Unfallversicherung**	**Rentenversicherung**	**Arbeitslosenversicherung**	**Pflegeversicherung**
Zweck	Versicherung bei • Krankheit •	Unterstützung bei • Arbeitsunfall • Wegeunfall • Berufskrankheit	Vorsorge für • Erwerbsunfähigkeit • Alter • Hinterbliebene	Hilfe bei/zur • Arbeitslosigkeit • Sicherung der Arbeitsplätze	Absicherung bei ambulanter und stationärer Pflegebedürftigkeit
Versicherte	• abhängig Beschäftigte (bis Höchstgrenze) • Rentner • Auszubildende • Wehrdienstleistende	• alle Arbeitnehmer • Arbeitgeber (teilweise) • Auszubildende • Schüler, Studenten • Hilfeleistende bei Unglücksfällen	• Arbeitnehmer (bis Höchstgrenze) • Auszubildende Mehr unter ...wiki/Gesetzliche_Rentenversicherung_(Deutschland)	• Arbeitnehmer • Auszubildende Mehr unter ...wiki/Arbeitslosenversicherung	• alle abhängig Beschäftigten und Rentner Mehr unter ...wiki/Pflegeversicherung
Träger	• Orts-, Ersatz- und Betriebskrankenkassen	• Berufsgenossenschaften	• Deutsche Rentenversicherung	• Bundesagentur für Arbeit	• Krankenkasse
Beitragshöhe (2011)	7,3 % Arbeitgeber 8,2 % Arbeitnehmer (ab 2010 erheben Krankenkassen vielerorts Zusatzbeiträge ab 8 Euro mtl.)	Arbeitgeber zahlen unterschiedliche Beiträge	9,95 % Arbeitgeber 9,95 % Arbeitnehmer	1,5 % Arbeitgeber 1,5 % Arbeitnehmer (temporäre Absenkung auf je 1,4 %)	0,975 % Arbeitgeber 0,975 % Arb.nehmer m. Kind, 1,225 % Arb.nehmer (ab 23 Jahre) ohne Kind (monatl. Höchstbetrag 9,38 Euro)
Leistungen	• Krankengeld • Behandlung im Krankenhaus • ärztliche Behandlung • Mutterschaftshilfe • Vorsorgeuntersuchungen • Familienhilfe	• Krankenhausbehandlung • Heilbehandlung (Rehabilitation) • Verletztengeld • Verletzten-/Hinterbliebenenrente • Umschulung • Sterbegeld	• Rente wegen Erwerbsunfähigkeit • Altersrente • Witwen-/Waisenrente • Rehabilitation (Kuren)	• Vermittlung von Arbeitsplätzen • Berufsberatung • Arbeitslosengeld • Unterhaltsgeld	• ambulante häusliche Pflege • Pflegegeld für private Pflegekraft • teil- und vollstationäre Pflege • Pflegehilfsmittel • Zuschüsse zu Umbaumaßnahmen

Sozialgesetzbuch

...wiki/Sozialrecht

Zur Schaffung von einheitlichen Maßstäben für Verwaltung und Rechtsprechung zur Auslegung und Ermessensausübung in allen Sozialleistungsbereichen schuf der Gesetzgeber das Sozialgesetzbuch (**SGB**). Es ist die **Zusammenfassung** des in vielen Einzelgesetzen geregelten Rechts der verschiedenen Sozialleistungsbereiche in einem Gesetzbuch, das mehrere Bände umfasst. Das Sozialgesetzbuch dient zur Verbesserung der Verständlichkeit des Sozialrechts für die Versicherten und stellt eine Vereinfachung des früher recht komplizierten Sozialrechts dar.

Statt Sozialversicherungsausweis genügt jetzt Personalausweis oder Pass

Das SGB IV schreibt vor, dass in Wirtschaftsbereichen wie dem Bau-, Gaststätten-, Gebäudereinigungs- sowie dem Personen- und Güterbeförderungsgewerbe der **Personalausweis oder Pass** mitzuführen ist. Das dient zur Aufdeckung von illegalen Beschäftigungsverhältnissen und von Leistungsmissbrauch.

Weiter **ALG**
Regelvoraussetzungen

Für den Bezug von Arbeitslosengeld sind weiterhin diese Punkte zu beachten:

- Wird von der Arbeitsagentur ein Arbeitsplatz angeboten, so sind 80 % des letzten Bruttoentgeltes noch zumutbar. (Nach § 121 Sozialgesetzbuch III ist in den ersten drei Monaten der Arbeitslosigkeit eine Minderung von 20 % des letzten Arbeitsentgeltes zumutbar, in den folgenden drei Monaten darf nur eine Minderung um 30 % zugemutet werden. Eine Minderung, durch die das Arbeitslosengeld unterschritten wird, ist auch bei längerer Arbeitslosigkeit nicht zuzumuten.)
- Die Leistung kann für eine Zeit gesperrt werden, wenn der Arbeitslose selbst das Arbeitsverhältnis gekündigt hat, ohne einen Anschlussarbeitsvertrag zu haben, ihm aus einem wichtigen Grund gekündigt wurde oder er eine von der Agentur vorgeschlagene zumutbare Beschäftigung oder Berufsbildungsmaßnahme mehrfach ablehnt. Das gilt auch für den Fall, dass ein Arbeitsloser durch sein Auftreten und durch seine äußere Erscheinung die Arbeitsvermittlung durch die Agentur verhindert oder wenn ein Arbeitsloser der Aufforderung zum Erscheinen bei der Agentur nicht nachkommt.

– Sperrzeit

Sperrzeit bei verspäteter Arbeitsuchendmeldung: sieben Tage

Die **Sperrzeit** für derartige Fälle kann bis zu zwölf Wochen betragen. Gibt der Arbeitslose zweimal Anlass für eine Sperrzeit von zwölf Wochen, so geht ihm ein erarbeiteter Anspruch auf Arbeitslosengeld unwiederbringlich verloren.

– Anspruchsdauer

Alter	Beiträge	Anspruch ALG
58	48 Monate	24 Monate
55	36 Monate	18 Monate
*	24 Monate	12 Monate
*	16 Monate	8 Monate
*	12 Monate	6 Monate

*) unabhängig vom Alter

Die **Anspruchsdauer** – die Zeit, in der ALG (I) an einen Arbeitslosen gezahlt wird – ist abhängig von der Dauer der beitragspflichtigen Beschäftigung und vom Alter des Antragstellers. Neue gesetzliche Anspruchsdauern gelten ab dem 1. Januar 2008. Danach erhält zum Beispiel ein 58-jähriger Facharbeiter, der 48 Monate beitragspflichtig beschäftigt war, 24 Monate lang ALG (I). Steht ein 55-Jähriger 36 Monate in einem Versicherungspflichtverhältnis, so würde er nur 18 Monate lang ALG (I) erhalten. Unabhängig vom Alter würde ein Beschäftigter, der 24 Monate in einem Versicherungspflichtverhältnis gestanden hat, nur zwölf Monate lang ALG (I) erhalten. Diese Halbierungsregel setzt sich fort: 16 Monate beitragspflichtig beschäftigt bedeutet acht Monate ALG (I), und 12 Monate beitragspflichtig beschäftigt bedeutet gemäß SGB III sechs Monate ALG (I).

Erkrankt ein Arbeitsloser, der Arbeitslosengeld bezieht, so erhält er bis zu einer Arbeitsunfähigkeitsdauer von sechs Wochen Arbeitslosengeld, danach Krankengeld. Die Beiträge zur gesetzlichen Krankenversicherung für einen Arbeitslosen, der Arbeitslosengeld bezieht, zahlt die Bundesagentur für Arbeit.

Höhe des Arbeitslosengeldes

Die **Höhe des Arbeitslosengeldes** richtet sich nach dem vorherigen versicherungspflichtigen Verdienst, danach, ob der Arbeitslose ein Kind hat, und nach der Steuerklasse.

Einem Auszubildenden, der die Abschlussprüfung bestanden hat und der danach arbeitslos wird, bemisst man das ALG auf 50 % des erreichbaren Tariflohns. Ein Alleinstehender ohne Kind erhält als Arbeitslosengeld 60 % des letzten Nettoverdienstes und ein Arbeitsloser, der zum Beispiel ein Kind zu unterhalten hat, erhält 67 % des Nettoverdienstes im Schnitt der letzten zwölf Beitragsmonate.

Grundsicherung für Arbeitsuchende (ALG II)

Wer einer Erwerbstätigkeit nachgehen kann, sollte normalerweise in der Lage sein, den Unterhalt für sich und seine Familie aus den Erträgen seiner Arbeit selbst zu bestreiten. Aus sachlichen und persönlichen Gründen gelingt dies oft nicht, so dass der Arbeitsuchende zur Sicherung des Existenzminimums nach Auslaufen von ALG(I) öffentliche Hilfe beantragen muss.

Eheähnliche Gemeinschaft
Verdient der Partner zu viel, entfällt das Arbeitslosengeld II.

Mehr bei www.sozialhilfe24.de/

Im SGB II ist am 01.01.2005 die **Grundsicherung für Arbeitsuchende** (ALG II) an die Stelle der Arbeitslosenhilfe und Sozialhilfe getreten. Die Grundsicherung umfasst das ALG II sowie Kosten für Unterkunft und Heizung. Ziel der Grundsicherung ist es, dass der Antragsteller schnell wieder eine Arbeitsstelle bekommt. Verschiedene Leistungen sollen dazu beitragen, dass er seinen Lebensunterhalt und den seiner Angehörigen baldmöglichst aus eigener Kraft bestreitet. ALG II tritt an die Stelle des ALG (I), wenn ein Anspruch auf ALG (I) nicht oder nicht mehr besteht. Ausschlaggebend ist, ob der Antragsteller erwerbsfähig und hilfebedürftig ist.

Wichtig ist, ob er allein lebt oder mit anderen eine **Bedarfsgemeinschaft** bildet. Bei der Berechnung werden sein Einkommen und Vermögen und das aller Mitglieder der Bedarfsgemeinschaft berücksichtigt. Lebt er in eheähnlicher Gemeinschaft, erhält er dann kein ALG II, wenn das monatliche Nettoeinkommen des Partners – unter Berücksichtigung der Freibeträge – einen festgelegten Höchstbetrag übersteigt. In der Regel werden auch die Beiträge zur gesetzlichen Sozialversicherung übernommen. Das ALG II ist eine Leistung, die allein aus Steuermitteln finanziert wird. Sie wird in der Regel für einen Zeitraum von sechs Monaten gewährt. Die Auszahlung erfolgt monatlich im Voraus. ALG II kann man nur erhalten, wenn man vorher einen Antrag stellt. Den Antrag auf ALG II oder sonstige öffentliche Hilfe stellt man seit 2005 nur noch bei einer Institution: Je nach Wohnort kann das entweder die **Arbeitsagentur,** die **Kommune** oder eine der **Arbeitsgemeinschaften** (ARGE) sein. Dort unterstützen persönliche Berater und Fallmanager den Antragsteller unter bestimmten Voraussetzungen mit Leistungen zur beruflichen und sozialen Eingliederung.

6. Arbeitslosenversicherung

1. Was sind die eigentlichen Aufgaben der Arbeitslosenversicherung? 1. Die Integration der Menschen in ....

   2. Die sicherstellung des Lebensunterhalts während ....

2. Arbeitsförderung nennt man Maßnahmen, die man ergreift, um die .... des einzelnen Arbeitnehmers sowie der gesamten .... zu sichern. Träger der Arbeitslosenversicherung ist die .... in Nürnberg.

3. Versicherungspflichtig sind alle Personen, die eine mehr als .... Beschäftigung gegen Arbeitsentgelt ausüben, auch die .... Mit Vollendung des ....ten Lebensjahres endet die Mitgliedschaft. Selbstständige und .... sind nicht versichert.

4. a) Welchen Beitragsanteil zur Arbeitslosenversicherung leistet der Arbeitgeber? ....

   b) Wonach richtet sich die Höhe des Beitrags, den ein Arbeitnehmer zur Arbeitslosenversicherung zu zahlen hat? nach seinem ....-einkommen

5. Das Leistungsspektrum der Arbeitslosenversicherung umfasst neben Entgeltersatzleistung für Arbeitslose und Teil-Arbeitslose, die Entgeltsicherung für ältere Arbeitnehmer, Beratung und Vermittlung Arbeitsuchender und außerdem die Förderung der

   1. Aufnahme einer .... und ....-hilfen,
   2. Aufnahme einer ....,
   3. Berufs-.........., 4. beruflichen ....,
   5. Teilhabe .... am Arbeitsleben.

6. Arbeitslosengeld erhält ein Arbeitsloser nur, wenn er ganz bestimmte Voraussetzungen erfüllt. Er muss sich .... arbeitslos melden. Er muss das Arbeitslosengeld ....
   Für die Entgegennahme des Antrags auf Arbeitslosengeld ist die Agentur für Arbeit zuständig, bei der der Arbeitnehmer seinen .... hat.

7. Herr Schuster erhält am 15. März seine Kündigung zum 30. Juni und beantragt am 25. Juni bei der Agentur für Arbeit schriftlich das Arbeitslosengeld. Am 3. Juli meldet er sich persönlich bei der Agentur für Arbeit.
   Von welchem Tag an erhält er das Arbeitslosengeld? ....

8. Der Arbeitslose, der Arbeitslosengeld bezieht, muss der Agentur für Arbeit zur .... zur Verfügung stehen. Er muss in den letzten zwei Jahren mindestens .... Monate beitragspflichtig beschäftigt gewesen sein. Er muss bereit sein, jede .... Beschäftigung aufzunehmen.

9. Ein Arbeitsloser, der Arbeitslosengeld bezieht, ist **nicht** dazu verpflichtet, 1. der Arbeitsagentur eine Änderung seiner ....-verhältnisse mitzuteilen, 2. sich .... am Wohnort aufzuhalten.

10. Ein Arbeitsloser, der Arbeitslosengeld bezieht, möchte außerhalb des Wohnortes sechs Wochen Urlaub machen. Was muss er vor Antritt des Urlaubs machen, um für drei Wochen Arbeitslosengeld zu bekommen?
    Er muss ....

11. Was ist für einen Auszubildenden wichtig zu wissen, der nach bestandener Abschlussprüfung arbeitslos wird?
    ....

12. Das Sozialgesetzbuch ist die .... von Einzelgesetzen aus verschiedenen Sozialleistungsbereichen. Es dient zur .... der Verständlichkeit des Sozialrechts.

13. Das Sozialgesetzbuch IV schreibt vor, dass in bestimmten Wirtschaftsbereichen, so unter anderem im Baugewerbe, ein .... mitzuführen ist. Diese Vorschrift dient zur Aufdeckung von .... Beschäftigungsverhältnissen und Leistungsmissbrauch.

Sozialversicherung, Soziale Sicherheit

14. Ein Facharbeiter/Geselle ist zwei Monate arbeitslos und bezieht Arbeitslosengeld. Er erhielt zuletzt monatlich brutto 1 500 Euro. Ihm wird von der Arbeitsagentur eine Facharbeiterstelle angeboten, auf der er nur 1 250 Euro brutto verdienen soll. Ist diese Stelle nach dem Sozialgesetzbuch III zumutbar (Prozentangabe und Begründung)?

....

15. Wenn der Arbeitslose selbst das Arbeitsverhältnis gekündigt hat, so kann die Leistung der Arbeitslosenversicherung für eine gewisse Zeit .... werden. Im Falle einer fristlosen Kündigung kann die Sperrzeit bis zu .... Wochen dauern. Ein erarbeiteter Anspruch auf Arbeitslosengeld geht unwiederbringlich verloren, wenn ein Arbeitsloser zweimal einen Anlass für eine Sperrzeit von .... Wochen gibt.

16. Die Anspruchsdauer beim Arbeitslosengeld ist abhängig von der Dauer der ....-pflichtigen Beschäftigung in den letzten Jahren und sie ist abhängig vom .... des Beschäftigten. Die Anspruchsdauer geht von 24 Monaten für einen 58-jährigen Facharbeiter, der mindestens .... Monate beitragspflichtig beschäftigt war, bis zu .... Monaten für einen Beschäftigten, der zwölf Monate beitragspflichtig tätig war.

17. Ein Arbeitsloser, der Arbeitslosengeld bezieht, erkrankt für neun Wochen. Wie sieht seine finanzielle Sicherung aus?

1. In den ersten .... Wochen erhält er ....-geld.

2. Danach erhält er ....-geld.

18. Wer zahlt für einen Arbeitslosen, der Arbeitslosengeld bezieht, die Beiträge zur gesetzlichen Krankenversicherung?

....

19. Wovon ist die Höhe des Arbeitslosengeldes abhängig?

1. Von der Höhe des vorherigen versicherungspflichtigen ....

2. davon, ob der Arbeitslose .... hat, 3. von der ....-klasse

20. Ein Auszubildender erhält im letzten Ausbildungsjahr 460 Euro an Ausbildungsvergütung. Nach bestandener Abschlussprüfung wird er arbeitslos. Wonach wird das Arbeitslosengeld bemessen?

nach .... % des ....

21. Das Arbeitslosengeld, das ein Alleinstehender ohne Kind in Prozent des letzten Nettoverdienstes erhält, beträgt .... %. Das Arbeitslosengeld eines Arbeitslosen, der ein Kind zu unterhalten hat, beträgt .... Prozent des Nettoverdienstes im Schnitt der letzten zwölf Monate.

22. Am 01.01.2005 ist die .... für Arbeitsuchende (Arbeitslosengeld II) an die Stelle der früheren Arbeitslosenhilfe und Sozialhilfe getreten.

23. Für die Zahlung des ALG II ausschlaggebend ist, ob der Antragsteller erwerbsfähig und hilfe-... ist. Wichtig ist auch, ob er alleine lebt oder etwa mit anderen Familienmitgliedern eine ....-gemeinschaft bildet. Bei der Berechnung des ALG II werden sein Einkommen und .... und das aller Mitglieder seiner Bedarfsgemeinschaft berücksichtigt.

24. Aus welchen Mitteln wird das Arbeitslosengeld II finanziert? Aus ....-mitteln Arbeitslosengeld II wird in der Regel für einen Zeitraum von .... Monaten gewährt. Es wird monatlich im .... gezahlt.

25. Unter welcher Voraussetzung kann man Arbeitslosengeld II nur erhalten?

Wenn man vorher ....

26. Den Antrag auf ALG II oder Sozialgeld stellt man künftig nur noch bei einer Institution: Je nach Wohnort kann das entweder die .... sein oder die Kommune oder eine der .... (ARGE).

Vom Ausbildungs- zum Arbeitsverhältnis

1. Grundlagen I: Vor dem Ausbildungsvertrag

7 1.1. ... ich eine Ausbildungsstelle bekomme.
1.2. ... mein (späterer) Arbeitsplatz sicher ist.
2. Er garantiert das Recht, Beruf, Arbeitsplatz und Ausbildungsstätte frei zu wählen.
3. in ländlichen Gebieten / Regionen
4. ... keine abgeschlossene Ausbildung haben.
5. fachlich geschultes und qualifiziertes ...
6.1. Er hat ein höheres Einkommen. 2. Er hat mehr Freizeit.
7.1. die berufl. Mobilität größer 2. die übertragenen Arbeiten anspruchsvoll 3. Aufstiegsmöglichkeiten gegeben 4. das Einkommen meist höher
8. im Berufsbildungsgesetz
9. BBiG ... Berufsordnungsmittel ... anerkannten ..
10. ... Ausbildungsordnungen ... Bundesministerium ... ... einheitliche ...
11. Industrie- u. Handelskammer, Handwerkskammer
12.1. in die Berufsausbildungsvorbereitung 12.2. in die Berufsausbildung 12.3. in die berufliche Fortbildung 12.4. in die berufliche Umschulung

2. Grundlagen II: Duales System/Schulisches System der Ausbildung

10 1. ... Bezeichnung ... ...profil ... ... Prüfungsanforderungen
2. ... sachliche ... ... zeitliche ... ... beigefügt
3. die Kammer
4. im Berufsausbildungsvertrag
5. einen guten (Ruf)
6. ... dualen ... ... schulischen ...
7. der Wirtschaftsminister des Bundes
8. die Kultusminister der Länder
9. ... Bildungspartner ... ... Fachtheorie ... ... Allgemeinbildung ... ... fachpraktische ...
10. ... Betrieb ... ... sieben ... ... drei ...
11. ... Kultusministerkonferenz ... ... Bundesministerium ... ... abgestimmt ...
12. in Berufs**fach**schulen
13. ... staatlich ... ... bundes... ... landes...
14. in staatlich anerkannten
15. ... Berufsfach... ... Fachhoch... Hoch...
16. in Wirtschaft und Verwaltung

3. Berufsausbildungsvertrag I

13 1. **vor** Beginn der Berufsausbildung
2. den Ausbildungsvertrag schriftlich abschließen
3. Aus**zu**bildender und Ausbildender
4. unverzüglich nach Vertragsabschluss, spätestens aber **vor** Ausbildungsbeginn
5. in das Verzeichnis der Ausbildungsverhältnisse
6. der Jugendliche und der gesetzliche Vertreter
7. Eine Ausfertigung des Vertrages ist dem Auszubildenden und dem gesetzlichen Vertreter auszuhändigen.
8. mindestens einen Monat, höchstens vier Monate
9. Nein. Das ist gesetzlich nicht vorgesehen.
10. ... Urlaubs ... ... Ende ...
11. ... Vergütung ... ... Ausbildungs... ... Dauer ... ... Vertragsstrafen ...
12. eine Entschädigungszahlung für die Ausbildung
13. ... Arbeitstag ... ... jährlich ... ... Tarif...
14. sechs Wochen
15. der Betrieb

14 16.1. der Ausbildende M. 2. der Aus**zu**bildende F.
17. ...zeit ... ... drei ... ... 01.09.12 ... ... 31.08.15
18. ... vier ... Drittel ... den Zeitraum der Unterbrechung
19. ... Flensburg ... ... Bau... .... sonstigen ... . Berufs... ... außerhalb ...
20. ... Vergütung ... ... angemessene ... ... brutto .... **1** ... ... tariflichen ... ... 554 ... ... 860 ...
21. ... acht ... ... 39 ... 40 ... ... achteinhalb ... fünf ...
22. ... Urlaubs ... ... Kalender ... ... 16 ... ... 10 ... ... Arbeits... ... weniger ... ... 27 ...
23. ... TV Berufsbildung. ... drei ... ... Ausbildungs... ... **2** ... anerkannt ...
24. die Kammer (HWK Musterstadt)

4. Berufsausbildungsvertrag II

17 1. ... ohne Einhaltung einer Frist gelöst werden
2. schriftlich
3. ... Kündigungsgrundes ... ... anderen ...
4. Er ist den Anforderungen des Ausbildungsberufes aus gesundheitlichen Gründen nicht gewachsen.
5.1. Diebstahl 5.2 Beleidigung
6. vier Wochen
7.1. den Betrieb ... 7.2 die Berufsschule ...
8. mit Bekanntgabe des Prüfungsergebnisses
9. mit Vertragsende
10. Ja. Der Betrieb muss ihn nicht übernehmen.
11. die Kammer
12. ... Auszubildende ... ... Antrag ...
13. sich gegenüber dem Betrieb erklären
14. ... Art, Dauer u. Ziel der Ausbildung sowie berufliche Fertigkeiten, Kenntnisse und Fähigkeiten
15.1. Verhalten ... 2. Leistung ...
16.1. Zuverlässigkeit 2. Leistungsbereitschaft 3. Konzentrationsfähigkeit

5. Berufsausbildungsvertrag III • Aufgaben der Kammer I

20 1. ... Fürsorge ... zeitlich ... ... kostenlos ...
2.1. zum Berufsschulbesuch
2.2. zur Teilnahme an Prüfungen
3. ...vergütung ... ... Prüfung ... ... Schulbesuch ...
4. ... ordnungsgemäß ... anzueignen ... Weisungen
5. ... ausbildungs... ... sauber ...
6. ... charakterliche ... gesundheitliche ... Zeugnis
7. ... gewissenhaft ... ... pfleglich ...
8. ... Berichtsheftes ... Betriebsordnung ...
9. ... Stillschweigen ...
10. ... Rechte ... Kündigung ... Schadensersatz ...
11. ... Berufsausbildungs...
12. die Kammer
13. nur wer persönlich und fachlich geeignet ist
14. ... fachliche Eignung ...

15. ... anerkannten ... Arbeitgeber... Arbeitnehmer...
16. ... Kurzbeschreibung ... Englisch ...

6. Aufgaben der Kammer II • Abschlussprüfung I

22 1. der Kammer
2. Handwerkskammer, Industrie- u. Handelskammer
3. ... Ausbildungsberater ... ... Ausbildungsstätte ... ... Ausbildenden ...
4. Der Kammer obliegt die Durchführung.
5. ... kostenlos ... ... Prüfungsgebühren ... ... Prüfungsaufgaben ... Ausbildungsordnung ...
6. ... berufsbezogene ... ... Wirtschafts- und Sozialkunde ... ... Deutsch ...
7. ...praktische ... ... mündlicher ...
8. zur Abnahme der Prüfungen
9. ... unabhängig ... ... Ergebnis ... ... Zulassung ...
10. der unabhängige Prüfungsausschuss
11. Aus einem Berufschullehrer und je einem Beauftragten der Arbeitnehmer und der Arbeitgeber.
12. ... Vorsitzenden ... drei ... einem ...

7. Abschlussprüfung II • Berufl. Flexibilität

24 1. ... Zulassung ... ... Gliederung ... Bewertungs...
2. in der Prüfungsordnung bei der Kammer
3. von dreien
4. ... zwei ... ... rechtmäßig
5.1. festlegen 2. einladen 3. ... ausstellen 4. ... entscheiden
6. ... Verwaltungsgericht
7. der Prüfungsausschuss
8. **1** ...gespräch ... schriftliche... 50 ... ... zweimal ...
9. ... Fortbildung ... Umschulung ... Weiterbildung ...
10. ... Fähigkeit ... ... anpassen ...
11. ... technischen ... wirtschaftlichen ... verändern
12. durch ständige Weiterbildung

8. Lebenslanges Lernen • Europäische Mobilität

27 1. ... sich fortzubilden oder umschulen zu lassen.
2. die Agentur für Arbeit
3. a) ...ausbildung ... b) ...praxis
4. a) ... erhalten ... b) ... verbessern ... c) ... erweitern
5. a) sie zu verbessern 5. b) sie zu erhöhen
6. Entwicklung Stellung Zukunft Entlohnung
7. ... Kurse ... Meisterprüfung ... elektronischen ...
8.1. Berufskollegs 8.2. Fernlehrinstitute 8.3. Kammern 8.4. Gewerkschaften
9. ... Ausbildungs... ... Erwachsene ... zukunfts... eine Abschlussprüfung
10. (Sie obliegt)der Kammer(.)
11. ... Arbeitslosigkeit ... Maßnahme ... Teilnehmer
12. die Bundesagentur für Arbeit
13. ... Arbeitslosigkeit ... eintreten ... fortdauern
14. ... Bewerbungs... beruflichen ... Arbeiten

9. Vor dem Arbeitsvertrag

30 1. ... abhängigen ... 1.1. ... wirtschaftlichen Nachteilen 1.2. ... gesundheitlichen Schäden 1.3. ... persönlicher Beeinträchtigung
2.1. Individualarbeitsrecht 2.2. Arbeitsschutzrecht 2.3. kollektives Arbeitsrecht
3. ... fremdbestimmt ... ... selbstständige ...
4. ... Angestellten ... ... leitende ...
5. Davon, ob der einzelne Arbeitnehmer seine Rechte in Anspruch nimmt.
6. vor dem Arbeitsgericht
7. ... Mindest... ... Arbeits... ... Tarif...
8.1. Bundestag 2. Arbeitgeberverbände ... Gewerkschaften ... 3. Arbeitgeber ... Betriebsräte
9. die Arbeitsagentur
10. ...gebühren ... ... bevorzugt ...
11. Der Wahrheitsgehalt der Antworten kann über kurz oder lang festgestellt werden.
12. ... Erstattung ... ... Reise ...

10. Arbeitsvertrag

33 1. ... mündlich ... ... Beweisbarkeit ...
2. Arbeitgeber und Arbeitnehmer
3. ... Mindest... ... Urlaubs...
4. durch eine Änderungskündigung
5. ... Mehrarbeits... ... unter...
6. ... Kündigungsfrist ... ... zwei Wochen ...
7. keine (Auswirkung)
8. ... Zeitablauf ... ... Aufhebungs... ... Kündigung ... ... Tod ...
9. ... Arbeitsleistung
10. pünktliche Zahlung des vereinbarten Lohns
11. ... Gehorsams... ... Weisungs... ... vertraglich vereinbarten ...
12. ...antwortung ... Treue... ... Fürsorge...
13.1. ... sorgfältig ... 13.2. ... abwehren 13.3. Abstimmung ... 13.4. ... wahren 13.5. ... Konkurrenz ...
14.1. ... schützen 14.2. Abführen ... 14.3. Installation ... 14.4. Gleichbehandlung ... 14.5. Ausstellen ...

Arbeitsrecht, Arbeitsschutz

1. Arbeitszeit • Entlohnung

36 1. zwischen 35 und 40 Stunden
2. acht Stunden
3. ... sechs ... ... 18 ... ... Ruhepausen
4. ... 30 ... ... zwei ... ... 15 ...
5. die Gewerbeaufsicht
6. ... 11 ... ... 48 ...
7. Bruttolohn
8. den Lohn nach Abzug von Steuern und Sozialabgaben
9. ... Entgelt ... ... Gehalt
10.1. ... Zeit... 10.2. ... Leistungs... ...löhnen ... ...gehältern ...
11. den Akkordlohn und den Prämienlohn
12. ... Zeit... Mengen... ... Zeit ... ... Stück...
13. Mindest... Akkord... Bezahlung ... Leistungs...
14. ...leistung ... ...eifers ...
15.1. Wartungs- / Reparaturarbeiten 2. Büroarbeiten
16. Es wird hierbei nur auf den Zeitgrad geachtet.
17. ... Güte... ... Anlässen ...

18. Überstunden ... ... Schmutz ... ... Hitze

2. Entgeltfortzahlung • Urlaub

39 1. ... gesetzliche ... ... am stärksten ...
2. aus dem Jahr 1970
3. ... sechs ... ... unverschuldet ...
4.1. grob ... 4.2. ... Unfallverhütungs ... 4.3. ... gefährlichen ... 4.4. ... verbotenen ...
5. für sechs Wochen
6. ... erneutes ... ... Krankengeld ... ... 80 % ...
7. ... Energie ... ... Maschinen ...
8. ... leitende ... ... teilzeit... ... Betriebs...
9.1. ... einer zweitägigen Wehrübung 9.2. ... Zeuge vor Gericht 9.3. ... Aufgabengebiets 9.4. ... ehrenamtlicher Richter

40 10. ... ehrenamtlichen ... ... Reparieren ...
11. ... unverzüglich ... ... Dauer ... ... Weisungen ...
12. ... dritten ... ... Namen ... ... planen ...
13. Sonst findet keine richtige Erholung statt.
14.1. ... Arbeitnehmers 14.2. ... Betriebes
15. a) 24 15. b) sechs
16.1. Wenn er wegen Beendigung des Arbeitsverhältnisses oder 16.2. aus zwingenden betrieblichen Gründen nicht mehr gewährt werden kann.
17. in den ersten drei Monaten des Folgejahres
18. er verfällt
19. acht Tage (30 : 4 = 7,... ; gerundet auf 8)
20. null Tage (Fangfrage)
21. Wenn der Arbeitnehmer sich bereit erklärt, die Kosten für eine Vertretung zu übernehmen.
23. Diese Tage werden auf den Urlaub nicht angerechnet.

3. Kündigung • Zeugnis

44 1. ... einseitig ... ... strengere ... ... starkes ...
2. ... unbefristeten Neueinstellungen ist gering
3. ... schriftlich ... ... mündlich ... ... widerrufen ...
4. ... sechs ... ... fünf ... ... zehn ...
5.1. ... ordentliche ... 5.2. ... außerordentliche ...
6. sachlichen ... unbefristeten ... ausgeschlossen ...
7. ... zwei ... ... vier ... ... Ende ... ...Quartals...
8. zum 19. August
9. sieben Monate (zum Monatsende)
10. ... vier ... ... Eltern...
11. ... geeignet unpünktlich ... Auftrags... ... Rationalisierungs...

45 12. ... Betriebs... ... Alter ...
13. ... Krankheit ... unzumutbar ... AIDS ... Sucht
14. ...lose ... wichtiger ... unzumutbar ... letzte ...
15. ...grund ... ... zwei ...
16. ... unwirksam ... ausreichend ...bildung ...
17. ... Arbeitsgericht ... ... weiter... ... Jugend...
18.1. ... Betriebsrats 2. Wehrdienst ... Zivildienst 3. Schwerbehinderte 4. Auszubildende
19. innerhalb von drei Wochen
20. Art ... Dauer ... Leistung ... wahr ... Tatsachen ...
21. ... falsche ... ... Wohlwollen ... ... überprüfen
20. a) ... überdurchschnittlich ... b) ... ausreichende ...

4. Jugendarbeitsschutz

48 1. Erwachsene ... widerstandsfähig ... Belastungen
2. ... geschützt ... ... Reifung ... ... Freiräume ...
3. durch das Jugendarbeitsschutzgesetz
4. ... 15 ... ... 15 ... ... 18 ... ... endet ... ... beginnt ... 18 ... ... Erwachsenen ...
5. ... minder... ... voll... ... 15 ... ... 18 ...
6. (Sie ist) verboten(.)
7. ... 15 ... ... 18 ... ... Kinder ... ... sieben ...
8. Zeitungs... privaten Haushalten ... Landwirtschaft
9. ... Gefährdung ... ... Überforderung ... ... gewerblichen Wirtschaft ... ... zumut ...
10. ... Auszubildenden ... ... Arbeitnehmer ...
11. aus dem Jahre 1976

49 12. ... schützen ... ... Freizeit ...
13. acht Stunden
14. 40 Stunden
15. ... fünf ... ... Anspruch ... ... derselben ...
16. ... sechs ... 20 ... Ausnahmen ... 23 ... ... 12 ...
17. 4,5 Stunden
18. 15 Minuten
19. 60 Minuten
20. ... 30 ... ... 27 ...
21. 25 Werktage
22. ... Berufsschule ... ... Arbeits... ... fünf ...
23. ... Prüfungen ... ... vor ... ... Abschluss ...
24. in den letzten drei Monaten des ersten Beschäftigungsjahres
25. ... gefährlichen ... ... Akkord... ... Fließ...
26. das Gewerbeaufsichtsamt

5. Arbeitsplatzschutz • Mutterschutz • Schwerbehindertenschutz

52 1. ... ihren Wehrdienst ableisten
2. der Arbeitgeber
3. ... Entgeltfort... ... Arbeitsplatz ... ... Kündigung
4. ... fünf ... ... unverzüglich ... ... planen ...
5. ... auf Schadensersatz verklagen.
6. Er muss sich unverzüglich beim Arbeitgeber zurückmelden.
7. ... Betriebsrats... angerechnet ... bevorzugt ...
8. ab 20 Arbeitsplätze
9. fünf
10. 1 560 Euro (= 6 x 260 Euro)
11. ...Vertrauens... Betriebsrats ... Hauptfürsorge... fristlos ...

53 12. Sie sind auf Verlangen davon freizustellen.
13. Sie haben Anspruch auf eine zusätzliche Woche Urlaub.
14. ... Schwangerschaft ... Schäden ... Freizeit ...
15. ein Zeugnis eines Arztes
16. während der (gesamten) Schwangerschaft
17. bis vier oder bis 36 Monate (Elternzeit)
18. 12 bis 14 Monate lang
19. 14 Wochen
20. acht Wochen
21. sechs Wochen
22. ... behält ... ... finanziell ...

23.1. mit schweren körperlichen Arbeiten
23.2. mit Akkordarbeiten
24. dem Gewerbeaufsichtsamt
25. ... allgemeine ... Mutterschutz... IX ...

6. Arbeits- und Sozialgerichtsbarkeit

57 1. ... nur dem Gesetz unterworfen
2. ... Berufs... ... ehrenamtliche ...
3. ... 25. ... ... Arbeitnehmer ... ... Arbeitgeber ...
4. dieselben Befugnisse (wie ein Berufsrichter)
5. der Staat
6. ... ersten ... zweiten ... Bundesarbeitsgericht ...
7. ... zwei ... ... Landes... ... zwei ... zwei ...
8.1. ... sind niedriger 8.2. ... werden nicht erhoben 8.3. ... nicht erstattet
9.1 ... Arbeitnehmern ... Arbeitgebern ... 2. ... Tarifvertrags... 3. ... Betriebsrat ... 4. ... Arbeits...
10.1. ... Arbeiter ... ... Angestellte ...
10.2. ... Berufsausbildung ... 10.3. ... Heim ...
11. ... Beklagten
12. ... gütlichen ... ... Güte...
58 13. ... Schieds... ... Auszubildender ... ... Ausbildenden ... ... Kammer
14. schriftlich oder mündlich
15. ... Fachanwalt ... ... Beistand ... ... muss ...
16. ... Bundessozial... ... fehlerhaften ...
17. ... drei ... ... Arbeitnehmer ...revision ... gleiche
18. ... drei ... ... Sozial... ...förderung...
19. ... Kassel ... 1953
20. ... Renten... ... Kranken... ... Pflege... ... Entschädigung ... ... Transfer...
21. ein Widerspruchsverfahren
22. ... Widerspruch einlegen
23. ... Beteiligten ... ... Amts ... ... rechtliches ... ... Akteneinsicht ...
24. ... Arbeitslosen... Renten... Zusammenhang

Betriebliche Mitbestimmung

1. Tarifpartner • Tarifautonomie • Tarifverhandlungen • Tarifverträge

61 1. Löhne ... Tarif... Gewerkschaften ... Arbeitgeber...
2. ... Einmischung ... ...autonomie. ... unwirksam
3. das Tarifvertragsgesetz
4. ...verhandlungen ... ... Ausgleich ...
5. zugunsten ... Mitglieder ... Ungleichbehandlung
6. beim Bundesarbeitsministerium
7. ... Industrie... ... Beendigung ... ... Urlaub ...
8. ... gesetzlichen ... ... Arbeits...
9. ... Friedenspflicht ... auszulegen
10.1. Lohntarifverträge 10.2. Manteltarifverträge
11.1. ... Berufsausbildung 11.2. ... Verantwortung für Personen 11.3. ... Belastung des Arbeitnehmers 11.4. seines Arbeitsplatzes
12. ... 25 ... ... Tarifvertrags...

2. Arbeitskampf

65 1. a) ein Jahr b) ... zwei und fünf
2. Forderung ... Angebot ... Warn... Tarif...Scheiterns ... Schlichtungs... neuer Tarifvertrag
3. ... Grund ... ... Richter ... ... Arbeitsrichtern ...
4. a) Schweiz und Österreich b) Dänemark und Spanien
5. ... Verfassung ... ... Streik ... ... Aussperrung
6. .. planmäßig durchgeführte Arbeitsniederlegung
7. Wilden Streik ... Generalstreik ... Totale Streik
8. ... Schwerpunktstreik ... ... Warnstreik ...
9. Dies ist Sache der Tarifpartner.
10. Er kann sie fristlos entlassen.
11. ... ruht ... ... Lohn ... Arbeitslosen ...
66 12. ... planmäßig durchgeführte Ausschließung mehrerer Arbeitnehmer ...
13. ... Entlassung ... ... Betriebsklima ...
14. ... vernichten ... ... begrenzt ... ... 25 ...
15. ... geheime ... ... Nachdruck ...
16. 75 %
17.2 ... Durchführung einer Urabstimmung 17.4. ... Urabstimmung 17.6. ... die Mitglieder
18. ... mindestens 25 % der gewerkschaftlich organisierten Arbeitnehmer zustimmen
19. in der Gewerkschaftssatzung
20. auf den Tarifbereich, in dem gestreikt werden soll
21.1. die Beamten 21.2. die Soldaten
22. ... Gleichbehandlungs...

3. Arbeitgeberorganisationen

68 1. ... Interessen ... ... Vorschläge ... ... Mitglieds ...
2. ... freiwillig ... gewerkschaftlichen ... gesetzliche
3. Bundesvereinigung der Dt. Arbeitgeberverbände (BDA), Bundesverband der Dt. Industrie (BDI)
4. ... sozialpolitischen Belange der Arbeitgeber
5. ... tarif... ... sozial... ... Berufs...
6. ...wirtschafts... ... Bildungs ... ...fach...
7. ... Zwangs... ... Kammern ...Verkehrs ...
8. ... außen ... Weiterbildung
9. ... Eignungs... ... Industriemeister...
10. ... Berufsbildungs... Beratung ... Sachverständigen
11. der Deutsche Industrie und Handelskammertag

4. Arbeitnehmerorganisationen

71 1. ... Gewerkschaften ... Arbeitgebern ...
2. a) ... Produktivität ... Personal ... Arbeitsplätze ... Arbeitsteilung ... Schicht ... b) ... Lohn ... Gesundheit ... Arbeitsplatz ... Mitbestimmung ... Arbeitszeit
3. ... Mitgliedsbeiträge ... freiwillig ... 20 ...
4. in der zweiten Hälfte des 19. Jahrhunderts
5. ... 16 ... ... 18 ... ... Feiertags... ... Kinder...
6. die Buchdrucker
7. Sie haben sich in Gewerkschaften zusammengeschlossen.
8. im Jahr 1919
9. von 1933 bis 1945
10. im Jahr 1949
11. ... Forderungen ... ... Tarifverträgen ... ... Unterstützungs... ... Rechts... ... Arbeits...
12. ... Fort...

13. ... Deutsche Gewerkschafts... ... 1949 ... ... acht ... ... sechs ...

72 14. ... Dach... ... Industrieverbands... ... Einheits... ...weltanschauliche ...

15. ... eine ... ...Tarif... ... beamteten ... eigene ...

16. ... Beamtenbund ... ... Tarifunion ... ... Christlichen Gewerkschaftsbund ...

17.1. ... Metall 17.2. ... Bergbau Chemie-Energie 17.3. ... Bauen-Agrar-Umwelt

18.1. ... Vereinte Dienstleistungs... 18.2. ... Nahrung-Genuss-Gaststätten 18.4. der Polizei 18.5. Erziehung und Wissenschaft

19. die IG Metall

20. ... öffentlichen ... ... privaten ... ... arm ...

21. ... christlich-sozialer ... ... christlichen ...

22. durch den Arbeitnehmer o. durch die Gewerkschaft

23. ... Personal... ... Schulung ...

24. ... Nichtorganisierten ... Aussperrung ... ... Arbeitszeit... ... Urlaubs... ... Voll...

5. Betriebsverfassung • Betriebsrat • BR-Wahl

75 1. durch das Betriebsverfassungsgesetz

2. ...BetrVG ... Arbeitnehmern ... AG. ...GmbH...

3.1. Jugendliche/Auszubildende 3.2. Beschäftigte 3.3. Einigungsstelle 3.4. Unternehmensleitung

4.1. Pflichten ... 2. Zusammensetzung ... 3. Wahlen ... 4. Durchführungs... 5. ...wirkung ... ... bestimmung ... 6. Gewerkschaften

76 5. mehr als 20

6. sie dürfen teilnehmen

7. der Betriebsrat

8. Die leitenden Angestellten, weil sie unternehmerische Aufgaben wahrnehmen.

9. den Sprecherausschuss

10. als Betriebsobmann

11. Mitwirkungs... Jugend- u. Auszubild.vertretung

12. ... März ... ... Mai ...vorschläge ...

13. ... fünf ... ... drei ...

14. ... mindestens 18 Jahre alt sind

15. ... 18 ... ... sechs ... ... Recht ...

16. ... seine Stimme persönlich abgeben.

17. ... Wehrdienst ... ... ausländische ... ... vergütet

18. der Arbeitgeber

19.1. drei wahlberecht. Arbeitnehmer 2. der Arbeitgeber 3. eine im Betrieb vertretene Gewerkschaft

20.1. Arbeitsplatz 2. Betriebs 3. Unternehmensebene

6. Betriebsrat: Zusammensetzung und Tätigkeit

78 1. ... wahlberechtigten Arbeitnehmer

2.1. ... die laufenden Geschäfte des Betriebsrats 2.2. ... den Betriebsrat im Rahmen seiner Beschlüsse 2.3. ... die Betriebsratssitzung

3. vier Jahre

4. ... Ehren... ... befreit ... ... außerhalb ...

5. ... Sitzungen ... ... Schweige... ... verletzt ...

6.1. ... Betriebsversammlungen ... 6.2. ... mit dem Arbeitgeber zusammen.

7. a) die Absetzung des Betriebsrats b) beim Arbeitsgericht

8.1. Betriebsrat 2. Gewerkschaft 3. Arbeitgeber

9. vom Vorsitzenden

10. der Vertrauensmann

11.1. ... anwesenden Mitglieder 11.2. ... abgelehnt 11.3. ... 50 % der Mitglieder

12. ... Sprech... ... Arbeitsentgelt ...

13. der Arbeitgeber

14. ... Gesamt... ... einzelnen ...

7. Jugendvertretung • Zusammenwirken von Betriebsrat und Arbeitgeber • Betriebsversammlung

81 1.1. ... fünf ... 1.2. ... Betriebsrat ...

2. ... Arbeiter ... ... Auszubildenden ...

3. ... Betriebsangehörigen ... ... Betriebsrat ...

4. zwei Jahre

5. Keine, er bleibt bis zum Ende der Amtszeit.

6. ... Anhörungs... ... Stimm...

7. ja, durch einen Vertreter

8. ... Jugendlichen ... ... eine ...

9. alle Jugend- und Auszubildendenvertreter

10. ... Jugend... ... Anregungen ... ... Einberufung ...

11. Nein, sie muss den Betriebsrat einschalten.

12. ... Einigung ... ... Arbeits... ... nicht berührt

13. ... Besprechung ... ... Betriebs...

82 14. ... parteipolitische ... ... umwelt...

15.1. ...politisch 2. Gewerkschaft 3. Arbeitgebers

16. ... Gewerkschafts... ... Betrieb ...

17.1. ... Arbeitgebers ... 17.2. ... Gewerkschaft ... 17.3. ... Arbeitsgericht ...

18. ... Beilegung ... ... Betriebsrat ...

19.1. die des Betriebes 2. die der betroffenen Arbeitnehmer

20. Versammlung d. Arbeitnehmer eines Betriebes

21.1. ... Belegschaft ... 21.2. ... Arbeitgeber 21.3. ... Betriebs ... 21.4. ... Beschlüsse ...

22. viertel...

23. ... Beauftragte ... ... parteipolitischen ...

8. Betriebsrat: Aufgaben und Beteiligungsrechte • Betriebsvereinbarungen

86 1.1. ... Einhaltung ... 1.2. ... Eingliederung ... 1.3. ... Zusammenarbeit ... 1.4. ... älterer ...

2. ... unterschiedlich ... Mitbestimmung ... Informations...

3. ... abgestuften ... ... wirtschaftlichen ... ... Anhörungs ... ... Vorschlags ...

4. generelles ... ... Zustimmung ... ... erzwingbaren

5. a) ... Arbeits... Pausen ... Gleit... b) ... Urlaubs... ... Betriebs... Verhalten ... Auszahlung ... ... Akkord ... ... Sozial ... ... ausbildung

6. die Einigungsstelle

7. ... Zuwendungen ... Verbesserungs... leitenden

8. ... allgemeinen ... ... einzelnen ... ... Personal...

9. ... Einstellungen ... ... Versetzung ... Kündigung

87 10.1. ...platzes... 10.2. ... Eingruppierung

10.3. ... Arbeits... 10.4. ... Bewerbungs...
11. das Arbeitsgericht
12.1. ... Kündigungsfrist ... 12.2. ... weiterbeschäftigt
13. ... Sozial... ... 20 ...
14. ... unterrichten ... ... beraten
... Arbeits ... ... Rationalisierungs
15. ... Art ... Preise ... Finanzierung ...Werbe ...
16. ... Tarif ... gesetzliche ... Betriebsrat ...
... schriftlich ... unterschrieben ... auszulegen ...
17.1. ... Sonder... 2. Arbeitsunfällen ... 3. Vermögens... 4. Bargeld... 5. Akkord...
18.1. ... Rauch... 18.2. ... Schutzhelmen
19. ... unmittelbar ... zwingend ... Betriebsrats ...
20. Er hat das Recht, die über ihn geführte Personalakte einzusehen.

Rolle der Verbraucher

1. Menschl. Bedürfnisse • Wirtschaftliche Güter

90 1.1. Existenz... 1.2. Kultur... 1.3. Luxus...
2.1. Nahrung 2.2. Kleidung 2.3. Wohnung
3.1. sanitär. Einrichtg. 2. Unterhaltung 3. Bildung
4.1. Schmuck 4.2. Sportwagen 4.3. Bungalow
5.1. ein Gefühl des Mangels 5.2. nach Befriedigung
6. Mittel zur Bedürfnisbefriedigung
7. ... knappe ...
8.1. Tageslicht 8.2. Sand in der Wüste
9. ... Wirtschaften
10.1. Sachgüter 10.2. Dienstleistungen 10.3 Rechte
11.1. ... Konsumgüter 11.2. ... Produktionsgüter
12. zur Bedürfnisbefriedigung in Haushalten
13.1. Grundnahrungsmittel 13.2. Haushaltsgeräte
14. zur Herstellung von neuen Gütern
15.1. Werkzeugmaschinen 15.2. Schmieröl
16. Investitionsgüter
17. ... Gebrauchs... ... einmal ... ... mehrfach ...
18.1. Getränke 18.2. Papiertaschentücher
19.1. Lieferwagen 19.2. Kühlschmiermittel
20. ... immaterielles .. ... gleichzeitig ...
21. ... Rechte ...

2. Grundlagen zum Vertragsrecht • Verbraucherverhalten

1. ... Rechtsgeschäfte ... Willenserklärungen
94 2.1. Ausbildungsvertrag 2.2. Arbeitsvertrag (Kaufvertrag)
3. ... geschäftsfähig ... Bürgerlichen Gesetzbuch
4.1. Geschäftsunfähigkeit. 4.2. beschränkte Geschäftsfähigkeit 4.3. volle Geschäftsfähigkeit
5. ... sechs ... geistesgestörte ... nichtig
6. ... sieben ... siebzehn
7. ... voll geschäftsfähig ... volle ... unwirksam ... Zustimmung ... Folgen
8. ... eigenen ... Vorteile
9. ab Geburt
10. ... Pflichten ... Tod ... natürliche ... juristische
11.1. Juristische Personen des privaten Rechts
11.2. Juristische Personen des öffentlichen Rechts
12. ... Eintragung ... staatliche ... Löschung ... entzogen
13. ... Hilfe ... Organe
14. ... übereinstimmende ... Antrag ... anzunehmen ... liefern
15. ... Verpflichtungs... Erfüllungs...
95 16. Allgemeinen Geschäftsbedingungen ... Bürgerliche Gesetzbuch
17.1. Überraschende Textklauseln sind unzulässig.
17.2. Die gesetzlichen Gewährleistungsfristen dürfen nicht verkürzt werden.
18. ... Nachbesserungs... reparieren
19.1. ... Nachlieferung 2.. v. Vertrag zurücktreten ...nachlass
20. ... verletzt ... Sach... Produkthaftungsgesetz
21.1. Ratenkredit 21.2. Überziehungskredit
22. ... Überziehungs... Raten
23. ... Verbraucher... Rechts... 2 Wochen ... schädigender
24. ... Gesetz gegen den unlauteren Wettbewerb ... irreführende ... unbestellter ... ungenehmigte
25. ... Wirtschaft ... sparen ... Kredite ...

Unternehmensanalyse

1. Wirtschaftszweige • Betriebe • Weltwirtschaft

1. ... Ort ... Sachgütern ... Dienstleistungen
100 2. ... Produktions... ... Industrie...
... Versicherungs... ... Handels...
3. ... entlasten ... gewonnen
4. zum ersten Wirtschaftsbereich (zur Urproduktion)
5. ... fischereiwirtschaftliche ... ... Bergbau...
... Energie erzeugende ...
6. der Bereich der Weiterverarbeitung
7. ... weiterverarbeitende ... ... Dienstleistungs...
8. ... Metall ... verarbeitende ... Holz ...
... chemische Grundstoff...
9. Güter, die zur Herstellung neuer Güter notwendig sind
10.1. ... Elektroindustrie 10.2. ... Fahrzeugbaus
11. ... Bekleidungs... Nahrungsmittel... Möbel...
12.1. Verkehr/Logistik.. 12.2. Nachrichtenübermittlg.
12.3. Kreditinstitute 12.4. Öffentl. Haushalte
13.1. ... bloße Produktionsstätte
13.2. ... rechtlich selbstständige Einheit ...
14. in der sozialen Marktwirtschaft
15. ... Güter ... ... Öffnung ...
16. ... vier ... ... Wohn... ... frei ...
17. ... soziale Grundrechte ...
101 18. 1. Land- u. Forstwirtschafts... Fischereibetriebe
2.1. Handwerk 2.1.1. Bäckereien
2.1.2. Fleischereien 2.1.3. Weinkellereien
2.2.1.1. Maschinenbau 2.2.1.2. ... Elektro...
2.2.1.3. ... Fahrzeug... 2.2.2. Konsum...
2.2.2.1. Schuh... 2.2.2.2. Textil... 2.2.2.3. Bekleidungs ... 2.2.2.4. Glasindustrie
2.2.3.2. Metall ... 2.2.3.3. Baustoffindustrie
3. Dienstleistung 3.1. Handels...
3.4. Nachrichten... 3.5. Kredit...

2. Unternehmensziele • Betriebsaufbau

105 1. zum Erzielen eines Gewinns
2. ... Zins ... ... Prämie ... ... hoch ...
3.1. die volle Ausnutzung der Betriebskapazität

3.2. die Steigerung der Produktivität
4. ... erwerbs... ... gemein... ... Bundes...
5. ... soziale ... ... Haushalt ... ... Verkehrs...
6. die Deutsche Bahn AG
7. nach dem Kostendeckungsprinzip
8. den in Geld ausgedrückten „Werteverzehr"
9. möglichst geringe Kosten
10. für Stadt- und Kreissparkassen
11. zum Verlustausgleich
12. ... Gemeinschaft ... ... Einzelnen ... angemessenen Gewinn ... ...gewinn ...
13. ... Kapital ... ... Informationen ...
14.1. Einkauf guter Produktionsmaterialien
14.2. Vereinbarung vorteilhafter Zahlungsziele
14.3. schneller Zugriff zu Rohstoff / Halbzeug
106 15. rationelle Fertigung der Produkte
16.1. marktgerechter Preis der Produkte
16.2. ständige Weiterentwicklung der Produkte
16.3. hoher Bestand des Verkaufslagers
17. die Produktion
18. ... Materialflüssen ... Wirk... Funktionen
19. Beschaffung → Produktion → Absatz
20. ... Markt ... ... Geld ... ... Gütern
21.1. Materialeinkauf 21.2. Wareneingangskontrolle
22.1. ...planung 2. ...durchführung 3. ...kontrolle
23.1. ... die Marktforschung 23.2. ... die Verkaufsförderung 23.3. ... die Werbung
24. ...verwaltung ... ... Personal... ... Buchführung ... ... führung ...
25. mit dem Produktionsbereich
26.1. Beschaffung 26.2. Absatz
27. der Unternehmensführung

3. Produktionsfaktoren

108 1.1. Arbeit 1.2. Natur 1.3. Kapital
2. ... Arbeitskraft ... Boden ... ... Geld ...
3. ... Leistungs... ... rationell ...
4.1. Natur 4.2. Kapital 4.3. Arbeit
5. ein Mehrwert
6. ... Gewinn ... Arbeit ... Natur ... Kapital ...
7. a) 1,3 (mit 1,3) 7. b) 0,6 Mio. Euro
8. 1,3 90 Mio. Euro
9. ... Güter, Kapital ... Arbeit
10. ...ausstattung ... Fertigprodukte ... geistige ... ungelernte ...
11. ... wirtschaftlicher Erfolg ...

4. Arbeitsteilung • Rationalisierung • Humanisierung • Fertigungsverfahren

112 1. die Aufteilung der Arbeit für d. Güterproduktion
2. ... Austausch ... ... Tätigkeits... ... Qualität
3. ... Maschinen ... ... Lebens...
4. ... Spezialisierung ... leistungsfähiger ... Produktivität
5. die vernünftige, zweckmäßige Gestaltung der Arbeitsvorgänge
6. ... Kosten ... ... größere ... ... Maximal... ... geringeren ... ... Minimal...
7.1. ... Verringerung 2. Verkürzung 3. Verringerung ... nervlichen Beanspruchung ...
8. ... steigern ... ... Humanisierung ...
9. ...platzes ... ...umfeldes ... Wunsch nach Anerkennung ...
10.1. ... Verringerung 2. Steigerung 3. Verbesserung
11. Sie wird ersetzt durch die Arbeit von Maschinen.
12. Sie hilft, Ausschuss zu vermeiden.
113 13. zur Arbeitslosigkeit
14. ... Beweglichkeit ... die Baustellenfertigung
15.1. Werkstattfertigung 2. Fließfertigung 3. Gruppenfertigung
16. im Schiffsbau
17. Bei Fertighäusern werden die Bauteile vorgefertigt und auf der Baustelle nur noch montiert.
18. ... verschiedene ... ... nächste ...
19. ... sehr anpassungsfähiges Fertigungsverfahren ... lohnintensiver Transport der Produkte
20. ... zeitliche ... ... verkettet ... ... Taktzeiten ...
21. ... wenigen gleichen ...teilung ... Zeit ... Autos
22.1. ... hohe Produktivität 22.2. ... übersichtlicher Produktionsprozess 22.3. ... gleichmäßig hohe Qualität der Produkte
23.1. geringe Anpassungsfähigkeit 2. hohe Störanfälligkeit 3. einseitige (monotone) Beschäftigung
24. ... werden gemindert ... Fließband... Werkstatt...
25. ... Wirtschaftlichkeit ...

5. Klein-, Mittel-, Großbetrieb • Betriebsstandort • Handwerks- und Industriebetrieb

117 1. ... Roh... ... gewonnen ... ... Fertigungs...
2. ... Größe ... Stand... Handwerk ... Industrie
3.1. ... stärker automatisieren ... 3.2. ... billiger einkaufen 3.3. ... Kredite
4.1. ... Flexibilität und Anpassungsfähigkeit 2. ... Kundenwünsche 3. ... Markt...
5. ... Flexibilität ... ... Produktivität ... ... lücken ...
6.1. ... Möglichkeiten der beruflichen Fortbildung 6.2. ... soziale Leistungen
7.1. ... abwechslungsreichere ... 7.2. ... persönlichere Beziehung zur Geschäftsleitung
8. Kleinst-, Klein-, Mittel- und Großbetriebe
9. der Kleinstbetrieb
10. ... produziert ... Dienstleistung ... gut überlegt ... gewinnt
11.1. Bergbau 11.2. Energiewirtschaft
12.1. Steinkohlebergwerk 12.2. Erdölbohrinsel
13. ... Kraft...
118 14. ... Wahl... ... Faktoren ...
15.1. beschaffungs... 2. produktions... 3. absatz...
16.1. Rohstoffe 16.2. Zulieferer
17.1. Umweltauflagen 17.2. kommunale Abgaben
18.1. Verkehrsanbindung .2. Entsorgungsmöglichkeiten
19. Flugzeug... Schuh... Kohle... Erdöl... Erdgas
20. ... Lohn... ... Kapital... ... Kunden ...
21. ... Einzelfertigung ... Material... Unternehmer ...
22. ... Lager... ... qualifizierte ... ... Beruf ...

23. ... Handwerks... ... Ausbildungs...
24. ... Industrie... ... Massen... ...kapital ...
25. ... Maschinen... ... voll automatisierten Fertigung ... ... langwieriger ...
26. ... außerhalb ... Werbung ... Handel ... Gewerkschaften ... ... Industrie- und Handelskammer ...
27. ... Kfz ...

6. Betriebliche Kenngrößen

122 1. Die Unternehmung macht wieder Verluste.
2. Gewinne
3.1. Produktivität 2. Wirtschaftlichkeit 3. Rentabilität
4.1. ... Vergleich 2. Überwachung 3. Beobachtung
5. ... Ergiebigkeit ... ...leistung ...menge ...
6. 50 % (1,6 Hosen entsprechen 100 %; 2,4 Hosen entsprechen 150 %)
7. durch Rationalisierung
8.1. Ausbildungsgrad / Übungsgrad 8.2. Arbeitsplatzgestaltung 8.3. Pauseneinteilung 8.4. Rationalisierung
9. $\frac{\text{erzeugte Menge (in Stück)}}{\text{Arbeitseinsatz (in Stunden)}}$

$$= \frac{77 \text{ Hosen}}{7 \cdot 8 \text{ h}} = 1{,}375 \text{ Hosen / h}$$

10. 2,125 Hosen / h

123 11. $\frac{\text{Verkaufserlöse}}{\text{Gesamtaufwand}} = \frac{50 \text{ Mio. Euro}}{40 \text{ Mio. Euro}} = 1{,}25$

12. ... die wöchentliche Arbeitszeit gesenkt wird
... die Dauer des Urlaubs erhöht wird
... die Preise für Rohstoffe und Energie fallen
13.a) W = 1 b) Wirtschaftlichkeit wird kleiner als 1
14.a) $\frac{100\,000 \text{ Euro} \cdot 100}{900\,000 \text{ Euro}} = 11\,^1\!/_9\ \%$
14.b) Die Investition lohnt sich (11 ⅑ % > 8 %)
15. $\frac{-50\,000 \text{ Euro} \cdot 100}{900\,000 \text{ Euro}} = -2{,}5\ \%$
16. macht Verluste
17. ... Menge ... ... Preise ... ... Schicht
18. ... Material... ... Löhne ... Maschinen ...
19. ... Rentabilität ... ... Wirtschaftlichkeit ...
20. ... geringer ... ... gering ... Arbeitszeit ...

7. Rechtsformen I: Einzelunternehmung • OHG

127 1.1. Personengesellschaft 1.2. Kapitalgesellschaft
2. Gesellschaft
3. ... Gründungs... ... Leitung ... ... Beteiligung ...
4. ... Haftung ... ... Kapital...
5. das Eigenkapital
6. die Einzelunternehmung
7. ... eine einzige ... frei ... hören ... ... schnell ...
8. ... Personen... ... Sach...
9. ... unbeschränkt ... begrenzt ... ... Nachfolge ...
10.1. das Handwerk 10.2. der Handel
11.1. das Architekturbüro 11.2. die Taxiunternehmung (der landwirtschaftliche Betrieb)
12. ... Gesellschaft ... Personen... ... Kapital...
128 13. ... Verteilung ... ... Haftung ... ... Beschaffung ...
14. ... Tod ... ... Familienmitgliedern ...
15. ... Gesellschafter... ... Teil...
16.1. die Offene Handelsgesellschaft (OHG) 16.2. die Kommanditgesellschaft (KG)
17. die Haftung der Teilhaber
18. ... zwei ... ...führung ...
19. ...verhältnis ... ... alle ... ...beschränkt ...
20. ... Gesellschafter ...
21. ... Vertrauen ... ... Privat... ... Geschäfts... ... Rechte ... ... Pflichten
22. ... Umwandlung ... ... Kredit... ... Arbeitsbelastung ... ... Fach... ... steuerliche ...
23. ... gesamten ... ... solidarisch ... ... Gläubiger ... ... Meinungs...

8. Rechtsformen II: KG • AG

132 1. um eine Kommanditgesellschaft (KG)
2. ... Voll... ... Teil... ... Teilhafter ...
3. ... persönlich ... unbeschränkt ... Kapitaleinlage
4. der Komplementär
5.1. ... zur Kontrolle die Bücher einsehen 5.2. ... einen anteiligen Gewinn beanspruchen
6. Schmitz KG
7. ... keine tätige Mitwirkung wünschen
8. ... Kapital... ... Kapitalbeiträgen ... ... Organe ...
9. ... Gesellschaft ...einlage ... Teil...
10. ... AG ... ... Kapital ... ... Bindung ...
11. von Großunternehmen
12. ... bedeutend ... ... Aktie
13. ... Gesellschafter ... ... Anteils...
14. mit ihren Aktien
133 15. ... 50 000 Euro ... fünf ... ... Aktien
16. ...börsen ... ... Preis ...
17. ... Nennwert ... Aktionär
18. 1,00 Euro
19. zum Zeitpunkt des Verkaufs der Aktie
20. durch Angebot und Nachfrage
21. ... steigt ... ... sinkt ...
22. die Gewinnausschüttung einer AG an die Aktionäre
23. ...kapital ... sehr große ... überprüfbar ... öffentlich
24.1. Hauptversammlung 2. Aufsichtsrat 3. Vorstand
25. ... Geschäfte ... ... Vorstand ... Arbeitnehmer ...
26. ... paritätisch ... ... zwei ... ... Kapitals
27. ... Kohle ... ... Stahl ... ... neutral
28. ... Aktionäre ... eine ... ... Aufsichtsrat ... Gewinns ... Satzungs...

9. Rechtsformen III: GmbH • Unternehmenszusammenschlüsse

136 1. ... Gesellschaft mit beschränkter Haftung ... ... Firmen... ... kleine ... ... Stammkapitals
2.a) zwei 2.b) 25 000 Euro.
3. Geschäftsführung u. Gesellschafterversammlung

4. ... Geschäftsführer ... Gewinns ... kontrolliert ...
5. ab 501
6. ab 2001
7. ... Investitionen ... ... auszubauen ... ... erschließen ... ...quellen ... ... Monopol...
8. ... Kartell ... ... Konzern
9. ... Vorteile ... selbst... abhängig ... bestimmen ...
10. ... Kartell ... ... erlaubt ...
11. ... Preis ... ... Verknappung ...
12. Konzern
13. ...beherrschendes ... ... gemeldet ...
14. ... Aufsicht ... ... Wettbewerb ...

10. Gründung einer Unternehmung

140 1. ... wohlüberlegt und sorgfältig geplant sind
2. ... Konzept ... ... Ziel ...
3. ... Kunden... ...kosten ... ... anbindung ... ... behördlichen ...
4. ... behördlichen Auflagen ... Standortkosten ... ... Kompromiss.
5. ... selbstständig ... persönliche ... fachliche ...
6. ... Meisterbrief ... Eintrag in die Handwerksrolle
7. ... ohne Meisterbrief ...
8. ... die Meisterprüfung ... Gesellen ... ... sechs Jahre Berufspraxis ...
9. ... Techniker ... ...Ingenieure ... ... gleich...
10.1. die Kammern 10.2. das Bundesministerium für Wirtschaft und Arbeit sowie zuständige Stellen in den Bundesländern
11. ... Rechtsanwälte ... Notare ... Steuer ... ... Buchaltung ... Finanz... ...planungen ...
12. beim zuständigen Gewerbeamt
13. ein Personalausweis (Pass)

141 14. ... Finanzamt ... Berufsgenossenschaft ... ... Krankenkassen ... Versorgungs... ... Betriebsgenehmigungen
15. ... Förderprogramme ... staatlicher Seite ... ... vor ... ... langfristigen Kapital...
16.1. Eigenkapitalhilfe ... 2. Existenzgründungs...
17.1. ermäßigte Zinssätze 17.2. tilgungsfreie ... 17.3. ... Sicherheiten
18. ...Geber ...Nehmer ... Marke ... Marketing ... ... Gebiets ...
19. ... Markt... Kalkulations... Werbung ... ... Fortbildung ... enge ... geringe
20. ... GbR ... BGB ... geringen ... einzelnen Gesellschaftern ... gemeinschaftliche ... ... gemeinschaftlich ... Gesamt...
21. ... Computer-Laden ...
22. ... Leasing ... Miet... erwerben ... Fahrzeuge ...
23. ...raten ... Eigen... Wartungs... ... neueste Technik ...

Sozialversicherung, Soziale Sicherheit

1. Soziale Absicherung • Geschichtliches • Versicherungsarten

143 1. ... unverschuldet ... ... Solidargemeinschaft
2. ... gestiegen ... gesunken ... mehr ... weniger ...
3. ... erhöht ... ... reduziert ...
4. ... Abstiegs ... ... Einkommens ... ... frei ... ... Familienförderung ...
5. Absicherung ... Sicherheits... unter ... ständig ...
6.1. im Handwerk 6.2. im Bergbau
7. Preußen
8.1. einen starken Anstieg 8.2. die gesellschaftliche Entwurzelung
9. Otto von Bismarck
10.1. die Krankenversicherung 1883 10.2. die Pflegeversicherung 1995
11.1. Kranken... 11.2. Unfall... 11.3. Renten... 11.4. Arbeitslosen... 11.5. Pflege...
12. ... private ... ...Unfall... ... Kranken... ... Renten... ... Berufsunfähigkeits...

2. Versicherungsprinzip • Beiträge • Soziale Sicherheit

145 1. durch Pflichtmitgliedschaft
2. ... Generationen... älteren ... jüngeren
3. ... weniger ... ältere ... Steuer...
4. nach der Einkommenshöhe (dem Bruttoentgelt)
5. ... Gesetze ...grad ... wirtschaftlichen ... Arbeits...
6. ... Arbeitgeber ... Arbeitnehmer
7.1. KV 7.2. PV 7.3. RV 7.4. AV
8. ... 50 ... Unfall... 100 %
9.1. steigende Kosten bei den Leistungen 9.2. sinkende Beitragseinnahmen (steigende Zahl der Leistungsempfänger)
10. ... Kosten... Eigen... erhöht
11. Sparen ... feste ... variabel ... angekündigt ... 2000
12. Um Einnahmen für die Finanzierung der Staatsausgaben zu erzielen.

3. Gesetzliche Kranken- u. Pflegeversicherung

149 1. 20,3 %
2. 1 840 Euro. (= 2 220 + 7 + 140 - 450 - 77)
3. 880 Euro (= 450 + 430)
4. an die Krankenkasse
5. Kranken-, Renten-, Arbeitslosen-, Pflegeversicherung
6. ... Zwangs... Familie ... ... ersten Tag der Mitgliedschaft an ... Vorsorge...
7. Arzt ... Verbands... Begrenzung ... Kranken ...
8. ... siebten ... ... 90 ... ... Arbeitslosen...
9.1. Familien... 9.2. Mutterschafts...
10. ... Wohnsitz ... 2009 ... 48 600 ... privat ...
11. ...bemessungsgrenze
12. ... Wettbewerb ... drei ... alle ... Absicherung
13. bis zu 400 Euro
14. 120 Euro (30 % von 400)
15. ... Ersatz... ... frei ...

150 16. ... gleichen ... sechs ... siebten ...
17. ... 30 ... ... 30 ...
18. ... Verwaltungs ...
19. gesetzlich ... Krankenhaus ... höchsten ... 10 ...
20. Kuren 10 häusliche Kranken...

... Sehhilfen ... ... Zahnersatz ...
21. ... 5 ... 10 ... Vorsorgeuntersuchungen 10
22. Sie darf ihm nicht vorschreiben, welches Krankenhaus er aufsuchen muss.
23. ... frei ...
24. ... Pflege... rund um die Uhr ... zeitweise ...
25. ... zwei Drittel ... ambulanter ... ein Drittel ...
26. Alle gesetzlich und privat Krankenversicherten.
27. ... Medizinischen Dienst ... Pflegestufe
28. ... 0,85 ... 0,25 ...

4. Gesetzliche Unfallversicherung

153 1. ... Verhütung ... ... finanziell ...
2. ...genossenschaften ... öffentliche ...
3. ... Arbeitnehmer ... ... Schüler ... ... Studenten ...
4. ... Schule ... öffentliche ...
5.1. Arbeits... 5.2. Wege... 5.3. Berufs...
6. ... Wohnung ... ... kürzeste ...
7. ... gesundheits... Lunge... schwerhörigkeit
8. ... Gehör... ... Fahrlässigkeit ... Gewalt ...
9. ... Hause ... ... Reifen...
10. ... UVV ... ... überwachen ... ... Geldbußen ...
11. ... Heilbehandlung ... ... Arbeitsfähigkeit
12. ... Verletzten ... Arbeitsleben ... Umschulungs...
13. ... Erwerbs... ... Grad ... bis 40 %
14. auf 4 200
15. binnen drei Tagen

5. Gesetzliche Rentenversicherung
• Erweiterte Alterssicherung

156 1. ... Familien ... Minderung ... ... Alter ... ... Tod
2. Deutsche Rentenversicherung
3. ... Arbeitnehmer ... ... freiwillig ...
4. ...Hälfte ... allein ... Zuschüsse ... VI ...
5. der Bundestag
6. ... Brutto... ... 5.500 ...
7. ... Rente ... ... Aufgaben ...
8. ... Erwerbs ... ... Beratung...
9. ... Erwerbsminderungs... Hinterbliebenenrente
10. fünf Jahre
11. ... 63. ... ...flexibel ... ...3,6 ...
12. ... Beitrags... ... Durchschnitts... ... aller ...
13. ... angepasst
14. ... demografische ... ... Arbeits... ...wandel
157 15. ... Erwerbstätige ... Nachkommen ... älteren ... ... Ausbildung ... gesetzlichen ...
16. ... 56 ... 2008 ...reform ...
17. ..30 .. Versorgungslücke .. staatlich .. nicht größer
18. Rentenniveau absenken
19. ... privaten ... staatliche ...
20. Regelsysteme
21. ... Bau... Bank...
22. .. Rentenversicherung ... Beamtenversorgung ..
23. .. betrieblichen Altersversorgung .. Privat .. Dienst
24 ...niveau...

6. Arbeitslosenversicherung

161 1.1. ... Arbeits- und Ausbildungsverhältnisse
1.2. ... der Arbeitslosigkeit
2. ... Beschäftigung ... ... Bevölkerung ... ... Bundesagentur für Arbeit ...
3. ... geringfügige ... Auszubildenden ... 65 ... Hausfrauen
4.a) die Hälfte b) ... Brutto ...
5.1. Beschäftigung ... Mobilitäts... 2. selbstständigen Tätigkeit 3. ...ausbildung 4. Weiterbildung 5. behinderter Menschen ...
6. ... persönlich ... beantragen ... Wohnsitz ...
7. ab dem 3. Juli
8. ... Vermittlung ... zwölf ... zumutbare ...
9.1. ... Vermögens... 9.2. ... ständig ...
10. ... die Arbeitsagentur um Bestätigung ersuchen
11. Er hat Anspruch auf ALG.
12. ... Zusammenfassung ... ... Verbesserung ...
13. ... Personalausweis oder Pass ... illegalen ...
162 14. Ja, die Minderung ist mit 16,7 % zumutbar
15. ... gesperrt ... ... zwölf ... ... zwölf ...
16. ... beitrags... ... Alter ... ... 36 ... ... sechs ...
17.1. ... sechs ... Arbeitslosen ... 17.2. ... Kranken ...
18. die Bundesagentur für Arbeit
19.1. ... Verdienstes 2. ... ein Kind ... 3. Steuer...
20. ... 50 ... ... erreichbaren Tariflohns
21. ... 60 ... ... 67 ...
22. ... Grundsicherung ...
23. ... bedürftig ... ... Bedarfs... ... Vermögen ...
24. ... Steuer.... ... sechs ... ... Voraus ...
25. ... einen Antrag stellt
26. ... Agentur für Arbeit ... Arbeitsgemeinschaften ...

Abschließende Hinweise zu den Lösungen:
Sinngemäß richtig gegebene Antworten sind – abweichend von den obigen Lösungen – ausdrücklich als richtig zu bewerten. Das gilt nicht für Fachbegriffe.
Da das erste Durcharbeiten ohnehin in enger Anlehnung an den vorgegebenen Text erfolgt, wird dieser Bewertungsgesichtspunkt besonders für das wiederholte Durcharbeiten des Stoffes Bedeutung erlangen.
Die Nutzung des Lösungsteils sollte diszipliniert erfolgen. Es empfiehlt sich, erst **nach** dem Durcharbeiten eines Kapitels im Lösungsteil nachzuschlagen, mag der Wissensdrang auch noch so groß sein. Haben Sie deshalb ruhig *„Mut zur Lücke"*.
Beim Einsatz dieses Prüfungsbuches im Unterricht oder bei der betrieblichen Unterweisung entscheidet der Lehrer/Ausbilder, ob und wie der Lösungsteil eingesetzt wird. Jedenfalls hat sich ein Erarbeiten des Stoffes „von den Lösungen her" mit Blick auf den begehrten Prüfungserfolg als weniger effektiv erwiesen.

01 Welche Aussage zu „Freiheit und Grenzen der Berufswahl“ ist **nicht** richtig?

① Alle Deutschen haben ein Recht auf Arbeit.
② Alle Deutschen haben das Recht, Beruf, Arbeitsplatz und Ausbildungsstätte frei zu wählen.
③ In Regionen mit schwacher Wirtschaftsstruktur mangelt es an Ausbildungsstellen.
④ Die Möglichkeiten der freien Berufswahl sind begrenzt.
⑤ Frei den Beruf wählen zu können bedeutet für den Jugendlichen, zwischen zwei oder mehreren beruflichen Alternativen eine Auswahl treffen zu können.

02 Was ist in einer Ausbildungsordnung enthalten?

① Angaben über die Höhe der Ausbildungsvergütung
② Planungshilfen in Bezug auf die Urlaubsdauer der Auszubildenden
③ Richtlinien für die Anpassung des Berufsschulunterrichts an den betrieblichen Ausbildungsplan
④ Bestimmungen über die Dauer der überbetrieblichen Ausbildung
⑤ Bestimmungen über Kenntnisse, Fertigkeiten und Fähigkeiten, die während der Ausbildung zu vermitteln sind

03 Welche der folgenden Behauptungen über Industriebetriebe ist richtig?

① Industriebetriebe brauchen in der Regel keine Werbung zu betreiben.
② Industriebetriebe fertigen meist in Einzelfertigung.
③ In Industriebetrieben ist der Einfluss der Gewerkschaft gering.
④ Der Kapitalbedarf von Industriebetrieben ist groß.
⑤ In Industriebetrieben spielen stets die Lohnkosten die entscheidende Rolle.

04 Was wird durch Rationalisierung der Fertigung meist erreicht?

Eine Verringerung
① der Produktivität
② des Kapitaleinsatzes
③ der nervlichen Beanspruchung der Arbeitnehmer
④ der Schichtarbeit
⑤ des Anteils der Lohnkosten an den Produktionskosten

05 Was ist die wesentlichste Voraussetzung für die Rentabilität einer Unternehmung?

① die Steigerung des Umsatzes
② die Steigerung der Produktivität
③ das Erwirtschaften eines Gewinns
④ die Vergrößerung der Belegschaft
⑤ eine ständige Rationalisierung der Fertigung und der Verwaltung

06 Was versteht man unter Logistik im Unternehmen *nicht*?

① Bereitstellung von Waren aus der Lagerproduktion zum Verkauf
② Maßnahmen mit dem Ziel, sich am Markt zu behaupten
③ Im Produktionsbereich den Transport von Werkstücken/Baugruppen zur „nächsten Station“ betreffend
④ Gesamtheit aller Aktivitäten, die den Fluss von Material, Energie und Produkt betreffen
⑤ Abwicklung von Materialflüssen von der Bestellung der Ausgangsmaterialien bis zur Versendung der fertigen Produkte

07 Wie ist die Haftung bei der Kommanditgesellschaft geregelt?

① Der Kommanditist ist Vollhafter, der Komplementär Teilhafter.
② Der Kommanditist und der Komplementär sind Vollhafter.
③ Der Komplementär und der Kommanditist sind Teilhafter.
④ Der Komplementär ist Vollhafter, der Kommanditist haftet nicht.
⑤ Der Komplementär ist Vollhafter, der Kommanditist ist Teilhafter.

08 Für welche Unternehmensform gilt für die Gesellschafter der Grundsatz „gleiche Rechte, gleiche Pflichten“?

Für die
① Aktiengesellschaft
② Offene Handelsgesellschaft
③ Kommanditgesellschaft
④ Gesellschaft mit beschränkter Haftung
⑤ Genossenschaft

09 Welche der folgenden Maßnahmen *widerspricht* einem weltweiten freien und ungehinderten Güter- und Kapitalaustausch?

① Staaten erheben Schutzzölle auf bestimmte Waren.
② Deutsche Unternehmen verlegen ihre Produktion ins Ausland.
③ Unternehmen verlagern ihre Produktion aus dem Ausland zurück.
④ Ausländische Investoren übernehmen Aktienmehrheiten an deutschen Unternehmen.
⑤ Staaten senken die Besteuerung von Kapitaleinkommen, um den Kapitalfluss zu erleichtern.

10 Welche Aussage über die Interessenverbände der Arbeitgeber und der Arbeitnehmer ist richtig?

① Sie unterstehen der Aufsicht des Bundeswirtschaftsministeriums.
② Sie werden weitgehend durch Mittel aus dem Bundeshaushalt finanziert.
③ Sie müssen über ihre finanziellen Mittel öffentlich Rechenschaft ablegen.
④ Sie können bei der Vorbereitung von Gesetzen durch Stellungnahmen und Vorschläge mitwirken.
⑤ Sie sind in ihren Aussagen und in ihrem Handeln dem ganzen Volk gegenüber verantwortlich.

11 Ein Unternehmen ist Mitglied im Arbeitgeberverband. Welche Verpflichtung ergibt sich unter anderem daraus?

① Lohnabrechnungen müssen beim Verband geprüft werden.
② Das Unternehmen darf höchstens Tariflöhne zahlen.
③ Das Unternehmen muss mindestens Tariflöhne zahlen.
④ Das Unternehmen nimmt direkt an Tarifverhandlungen teil.
⑤ Das Unternehmen darf sich nicht an Aussperrungen beteiligen.

12 Welche Aussage ist **nicht** im Einklang mit den Prinzipien des DGB?

① Die DGB-Einzelgewerkschaft organisiert ihre Mitglieder ohne Rücksicht auf deren parteipolitische und weltanschauliche (ethisch-religiöse) Richtung.
② Die Einzelgewerkschaft organisiert ihre Mitglieder unabhängig von deren arbeitsrechtlicher Stellung.
③ In einem Betrieb und Industriezweig ist nur eine Gewerkschaft des DGB tätig.
④ Die Gewerkschaftszugehörigkeit richtet sich in der Regel nach dem erlernten oder ausgeübten Beruf.
⑤ Der Wirtschaftszweig des Unternehmens bestimmt die Zugehörigkeit zur DGB-Einzelgewerkschaft.

13 Ein Arbeitnehmer erkrankt während seines Urlaubs. Welche Aussage ist richtig?

① Die Tage der Arbeitsunfähigkeit werden zur Hälfte auf den Jahresurlaub angerechnet.
② Die Tage der Arbeitsunfähigkeit werden voll auf den Jahresurlaub angerechnet.
③ Werden die Tage der Arbeitsunfähigkeit ärztlich nachgewiesen, so erfolgt keine Anrechnung auf den Jahresurlaub.
④ Die Arbeitsunfähigkeit wird nur dann angerechnet, wenn die Erkrankung in Deutschland auftrat.
⑤ Die Tage der Arbeitsunfähigkeit werden nur bei Krankenhausaufenthalt nicht angerechnet.

14 Viele Unternehmensgründer entscheiden sich für die Rechtsform der GmbH.
Welche Aussage über die GmbH ist richtig?

① Die Gesellschafter der GmbH haften auch mit ihrem Privatvermögen.
② Das Stammkapital muss mindestens 10 000,00 Euro betragen (1,00 Euro bei Ein-Mann-GmbH)..
③ Die GmbH hat einen Kommanditisten und einen Komplementär.
④ Der Komplementär leitet die Gesellschaft.
⑤ Die GmbH ist eine Personengesellschaft.

15 Tarifautonomie bedeutet:

① Mitbestimmung im Betrieb
② Recht der Tarifpartner, in eigener Verantwortung und unabhängig vom Staat Arbeitsbedingungen zu regeln
③ Selbstständigkeit der Arbeitsagenturen
④ wirtschaftliche Gleichberechtigung von Mann und Frau
⑤ eine Handelsbeschränkung.

16 Welche Leistungen gewähren die Gewerkschaften ihren Mitgliedern **nicht**?

① Unterstützungsleistungen bei Streiks
② Rechtsschutz bei Streitigkeiten aus dem Arbeitsverhältnis
③ finanzielle Unterstützung bei Betriebsunfällen
④ Bildungsmaßnahmen für Jugendliche
⑤ Vertretung vor dem Arbeitsgericht

17 Welche Interessenorganisation gehört dem Deutschen Gewerkschaftsbund (DGB) an?

① Deutscher Beamtenbund
② Vereinigte Dienstleistungsgewerkschaft
③ Deutsche Angestelltengewerkschaft
④ Bundeswehrverband
⑤ Verband der Lehrer an beruflichen Schulen

18 Was versteht man im Tarifrecht unter „Friedenspflicht“?

① ein gutes Betriebsklima
② kein Arbeitskampf gegen den geltenden Tarifvertrag
③ Anerkennung der Rechte des Arbeitnehmers
④ Kündigungsschutz für Betriebsratsmitglieder
⑤ Zusammenarbeit zwischen Arbeitgebern und Arbeitnehmern

19 In welchem der folgenden Fälle spricht man von einem wilden Streik?

① Die Tarifverhandlungen werden von der Gewerkschaft als gescheitert erklärt.
② Die Arbeitgeber lehnen das 13. Monatsgehalt ganz entschieden ab.
③ Die Geschäftsleitung verweigert die vom Betriebsrat geforderte Teuerungszulage; daraufhin wird die Arbeit spontan niedergelegt.
④ Handgemenge zwischen Arbeitswilligen und Streikposten.
⑤ Wer nicht zur Arbeit erscheint, wird entlassen.

20 Welches Recht hat unter anderem der Betriebsrat?

Er
① wählt die Jugendvertretung
② beschließt die Stilllegung des Betriebes
③ kann Mitarbeiter des Betriebes entlassen
④ wählt den Aufsichtsrat
⑤ erzwingt bezüglich der Betriebsordnung eine Neuverhandlung mit dem Arbeitgeber

21 Welche Arbeitnehmer sind berechtigt, bei der Wahl des Betriebsrates teilzunehmen?

Alle
① Arbeitnehmer
② deutschen Arbeitnehmer
③ Arbeitnehmer, die mindestens ein Jahr im Betrieb sind
④ Arbeitnehmer mit abgeschlossener Berufsausbildung
⑤ Arbeitnehmer, die das 18. Lebensjahr vollendet haben

22 Bildungen von Kartellen, Konzernen und Trusts werden von Aufsichtsbehörden überwacht. Welche Aussage ist **nicht** richtig?

① Preiskartelle und Quoten- oder Produktionskartelle sind verboten.
② Unternehmenszusammenschlüsse müssen dem Bundeskartellamt unverzüglich angezeigt werden.
③ Das EU-Kartellrecht hat im Verhältnis zum Kartellrecht der Mitgliedstaaten (Anwendungs-)Vorrang.
④ Rationalisierungs- und Krisenkartelle müssen Unternehmen grundsätzlich anmelden und genehmigen lassen.
⑤ Den Unternehmen obliegt grundsätzlich selbst die Pflicht zu prüfen, ob sie mit einer Kartellbildung mit gesetzlichen Vorschriften in Konflikt geraten könnten.

23 In welchem Gesetz ist die betriebliche Mitbestimmung der Arbeitnehmer geregelt?

Im
① Sozialgesetzbuch
② Grundgesetz
③ Betriebsverfassungsgesetz
④ Tarifvertragsgesetz
⑤ Bürgerlichen Gesetzbuch

24 Was gehört unter anderem zu den Voraussetzungen für die Wählbarkeit in den Betriebsrat?

① Mitgliedschaft in einer Gewerkschaft
② mindestens sechs Monate Betriebszugehörigkeit
③ mindestens 16 Jahre alt
④ mindestens ein Jahr im Betrieb
⑤ deutsche Staatsangehörigkeit

25 Prinzip der Sozialversicherung ist das sogenannte Solidaritätsprinzip.
Was meint dieser Grundsatz?

① Jeder muss sich zusätzlich selbst versichern.
② Die Versicherten finanzieren gemeinsam Risiken, unabhängig von der eigenen Inanspruchnahme.
③ Arbeitgeber und Arbeitnehmer teilen sich die Beitragsleistungen.
④ Die Beiträge für die Sozialversicherung sind für alle Versicherten gleich hoch.
⑤ Eigennutz geht vor Gemeinnutz.

26 Träger der gesetzlichen Unfallversicherung ist

① die Bundesanstalt für Arbeit
② das Bundesministerium für Arbeit und Soziales
③ die Krankenkasse
④ die Berufsgenossenschaft
⑤ die Personalserviceagentur

27 Welche Leistung erbringt die gesetzliche Rentenversicherung **nicht**?

① Zahlung einer Rente wegen verminderter Erwerbsfähigkeit
② Kur zur Sicherung der Erwerbsfähigkeit
③ Beihilfezahlungen, wenn noch kein Anspruch auf Leistungen aus der Unfallversicherung besteht
④ Hinterbliebenenrente
⑤ Altersruhegeld bei Erreichen der gesetzlichen Altersgrenze

28 Wonach richtet sich die Beitragshöhe bei der Kranken- und Pflegeversicherung?

Nach dem
① Nettoverdienst des Arbeitnehmers
② Bruttoverdienst des Arbeitnehmers
③ Lebensalter des Arbeitnehmers
④ Nettoverdienst und dem Lebensalter
⑤ Bruttoverdienst und dem Lebensalter

29 Welches Gericht ist bei der Anfechtung einer Abmahnung durch den Arbeitgeber zuständig?

① Landgericht
② Amtsgericht
③ Arbeitsgericht
④ Jugendgericht
⑤ Bundesgerichtshof

30 Wonach richtet sich die Höhe des Arbeitslosengeldes?

① nach den insgesamt entrichteten Beiträgen
② nach den insgesamt entrichteten Beiträgen und nach dem Lebensalter
③ nach dem vorherigen versicherungspflichtigen Arbeitsentgelt, dem Vorhandensein eines Kindes und der zu berücksichtigenden Steuerklasse
④ nach dem Lebensalter und nach der Anzahl der Familienangehörigen
⑤ nach der Anzahl der Beitragsjahre

Auszug aus dem Betriebsverfassungsgesetz

§ 102 Mitbestimmung bei Kündigungen

(1) Der Betriebsrat ist vor jeder Kündigung zu hören. Der Arbeitgeber hat ihm die Gründe für die Kündigung mitzuteilen. Eine ohne Anhörung des Betriebsrats ausgesprochene Kündigung ist unwirksam.

(3) Der Betriebsrat kann [...] der ordentlichen Kündigung widersprechen, wenn

1. der Arbeitgeber bei der Auswahl des zu kündigenden Arbeitnehmers soziale Gesichtspunkte nicht oder nicht ausreichend berücksichtigt hat, ...
2. ...
3. der zu kündigende Arbeitnehmer an einem anderen Arbeitsplatz im selben Betrieb oder in einem anderen Betrieb des Unternehmens weiterbeschäftigt werden kann, ...

Auszüge aus dem Bundesurlaubsgesetz

§ 1 (Urlaubsanspruch) Jeder Arbeitnehmer hat in jedem Kalenderjahr Anspruch auf bezahlten Erholungsurlaub.

§ 3 (Dauer des Urlaubs) **(1)** Der Urlaub beträgt jährlich mindestens 24 Werktage.
(2) Als Werktage gelten alle Kalendertage, die nicht Sonn- oder gesetzliche Feiertage sind.

§ 4 (Wartezeit) Der volle Urlaubsanspruch wird erstmalig nach sechsmonatigem Bestehen des Arbeitsverhältnisses erworben.

Auszüge aus dem Kündigungsschutzgesetz

§ 1 Sozial ungerechtfertigte Kündigungen

(1) Die Kündigung des Arbeitsverhältnisses gegenüber einem Arbeitnehmer, dessen Arbeitsverhältnis in demselben Betrieb oder Unternehmen ohne Unterbrechung länger als sechs Monate bestanden hat, ist rechtsunwirksam, wenn sie sozial ungerechtfertigt ist.

§ 23 Geltungsbereich

(1) [...] Die Vorschriften [...] gelten [...] nicht für Betriebe und Verwaltungen, in denen in der Regel fünf oder weniger Arbeitnehmer [...] beschäftigt werden.

Anmerkung: Für neu eingestellte Arbeitnehmer erhöht sich die Grenze seit dem 01. 01. 2004 auf zehn oder weniger Arbeitnehmer.

Industrielle Berufe

Antwortblatt

Aufgabe 1-30: Jede Aufgabe hat nur eine Lösung!

	01	02	03	04	05	06	07	08	09	10	11	12	13	14	15	16	17	18	19	20	21	22	23	24	25	26	27	28	29	30
1	○	○	○	○	○	○	○	○	○	○	○	○	○	○	○	○	○	○	○	○	○	○	○	○	○	○	○	○	○	○
2	○	○	○	○	○	○	○	○	○	○	○	○	○	○	○	○	○	○	○	○	○	○	○	○	○	○	○	○	○	○
3	○	○	○	○	○	○	○	○	○	○	○	○	○	○	○	○	○	○	○	○	○	○	○	○	○	○	○	○	○	○
4	○	○	○	○	○	○	○	○	○	○	○	○	○	○	○	○	○	○	○	○	○	○	○	○	○	○	○	○	○	○
5	○	○	○	○	○	○	○	○	○	○	○	○	○	○	○	○	○	○	○	○	○	○	○	○	○	○	○	○	○	○

U1. In der Bundesrepublik Deutschland wird hauptsächlich nach dem dualen Ausbildungssystem ausgebildet.

a) Welche Aufgaben fallen danach dem Ausbildungsbetrieb und der Berufsschule zu?

b) Nennen Sie einen Vorteil des dualen Systems.

U2. In der Wirtschaftspolitik wird hin und wieder diskutiert, ob öffentliche Unternehmen privatisiert werden sollten, da ihre Dienste zum Teil von privaten Unternehmen billiger angeboten werden können.

a) Nennen Sie zwei unterschiedliche Ziele privater und öffentlicher Unternehmen?

b) Erklären Sie am Beispiel der Deutschen Post AG, warum der Verbraucher sowohl ein Interesse an privaten als auch an öffentlichen Anbietern haben kann.

U3. In einem Großbetrieb kündigt die Geschäftsleitung einem Mitarbeiter fristgerecht, ohne den Betriebsrat zu informieren. Überprüfen Sie mithilfe der Auszüge aus dem Betriebsverfassungsgesetz auf Seite 175, ob diese Maßnahme – so wie getroffen – wirksam ist (Begründung), und nennen Sie einen triftigen Grund für einen möglichen Widerspruch des Betriebsrats.

U4. Manfred Schroers hat vor, seinen Jahresurlaub von – wie er meint – fünf Wochen (25 Arbeitstage) anzutreten, nachdem er gut vier Monate im neuen Betrieb beschäftigt ist. Vorsorglich fragt er seine Kollegin Martina Baur. Die meint, das ginge erst nach einem dreiviertel Jahr. Überprüfen Sie diese Schilderung und stellen Sie anhand der Auszüge aus dem Bundesurlaubsgesetz auf Seite 175 Nichtzutreffendes richtig.

U5. Bert Roloff (30), kinderlos, verdient monatlich 2 275 Euro. Neben Lohn- und Kirchensteuer werden auch Sozialversicherungsbeiträge erhoben. Für welche Zweige der Sozialversicherung muss Herr Roloff Beiträge zahlen und für welche Zweige muss er einen erhöhten Beitrag entrichten (mehr als 50 %)?

U6. Seit dem 01.01.2007 ist das Bundeselterngeld- und Elternzeitgesetz in Kraft und wird gut angenommen. Nennen Sie drei Anreize, die Eltern dazu veranlassen, Zeit- und Geldvorteile, die das Gesetz bietet, in Anspruch zu nehmen und mehr Kinder zu bekommen.

01 *In welchem Gesetzeswerk wird die Freiheit der Berufswahl garantiert?*

Im
A Berufsbildungsgesetz
B Jugendarbeitsschutzgesetz
C Grundgesetz
D Sozialgesetzbuch

02 *Welche Eigenschaft charakterisiert wirtschaftliche Güter?*

A Sie sind im Überfluss vorhanden.
B Sie sind knapp.
C Man muss sie nicht herstellen.
D Der Staat bestimmt über ihren Verkauf.

03 *Welches Unternehmen kann seinen Standort frei bestimmen?*

A eine Schiffswerft
B ein Steinbruch
C ein Wasserkraftwerk
D eine Geschäftsbank

04 *Was ist eine Aktie?*

A die Gewinnbeteiligung an einer Aktiengesellschaft
B der Anteil am Gesamtumsatz eines Unternehmens
C der Anteil am Grundkapital einer Aktiengesellschaft
D das Sparguthaben bei einer Aktiengesellschaft

05 *Welche Aussage über ALG II ist **nicht** richtig?*

A Bietet der Arbeitsmarkt genügend offene Stellen, wird kein ALG II gezahlt.
B ALG II entspricht der Höhe nach dem Sozialgeld.
C Gezahlt wird ALG II nur bei persönlicher Bedürftigkeit.
D Langzeitarbeitslose erhalten ALG II.

06 *Wer überwacht die gesetzlichen Arbeitsschutzbestimmungen **nicht**?*

Die
A Berufsgenossenschaften
B Arbeitsschutzämter
C Kammern
D Gewerbeaufsichtsämter

07 *Welche gesetzliche Sozialversicherung leistet bei berufsbedingter Hauterkrankung?*

Die
A Rentenversicherung
B Krankenversicherung
C Unfallversicherung
D Arbeitslosenversicherung

08 *Weshalb verursacht Schwarzarbeit einen hohen volkswirtschaftlichen Schaden?*

A Viel Schwarzarbeit schädigt die Gesundheit.
B Schwarzarbeiter sind nicht gewerkschaftlich organisiert.
C Öffentliche Abgaben werden nicht entrichtet.
D Schwarzarbeiter bilden nicht aus.

09 *Welche Ruhezeit schreibt das Jugendarbeitsschutzgesetz vor?*

A 10 Stunden
B 11 Stunden
C 12 Stunden
D 13 Stunden.

10 *Wonach richtet sich der Urlaubsanspruch eines jugendlichen Arbeitnehmers?*

Nach dem
A Jugendarbeitsschutzgesetz
B Manteltarifvertrag
C Bundesurlaubsgesetz
D Berufsbildungsgesetz

11 *Die deutsche Wirtschaft hat den Nutzen der internationalen Arbeitsteilung erkannt. Als ein Vorteil ließe sich anführen:*

A Was man hier nicht billig genug fertigen kann, wird im Ausland gefertigt.
B Es gibt hier weniger Umweltschutzprobleme.
C Für den Export fertigt man hier nur noch hochwertige Produkte, die sich teuer verkaufen lassen.
D Handelsschranken fallen weg und der Kapitalverkehr entwickelt sich freizügig.

12 *In welchem Fall ist das Arbeitsgericht zuständig?*

A Ein arbeitsloser Vater zahlt keinen Kindesunterhalt.
B Der Betrieb ist mit dem, was die Berufsschule vermittelt, nicht einverstanden.
C Eine Kündigungsschutzklage wird eingereicht.
D Ein Arbeitnehmer klagt auf höheres Arbeitslosengeld II.

13 *Wann kann ein Arbeitnehmer fristlos entlassen werden?*

Bei
A Arbeitsmangel
B beharrlicher Arbeitsverweigerung
C Tod des Arbeitgebers
D Verkauf des Betriebes

14 *Was vermag die Jugendarbeitslosigkeit in besonderem Maße zu mindern?*

Die
A Erhöhung der Ausbildungsvergütung
B Schaffung einer qualifizierten Grundausbildung
C Heraufsetzung des Rentenalters
D Herabsetzung der Prüfungsanforderungen

15 *Wie lange hat ein Geselle im Falle unverschuldeter Arbeitsunfähigkeit Anspruch auf Lohnfortzahlung?*

A 6 Wochen
B 12 Wochen
C 8 Wochen
D 3 Wochen

16 *In welchem Fall handelt es sich um eine Leistung des Arbeitgebers, die gesetzlich vorgeschrieben ist?*

A Übernahme der Fahrtkosten zur Arbeitsstelle
B Abführen der Sozialversicherungsbeiträge
C Bereitstellung von allgemeiner Arbeitskleidung
D Kostenübernahme für Betriebsausflüge

17 *Wer finanziert die gesetzliche Unfallversicherung?*

A der Unternehmer
B der Arbeitnehmer
C Arbeitnehmer und Arbeitgeber
D die Krankenversicherung

18 *Wer zahlt die Beiträge zur gesetzlichen Rentenversicherung?*

A der Arbeitgeber
B der Arbeitnehmer
C je zur Hälfte der Arbeitnehmer und der Arbeitgeber
D je zur Hälfte der Staat und der Arbeitgeber

19 *Wann kann man in einer Unternehmung einen Betriebsrat einrichten oder einen Betriebsobmann wählen?*

A wenn die Gewerkschaft zustimmt
B bei mindestens zehn stimmberechtigten Arbeitnehmern
C bei mindestens fünf Arbeitnehmern, die mindestens 18 Jahre alt sind
D bei mindestens 15 Arbeitnehmern

20 *Welche Aussage ist gemäß Berufsbildungsgesetz **nicht** richtig?*

A Kündigung des Ausbildungsvertrages aus einem wichtigen Grund
B Vereinbarung über Verbleib im Betrieb nach der Abschlussprüfung 1/2 Jahr vor Ausbildungsabschluss
C Nichtigkeit einer Schadensersatzvereinbarung
D Schadensersatzpflicht des Auszubildenden für einen fahrlässig verursachten Schaden

21 *Welcher Verband vertritt die Interessen der Arbeitnehmer?*

A der Zentralverband des deutschen Handwerks
B die Gewerkschaft
C der Bundesverband der deutschen Industrie
D der Arbeitgeberverband

23 *Kosten spielen im Wirtschaftsleben eine große Rolle. Welche Aussage ist* ***nicht*** *richtig?*

A Als Kosten wird der in Geld ausgedrückte Werteverzehr bezeichnet.
B Bei der Einzelfertigung ist der Anteil der Lohnkosten an den Fertigungskosten hoch.
C Öffentliche Versorgungsbetriebe streben Kostendeckung an.
D Der Ausbildungsbetrieb stellt allgemeine Arbeitskleidung in der Regel kostenlos zur Verfügung.

25 *Was versteht man unter dem „Minimalprinzip" in einer Wirtschaft?*

A bei kleinstem Mitteleinsatz den geplanten Erfolg erzielen
B das minimale Maß an Freistellung
C je mehr Arbeit, desto mehr Entgelt
D bei gleichbleibendem Mitteleinsatz möglichst viel Erfolg

27 *Wer schließt Tarifverträge ab?*

A die Vertreter von Arbeitnehmern und Arbeitgebern
B die Handwerkskammer und die Innungen
C das Arbeitsministerium mit den Sozialpartnern
D das Wirtschaftsministerium mit den Gewerkschaften

29 *Welches Gesetz regelt die Beschäftigung von Kindern und Jugendlichen?*

A das Arbeitszeitgesetz (ArbZG)
B das Berufsbildungsgesetz (BBiG)
C das Gesetz zum Schutz der arbeitenden Jugend (JArbSchG)
D die Kinderarbeitsschutzverordnung (KindArbSchV).

22 *Welches Ziel eines Betriebsgründers verspricht wenig Erfolg?*

A den unternehmerischen Tatendrang befriedigen
B mehr andere für sich arbeiten lassen
C eine eigene Unternehmensidee verwirklichen
D mehr berufliche Selbstverantwortung anstreben

24 *Wie definiert man den Begriff „Markt" richtig?*

A Auf dem Beschaffungsmarkt erwirbt der Betrieb Personal, Maschinen und Material.
B Seine Produkte bietet der Betrieb auf dem Absatzmarkt an.
C Markt ist der Ort, an dem Haushalte nach Sachgütern nachfragen.
D Markt ist der Ort des regelmäßigen Zusammentreffens von Angebot und Nachfrage.

26 *Was versteht man unter „Bruttoarbeitsentgelt"?*

A Lohn des Arbeitnehmers vor Abzug der gesetzlichen Abgaben
B der Lohn, der dem Arbeitnehmer ausbezahlt wird
C die Entlohnung nach geleisteter Arbeit
D der Lohn, der von der Gewerkschaft ausgehandelt wird

28 *Zu welchem Zweck werden im Regelfall Betriebe gegründet?*

Zur
A Produktion von Gütern
B Schaffung von Arbeitsplätzen
C Erzielung von Gewinn
D Steigerung des Bruttosozialprodukts

30 *Welches „Arbeitspapier" muss der Arbeitnehmer dem Arbeitgeber bei Arbeitsantritt aushändigen?*

A das Abschlusszeugnis der Berufsschule
B die Urlaubsbescheinigung
C das Facharbeiterzeugnis
D den Steuerbescheid vom Finanzamt

31 *Wer ist nach dem Berufsbildungsgesetz der Interessenvertreter der Auszubildenden?*

Der
A Ausbildungsberater bei der Kammer
B Lehrlingswart bei der Innung
C Berufsberater bei der Arbeitsagentur
D Vertrauensobmann bei der Gewerkschaft

33 *Ein* ***Maurer und Betonbauer*** *will sich zum* ***Werkpolier im Hochbau*** *qualifizieren. Welche Weiter-bildungsmaßnahme kommt dafür infrage?*

A CAD-Lehrgang bei der Handwerkskammer
B Innerbetrieblicher Lehrgang „Baustellenleitung"
C Fortbildung in Bildungseinrichtungen der Kammern
D Umschulung zum Bauleiter

35 *Welche Unternehmen sind Dienstleistungsunternehmen?*

A Auto- und Flugzeugfabrik
B Möbel- und Schuhfabrik
C Bahn und Post
D Brothersteller und Bierbrauer

37 *Was versteht man bei den Tarifpartnern unter „Friedenspflicht?"*

A das friedliche Regeln der Tarife
B die friedliche Auseinandersetzung im Schlichtungsverfahren
C Während des Streiks darf nicht ausgesperrt werden.
D Während der Laufzeit des Tarifvertrages darf nicht gestreikt oder ausgesperrt werden.

39 *In einer modernen Volkswirtschaft stellt niemand mehr alle Güter, die er benötigt, selbst her, sondern lässt das auch andere für ihn tun. Wie bezeichnet man das?*

Als
A Rationalisierung
B Spezialisierung
C Arbeitsteilung
D Technisierung

32 *Welchen Anteil vom Beitrag zur gesetzlichen Krankenversicherung zahlt der versicherungspflichtige Arbeitnehmer?*

A mehr als 50 % des Beitrags
B den gesamten Beitrag
C genau drei Fünftel des Beitrags
D die Hälfte des Beitrags

34 *Eine fristlose Kündigung kann ausgesprochen werden:*

A bei Diebstahl unter Arbeitskollegen
B bei Insolvenz des Betriebes
C wenn man sich beim Meister beschwert
D wenn man längere Zeit krank ist

36 *Was bedeutet die Abkürzung „KG"?*

A Konsumgenossenschaft
B Kommanditgesellschaft
C Komplementärgesellschaft
D Kleinaktionärgesellschaft

38 *Welche Aussage zu beruflicher Fortbildung ist richtig?*

A Sie wird vor allem in Berufskollegs durchgeführt.
B Sie erfordert mindestens einen mittleren Bildungsabschluss.
C Sie wird auch nach ausreichender Berufspraxis (viereinhalb Jahre) staatlich gefördert.
D Sie wird nur nach erfolgreichem Abschluss einer Berufsausbildung gefördert.

40 *Welche Firma ist ein Einzelunternehmen?*

A Schroeder GmbH
B Heinrich Müller Metallbau
C Krämer, Niemeier und Hasse OHG
D Bayer AG

Aufgabe 1-40: Jede Aufgabe hat nur eine Lösung!

	01	02	03	04	05	06	07	08	09	10	11	12	13	14	15	16	17	18	19	20
A	○	○	○	○	○	○	○	○	○	○	○	○	○	○	○	○	○	○	○	○
B	○	○	○	○	○	○	○	○	○	○	○	○	○	○	○	○	○	○	○	○
C	○	○	○	○	○	○	○	○	○	○	○	○	○	○	○	○	○	○	○	○
D	○	○	○	○	○	○	○	○	○	○	○	○	○	○	○	○	○	○	○	○

	21	22	23	24	25	26	27	28	29	30	31	32	33	34	35	36	37	38	39	40
A	○	○	○	○	○	○	○	○	○	○	○	○	○	○	○	○	○	○	○	○
B	○	○	○	○	○	○	○	○	○	○	○	○	○	○	○	○	○	○	○	○
C	○	○	○	○	○	○	○	○	○	○	○	○	○	○	○	○	○	○	○	○
D	○	○	○	○	○	○	○	○	○	○	○	○	○	○	○	○	○	○	○	○

41 In der Fassung des Berufsbildungsgesetzes vom 1. April 2005 beträgt die Probezeit maximal vier Monate. Nennen Sie zwei Gründe, weshalb man in Berufsausbildungsverträgen eine solche Probezeit vereinbart?

42 Ein (zu) starker allgemeiner Kündigungsschutz hält Arbeitgeber unter Umständen davon ab, neue Mitarbeiter einzustellen. Nennen Sie anhand des Auszuges aus dem Kündigungsschutzgesetz auf Seite 175 zwei Voraussetzungen, unter denen der allgemeine Kündigungsschutz bei Neueinstellungen gilt.

43 Helmut Müller – bisher Auszubildender – hat nun seine Ausbildung erfolgreich beendet und schließt mit seinem Arbeitgeber einen mündlichen Arbeitsvertrag ab.

a) Ist dieser Arbeitsvertrag gültig? Begründen Sie.
b) Nennen Sie zwei Pflichten, die sich aus einem Arbeitsvertrag für den Arbeitnehmer ergeben.

44 Der Betriebsrat ist die gewählte Vertretung der Arbeitnehmer eines Betriebes.

a) Nennen Sie zwei allgemeine Aufgaben des Betriebsrates.
b) Welche Arbeitnehmer sind berechtigt, den Betriebsrat zu wählen?

Industrielle Berufe — Lösungen

	01	02	03	04	05	06	07	08	09	10	11	12	13	14	15	16	17	18	19	20	21	22	23	24	25	26	27	28	29	30
1	⊗	○	○	○	○	⊗	○	○	⊗	○	○	○	○	○	○	○	○	○	○	○	○	○	○	○	○	○	○	○	○	○
2	○	○	○	○	○	○	○	⊗	○	○	○	○	○	⊗	⊗	○	⊗	⊗	○	○	○	○	○	⊗	⊗	○	○	⊗	○	○
3	○	○	○	○	⊗	○	○	○	○	○	⊗	○	⊗	○	○	⊗	○	○	⊗	○	○	○	⊗	○	○	○	⊗	○	⊗	⊗
4	○	○	⊗	○	○	○	○	○	○	⊗	○	⊗	○	○	○	○	○	○	○	○	○	⊗	○	○	○	⊗	○	○	○	○
5	○	⊗	○	⊗	○	○	⊗	○	○	○	○	○	○	○	○	○	○	○	○	⊗	⊗	○	○	○	○	○	○	○	○	○

U1. **a)** Der Ausbildungsbetrieb vermittelt Fachpraxis, die Berufsschule Fachtheorie und Allgemeinbildung.

b) Praxis (Betrieb) und Theorie (Schule) sind partnerschaftlich aufeinander bezogen und ergänzen sich. (Im Vergleich zur schulischen Ausbildung wird Berufserfahrung möglich, es erfolgt eine soziale Eingliederung in die Arbeitswelt und es ergibt sich eine Kostenersparnis für Staat und Steuerzahler.)

U2. **a)** Private Unternehmen arbeiten gewinnorientiert, öffentliche streben Kostendeckung an.

b) Private (Paket-)Dienste bieten Preisvorteile, die Post erbringt ihre Leistungen flächendeckend. (Private Dienste befriedigen die Bedürfnisse des Einzelnen, die Post die Bedürfnisse der Gemeinschaft.)

U3. Der Betriebsrat muss vor jeder Kündigung gehört werden, andernfalls ist sie unwirksam.

Der Betriebsrat kann einer Kündigung widersprechen, wenn soziale Gesichtspunkte unberücksichtigt blieben (wenn der Arbeitnehmer an einem anderen Platz weiterbeschäftigt werden kann).

U4. Der gesetzliche Jahresurlaub beträgt 24 Werktage (nicht Arbeitstage, das entspricht vier Wochen) und er kann erst nach sechsmonatigem Bestehen des Arbeitsverhältnisses (sechsmonatiger Betriebszugehörigkeit) genommen werden.

U5. für Kranken und Pflegeversicherung, Rentenversicherung und Arbeitslosenversicherung; erhöhter Beitrag für Kranken- und Pflegeversicherung (weil kinderlos und über 23 Jahre alt).

U6. Eltern können diese Zeit mit dem Kind einzeln oder gemeinsam in Anspruch nehmen. Elterngeld wird in den ersten 12 Monaten, bei aktiver Väterbeteiligung bis zu 14 Monate in Höhe von 67 % des monatlichen Einkommens aus Erwerbstätigkeit gezahlt.

Zur Bewertung

Die gebundenen Aufgaben (Ankreuzaufgaben) sind mit je zwei Punkten zu bewerten, die ungebundenen (schriftlich zu beantwortenden U-Aufgaben) mit je zehn Punkten.

Von den sechs ungebundenen Aufgaben dürfen in der Regel während der Bearbeitung zwei gestrichen werden, wobei die genauen Anweisungen bei der Abschlussprüfung vor Ort zu beachten sind, auch hinsichtlich der Streichung von gebundenen (Ankreuz-)Aufgaben.

Für die Notenzuweisung soll der IHK-Schlüssel Anwendung finden. Note **1**: 92 bis 100 Punkte. Note **2**: 81 bis 92 Punkte. Note **3**: 67 bis 81 Punkte. Note **4**: 50 bis 67 Punkte. Note **5**: 30 bis 50 Punkte. Note **6**: 0 bis 30 Punkte

Bewertungsbeispiel: Richtig angekreuzt: 26 Aufgaben (52 P.). Schriftlich richtig beantwortet: drei (von vier) Aufgaben (zwei gestrichen) (30 P.). Ergibt die Note **2** (82 P.).

Bitte hierzu auch die Hinweise auf Seite 172 beachten.

Handwerkliche Berufe — Lösungen

	01	02	03	04	05	06	07	08	09	10	11	12	13	14	15	16	17	18	19	20
A	○	○	○	○	⊗	○	○	○	○	⊗	○	○	○	○	⊗	○	⊗	○	○	○
B	○	⊗	○	○	○	○	○	○	○	○	○	○	⊗	⊗	○	⊗	○	○	○	○
C	⊗	○	○	⊗	○	⊗	⊗	⊗	⊗	○	○	⊗	○	○	○	○	○	⊗	⊗	○
D	○	○	⊗	○	○	○	○	○	○	○	⊗	○	○	○	○	○	○	○	○	⊗

	21	22	23	24	25	26	27	28	29	30	31	32	33	34	35	36	37	38	39	40
A	○	○	○	○	⊗	⊗	⊗	○	○	○	⊗	⊗	○	⊗	○	○	○	○	○	○
B	⊗	⊗	○	○	○	○	○	○	○	⊗	○	○	○	○	○	⊗	○	○	○	⊗
C	○	○	○	○	○	○	○	⊗	⊗	○	○	○	⊗	○	⊗	○	○	⊗	⊗	○
D	○	○	⊗	⊗	○	○	○	○	○	○	○	○	○	○	○	○	⊗	○	○	○

U1. Die Vertragspartner sollen sich kennenlernen und feststellen, ob die mit dem Vertrag verbundenen Bedingungen und Erwartungen (hinsichtlich Sache und Person) hinreichend erfüllt und zufriedengestellt werden. (Ob der jeweils andere „etwas taugt", ob nicht eher ein anderer Beruf der „richtige" ist).

U2. Gilt für Arbeitnehmer mit mindestens sechs Monaten Betriebszugehörigkeit und für Unternehmen mit mehr als zehn Arbeitnehmern im Betrieb.

U3. **a)** Ein mündlich abgeschlossener Arbeitsvertrag ist gültig. Die schriftliche Form ist nach einem Monat vorgeschrieben. (Auch wenn der Arbeitnehmer dann nichts Schriftliches erhält, wird der Vertrag trotzdem nicht ungültig.)

b) die vereinbarte Arbeitsleistung erbringen, Sorgfaltspflicht (Treuepflicht)

U4. **a)** Er beantragt beim Arbeitgeber Maßnahmen, die dem Betrieb und den Arbeitnehmern dienen. Er arbeitet mit der Jugend- und Auszubildendenvertretung zusammen. (Er achtet darauf, dass Tarifverträge, Arbeitsschutzgesetze, UVV, ... eingehalten werden.)

b) alle Arbeitnehmer, die mindestens 18 Jahre alt sind

Zur Bewertung: Ankreuzaufgaben je 1,5 Punkte ungebundene Aufgaben je 10 Punkte. Bewertungsbeispiel: Richtig angekreuzt: 34 Aufgaben (51 P.). Schriftlich richtig beantwortet: drei Aufgaben (30 P.). Ergibt die Note **2** (81 P.) bei Anwendung des IHK-Schlüssels.